Uma guerra afro-atlântica

Vincent Brown

Uma guerra afro-atlântica

A Revolta de Tacky e a resistência negra no Caribe

Tradução:
Berilo Vargas

Grafia atualizada segundo o Acordo Ortográfico da Língua Portuguesa de 1990, que entrou em vigor no Brasil em 2009.

Título original
Tacky's Revolt: The Story of an Atlantic Slave War

Capa
Alceu Chiesorin Nunes

Imagem de capa
Guerreiro da Costa do Ouro, por volta dos anos 1750. Cortesia da Biblioteca Real, Copenhague, Dinamarca.

Preparação
Officina de Criação

Índice remissivo
Luciano Marchiori

Revisão
Bonie Santos
Nestor Turano Jr.

Dados Internacionais de Catalogação na Publicação (CIP)
(Câmara Brasileira do Livro, SP, Brasil)

Brown, Vincent
    Uma guerra afro-atlântica : A Revolta de Tacky e a resistência negra no Caribe / Vincent Brown ; tradução Berilo Vargas. — 1ª ed. — Rio de Janeiro : Zahar, 2024.

    Título original : Tacky's Revolt : The Story of an Atlantic Slave War.
    ISBN 978-65-5979-117-0

    1. Escravidão – História 2. Jamaica I. Vargas, Berilo. II. Título.

23-166673   CDD-909.82

Índice para catálogo sistemático:
1. História contemporânea   909.82

Tábata Alves da Silva — Bibliotecária — CRB-8/9253

Todos os direitos desta edição reservados à
EDITORA SCHWARCZ S.A.
Praça Floriano, 19, sala 3001 — Cinelândia
20031-050 — Rio de Janeiro — RJ
Telefone: (21) 3993-7510
www.companhiadasletras.com.br
www.blogdacompanhia.com.br
facebook.com/editorazahar
instagram.com/editorazahar
twitter.com/editorazahar

Sumário

Lista de ilustrações

Mapas

Figuras

Prólogo: Antecedentes da Barricada dos Rebeldes

E lançarei os egípcios contra os egípcios, e cada um lutará contra o seu irmão, e cada um contra o seu próximo; cidade contra cidade e reino contra reino.

Isaías 19:2

Wager, também conhecido pelo nome africano, Apongo, foi líder da maior rebelião de escravizados do Império Britânico no século XVIII. Mas muito antes de tomar parte na grande insurreição jamaicana de 1760-1, geralmente chamada de Revolta de Tacky, ele tinha vivido uma notável odisseia. Apongo foi líder militar na África Ocidental durante um período de expansão imperial e de intensas guerras. Nessa época, chegou a ser um notável hóspede de John Cope, um agente-chefe do castelo de Cape Coast, o principal forte britânico na Costa do Ouro. Capturado e vendido em algum momento dos anos 1740, Apongo tornou-se propriedade do capitão Arthur Forrest, do *HMS Wager*, que o rebatizou em homenagem ao navio de guerra da Marinha Real. Wager foi levado como cativo para a plantation de Forrest no distrito de Westmoreland, Jamaica, onde reencontrou John Cope, que, aposentado, se retirara para sua propriedade jamaicana. De vez em quando, Cope recebia seus amigos do Velho Mundo, preparando uma mesa para visitas de fim de semana, tratando o escravizado como homem distinto e insinuando que Apongo um dia seria libertado e mandado de volta para casa. O certo é que o entendimento existente entre os dois homens, fosse ele qual fosse, não sobreviveu à morte de John Cope, em 1756. Nos anos seguintes, Wager começou a tramar e organizar uma guerra contra os brancos, e a aguardar o momento oportuno para atacar.[1]

Aproveitando-se da Guerra dos Sete Anos da Grã-Bretanha contra seus adversários europeus, Wager e mais de mil outros negros escravizados da ilha realizaram uma série de levantes, começando em 7 de abril de 1760 e continuando até outubro do ano seguinte. Durante esses dezoito meses, os rebeldes conseguiram matar sessenta brancos e destruir propriedades no valor de dezenas de milhares de libras. Durante a supressão da revolta e a repressão que veio em seguida, mais de quinhentos negros e negras foram mortos em batalhas, executados ou levados ao suicídio. Outros quinhentos foram tirados da ilha e nunca mais puderam voltar. Levando em conta "a extensão e o sigilo do seu plano, a multidão dos conspiradores e a dificuldade de combater suas irrupções em vários lugares diferentes ao mesmo tempo", escreveu um proprietário de terras que passou pelos transtornos, essa revolta foi "a mais assustadora até então ocorrida nas Antilhas".[2] Segundo dois proprietários de escravos que escreveram histórias sobre o conflito, a rebelião surgiu "por instigação" de um homem africano chamado "Tacky, que tinha sido chefe na Guiné", e foi organizada e executada principalmente pelo povo chamado coromanti (ou koromantyn), da Costa do Ouro — a região da África Ocidental entre os rios Komoé e Volta —, que tinha reputação de bravura militar. Proprietários de escravos sabiam que esses africanos eram rebeldes, e sua notoriedade dura até hoje.

O envolvimento de Wager na revolta talvez justifique ainda mais essa reputação marcial, mas é também parte de uma história menos conhecida. Apesar de estarmos habituados a ouvir sobre rebeldes que reagem à escravização levantando-se contra seus senhores, e sobre povos de elite na África caindo nas mãos de traficantes de escravos, raramente esses relatos refletem o complexo padrão de alianças e antagonismos através do tempo e das grandes distâncias que definia relações como as de Apongo, John Cope e Arthur Forrest.[3] Reconhecer o entrelaçamento de histórias de vida como as deles — histórias de desterro, dominação e dificuldades políticas — ajuda-nos a entender como o comércio de escravos deflagrou a guerra diaspórica que criou e convulsionou o mundo atlântico do século XVIII.[4]

A odisseia atlântica de Apongo atravessa a geografia marcial da escravidão no Atlântico, ressaltando o entrelaçamento de impérios africanos e europeus com as colossais migrações forçadas do século XVIII — e sugerindo uma nova maneira de compreender insurreições de escravos.[5] Mais do que um conflito bilateral de senhores e escravos, a revolta de 1760-1 foi a mistura transitória de muitas viagens e campanhas militares. O povo que dela tomou parte fez longas viagens e aguentou muitas reviravoltas da sorte, tecendo seus numerosos episódios numa única história. Em suas causas e consequências, o que chamamos Revolta de Tacky combinava os itinerários de muita gente e de muitos fenômenos: comerciantes, donos de plantations, funcionários imperiais, soldados e marinheiros da Europa, da África e do Caribe, e homens, mulheres e crianças escravizados, todos envolvidos em lutas de vida

FIGURA 0.1. Ataque ao Forte Haldane. Essa representação da Revolta de Tacky apareceu em *The Story of Jamaica*, ilustração gráfica da história da ilha desde o século XV até sua independência do Reino Unido, em 1962, de autoria do grande quadrinista Robert Fujitani. A imagem e sua legenda ajudaram a definir a insurreição para gerações de jamaicanos.* *The Story of Jamaica* (Kingston, 1962). Cortesia de The Gleaner Co. Limited.

---

* A legenda diz: "Um dos maiores e mais ousados levantes de escravos aconteceu em St. Mary em 1760. Foi liderado por um coromanista chamado Tacky. Ele havia sido um chefe na África. Ele conseguiu as armas de que precisava ao invadir o forte em Port Maria". (N. T.)

ou morte para acumular riqueza, desenvolver o poder do Estado, fazer greve pela liberdade ou simplesmente sobreviver.

O comércio transatlântico de escravos arrancou pessoas de uma vasta região da África atlântica e as espalhou pelas Américas. Assim, líderes administrativos ou militares de repente se viram desterrados das paisagens que os sustentavam, disseminados por correntes e por ventos alísios, e replantados em territórios estranhos, onde passaram a trabalhar para construir novas vidas sociais e recuperar certo nível de influência. Inevitavelmente, alguns concluíam que só a guerra seria capaz de pôr fim àquela situação. Na maioria, eram pessoas comuns que acabavam capturadas em incursões de escravização e guerras expansionistas, jogadas através do oceano e instaladas em terras estranhas onde donos de escravos as exploravam e desumanizavam. Quando novos conflitos prometiam libertá-las ou ofereciam recompensas por servirem a seus senhores, os escravizados podiam pegar em armas por qualquer facção que representasse uma possibilidade de vida melhor.

Esse processo de dispersão da terra natal, transplante e adaptação a uma terra nova e estranha é conhecido dos estudiosos da mudança cultural, que colocam a história africana, americana e atlântica dentro de uma ampla moldura comum para ver padrões de transformação em larga escala na religião, na expressão e na identidade africanas.[6] De forma similar, uma abordagem abrangente pode revelar que a turbulência da escravização e as hostilidades diárias da vida em cativeiro deflagraram uma resposta militante que explodiu em rebeliões generalizadas, reverberando nas Américas e retroativamente na Europa. O efeito quando africanos da Costa do Ouro organizaram uma série de revoltas e conspirações nos séculos XVII e XVIII — mais dramaticamente em Cartagena das Índias, Suriname, St. John, Nova York, Antígua e Jamaica — foi a criação de um arquipélago de insurreições estendendo-se pelas Américas do Atlântico Norte.[7] As insurreições jamaicanas de 1760-1, e novos levantes ali em 1765 e 1766, estiveram entre as maiores e mais significativas revoltas.

Os objetivos e as táticas dos rebeldes deixaram claro para observadores que muitos tinham sido soldados na África. Como afirmou John Thornton, "africanos com experiência militar desempenharam papel importante nas revoltas, ainda que não fornecendo todos os rebeldes, mas pelo menos fornecendo-os em número suficiente para solidificar e dar mais viabilidade a revoltas". Além de um ou dois líderes excepcionais, grupos inteiros tinham tido treinamento e disciplina militares, ou pelo menos adquirido conhecimento de táticas de defesa na África. Na verdade, revoltas americanas de escravizados podem ser vistas como extensões de guerras africanas. Considerá-las dessa forma, além de confirmar a importância da África na construção do mundo atlântico, ajuda a revelar que complexas redes de migração, dominação, poder transregional e conflito deram à história política do século XVIII alguns dos seus contornos. Reconhecer a revolta de escravizados como uma espécie de guerra é o primeiro passo para uma nova cartografia da escravidão atlântica.[8]

Gustavus Vassa, ex-escravizado e veterano da Guerra dos Sete Anos, agora mais conhecido por seu nome africano Olaudah Equiano, numa definição célebre chamou a escravidão de perpétuo "estado de guerra". Não uma guerra no sentido convencional, porém envolvendo exércitos disciplinados dirigidos por governantes de Estados. Tratava-se, isso sim, da violência contida inerente à dominação, por sua própria natureza um ataque vigoroso, e o ressentimento correspondente dos escravizados contra "a fraude, a rapinagem e a crueldade" dos senhores de escravos.[9] Equiano fez eco ao filósofo inglês seiscentista John Locke, que no século XVII afirmava que a "condição perfeita da escravidão" não era nada mais do que "o estado de guerra contínuo entre um conquistador legítimo e um cativo".[10] Certamente, embora Locke enaltecesse a liberdade como a condição natural da humanidade e o consentimento como a base de todo governo, sua teoria entrava em choque com sua prática; ele investia no comércio de escravos e em empreendimentos de escravização, e considerava os prisioneiros de guerra como fonte legítima de escravos a serem mantidos fora da sociedade política.[11] Já Equiano referia-se diretamente à guerra prática, diária, definidora de qualquer sociedade afligida pela escravidão.

Aos proprietários de escravos, Equiano perguntava: "Os senhores não vivem hora a hora no temor de uma insurreição?". Não era uma pergunta retórica. Desde os primeiros anos da sociedade escravista da Jamaica, os senhores de escravos tinham considerado os escravizados como "inimigos irreconciliáveis, e apesar disso domésticos", sujeitos à vontade dos colonos apenas pela lei do chicote. A perspectiva de rebeliões de escravos era uma apreensão perene, "uma guerra sempre a mais terrível", como escreveu um dono de escravos, "por não haver misericórdia nela".[12] Equiano visitou a Jamaica em 1772, como homem livre, e a ilha ainda lhe pareceu aturdida com as revoltas de escravos da década anterior. Ali viu que uma sociedade inteira podia ser organizada em torno da violência e do contra-ataque em todos os níveis, do diário ao épico.[13] Era uma observação compartilhada por negros de outras épocas e de outros lugares; as condições da escravidão costumavam ser caracterizadas como "estado permanente de guerra de baixa intensidade, com os escravizados regularmente falando sobre como travar essa guerra".[14] As características marciais da escravidão atlântica merecem análise mais rigorosa.[15]

Atos de resistência à escravidão costumam ser vistos como uma única sequência contínua: numa ponta da luta pela liberdade estão as afirmações diárias de vontade independente e de volição, como fazer corpo mole nos campos, quebrar ferramentas ou furtar coisas dos senhores, enquanto na outra ponta ficam levantes violentos como as revoltas encabeçadas por Tacky e Apongo. Há algum valor em ver essas insurreições como diferentes em escala, mas não em espécie, das recusas menos dramáticas à autoridade do proprietário de escravos; essa visão permite compreender a variedade e a consistência da oposição dos escravizados a seus senhores. Ao mesmo tempo, porém, é concepção muito reducionista. Mascara a complexidade das grandes revoltas, tenta esconder as múltiplas aspirações dos rebeldes, confina a disputa a lugares circunscritos e exclui perguntas importantes sobre planejamento, estratégia, táticas e reivindicações de território — as mesmas perguntas que levantamos sobre as guerras.[16]

As insurreições jamaicanas que começaram em 1760 constituíam uma clara resistência. Mais concretamente, eram atos de guerra. Apresentavam um tipo de luta que se tornara familiar a teóricos militares — o tipo que envolve milícias improvisadas disseminadas por vastas áreas

FIGURA 0.2. Olaudah Equiano. Gravura de Daniel Orme, com base num esboço de W. Denton. © National Portrait Gallery, Londres.

pegando em armas contra grandes potências, com linhas de batalha
quase indefinidas e distinções pouco nítidas entre civis e combatentes.[17]
Ver a revolta como uma guerra, como a viam seus combatentes, ajuda
a descobrir ligações e dinâmicas que indicam muito mais do que a insubordinação e a provocação da resistência escrava. A luta ia muito além
dos limites das plantations, das colônias ou dos Estados — abrangia e
integrava regiões inteiras. Assim como nascia da violência inerente e
diária da escravidão nas plantations, ela era sustentada pelo militarismo
imperial e por transformações mais amplas no comércio, na governança
e no pertencimento cultural. Era mais do que uma explosão local, mais
do que uma continuação de experiência anterior, e envolvia um elenco
de personagens muito maior e mais diversificado do que os estudos de
resistência normalmente apresentam. Era um tipo de acontecimento
mais bem narrado como história de guerra.[18]

A GUERRA MIGRA. Isso nunca foi mais óbvio do que na era em que a violência da expansão imperial e da escravização transformou a Europa, a África
e as Américas à medida que elas interagiam através do Atlântico. Conflitos
imperiais europeus estendiam o domínio da agricultura capitalista. Senhores e seus cativos lutavam uns contra os outros continuamente. Esses
enfrentamentos correspondiam a uma guerra escravista sem fronteiras:
guerra para escravizar, guerra para expandir a escravidão e guerra contra
escravos, respondida do lado dos escravizados pela guerra contra os proprietários de escravos, e também pela guerra entre os próprios escravizados. Nesse sentido, a revolta de cativos jamaicana de 1760-1 foi uma guerra
dentro de uma rede interligada de outras guerras que tinham provocações,
zonas de combate, alianças políticas e combatentes inimigos divergentes
e sobrepostos. Na verdade, fez parte de quatro guerras ao mesmo tempo:
foi uma extensão de conflitos no continente africano; foi uma guerra de
raças entre escravos negros e senhores brancos; foi uma luta entre povos
negros pelos termos de pertencimento comunal, controle efetivo de território local e estabelecimento de seus próprios legados políticos; e foi,

mais imediatamente, uma das batalhas mais acirradas desse conflito global titânico entre a Grã-Bretanha e seus rivais europeus que ficaria conhecido como Guerra dos Sete Anos. Cada uma dessas quatro guerras introduziu diferentes correntes, que convergiram e redemoinharam nas insurreições jamaicanas dos anos 1760. Para mapear seus fluxos, uma nova cartografia de revoltas escravas é necessária — uma que combine as histórias da Europa, da África e da América e abra espaço para novas histórias de lugares, territórios e movimentos.[19]

Para mapear o alcance hemisférico de uma guerra de escravos, precisamos ver os padrões interligados de Estado, comércio, migração, mão de obra e militância formados por uma multidão de viagens. Esses padrões se apresentam de modos diferentes, com mudanças na escala e no âmbito do nosso exame. Uma escala que abrange grandes regiões e transformações históricas complementa um foco mais estreito nas experiências acidentais de cativos, colonos, burocratas, soldados e marujos individuais. Ambas são necessárias se quisermos compreender como incursões escravistas, conflito racial, hostilidades comunais e a Guerra dos Sete Anos criaram um teatro de guerra tão dinâmico quanto os ventos, as correntes e os padrões climáticos do próprio oceano Atlântico.[20] Através de grandes distâncias, essas guerras dentro de guerras ligavam os elementos constitutivos de império, diáspora e insurreição. Uma história integrada de revolta de escravizados que considere suas fontes, seus circuitos e suas reverberações nos levará para longe das plantations, para além das relações entre senhores e escravos e para fora dos lugares convencionais de observação da violência racial. Vetores da guerra de escravizados na Jamaica deram um nó nos itinerários interligados de soldados que combateram na Europa, na América do Norte e na África; marinheiros que atravessaram o mundo atlântico em todas as direções, a serviço de mercadores e impérios; e escravos que foram arrastados para muitos conflitos dos dois lados do Atlântico. Mapear os movimentos de oportunistas, chefes militares, trabalhadores, refugiados e combatentes comuns revela a forma de um arquipélago marcial constituído de picos que dão testemunho das grandes forças vulcânicas atuando por baixo da história mundial.[21]

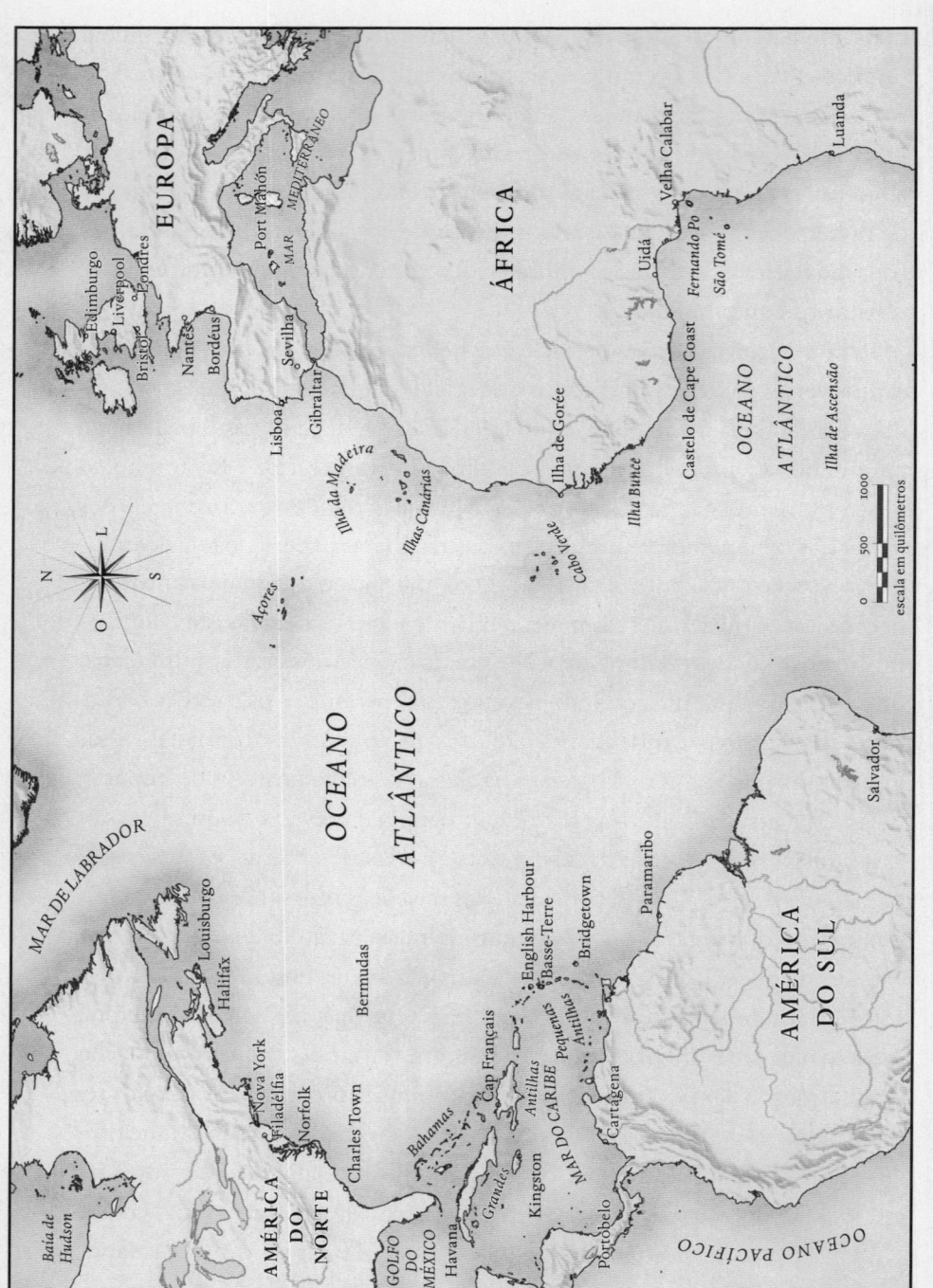

MAPA I. A bacia do Atlântico.
Desenhado por Molly Roy.

A revolta dos escravos foi uma guerra de raças na medida em que dizia respeito a relações entre senhores e seus vassalos. A partir do século xv, a cor da pele passou a ser usada como índice primário de status social, a negritude se tornando cada vez mais sinônimo de escravidão com o passar do tempo. No século xviii, especialmente na América britânica, os brancos já contavam como certo que os negros existiam para atender a seus desejos materiais, sexuais e psíquicos. Em sociedades escravistas como as do Caribe e do sul da América do Norte, os brancos se achavam, coletivamente, uma raça dominante. Quase sempre superados em número por seus desesperados escravos, os colonos desenvolveram regimes complexos de terror para mantê-los submissos. Em raras ocasiões, quando surgiam oportunidades, escravos rebeldes respondiam à altura.[22]

Revoltas e conspirações de escravizados costumavam ser sufocadas rápida e brutalmente pelos senhores, sempre temerosos da violenta investida de negros furiosos que achavam que um dia talvez viesse.[23] A revolta de 1760-1 na Jamaica foi mais exemplar do que excepcional, porque representou a soma desses temores. Ocorrendo três décadas antes que a Revolução Haitiana de 1789-1804 destruísse a colônia mais lucrativa da Europa nas Américas, a vizinha Saint-Domingue francesa, o conflito jamaicano suspendeu a vida tal como os colonos a conheciam, violando a ordem doméstica, interrompendo o comércio e ameaçando o fim do seu prestígio. Ameaçou também retraçar o mapa da América colonial como território africano, onde a dominação branca não teria vez. Os britânicos investiram grande energia e gastaram somas consideráveis para fortalecer sua sociedade contra essa possibilidade.

Os africanos escravizados tinham, de fato, seus próprios desígnios na paisagem da Jamaica, guiados por sua experiência de escravização e por seu entendimento das possibilidades de fuga.[24] Imaginavam-se andando livremente através do território que estava além do controle dos proprietários, vendo nas florestas e nas montanhas um mundo separado das planícies e dos vales ocupados por propriedades agrícolas, onde comunidades de fugitivos poderiam transformar perigos naturais em vantagem defensiva. Além disso, viam, mesmo dentro do domínio dos senhores de escravos, oportunidades de readaptar pequenos espaços e fazer deles lugares onde pudessem proteger seu senso coletivo de autoestima contra ataques diários, e sonhavam construir suas próprias sociedades mesmo nos locais onde padeciam a escravidão.[25] Esses projetos para a ilha eram influenciados, como no caso dos brancos, pela longa história de transformações violentas inerentes ao comércio de pessoas escravizadas.

As guerras eram os principais condutores e facilitadores do comércio atlântico, criando condições favoráveis para a proliferação da agressão. Conquistas militares asseguravam novos mercados e novas forças de trabalho capturadas e coagidas, enquanto exércitos viabilizavam os negócios. O eminente estudioso W. E. B. Du Bois reconheceu, lucidamente, que a guerra lançava os alicerces de sistemas de produção comercial com os custos não declarados de "suor, sangue, morte e desespero".[26] A exemplo de Du Bois, historiadores que escrevem sobre a escravidão colonial na tradição radical — como C. L. R. James, Eric Williams e Walter Rodney — insistem em afirmar que o comércio de escravos era a mais forte das cordas que mantinham a região unida e o estímulo ao crescimento econômico, além de ser uma das principais causas das desigualdades crônicas.[27] O comércio de escravos ligava o comércio europeu e o desenvolvimento colonial à história política das guerras africanas — que produziam a maior parte dos cativos vendidos na costa, fazendo prisioneiros ou criando seca, fome e governo falido, condições que expulsavam as pessoas de suas casas e as tornavam alvo fácil de predação. Devido a essa ligação estreita entre guerra, escravização e expansão econômica, a história da África deve ser entendida como parte integrante do desenvolvimento dos impérios europeus.[28]

Para fazer seu trabalho, os comerciantes de escravos na Costa do Ouro precisavam pelo menos ter algum conhecimento do território político africano. No início dos seus negócios com a África atlântica, os europeus, que mal conheciam a silhueta costeira do continente, produziram mapas conjecturais das entidades políticas que encontravam ou de que ouviam falar por meio de informantes. Tentavam descobrir que governantes deveriam adular, quem controlava o acesso às melhores rotas comerciais e quem se preparava para a batalha, pois guerras rendiam mercadorias humanas. Enquanto disputavam o comércio, os europeus se revezavam expulsando uns aos outros dos seus fortes, hasteando uma série de bandeiras para informar a enviados africanos locais, e a navios que balançavam nas águas ao largo da costa, quem era o novo dono. Formando uma linha denteada ao longo da costa, essas pequenas guarnições eram os pontos onde prisioneiros trazidos do interior entravam em contato com seu cativeiro europeu. Dali eram enfiados aos montes nos porões dos navios negreiros para a travessia rumo às Américas. Já vitimados por guerras escravizantes, e desgarrados de suas comunidades ancestrais, eles agora enfrentavam os desafios de forjar novas formas de pertencimento condizentes com as guerras raciais do Novo Mundo.

As lutas de povos negros para ordenar suas comunidades nas Américas costumavam degenerar em violência. Historiadores habituaram-se a apresentar as revoltas de escravos coromantis como as clássicas "rebeliões africanas" — os exemplos mais espetaculares de revolta "nacional" ou "étnica" — porque eram organizadas e executadas, acima de tudo, por pessoas de uma única e vasta região linguística. Mas esses levantes apresentavam dinâmicas mais tensas e complicadas do que essa caracterização pressupõe. Longe de constituir um grupo étnico africano unificado, com um claro senso de identidade, as alianças coromantis eram divididas em múltiplas dimensões. Havia lutas políticas entre esses africanos da Costa do Ouro, lançados uns contra os outros em guerras do Velho Mundo; entre estranhos atirados no mesmo cadinho de miséria da escravidão colonial; entre negros nascidos na África e negros nascidos na América; e entre coromantis com interesses e crenças conflitantes.[29] Até mesmo dentro do contexto da luta comum contra a escravização as insurreições coromantis apresentavam todas essas tensões. Pressupor uma coerência no grupo étnico coromanti é obscurecer a turbulência interna que afetava a trajetória de suas cruzadas.

Todos os africanos levados para a América eram moldados por sociedades e experiências passadas; compreender isso ajuda a rastrear as influências da história africana na América, e da história americana sobre os africanos.[30] As influências mais fortes eram suas experiências de guerra, desterro e regeneração social, que continuavam nas sociedades escravistas americanas. Escravos diferiam e se pareciam entre si ao longo de múltiplos eixos, incluindo não apenas línguas, crenças e práticas espirituais, ideais de relações de gênero e alianças políticas transitórias, mas também as formas de sujeição às prerrogativas dos senhores, os papéis sociais exigidos pelo regime de trabalho e as operações de segurança colonial. Nenhuma faceta isolada de identidade determinava a resposta das pessoas à escravização. Elas adotavam posições variadas e conflitantes, o que levava ao conflito político entre escravizados e entre escravos e negros libertos. A fim de entender como os rebeldes africanos da Jamaica foram capazes de mobilizar um grupo disperso de "conativos" para travar uma guerra contra o império atlântico mais poderoso de sua época — e por que tantos outros povos negros lhes fizeram oposição, ou ficaram à margem —, precisamos examinar como eles se ajustaram às novas circunstâncias, criando identificações e afinidades, reagrupando-se em comunidades políticas.

Lutas a respeito de pertencimento comunitário não eram apenas parte do empreendimento maior da formação de grupos étnicos ou do que tem sido chamado de etnogênese.[31] Estavam presentes também em espaços íntimos e em interações estreitas. Nas senzalas e nas casas grandes, no trabalho e nos campos, em cidades portuárias e a bordo de navios, bem como ao longo de caminhos que ligavam partes da ilha — em todo lugar era possível ler e interpretar sinais de diferenças e semelhanças, de deferência e desrespeito —, pessoas criavam o que a historiadora Stephanie Camp chamou de "geografias rivais," envolvendo-se na "política de lugar" que dava sentido a seu ambiente.[32] Em toda a ilha pessoas mantinham uma "intimidade antagônica", na qual reivindicações contraditórias relativas a território compartilhado surgiam de sentimentos profundos e divergentes de privilégio, moralidade e justiça dentro de cada indivíduo.[33]

Muito mais fáceis de mapear do que essas lutas comunitárias são as reivindicações territoriais de Estados-nação e de impérios. Tendo sido território espanhol antes de 1655, a Jamaica foi capturada nesse ano pelos ingleses, vindo a ser uma das possessões mais valiosas do reino. Ao longo das guerras frequentes da Grã-Bretanha contra holandeses, espanhóis e franceses, a ilha foi um alvo tentador, tendo suas defesas reforçadas, portanto, para repelir ataques. Todavia, o desafio mais sério à soberania britânica na Jamaica veio não de rivais europeus, mas de africanos e seus descendentes. Rebeldes negros fragmentaram o território do controle colonial durante os séculos XVII e XVIII, e estavam em posição de tomar conta de toda a ilha durante a Guerra dos Sete Anos — ou ao menos era o que os proprietários de escravos temiam.

A Guerra dos Sete Anos foi um conflito global de enormes consequências, mas os historiadores mal perceberam que a insurreição jamaicana foi uma de suas grandes batalhas.[34] Os relatos mais abrangentes da guerra se concentram basicamente na rivalidade entre europeus, dando a devida importância a nações indígenas americanas na América do Norte mas ignorando completamente a rebelião jamaicana.[35] Historiadores do Exército britânico durante esse período manifestam dúvidas de que as Forças Armadas tenham aprendido muita coisa com os desdobramentos militares no Caribe.[36] Mesmo as mais importantes interpretações das atitudes raciais na guerra anglo-americana daquele período negligenciam a supressão de levantes escravos.[37] A tendência dos cronistas é separar a guerra dos escravizados e a campanha britânica pelas Antilhas.[38] A prodigiosa coleção da história militar britânica inclui parcas referências à supressão de revoltas de escravos na Jamaica, apesar do seu status de colônia militarmente mais significativa na América britânica do século XVIII.[39] Os combatentes comuns eram melhores observadores. Alguns dos soldados, marinheiros e fuzileiros navais que travaram as batalhas mais famosas da Guerra dos Sete Anos em Quebec, no Senegal, na Martinica e em Guadalupe lutaram em seguida contra rebeldes jamaicanos. Nada há de surpreendente no fato de tropas serem enviadas para múltiplos teatros de guerra, mas nesse caso as experiências das tropas não geraram nada parecido com uma estratégia codificada de contrainsurgência. Talvez seja por essa razão que nem os historiadores militares preocupados com guerras oficialmente reconhecidas nem os estudiosos da resistência escrava concentrados em lutas locais pela liberdade deram muita atenção ao modo como essas pequenas guerras sujas exemplificam as relações entre comércio, trabalho e poderio imperial.[40]

As REVOLTAS DE ESCRAVIZADOS PUNHAM em estreito envolvimento uma pilha de participantes, mas é principalmente com os registros deixados por seus inimigos que contamos para conhecer as histórias dos rebeldes. Os povos poderosos da época e seus escribas distinguiam de imediato quem era combatente legítimo e quem não era, e seus documentos tratam escravizados insurgentes com desprezo. Da mesma forma, as práticas de coleta de repositórios históricos, sejam de propriedade do Estado ou de famílias, tradicionalmente são guiadas por patronos com uma compreensão preestabelecida do mundo; materiais que dão testemunho de políticas populares confusas raramente se coadunam com as narrativas oficiais de nações, povos e acontecimentos históricos. Revoltas de escravizados podem parecer isoladas e insignificantes depois que acontecem porque, com exceção dos grandes levantes que criaram o Estado-nação do Haiti, parecem ter tido importância basicamente para a gente local, em suas propriedades ou em suas colônias individuais, e poucas consequências de longo prazo.[41]

Essa falsa impressão se deve, em parte, à escassez de fontes escritas produzidas por pessoas negras naquela época. Funcionários governamentais, comerciantes que compravam e vendiam escravos, plantadores que mantinham diários, correspondentes que tinham propriedades, donos de gráficas coloniais e missionários cristãos cujos escritos enchem os arquivos não estavam muito preocupados com a política dos escravizados. Esses autores discutiam seus próprios planos e atividades, competiam uns com os outros e viviam preocupados com as muitas coisas que poderiam resultar no fracasso de suas iniciativas. Mesmo quando deparamos com colonos que escrevem diretamente sobre revoltas escravas, seus comentários traem o desejo de mudar imediatamente de assunto. As vidas negras só eram importantes na medida em que satisfaziam um desejo de produtividade, de prazer sexual ou de elevação de status pessoal. Levantes causavam lamentáveis interrupções no plantio, no comércio e no transporte, pelo que os correspondentes pediam as devidas desculpas a seus credores ou supervisores — sempre prometendo uma rápida retomada da normalidade nos negócios —, mas poucos paravam para refletir sobre queixas e objetivos dos escravizados, ou sobre as ligações entre vários indivíduos e forças que estavam por trás das insurreições.

Mas o conteúdo de um texto jamais está limitado aos projetos e às intenções do autor. Fontes históricas nunca são reflexos transparentes do que, do como e do por que aconteceu; também não são, no caso dos levantes jamaicanos, simplesmente os fantasmas literários da imaginação dos colonos. A história da Revolta de Tacky está para sempre entrelaçada aos temores e fantasias que gerou, mas esses temores e fantasias eram estimulados pela robusta militância de negros rebeldes. Tão certo como as mudanças que o vento e a água provocam nos contornos da pedra, as fontes de arquivo sobre a escravidão foram moldadas pelos negros que elas raramente descrevem. Lendo esses registros, seja para investigar coisas que as fontes jamais pretenderam ilustrar, seja para notar o quanto eles constrangem e moldam nosso conhecimento, podemos contar histórias plausíveis sobre as aspirações e as lutas dos escravizados.[42]

Essas histórias nunca foram as que alguém como o historiador do século XVIII Edward Long queria contar. E, apesar disso, seu relato feito das insurreições de escravizados nos anos 1760 continuaram sendo um texto básico por quase 250 anos. Long era um inglês culto, erudito, profundamente ligado à Jamaica, tetraneto de Samuel Long, que foi presidente da Casa da Assembleia da ilha nos anos 1670 e 1680. Edward foi para a Jamaica em 1757, ainda com vinte e poucos anos, passando ali doze anos como proprietário de terras, juiz no tribunal do vice-almirantado e secretário do cunhado, o vice-governador Henry Moore, antes de voltar à Inglaterra em 1769 para escrever os três volumes da sua *História da Jamaica*. Long era um historiador sério, escolhendo diligentemente suas fontes e interpretando-as com o máximo cuidado. Além disso, odiava negros, em especial africanos, e era um ardoroso defensor da escravidão. Sua obra não pode ser ignorada; tampouco pode ser aceita sem reservas. Questionar Long de maneira combativa e submeter suas histórias e

motivações a um exame rigoroso produzem informações úteis de inteligência. Isso se aplica igualmente à subsequente história das Antilhas Britânicas
escrita por Bryan Edwards, também proprietário de terras, e aos informes
testemunhais de seu tio, Zachary Bayly, que ajudou a sufocar levantes de
escravizados em 1760 e 1765. Em cada caso, assim como no dos registros feitos
por funcionários militares ou governamentais, comerciantes e missionários,
temos que descobrir a história dos escravizados através das narrativas nada
confiáveis de seus captores.[43]

Os contornos da história de Wager, por exemplo, foram esboçados pelo
capataz Thomas Thistlewood, cujo diário pessoal é um catálogo de brutais
táticas disciplinares, crueldades casuais e ataques sexuais ao longo de três
décadas. Thistlewood talvez não seja uma testemunha confiável, mas sua
breve menção ao tempo de Apongo na Costa do Ouro, à escravização dele
na Marinha Real e à execução na forca pública alude ao processo mais
amplo de guerra diaspórica.[44] Seguindo as pistas deixadas pelo diarista,
descobrimos que Apongo foi uma das muitas pessoas de alto status social
a se tornarem vítimas de negociantes de escravos, viajarem com outros homens da Costa do Ouro e trabalharem em plantations ao lado de outros
escravizados decididos a lutar contra a classe dos senhores. Embora se trate
de um indivíduo excepcional, sua vida foi repleta de experiências comuns
a muitos outros. O comércio de escravos forçava todas as pessoas escravizadas a refazer e renegociar seu senso de afiliação e de pertencimento. A
colossal dispersão de africanos através do Atlântico também espalhou as
sementes do conflito militar pelas Américas.

Como a maioria das insurreições de escravizados, a guerra de Tacky e
de Wager acabou mal para os rebeldes. Os insurgentes foram mortos ou
capturados, executados em público em espetáculos hediondos ou banidos
da ilha — provavelmente acompanhados de muitos espectadores que não
tinham tomado parte na luta. Olhando para trás com a perspectiva de
historiador, é possível observar que o resultado nunca esteve em dúvida;
o equilíbrio de forças condenava a rebelião desde o início. Os coromantis
não tomariam a colônia dos britânicos como os colonos norte-americanos
tomariam seu território duas décadas e meia depois e como os haitianos
tomariam Saint-Domingue dos franceses em 1804. Mas os rebeldes da Ja-

maica não sabiam que estavam condenados ao fracasso. Agiam na esperança de obter êxito, e sua confiança exige uma reavaliação da política da
escravidão. Mesmo em meio ao negócio da guerra e da escravização numa
colônia militarmente guarnecida para a batalha contra inimigos de fora
e de dentro, eles conseguiram descobrir fissuras no panorama do poder
dos donos de plantations, fora do alcance dos chicotes dos senhores de
escravos. Puderam até desafiar as forças combinadas do Império Britânico
e encontrar lugar duradouro na memória popular.

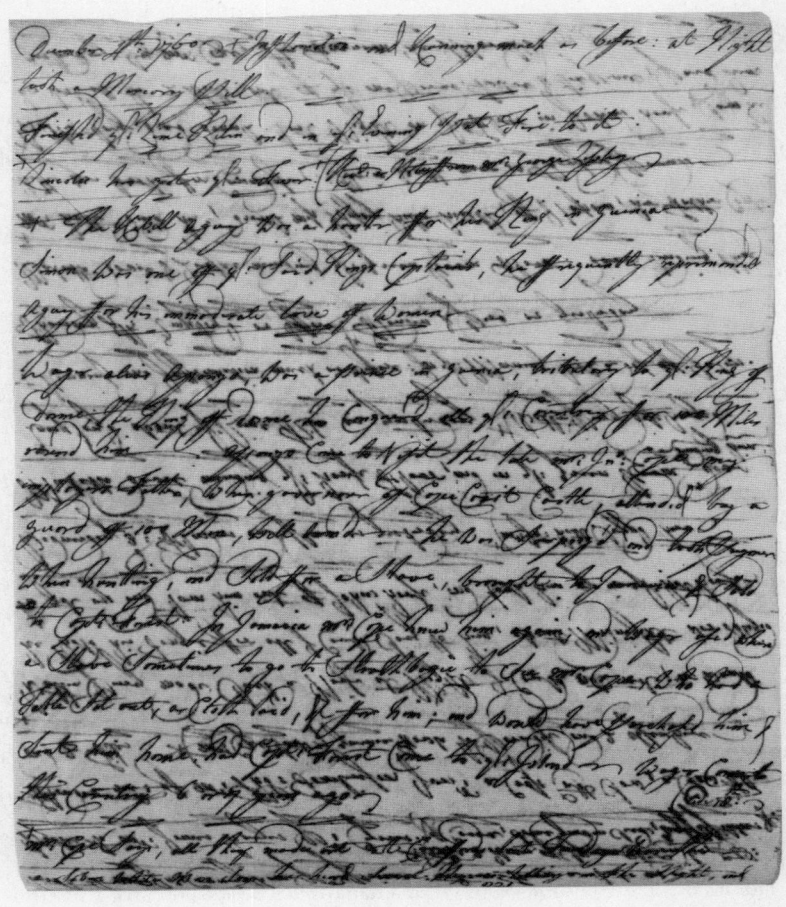

FIGURA 0.3. Diário de Thomas Thistlewood, 4 de dezembro
de 1760. Cortesia da Beinecke Library, Yale University.

Quando construíram uma fortaleza na montanha para mais de mil homens, mulheres e crianças, os rebeldes abriram caminho para chegar ao mapa oficial da Jamaica. Em meio à Guerra dos Sete Anos, agrônomos foram contratados para produzir o atlas mais detalhado da ilha até aquela data. Impresso em 1763, ele trazia grandes mapas da topografia e das propriedades em cada um dos três condados da colônia. No Distrito de Westmoreland, além dos sítios das cidades importantes construídas por antigos escravos chamados maroons o mapa assinala com clareza o local da "Barricada dos Rebeldes" — o que é um testemunho da ambição dos insurgentes e de uma insurreição de escravos que não poderia passar despercebida, por mais que os senhores tentassem negar e distorcer sua história. O poder jamais é total. Mesmo os povos mais subjugados ousaram planejar e lutar por objetivos que lhes eram proibidos. A perspectiva dos rebeldes sobre império e insurreição deveria impregnar a nossa própria perspectiva. Suas lutas iluminam as rachaduras no edifício do capitalismo racial, lembrando-nos de que outro mundo não é apenas possível — outro mundo é inevitável.

FIGURA 0.4. Este detalhe de um mapa da Jamaica de 1763 mostra o lugar da Barricada dos Rebeldes no distrito de Westmoreland. De autoria de Thomas Craskell, agrimensor. Cortesia de UK National Archives.

1. Império de guerras

O LEVANTE DOS ESCRAVIZADOS JAMAICANOS em 1760-1 não começou na África, mas foi ali que essa história se iniciou. Embora a revolta fosse uma resposta aos sofrimentos dos rebeldes africanos na Jamaica, eles recorreram a lições aprendidas bem antes de atravessarem o oceano Atlântico. Não está claro se sabiam alguma coisa sobre colonos brancos, sobre o poder dos impérios europeus ou sobre as melhores estratégias e táticas para lutar contra eles. Mas esse lado incerto da história sugere seu ponto de partida mais importante: muitos africanos foram para as Américas levando experiência direta da expansão imperial da Europa. A história africana já se juntara à história das Américas.[1]

Abrir a história de uma revolta de escravos americana mostrando o entrelaçamento da África com o império europeu permite uma mudança de perspectiva, levando em conta a geografia mais ampla que influenciou a trajetória da insurgência e a imaginação política dos seus participantes. Partir da imagem de escravizados na Jamaica, ou em qualquer outro lugar das Américas, incentiva a manter o foco em seus sofridos corpos negros e ver apenas sua reação à escravidão. Recordar suas raízes na África Ocidental leva, diferentemente, a considerar seus objetivos, suas iniciativas e suas manobras. Isso oferece um ponto de vista diferente também sobre os proprietários de escravos: suas interações com africanos militares ressaltam tanto as falhas do comando europeu como sua maestria, a fragilidade e a insegurança que os colonos só conseguiam superar com espetaculares demonstrações de força. Os proprietários de escravos citavam a militância negra como justificativa para utilizar de brutalidade. Em resposta, abolicionistas do fim do século XVIII enfatizavam a imagem de um suplicante ajoelhado pedindo desesperadamente para ser reconhecido como homem e como irmão, como se a condenação do mal exigisse a dócil inocência de suas vítimas. Esse ícone de abjeção ainda hoje determina o nosso entendimento de escravidão e raça. Mas a caricatura não tem qualquer semelhança com os combatentes negros que enfrentaram vigorosamente os brancos em confrontos por todo o mundo afligido pela guerra da escravidão atlântica, da África Ocidental às Américas.

Podemos vislumbrar os contornos dessa luta transatlântica através das vidas interligadas de Wager (ou Apongo, como era chamado originalmente), John Cope e Arthur Forrest, que simbolizam a natureza da insurreição africana na Jamaica como uma guerra dentro de um sistema de guerras. A enigmática história de vida de Wager inclui uma improvável trajetória dos conselhos administrativos de política e comércio da Costa do Ouro para a Marinha Real britânica durante a guerra, dos canaviais da Jamaica para a liderança de um imenso levante de escravizados e, por fim, para sua execução na forca pública. Cope, por seu turno, passou alguns anos tumultuosos na África Ocidental, aproveitando os conflitos internos africanos como oportunidade para melhorar de vida no comércio de escravos britânico. Então, depois de anos financiando o comércio a partir de Londres, ele se retirou para uma rica existência de proprietário de terras na Jamaica, a colônia mais lucrativa da Grã-Bretanha. Já Arthur Forrest, guerreiro naval e grande dono de plantations, lutou de modo admirável em alguns dos mais celebrados triunfos militares britânicos do século XVIII, mesmo enquanto seus escravos produziam a maior rebelião de escravizados do Império. Apesar de termos um conhecimento mais seguro das histórias de Cope e Forrest que da de Wager, todos eles são, à sua maneira, figuras emblemáticas de experiências, forças e padrões diversos. A história de suas relações com Apongo/Wager, apesar de incerta, ilumina os circuitos conectivos da escravidão atlântica.

Todos esses homens percorriam as principais artérias do império atlântico, mas seus diferentes caminhos sugerem outras formas de ver esse mundo, além daquelas dos planos e diagramas oficiais.[2] Suas histórias interligadas chamam a atenção para as "intimidades" da narrativa intercontinental, para ver como as pessoas que faziam impérios funcionarem ligavam escalas de análise oceânicas, imperiais e topográficas, quase sempre mantidas separadas.[3] Da intimidade dessa geografia compartilhada, personagens como Cope, Wager e Forrest aprenderam lições que serviriam para orientar suas decisões estratégicas e respostas táticas diante da violência. Seu conhecimento experimental entrelaçava Europa, África e América numa só região, onde quase todos sabiam que o tráfico de seres humanos era parte do negócio da guerra.

NUM GRANDE MAPA e numa sequência cronológica ampliada, podemos ver as mais importantes transformações que, de meados do século XVII a meados do século XVIII, prepararam o terreno para as trajetórias desses três homens. Impérios europeus se expandiram por meio da concorrência militar e comercial, a África Ocidental ficou mais violenta para atender à demanda europeia por escravizados e o Caribe emergiu como uma região acirradamente disputada, onde a escravidão florescia. Os conflitos que moldaram essas regiões interligadas começaram bem antes de os caminhos de Apongo, Cope e Forrest se cruzarem, e continuariam por muito tempo depois. Batalha por batalha, ao longo de um século de expansão imperial em três continentes, uma série de ações militares foi conectando o mundo do império atlântico a guerras de escravização africanas.

O comércio transatlântico de corpos africanos dependia de uma relação simbiótica entre guerra, escravidão e império marítimo. De meados do século XVI, quando comerciantes africanos na Senegâmbia e em Angola pela primeira vez forneceram escravos em números significativos para os europeus, o comércio ampliou-se de maneira espetacular no decorrer do século XVIII, quando atingiu um novo pico e integrou mais territórios do que em qualquer período anterior. O empreendimento europeu nas Américas prosperava sempre e em qualquer lugar onde a mão de obra africana escravizada fosse mais explorada. Os escravos eram as mercadorias mais significativas da região e o fator mais crucial na produção de bens e serviços.[4]

A força definia a economia política do mundo atlântico, com as potências europeias disputando território com os povos nativos americanos e entre si, enquanto a disciplina e o terror da escravidão sustentavam a expansão da agricultura de plantations e o crescimento do sistema atlântico estimulava violentos desterros em toda a região.[5] Cativos escravizados eram levados em bandos para navios fortificados construídos especificamente para desencorajar levantes.[6] A riqueza do mundo atlântico movimentava-se entre portos guarnecidos militarmente, e o consumo de bens era, em geral, produto de alguma grande ou pequena conquista — de territórios, de entidades políticas e de povos, ou de vontades individuais. A violência interpessoal, como outras formas de interação humana, ajustava-se ao mercado e a suas rotas de troca. À medida que os circuitos cresciam e se estendiam, o mesmo se dava com o âmbito da guerra, mapeando um arquipélago de conflitos sangrentos delineado pelos movimentos de comerciantes, soldados, marinheiros e escravizados.

A combinação de Inglaterra, África Ocidental e Caribe durante o período mostra as linhas gerais desse modelo. No século XVIII, o Reino Unido (significando Inglaterra e Escócia depois da sua unificação em 1707) travou uma série de guerras cada vez mais intensas — sendo a mais famosa delas com a França — no continente europeu e nas colônias. No mesmo período em que construíam um império global, os britânicos emergiram como os principais comerciantes de escravos do mundo. O sociólogo Orlando Patterson afirma que a escravidão é uma forma de parasitismo. O conceito se aplica à escravidão não somente como relação interpessoal, mas como princípio de geografia social. As colônias caribenhas da Grã-Bretanha, majoritariamente povoadas por trabalhadores escravizados da África, eram de longe as mais lucrativas. Para operar as plantations, o comércio de escravos alimentava-se de rivalidades interafricanas e estimulava o apetite regional pela violência. Sua prosperidade advinha, de modo oportunista, de guerras africanas, que em última análise aumentaram a riqueza imperial europeia. Como explicam os historiadores Jane Burbank e Frederick Cooper, "foi a escravidão que viabilizou o império e o império que tornou a escravidão possível".[7] Ao mesmo tempo, a guerra fazia o império funcionar, e os vários impérios escravistas estavam entrelaçados num abraço belicoso.

A guerra e a escravidão alimentavam uma à outra, à medida que as histórias da Europa, da África e das Américas se tornavam cada vez mais interligadas. A violência rotineira da ocupação militar e a brutal exploração dos trabalhadores coloniais provocavam assassinatos, revoltas e massacres. De maneira mais ampla, extensões no âmbito e na escala do comércio incentivavam expansões paralelas no campo da competição militar. Conflitos dinásticos na península europeia tornavam-se disputas atlânticas, nas quais um confronto num teatro de guerra costumava provocar retaliação em outro, do outro lado do oceano. Pequenos incidentes de fronteira, incursões e motins se transformavam em lutas titânicas sobre o destino dos impérios. Combates ritualísticos tradicionais destinados a estabelecer domínio simbólico e tributo político transformaram-se em conflitos armados mais frequentes, visando ao extermínio do inimigo. As competições navais para controlar rotas marítimas e estabelecer enclaves estratégicos amplificavam-se em guerras que atingiam múltiplos continentes.

Na verdade, a guerra alimentava e solapava impérios. Em qualquer lugar ela geralmente restringia o comércio, aumentando riscos e elevando custos, ainda que tivesse sido deflagrada justamente pela concorrência comercial. De outro lado, a guerra ajudava a expandir o campo do comércio, apesar de ser ruim para a maioria dos negociantes individuais. No contexto da história africana, a intensificação da violência política, que possibilitou o crescimento de um mercado de exportação de escravizados, afetou sociedades onde quer que as rotas comerciais fossem importantes. Apesar disso, fornecedores de escravos precisavam que suas rotas comerciais e suas relações mercantis fossem blindadas contra a violência. Potências soberanas e comerciantes resolviam essa aparente contradição separando a infraestrutura comercial da violência direta da escravização, criando zonas seguras para que o dinheiro e os produtos trocassem de mãos por meio da consolidação de redes comerciais independentes que permitiam a movimentação de escravizados mesmo com a incessante guerra entre Estados.[8] Esse processo de perturbação e integração simultâneas funcionava até fora da África; guerras particulares prejudicavam o comércio ao mesmo tempo que o militarismo imperial tornava o crescimento do comércio possível e lucrativo. Sob guarda armada, dentro do alcance de tiro de uma fortaleza ou na esteira de um navio de guerra, a coerção criava mercados estáveis. Os comerciantes de sucesso só requeriam calma para si mesmos, no olho da tempestade; todos que estivessem fora do ponto de troca podiam ser arruinados.[9]

O Caribe tornou-se sustentáculo das relações da Inglaterra, da África e do oceano Atlântico com o crescimento da agricultura das plantations. Nos anos 1640, o plantio de tabaco e cana-de-açúcar tinha começado a gerar riqueza impressionante para proprietários de terras mais industriosos. Durante o mesmo período em que as Guerras dos Três Reinos assolavam Inglaterra, Irlanda e Escócia, colonos em Barbados, ocupada inicialmente pelos ingleses em 1627, desenvolviam plantations de cana-de-açúcar em larga escala que dependiam do trabalho forçado. Dezenas de milhares de cativos desterrados de seus reinos foram despachados de navio para as colônias sob condições rígidas de trabalho compulsório, em geral por períodos de sete a dez anos. Isso permitia aos donos de plantations de Barbados operá-las com trabalhadores brancos coagidos, mais ou menos como os senhores de plantações de cana-de-açúcar vinham fazendo nas ilhas do Atlântico e como o Brasil fez com africanos escravizados. Colonos ingleses levaram seu modelo de plantation para outras ilhas, incluindo a Jamaica, depois que ela foi tomada dos espanhóis, em 1655. O ambiente dos trópicos era mortal, e os proprietários de terras só conseguiam manter o ritmo da produção agrícola através da importação de trabalhadores para substituir os que morriam. Quando as Guerras Civis inglesas acabaram, e o número de trabalhadores vindos da Europa diminuiu, os donos de plantations voltaram-se para os africanos escravizados a fim de preencher suas necessidades. Em 1672, a Inglaterra estabeleceu a Royal African Company para assegurar o fornecimento de escravizados.[10]

A Inglaterra já estava empenhada em construir seu poderio marítimo com base na guerra e no comércio, investindo pesadamente na Marinha Real e na marinha mercante. Lutando para superar os holandeses, o principal concorrente no comércio transportador, os ingleses travaram uma série de guerras contra a Holanda na segunda metade do século XVII, saindo mais fortes de cada conflito. Nos anos 1690, a Inglaterra já era a maior potência naval e uma persistente ameaça ao vasto império americano reivindicado pela Espanha. Embora continuassem dirigindo suas atenções para a Europa e para a iminente ameaça de invasão pela França, dona do exército mais forte do continente, os estadistas ingleses adquiriam vantagem no comércio marítimo, fonte decisiva de poderio nacional. A partir de 1651, as Leis de Navegação procuraram confinar a maior parte possível do comércio a navios ingleses, e deram prioridade à regulamentação do comércio como meio de enriquecer o país. Políticos das mais diversas tendências viam a riqueza comercial e o poderio naval como dois elementos que reforçavam um ao outro: as receitas alfandegárias enchiam os cofres do Estado, o transporte marítimo aumentava as reservas de marujos aptos e uma Marinha poderosa era capaz de proteger a Inglaterra de ataques e ampliar as rotas de comércio lucrativo. A rápida ampliação do alcance marítimo inglês inspirou um interesse duradouro pelo império ultramarino.

Na esteira da Revolução Gloriosa de 1688, o Parlamento inglês conquistou o poder de controlar a Bolsa, limitando a prerrogativa real ao consentimento da sociedade civil. Nos anos seguintes de guerra contra os franceses e os espanhóis, o governo inglês tornou-se um poderoso "Estado fiscal-militar", gerando altos impostos, uma administração civil bem organizada, um Exército permanente e uma atitude militarista para com as questões mundiais. Novos arranjos financeiros apoiaram sistemas mais densos de comércio, Forças Armadas mais poderosas, regulamentos administrativos mais detalhados e melhor comunicação. Com a importância crescente das receitas comerciais e o novo pacto entre a Coroa e os representantes do povo no Parlamento, uma nova elite comercial ganhou influência nos negócios de Estado, conseguindo definir regras de comércio e de finanças que lhe traziam mais benefícios.[11] Comerciantes fizeram uma vigorosa campanha pública para acabar com os direitos exclusivos de monopólios como a Royal African Company, empurrando o comércio de africanos escravizados para dentro do "livre mercado" na segunda década do século XVIII. Com atraentes incentivos estimulando a iniciativa privada, o volume do comércio de cativos aumentou drasticamente. Um exemplo disso é a Jamaica, que, sozinha, recebeu em 1729 um número de carregamento humano quatro vezes maior do que em 1687.[12]

Nas Américas, durante a Guerra dos Nove Anos, de 1689 a 1698, e a Guerra da Rainha Ana, de 1702 a 1713 (esta última conhecida na Europa como a Guerra da Sucessão Espanhola), os ingleses, franceses e espanhóis trabalharam para debilitar a força comercial uns dos outros saqueando plantations, capturando escravos e incendiando construções. Entre essas incursões e a ameaça da pirataria, a constante sensação de vulnerabilidade incentivou um fortalecimento ainda maior do comércio. Os ingleses estabeleceram esquadrões navais permanentes em Port Royal, na Jamaica, e Porto Inglês, em Antígua, para manter forças de cruzeiro capazes de defender o comércio imperial, e que poderiam ser robustecidas por frotas maiores para operações mais ambiciosas.[13] Embora a Guerra da Rainha Ana tivesse afetado temporariamente o comércio de escravizados, o Tratado de Utrecht, de 1713, que pôs fim à guerra, assegurou à Inglaterra o poder de monopólio via contrato de *asiento* para fornecer escravos à América Espanhola e a autorizou a enviar um navio por ano para fazer comércio geral na grande feira de Portobelo, no istmo do Panamá. Essa concessão levou a uma nova expansão das compras britânicas de cativos na África e a um ativo comércio de reexportação da Jamaica, que rapidamente se tornou o ponto de articulação do comércio de escravizados na América britânica.

No mesmo período, na África Ocidental, a violência foi intensificada para atender à demanda atlântica de mão de obra escrava, enquanto o crescimento do sistema atlântico alimentava a militarização de vastas áreas da África para além da costa. A guerra aumentou em escala, e algumas sociedades passaram a celebrar o militarismo com grandes demonstrações públicas de brutalidade. Aristocracias militares dominavam os mais poderosos regimes escravistas, que em muitos casos chegaram ao poder explorando o comércio atlântico.[14] Isso era especialmente verdade na Costa do Ouro, onde Apongo residia antes do seu cativeiro na Jamaica. Cativos de guerra geralmente tinham alto valor entre as fontes de escravizados domésticos, superando em número os fornecidos por meio de mercados, penhora, incursões, sequestros e tributos, e fontes menores como presentes, condenados e vendas ou acordos coletivos ou privados. O comerciante de escravos francês Jean Barbot comentou em 1732 que, "em tempos de guerra entre as nações do interior e as mais próximas do mar", a Costa do Ouro fornecia "grande número de escravos de todos os sexos e idades; às vezes num lugar, às vezes noutro, dependendo da natureza da guerra, e da situação do país no qual é travada".[15] Resgates muitas vezes poupavam pessoas de status social significativo da escravidão permanente, mas nem sempre. Com frequência, os valores eram tão altos que amigos e parentes não conseguiam pagar. Como resultado disso, segundo outro comerciante de escravos, o "preto mais potente não pode se julgar protegido contra a escravidão".[16] Pessoas de qualquer condição social, incluindo chefes militares, como Apongo, podiam ser vendidas para os europeus ao lado de soldados comuns, mulheres e crianças.[17]

Segundo cálculos europeus, os escravos representavam cerca de 50% do comércio da Europa com a África em 1680 e, na segunda metade do século XVIII, constituíam 90%.[18] O comércio de cativos consolidara-se no trecho de 650 quilômetros da costa da África Ocidental — conhecido pelos europeus como Costa do Ouro e Costa dos Escravos —, e estendia-se cada vez mais para o interior da África atlântica.

Ao longo da costa da África Ocidental, os britânicos mantinham uma série de fortes comerciais. Tinham sido construídos originalmente para facilitar o comércio do ouro e para defendê-lo de concorrentes europeus, mas no começo do século XVIII os escravos já eram a mercadoria principal. A Royal African Company tinha seu quartel-general no castelo de Cape Coast, perto do centro de comando holandês em Elmina, e também mantinha postos avançados menores, como Dixcove, Sekondi, Komenda, Tantum kwery, Winneba, Anomabo (construído especialmente para o comércio de escravos em 1751), Acra e Forte William, em Uidá. Intercalados a esses havia os fortes comerciais dos holandeses, portugueses e franceses, e algumas estações dinamarquesas perto de Acra. O objetivo principal dessas fortificações era oferecer residência para agentes da companhia, soldados e trabalhadores enquanto eles faziam negócios com comerciantes africanos e navios negreiros cada vez mais numerosos. Além disso ofereciam armazenagem para provisões e produtos, e masmorras para cativos à espera de compradores. Os fortes eram caros para manter, mas serviam como valiosos indicadores da presença da companhia e do seu interesse em assuntos regionais. As cidades em volta dos fortes, que estabeleciam incômodas alianças com os europeus, forneciam hortaliças, peixes e mão de obra numa base diária, além de residentes desejosos de servir como soldados e diplomatas na solução de tensões locais em defesa dos interesses da companhia.[19]

O comércio atlântico estava longe de ser a única ocupação das elites africanas, mas, à medida que comerciantes, intermediários e empreendedores rebeldes reconheciam o aumento das oportunidades nessa frente, encontravam maneiras de tirar partido do comércio de escravos.[20] O processo era demonstrado de maneira espetacular por Estados altamente centralizados — como Oió, Daomé e Axânti, no interior da Costa do Ouro e da Costa dos Escravos — que incorporaram o comércio com europeus a suas guerras expansionistas. Davam grande valor a armas de fogo vindas da Europa, considerando-as mercadorias de primeira. Comerciantes da Costa do Ouro tinham importado um número considerável de armas já no começo dos anos 1650, mas em 1730 estimava-se que cerca de 180 mil armas de fogo inundavam anualmente as costas do Ouro e dos Escravos, facilitando a ascensão e o alcance de Estados escravistas predatórios.[21] Esses regimes escravistas envolviam-se em campanhas regulares para invadir sociedades sem Estado em busca de cativos, ou para saquear entidades políticas enfraquecidas que já não conseguiam proteger seu povo. Cativos podiam ser retidos para inchar exércitos e aumentar comitivas, ou para ser vendidos aos europeus em troca de bens e mais armas, o que só contribuía para aprofundar o vórtice de crescente violência. Esses Estados escravistas predatórios proliferaram e ganharam força no século XVIII, e as privações e o caos relacionados a suas guerras locais aumentaram o número de refugiados disponíveis para captura e venda no exterior.

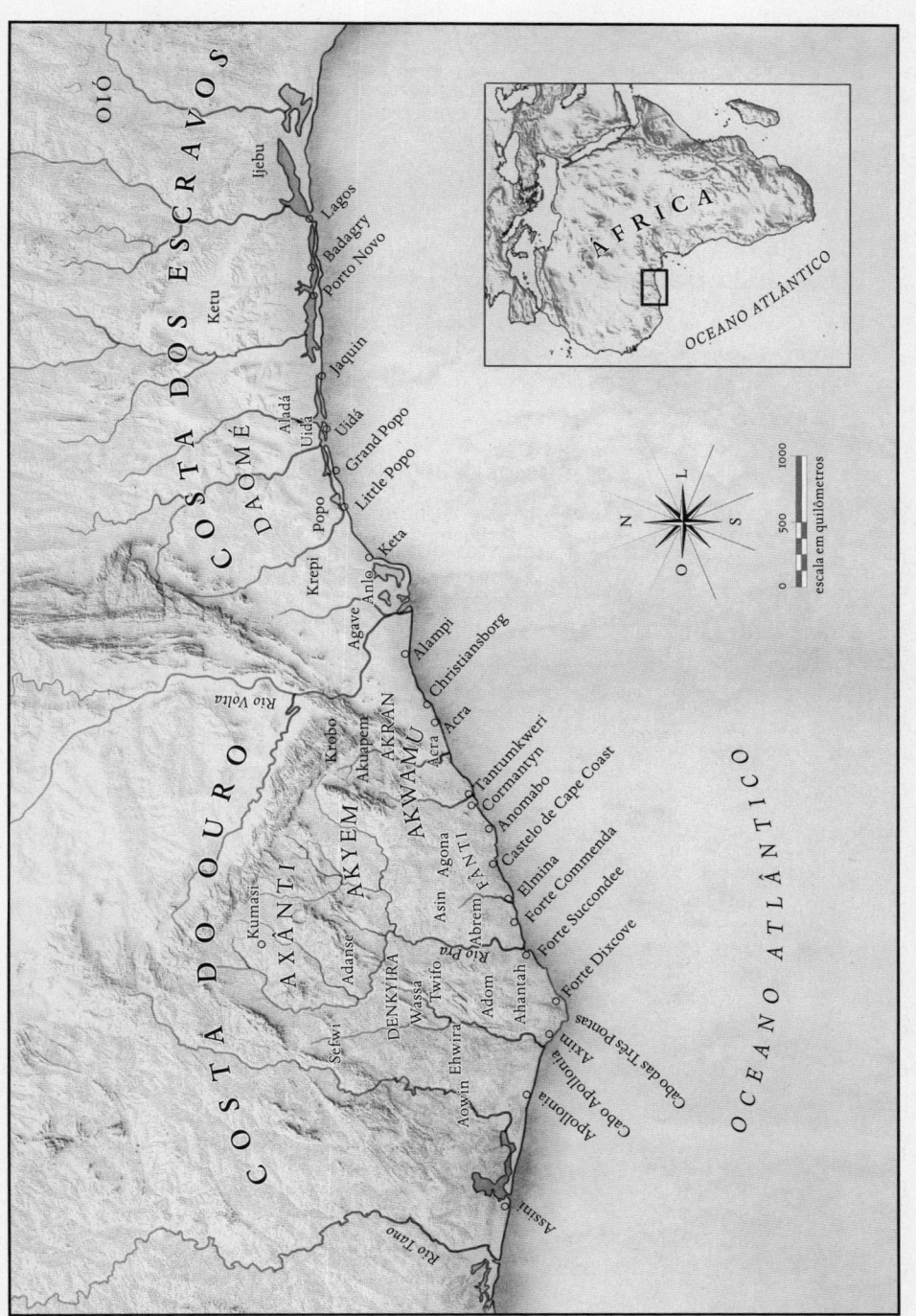

MAPA 2. A Costa do Ouro e a Costa dos Escravos, na África Ocidental, c. 1700-50.
Desenhado por Molly Roy.

FIGURA I.I. Castelo de Cape Coast, por volta dos anos 1720. William Smith, *Thirty Different Drafts of Guinea* (Londres, 1727). Cortesia da Harvard Map Collection.

Bem no interior, longe da enseada do Benim, nas pastagens abertas ao sul do deserto de Saara, o reino de Oió tinha importado cavalos do norte, usando essa vantagem para conquistar uma vasta área na borda do cinturão de florestas que o separava do litoral. No fim do século VII, Oió era a potência dominante da região; eles esmagaram reinos menores em sua marcha para o porto de Uidá, onde trocavam escravos por armas, tecidos, produtos de metal e búzios, em geral utilizados como moeda.[22] Na costa, porém, os oiós — cujo império ainda era sediado na savana — tiveram que enfrentar a potência emergente do Daomé, um Estado guerreiro altamente centralizado que passara a ver a conquista territorial como um fim em si. O comércio de escravos foi um subproduto das frequentes anexações do Daomé, que, à medida que ampliava seu domínio, também buscava acesso direto aos comerciantes europeus. No movimentado governo do rei Agajá, de 1718 a 1740, o Daomé conquistou as costeiras Aladá, em 1724, e Uidá, em 1727, a qual veio a transformar no mais prolífico porto comercial de escravos da costa africana.[23]

A oeste da enseada do Benim ficava a Costa do Ouro, onde numerosos Estados formados pelas poderosas famílias e clãs akan disputavam o controle do comércio de ouro, marfim, noz-de-cola e outros produtos locais. Ali cativos trabalhavam nas minas e desmatavam florestas para agricultura.[24] A partir de meados do século XVII, Akwamu, Denkyira, Akyem e outros Estados poderosos da região se envolveram em guerras intermitentes e inconclusivas. Foi a emergência do Estado de Axânti que finalmente alterou o equilíbrio de forças. A partir de sua conquista de Denkyira, em 1701, Axânti adotou uma política de expansão que ganharia velocidade no reinado de Nana Opoku Ware, de 1720 a 1750, e continuou assim pelo restante do século. Nesse meio-tempo, a guerra entre os Estados de Akyem e Akwamu terminou em 1730 com a derrota dos akwamus e sua expulsão para uma área a leste do rio Volta. Em 1742, Akyem foi, por sua vez, subjugado por Axânti. Já havendo conquistado territórios ao norte, Axânti forçou uma expansão para nordeste e noroeste nos anos 1740. Por trás de todas essas campanhas havia motivações políticas que iam além do desejo de exportar escravos para os europeus. No entanto, artigos europeus nunca estavam longe da mente de governantes e mercadores, em particular as armas oferecidas. Entre 1700 e 1750, as guerras dos akans contribuíram com cerca de 375 mil escravos para o comércio transatlântico. Um agente europeu lembrava-se dos "tempos adoráveis na costa" em que comerciantes compravam um escravo com uma simples garrafa de conhaque.[25]

Essas vastas guerras na África eram parte da tendência pan-atlântica à integração de conflitos de pequena escala numa região transoceânica. O maior dos Estados escravistas do século XVIII, o Reino Unido, transformou-se numa belicosa potência marítima atlântica capaz de conduzir guerras no ultramar numa escala inédita e de reunir gigantescos montantes de recursos para financiá-las. Consciente da sinergia entre guerra e comércio, a Grã-Bretanha continuava sua campanha beligerante a fim de tornar o mundo um lugar seguro para seus comerciantes.

A Guerra da Orelha de Jenkins (1739-48), assim chamada por causa da mutilação de um capitão da Marinha mercante britânica por marujos da patrulha naval espanhola, deu aos britânicos um pretexto para ampliar o comércio com a América espanhola para além dos termos estritos do *asiento*, o restritivo contrato que permitia a mercadores britânicos vender escravos para as colônias espanholas. A guerra, de início, foi popular na Inglaterra devido ao crescente reconhecimento da importância do comércio atlântico, e especialmente por causa de um audacioso êxito, em 1739, na batalha de Portobelo. Mas um custoso e fracassado ataque a Cartagena um ano depois levou a guerra no Caribe a um beco sem saída. Em 1742, o conflito americano fundiu-se na Guerra da Sucessão Austríaca, mais ampla, que envolveu a França, o inimigo mais perigoso da Grã-Bretanha. Como em guerras anteriores, a troca de incursões não produziu ganho territorial significativo para nenhum dos lados. Depois de uma espetacular tomada de Louisbourg dos franceses em 1745, o Tratado de Aix-la-Chappelle, de 1748, restaurou em grande parte a situação anterior à guerra.[26] No entanto, a luta armada teve o efeito de levar o Caribe para mais perto do centro dos interesses imperiais britânicos. Durante o conflito, os britânicos adotaram uma política de controle dos acessos ocidentais às Ilhas Britânicas, as chamadas águas nacionais, com uma frota permanente capaz de, a um só tempo, prevenir invasão, proteger o comércio marítimo e interromper a navegação inimiga. Com essa postura impertinente, o Esquadrão Ocidental da Marinha Real deu à Grã-Bretanha uma imensa vantagem estratégica na guerra e no comércio antilhanos.[27]

Em 1750 o Caribe tornara-se um foco vital da estratégia britânica.[28] O açúcar das Antilhas, cultivado por exércitos de africanos escravizados, era de longe o maior produto importado da região pela Grã-Bretanha.[29] Junto com o tabaco, o arroz e outros produtos de plantations americanas, o açúcar era essencial para a expansão imperial, e seu comércio era protegido pela Marinha Real. As colônias ofereciam à Grã-Bretanha os mercados de mais rápido crescimento, contribuíam com algumas das transformações mais óbvias na vida diária e apoiavam uma visão amplamente compartilhada de sociedade comercial.[30] Essa visão dependia, em essência, do trabalho de africanos e seus descendentes. Um senhor com interesses comerciais nas colônias assim resumiu a situação: "Perdendo-se o comércio de pretos, perdem-se forçosamente as colônias".[31] Na verdade, as infelizes vítimas do "comércio de pretos" e seus descendentes constituíam cerca de 85% de uma população britânica caribenha totalizando 300 mil pessoas.[32] A maior parte desses homens, mulheres e crianças tinha sido levada para as Antilhas pelos ventos da guerra.

Do ponto de vista dos estadistas, esses conflitos eram esforços nacionais em grande escala, envolvendo prerrogativas reais e ministeriais, estratégias militares imperiais e acumulação de riqueza nacional. Ausentes da maioria dos relatos desses conflitos, com seu foco em Estados-nação, ficam considerações sobre a diáspora criada por essas guerras incessantes, os desterros que causavam e as subsequentes lutas de povos disseminados para reconstruir um pertencimento comunitário e um território próprio. Abaixo dos reis, dos ministros e dos comerciantes estavam os soldados, os marujos e os escravos, cujas viagens pelos violentos canais do Império traçavam mapas multidimensionais de espaço social.[33] Se funcionários britânicos pensavam sobre a posição do seu país relativamente à Europa e governantes africanos se concentravam nas rivalidades com vizinhos, comerciantes marítimos e terrestres prestavam muita atenção aos territórios do seu comércio. Enquanto chefes militares levavam a luta contra seus inimigos para rotas elásticas de conflito imperial, plebeus e cativos ficavam atentos aos espaços momentâneos — os abrigos e refúgios dentro de panoramas dominados por chefes militares e proprietários de escravos.

Nesse mundo atlântico de violência endêmica, interligavam-se todos os itinerários, reais ou imaginados, e todo desterro causado por conflito levantava questões urgentes de pertencimento e afiliação. Onde estavam os limites entre os de dentro e os de fora? Como e por quem esses limites eram criados e postos em vigor? Que pessoas podiam fazer alianças e em que circunstâncias? Europeus e africanos lidavam com essas questões em nível de Estado e de sociedade, de povos e bandos, de relações íntimas entre indivíduos. Essas lutas por pertencimento e afiliação marcavam territórios e seus contornos indefinidos. Em vez de deixar que limites imperiais ou nacionais estabelecessem sua imaginação espacial, povos subjugados vinculavam seus próprios agrupamentos de várias maneiras, criando geografias distintas, cruzadas e rivais. E essas geografias rivais formavam o território de guerras interligadas.[34]

Dessa maneira, os violentos conflitos da escravidão integraram Europa, África, Américas e o oceano Atlântico. Os movimentos de combatentes, exilados e párias delinearam os contornos políticos do mundo atlântico.[35] Seus itinerários revelam que a geografia física, o controle territorial e a luta social se desdobraram em relação dinâmica, demonstrando que espaços imperiais eram muitas vezes fragmentados com fronteiras porosas ou indefinidas. Apesar de vastas reivindicações territoriais, impérios exerciam controle real sobre faixas e enclaves estreitos e irregulares. A guerra transatlântica ressaltou esse fenômeno, mostrando que o espaço geográfico refletia complicadas linhas de contenção política através de um vasto teatro de acontecimentos.[36]

Rotas militarizadas — acompanhando as regiões costeiras, atravessando o oceano, bordejando os rios, passando por dentro de florestas densas e por cima de montanhas — marcavam os enclaves de associação e os corredores de controle do mundo atlântico no século XVII. Nessas rotas viajavam pessoas cujas aspirações, cujas lutas e cujo conhecimento prático criavam regiões de experiência compartilhada, nas quais elas aprendiam a distinguir amigos de inimigos e a negociar por cima das diferenças. Era um conhecimento emergente, influenciado pela interseção de trajetórias pessoais e coletivas através do mundo da guerra e do comércio, e ele muitas vezes transcendia as afiliações herdadas de raça, nação e império. Gente como Apongo, John Cope e Arthur Forrest sabia menos sobre a longa história das transformações que haviam moldado o mundo da escravidão atlântica de meados do século XVIII do que sabia sobre como, com quem e onde precisava lutar para sobreviver. Na Costa do Ouro, Cope aprenderia que obter lucros no negócio das guerras de escravos exigia negociações delicadas, diplomacia cuidadosa e implacável ambição pessoal. Apongo aprenderia que era possível explorar o materialismo dos brancos e controlá-los com a combinação certa de forças. Arthur Forrest, tendo ascendido na Marinha Real britânica, uma das instituições militares mais eficientes daquele período, se convenceria de que a escravidão, a guerra e o Império constituíam uma combinação vitoriosa para a grandeza nacional e para o enriquecimento pessoal. As experiências desses três homens pressagiavam que tendências regionais em larga escala resultariam em explosivos conflitos locais.

INGLÊS CULTO DE TRINTA E POUCOS ANOS, John Cope viajou para a África Ocidental a serviço da Royal African Company no fim de 1736, sonhando com uma posição rendosa. A bordo do *Phenix*, ele e mais dois novos agentes-chefes do castelo de Cape Coast, Jeremiah Tinker e Thomas Esson, viajavam na companhia de um médico, um escriba e um aprendiz. A demanda por escravos aumentava nas plantations das Antilhas, e àquela altura o contrato de *asiento* para abastecer as Américas espanholas ainda estava nas mãos dos britânicos. Nas duas décadas anteriores, quase 250 mil africanos tinham sido despachados de navio por negociantes britânicos da Costa do Ouro e da enseada do Benim. Cope com certeza sabia, por seus antecessores, que havia muitas oportunidades de enriquecimento pessoal na costa africana. Mas devia sentir também algum temor, pois a costa era notoriamente pouco saudável para os europeus. A maioria morria antes de enriquecer.[37]

A diplomacia com Estados africanos era arriscada, também. Nas décadas anteriores, dois dos reis mais poderosos da África Ocidental no século XVIII, Opoku Ware de Axânti e Agajá do Daomé, tinham ampliado sua influência na região. Eles disputavam com outros, como Intsiful de Wassa na ponta ocidental da Costa do Ouro e Owusu de Akyem a leste. Como governantes de poderosos Estados militaristas, esses homens não se deixavam intimidar ou enganar por europeus. Mais perto dos fortes da companhia na Costa do Ouro e em Uidá, numerosas entidades políticas menores, mas bem armadas, disputavam o poder entre si e o comércio com os europeus. Todos os países europeus com fortes comerciais na costa pagavam taxas substanciais pelo privilégio de operar na região. Costumavam, além disso, dar presentes ou fazer pagamentos em dinheiro para conseguir outras concessões e favores. As disputas eram resolvidas em conferências — ou seja, longas discussões entre partes rivais que podiam envolver membros de casa ou da família, grupos comunitários, nações e empresas comerciais. As diferenças que não podiam ser resolvidas em conferências muitas vezes degeneravam em violência.[38]

Nem Cope nem qualquer outro funcionário da companhia podia vislumbrar uma soberania territorial na África. Sua autoridade era limitada aos pequenos fortes que pontilhavam a costa, operando no contexto das cidades circundantes, das confederações de povos mais além e dos vastos poderes dos grandes Estados. Comerciantes europeus olhavam de modo estreito para as rotas de comércio que levavam ao interior e, com expectativa, ao oceano, sempre de olho nos navios ancorados nas "estradas" ao largo da costa, seus canais de acesso ao poder imperial. Mas essas pequenas posições costeiras não eram de forma alguma isoladas, nem seus administradores impotentes. Empregando milícias africanas das cidades em torno dos fortes, agentes da companhia exerciam reiteradamente sua influência sobre assuntos africanos para facilitar o comércio. Durante o tempo que passou na costa, Cope achou "necessário ter um navio o tempo todo pronto, para transportar homens e armas, bem como provisões e produtos", para áreas de turbulência onde guerras ou conferências ameaçavam o comércio ou abriam novas oportunidades.[39] A companhia enforcava piratas africanos e europeus no forte e empregava nativos armados para capturar e devolver soldados e marinheiros desertores.[40] Embora os agentes da companhia reclamassem, quase sempre com razão, que nem sempre conseguiam o que buscavam na costa, que as condições eram miseráveis e que os africanos tinham demasiado poder, a geografia política mais ampla favorecia seus interesses. Afinal, os africanos não tinham fortes equivalentes em Liverpool, Bristol ou Londres.

Ao desembarcar no castelo de Cape Coast em dezembro, Cope envolveu-se de imediato na combativa política do comércio regional.[41] Os relatos de Forte William, localizado na costa de Uidá, serviam como introdução às relações costeiras. Poucos meses antes, o rei Agajá do Daomé mandara à costa um exército que "destruiu o campo de Uidá" e levou mais de quarenta escravos pertencentes à companhia. Quando o agente-chefe do lugar, Alexander Spalding, esteve na capital do Daomé, Ardra, para recuperar os escravos, foi detido e conduzido à prisão. Agajá alegou que os escravos da companhia tinham roubado uma grande quantidade de coral e exigiu que Spalding providenciasse uma compensação. Para não prejudicar o negócio, os britânicos pagaram o que na verdade equivalia a um resgate, e Spalding embarcou no navio seguinte para Barbados.[42]

As relações de Agajá com os britânicos eram problemáticas havia algum tempo. Em 1732, ele tinha executado um comerciante inglês por razões até hoje obscuras. Não muito depois, o agente-chefe da Royal African Company em Uidá, Charles Whitaker, prometera entregar seda fina, armas e um "rico caixão" a ser importado da Inglaterra — mas acabou fugindo com as duzentas onças de ouro que o rei dera como pagamento adiantado. O rei foi severo. Sua desconfiança aumentou em 1735, quando um dos grandes canhões do forte foi acidentalmente disparado, matando vários soldados seus.[43] Os britânicos pagaram somas consideráveis para manter sua posição em Uidá, mas quando Cope e seus colegas assumiram o castelo de Cape Coast Spalding tinha ido embora e seu sucessor estava morto. A companhia queixava-se das guerras de Agajá e do "mau uso" que ele fazia do "seu poder absoluto", no entanto também fornecia pólvora a seu exército. A guerra teve efeitos colaterais lamentáveis, mas por algum tempo gerou bons negócios. Agajá tinha saqueado a vizinha Jakin em 1732, produzindo cerca de 6 mil cativos, a serem todos vendidos aos britânicos, mas, com o país subsequentemente "despovoado a duas ou trezentas milhas" da costa, o comércio de escravos tinha perdido força desde então.[44] Com isso, os agentes-chefes da companhia, preferindo concentrar-se no comércio na Costa do Ouro, mandaram dois representantes de nível inferior a Uidá com 175 armas e pólvora, entre outros artigos, e se livraram da responsabilidade de manter Forte William.

Mais urgente do que a situação em Uidá era a administração de negócios em Cape Coast e nas vizinhanças. Desde que ali chegaram pela primeira vez, Cope, Esson e Tinker tiveram suas divergências com o povo da cidade e do campo circundante, e o comércio com o castelo de Cape Coast custou a decolar. Nos meses seguintes, eles resolveram quase todas as conferências com pagamentos estratégicos, na esperança de conseguir rapidamente melhores negócios. Paralelamente, foi um tempo pouco saudável para o pessoal da companhia. Muitos soldados tinham adoecido e morrido por falta de alimentos frescos, que eram caros dentro de Cape Coast Town e nos arredores. Cope aumentou os soldos na esperança de "manter viva" a "classe mais baixa de servidores" e com isso "economizar alguns gastos da companhia com equipamentos".[45] O próprio Cope adoeceu não muito tempo depois de chegar à África Ocidental. Ele se recuperou, mas Esson e Tinker logo morreram, este último supostamente "matando-se por beber exageradamente". Tendo chegado ao forte na qualidade de contador, Cope precisou assumir a função extra de depositário dos bens armazenados, aumentando seu salário anual para trezentas libras esterlinas. Isso violava a política da companhia, que proibia o depositário de atuar como seu próprio contador. Para evitar abusos, as decisões financeiras tinham que ser tomadas unanimemente por um conselho de três agentes-chefes — o tesoureiro, o depositário autorizado e o contador —, mas Cope se convertera num conselho de um homem só.[46]

Sozinho e no comando das operações da companhia, ele cuidou de enriquecer. Encontrou sua oportunidade ao iniciar negócios com o poderoso reino de Axânti, no interior. Agora tomando conta do armazém, descobriu quatrocentos baús de sal. Enviou uma pequena amostra para o interior e, em poucas semanas, comerciantes de Axânti compraram todo o estoque. Mandando frequentes iscas na forma de presentes para representantes dos axântis, Cope continuou a seduzi-los para que negociassem diretamente com o forte. Além disso, desenvolveu relações com os fântis em Anomabo, na costa, onde surgira um poderoso comerciante local, conhecido como John Currantee para os europeus e como Eno Baisee Kurentsi para os africanos.[47]

Nem todos os negócios de Cope resultavam em benefícios para a Royal African. Negociar em privado era um costume antigo, embora malvisto pela companhia. Cartas trocadas por agentes costeiros e funcionários em Londres eram repletas de acusações e defesas, e dedos apontavam em todas as direções. Charles Whitaker protestou inocência na questão com o rei Agajá. Thomas Spalding jurava não ter feito nada de errado ao fugir de Uidá para Barbados. A irmã de outro funcionário alegava que agentes na África tinham furtado bens que lhe pertenciam por direito de herança. De sua parte, Cope criou um novo costume no castelo de Cape Coast ao exigir que todos os agentes nos fortes mais distantes enviassem uma onça de ouro com seus informes contábeis a cada dois meses. A companhia achava essa cobrança "um ato de absoluta opressão". Além disso, Cope segurou por um ano e meio o *Phenix*, o navio da companhia que o levou para a África, fazendo negócios ao longo da costa. Parte desses negócios era, sem dúvida, em benefício próprio. Funcionários da Royal African notaram com desconfiança que Cope não enviara diários e livros comerciais relativos à maior parte dos seus primeiros dezoito meses na costa.[48]

Cope dividiu suas funções acumuladas quando James Hope chegou para assumir o cargo de depositário autorizado do posto e William Lea se tornou tesoureiro, no começo de 1738. Aquele seria o ano mais ativo no comércio de escravos durante o período que Cope passou na África Ocidental, com os britânicos despachando mais de 12 mil pessoas da costa. Mas problemas dentro do novo conselho eram tão comuns quanto as disputas com os moradores locais. A bem da verdade, as brigas de facções muitas vezes criavam dificuldades entre a companhia e os chefes africanos. Lea se mostrou uma figura especialmente incorrigível. Seus colegas o acusavam de "comportamento rude e insolente" não só com os africanos, mas também com seus "colegas e iguais", e fizeram uma reunião especial do conselho para examinar suas "práticas abomináveis". Ele era particularmente "ofensivo e tirânico" com os servidores subalternos da empresa, fazendo exigências absurdas e segurando o pagamento. Era trapaceiro notório no trato com capitães de navios privados, que consequentemente evitavam negociar com ele. Em suma, sua presença era ruim para os negócios. Antes de Lea completar dois anos de serviço, a companhia o demitiu com palavras severas: "Todo o seu empenho, desde a chegada à costa, tem sido confundir e constranger nossos negócios, e tornar-se odioso para todas as almas vivas à sua volta, e o senhor não liga para nada que não sejam as formas clandestinas que inventa para fazer fortuna à custa da ruína dos nossos patrões". Mais excepcional, porém, do que a corrupção de Lea foi ele ter sido demitido por esse motivo.[49]

James Hope não era menos ganancioso, e o breve período que passou na costa foi igualmente caótico, marcado por disputas com outros agentes e com elites africanas. Apesar da função oficial de Hope como depositário autorizado do armazém, Cope continuou a controlar o setor do comércio de ouro, deixando por conta de Hope a tarefa ingrata de pagar para manter a guarnição e os navios visitantes da companhia abastecidos de provisões. Hope apresentou uma objeção no conselho, mas Cope o rebateu. Nesse meio-tempo, Hope cuidou dos seus próprios planos. A sra. Phipps, uma rica senhora local, morreu poucas semanas depois da chegada dele a Cape Coast. Filha de um soldado holandês em Elmina com uma nativa, era viúva de James Phipps, antigo agente-chefe (1711-22) do castelo de Cape Coast. Os parentes a sepultaram "de acordo com o costume do país", com ouro e outros objetos de valor. Hope mandou açoitar e maltratar "cruelmente" vários servos e parentes dela para arrancar informações. Então, em segredo, saqueou o túmulo da sra. Phipps. Informados do assunto por Cope, funcionários da companhia em Londres ficaram com medo de que o furto pudesse "ocasionar conferências muito problemáticas com os nativos talvez dentro de vinte anos". Na verdade, a sra. Phipps tinha um filho e uma filha na Inglaterra, que já estavam contratando advogados para assegurar sua herança legítima. A companhia aconselhou Hope a "dar a todos eles o apoio e a assistência devidos", mas "sem absolutamente de forma alguma envolver ou fazer a Companhia participar". Porém, quando recebeu a reprimenda, ele já estava envolvido numa conferência muito mais imediata em Acra.[50]

Em maio de 1738, um líder local, provocado pelo agente britânico Hosey Besouth, atacou o forte britânico em Acra. Para se vingar, Besouth queimou dois terços da cidade vizinha, obrigando os moradores a se refugiarem nos fortes dinamarquês e holandês das proximidades e em outras cidades da área. Sem essa mão de obra, o forte estaria arruinado. O conselho em Cape Coast decidiu enviar Hope a Acra, acompanhado pelo *caboceer*, ou chefe, da cidade. Hope convocou dispendiosas reuniões com os governadores dos fortes dinamarquês e holandês em outubro, induzindo-os a ajudá-lo a recuperar a população da cidade. Os dinamarqueses tinham acabado de passar por um levante de escravos no castelo de Christiansborg em agosto e estavam ansiosos para acalmar a região, embora os holandeses divergissem entre si sobre a vantagem de ajudar outros comerciantes europeus. Hope conseguiu resolver a disputa e confiscou o ouro de Besouth para ajudar a cobrir as despesas da companhia. Isso foi demais para os outros membros do conselho, que mandaram Besouth comparecer perante o Tribunal de Assistentes na Inglaterra, mas lhe devolveram o ouro. Hope então apresentou um protesto a funcionários em Londres, sua última queixa formal.[51]

No fim de julho de 1739, Hope morreu em circunstâncias misteriosas. De acordo com funcionários em Londres, "tudo indica que a morte foi causada por veneno". Logo depois, com William Lea excluído do conselho em Cape Coast, John Cope voltou a assumir o cargo de depositário autorizado do armazém, dessa vez com as bênçãos de Londres. Tendo sobrevivido à competição, ele passaria mais dois anos na costa vendo agentes da companhia chegarem e partirem. Os meses de verão de 1741 foram particularmente difíceis. "Temos vivido um tempo muito doentio ultimamente, e muitos dos nossos morreram nestes poucos meses", informou ele à companhia, citando um agente-chefe, quatro agentes comerciais, dois aprendizes e um médico entre os mortos, além da "maioria dos nossos soldados brancos". Cope aguentou e foi embora no ano seguinte, com sua fortuna garantida, arrancando mais de 3700 libras esterlinas da Royal African Company ao sair. Tinha beneficiado a companhia e a si mesmo. Em 1793, chegou até a despachar um pequeno menino negro escravizado para sua esposa, acrescentando mais um aos mais de 33 mil homens, mulheres e crianças embarcados em navios britânicos na Costa do Ouro durante seus anos na África Ocidental, a maioria destinada, se sobrevivesse à viagem, à escravização na América.[52]

Como, exatamente, John Cope conheceu Apongo é até hoje um mistério. Ninguém com esse nome aparece nos registros do tempo que Cope passou na costa africana. Mas há várias hipóteses plausíveis sobre como seus passos se cruzaram, levando em conta o que se sabe de outros africanos despachados da Costa do Ouro para a Jamaica naquele mesmo período — as pessoas cujas experiências compartilhadas forneceriam a matéria-prima das rebeliões dos anos 1760. A maioria dos escravos e negros libertos que lutaram nas guerras de escravos daquela época estava envolvida em contínuas lutas para abrir espaços e criar possibilidades numa paisagem mergulhada na violência, fosse como líderes em forças armadas formais, fosse como seguidores desses líderes, ou apenas como civis arrastados para os combates.

As únicas informações explicitamente biográficas sobre Apongo estão no diário do capataz Thomas Thistlewood na Jamaica. Ali ele escreveu que, antes de chegar à ilha, seis ou sete anos antes da insurreição de 1760, Apongo tinha sido "um príncipe na Guiné, dependente do rei de *dorme*: o rei de *dorme* conquistou todo o território quilômetros à sua volta".[53] À primeira vista, a descrição feita por Thistlewood de Apongo como príncipe lembra um personagem estereotípico popular entre os ingleses do século XVIII. Revistas, romances e peças teatrais apresentavam de modo rotineiro histórias de nobres africanos acidentalmente escravizados graças a algum tipo de traição. O "escravo régio" era apenas uma dessas figuras idealizadas que ajudavam os britânicos a absorver e a interpretar suas impressões à medida que a expansão do Império fazia surgir uma quantidade desnorteante de estrangeiros exóticos. Fábulas sobre príncipes nativos incentivavam a empatia por suas aflições, ao mesmo tempo que os distinguiam claramente dos escravos comuns. Nessas histórias, os príncipes, quando se rebelavam, o faziam como indivíduos que se viam em circunstâncias adversas, inerentemente incompatíveis com a escravidão, e não como revolucionários tentando derrubar sistemas opressivos.[54]

De vez em quando, os acontecimentos pareciam confirmar essas histórias. Pouco antes de Thistlewood partir da Inglaterra para a Jamaica em 1750, o filho do comerciante da Costa do Ouro John Currantee tinha sido muito festejado em Londres. Enviado pelo pai para ser educado na Inglaterra, o jovem William Ansah Sessarakoo foi enganado e vendido como escravo em Barbados antes de ser resgatado mediante pagamento. Quando o pai descobriu, ameaçou romper relações com todos os comerciantes britânicos, e, em consequência, Sessarakoo viajou à Inglaterra e foi colocado sob a proteção do conde de Halifax. Em 1749, fez uma célebre aparição em Covent Garden numa apresentação de *Oroonoko*, peça sentimental sobre o cativeiro equivocado, o romance infeliz e a rebelião frustrada de um escravo régio da Costa do Ouro.[55]

Apesar disso, a anotação no diário de Thistlewood nada tinha a ver com sentimento literário; ele não era desse tipo. Se descreveu os antecedentes de Apongo de um jeito familiar, também quis transmitir algo amplamente conhecido, mas raramente admitido. As histórias sobre elites africanas cativas permitiam aos ingleses subjugar de alguma forma a ameaça da diferença, mas, antes de mais nada, reconheciam implicitamente a existência dessa ameaça. Fábulas sobre príncipes negros não seriam necessárias se não representassem um fato inquietante da expansão imperial: negros não se submetiam facilmente ao comando europeu. Era mais simples imaginar os africanos como seres inferiores do que controlá-los. Eles revidavam. O nome Tacky, por exemplo, identificava o rebelde como pertencente a uma função ou linhagem real num dos reinos orientais da Costa do Ouro.[56]

Uma vez que Apongo não aparece nos registros de Cope, somos tentados a interpretar esse "príncipe" como uma simples metáfora literária. Sem a certeza sugerida por documentação, ele continua a ser um assunto escorregadio. Mas isso pode ser uma coisa boa. É melhor entender as origens de Apongo dentro da tensão criada por essa incerteza como pessoa de verdade e também como indicador das lutas produzidas pela escravidão atlântica. Vistas através dos tempos tumultuosos de Cope na Costa do Ouro, as possibilidades da vida de Apongo permitem enxergar mais facilmente o que ele representava como personagem no relato da guerra dos escravos, tanto histórico quanto mítico, ao mesmo tempo tão real quanto a morte e tão espectral quanto a vida depois da morte. Apongo personificava a força do potencial militar africano em seus efeitos tanto materiais como imaginários. Não era apenas um aristocrata infeliz ou um escravo rebelde. Como tantos outros, incluindo seu colega rebelde Tacky, era um soldado com razões próprias para lutar, sujeito e objeto da guerra que inspirou seus seguidores e que atemorizou seus inimigos — tanto assim que eles criavam histórias absurdas sobre pessoas como ele.[57]

Entre as várias hipóteses plausíveis sobre o encontro de Apongo com Cope na África Ocidental, nenhuma se encaixa perfeitamente com o que Thistlewood anotou no seu diário, mas todas ressaltam que era muito provável que um africano na Jamaica soubesse o que Apongo sabia sobre a política da guerra e do comércio e fosse capaz de utilizar esse conhecimento na luta contra a escravidão colonial. Apongo pode ter sido um súdito do Daomé, ou talvez de Adom, uma entidade política menor a oeste de Cape Coast, perto do forte em Commenda; outra possibilidade é ele ter sido axânti ou fânti. Cada uma dessas possibilidades repercute no som do seu nome. A transcrição europeia de nomes africanos no século XVIII era inexata e inconsistente. Um nome era muitas vezes escrito com múltiplas variações, até pelo mesmo escriba. Nomes que talvez soassem como Apongo aparecem nos relatos de operações comerciais britânicas durante os anos de Cope no castelo de Cape Coast, do começo de 1737 a meados de 1742.

Muita gente supõe que *"dorme"* fosse o Daomé e que Apongo fosse súdito desse poderoso reino do interior, a leste do rio Volta, com sua capital bem ao norte da costa.[58] "Apongo", nesse caso, poderia ser um jeito errado de escrever "Aplogan", o título dado pelo Daomé ao governador provincial de Alada, local conquistado em 1724. Em 1727, os daomeanos tinham estendido seu império até a cidade mercantil de Uidá, perto da costa, mas encontraram dificuldades para consolidar seu governo. Pequenas escaramuças e guerras maiores com uma série de inimigos afligiram a fronteira sudoeste do Daomé durante toda a metade do século XVIII.

Em 1737, esses conflitos se haviam estendido até a Costa do Ouro. O rei Agajá do Daomé enviou uma força expedicionária de cerca de 13 mil soldados atrás de um chefe renegado de nome Ashangmo, da cidade de Little Popo. Depois de subjugá-lo, o exército do Daomé resolveu continuar sua marcha para o oeste a fim de somar forças com os akwamus, numa tentativa de retomar sua terra natal dos akyens. Atravessando o rio Mono numa frota de canoas, os daomeanos sitiaram o forte holandês em Keta, que, suspeitavam, abrigava sua presa. Durante nove dias houve um tenso impasse. Eles imploraram ao governador do forte que abrisse uma conferência, sugerindo uma negociação para evitar violência. Mas depois de convencer o holandês a sair do forte, acorrentaram-no, juntamente com vários outros brancos. Ao mesmo tempo, minaram um bastião do forte, que desabou, e simultaneamente escalaram os muros usando escadas. Antes de ser capturado, o governador tinha dado ordem para explodir o forte com cinquenta mosquetes e cinquenta barris de pólvora escondidos sob cobertores em seus alojamentos. A explosão matou muitos homens, mas o exército do Daomé ficou acampado em Keta durante dias, vasculhando os destroços em busca de objetos de valor. Um soldado holandês fugiu para uma aldeia vizinha e contou sua história para o primo de Ashangmo, que comandava a cidade. Aproveitando essa vantagem, Ashangmo e seus aliados cercaram os daomeanos, queimaram suas canoas para evitar que escapassem e acabaram com eles, fazendo pelo menos 1,3 mil prisioneiros. "Absolutamente ninguém escapou", segundo um informe holandês. Os cativos brancos foram recuperados, à exceção do governador de Keta, "cujos miolos tinham sido esmagados com um cacete por um sargento dos referidos ladrões quando viu que não tinha mais possibilidade de escapar".[59]

Os muitos inimigos do Daomé se juntaram ao ouvir a notícia de sua derrota, e a morte de Agajá em 1740 foi mais um incentivo. Os poderosos oiós atacaram o Daomé no começo dos anos 1740, reduzindo o sucessor de Agajá a status secundário na conclusão de um acordo de paz em 1748. Então, no começo dos anos 1750 — mais ou menos na época em que Apongo teria sido escravizado, segundo supunha Thistlewood —, uma série de importantes batalhas explodiu na guerra subsequente do Daomé com os exércitos confederados de Little Popo e Hueda, antigos soberanos de Uidá. O Daomé despachou o Aplogan, descrito por comerciantes britânicos como um "general de guerra", para Alada, a fim de "tomar conta da terra". Não há prova de que o Aplogan do Daomé tenha sido capturado e vendido naqueles anos — mas é certamente uma possibilidade. Se Apongo era de fato o Aplogan, ou se era um líder entre os muitos inimigos do Daomé e foi um dos 673 africanos enviados da enseada do Benim e entregues na Jamaica em 1753-4, então, de alguma forma, por força de caráter ou por hábito de comando, ele conseguiu em poucos anos recuperar sua autoridade entre os escravos do distrito de Westmoreland antes de 1760.[60] Não podemos, porém, aceitar muito prontamente essa hipótese como os antecedentes africanos mais prováveis de Apongo. Para se encontrar com John Cope no castelo de Cape Coast, um funcionário do Daomé teria que fazer uma viagem improvável, através de terras hostis, desde a enseada do Benim até a Costa do Ouro. E Cope jamais comentou sobre alguma visita de funcionários ou súditos daomeanos ao castelo de Cape Coast ou registrou qualquer viagem sua a Uidá.

Levando em conta que Apongo assumiu a liderança dos falantes da língua akan durante a insurreição jamaicana de 1760, faz mais sentido conjecturar que ele teria vindo da Costa do Ouro. Embora Cope se encontrasse com uma grande variedade de líderes locais, ninguém com o nome de Apongo aparece nos registros da companhia relativos ao tempo que ele passou na costa. Em vez disso, há um comerciante africano chamado Attando, que apareceu para fazer uma visita ao castelo de Cape Coast no fim de 1740, depois de ser elevado ao cargo de *caboceer* de Komenda.[61] Komenda ficava perto de Adom — que poderia ser facilmente confundido com "*dorme*" —, rotulado como "poderosa espécie de República" num mapa de 1729. Estendendo-se ao longo dos rios Chama e Ancober, Adom ocupava território significativo. Em vez de reino, a entidade política era uma "Common-wealth", como foi descrita pelo comerciante holandês Willem Bosman no fim do século XVII, "governada por cinco ou seis dos seus homens principais" com a capacidade de "formar um exército poderoso para terror dos seus vizinhos".[62]

Attando poderia sem dúvida ter feito parte de uma delegação de Adom no castelo de Cape Coast, o que é mais provável do que a longa viagem desde o Daomé.[63] Ele aparece na coluna de despesas do forte Commenda, quase sempre como Tando, coletando "presentes e *dashees*" no começo dos anos 1740. Perto do início de 1745, depois que Cope tinha ido embora da costa, Attando lutou contra os britânicos, que dispararam quatro canhonaços contra sua milícia. A disputa prosseguiu por vários meses, prejudicando o comércio e obrigando a companhia a gastar recursos significativos para manter sua posição. A certa altura, ela entregou três libras esterlinas de produtos para um homem chamado Ancuma, "tendo ele uma disputa com Tando a fim de saber se a companhia estava pronta para lhe dar algum tipo de assistência ou proteção se ele desertasse da causa de Tando e fizesse a devida submissão".[64] É plausível, portanto, que Apongo fosse Attando, que, depois de entrar em choque com os britânicos, tivesse sido, como descobriu Thistlewood, "surpreendido e feito prisioneiro quando caçava, e vendido como escravo". Sequestros eram endêmicos, com frequentes conflitos e desordens criando vastas oportunidades para comerciantes de ocasião capturarem e venderem pessoas na região. Isso pode ter acontecido com Apongo, fosse ele quem fosse. Mas há um problema também com essa interpretação, porque Attando continua a aparecer em fontes da Royal African Company ao longo de 1747, época em que um homem chamado Wager apareceu na lista da tripulação de um navio do outro lado do oceano Atlântico.[65]

Existem ainda outras possibilidades para o encontro entre Cope e Apongo, pois este último pode ter sido um guerreiro fânti ou axânti envolvido num grande confronto em 1740. A norte e a oeste do castelo de Cape Coast, a influência axânti expandia-se rapidamente, embora continuasse encontrando resistência até mesmo de inimigos derrotados como Wassa, ao norte de Cabo das Três Pontas. A leste do forte, Akyem dominava o comércio com Acra. Mas, como as outras entidades políticas da região, observava nervosamente Axânti, mesmo quando se acautelava contra ataques do Daomé e dos revanchistas akwamus, que Akyem tinha conquistado em 1730. Enquanto isso, uma confederação de povos fântis havia se formado para resistir a incursões axântis e para controlar o comércio costeiro.[66]

No castelo de Cape Coast, Cope recebia frequentes delegações de Axânti. Em 1738 deu ao Dei de Fetu quatro libras esterlinas para resolver conferências sobre rotas comerciais, para que os axântis pudessem chegar à costa sem serem incomodados. Depois mandou um grupo de *caboceers* locais à capital axânti em Kumasi para informar ao rei Opoku Ware que "os agentes-chefes obrigaram os fetues a prestar satisfações sobre um homem axânti que eles tinham feito refém para exigir resgate; e a permitir que os axântis passassem por seu território até esse lugar sem serem incomodados, o caminho estando agora aberto".[67] A diplomacia de Cope em nome da Royal African Company também o levou a leste de Tantumkweri para resolver uma conferência em 1739 e a Anomabo em 1741, ambos bem dentro de território fânti.[68]

Durante esse período de tensão regional, europeus foram lembrados de não desprezar os líderes locais, conforme os africanos demonstraram sua capacidade de realizar grandes operações militares ao mesmo tempo que mantinham os europeus em seu devido lugar. Agentes como Cope aprenderam que alianças com africanos eram essenciais para o êxito de seus empreendimentos e que o resultado da ruptura dessas alianças poderia ser catastrófico. Ele enfrentou seu mais sério desafio diplomático em março de 1740, quando da morte do diretor-geral Martinus François Des Bordes, da Companhia Holandesa das Índias Ocidentais e da Companhia Guineense em Elmina. O funeral de um dignitário era sempre uma ocasião importante, atraindo grandes multidões para prestar homenagem e ao mesmo tempo realizar negócios e mediação interestadual. Quando fez a curta viagem para Elmina numa canoa, Cope aproveitou a oportunidade para defender os interesses da Royal African Company entre os vários representantes de entidades políticas do interior ali presentes.[69] Suas manobras políticas resultaram numa grande reunião, em junho, no castelo de Cape Coast, com representantes de países vizinhos das rotas comerciais para o norte, que foram ao encontro "a fim de resolver todas as conferências e estabelecer comércio". Em julho e agosto, Cope recebeu vários visitantes africanos na capela do forte.[70] Entre os que prestaram suas homenagens em Elmina havia representantes enviados pelo grande rei axânti Opoku Ware, com quem todos os europeus estavam ansiosos para manter boas relações. De promessas feitas pelos axântis, os holandeses esperavam comprar "pelo menos 2 mil escravos, além das quantidades costumeiras de ouro e marfim". Poucos meses depois, Cope enviaria açúcar fino e vinho madeira de suas reservas pessoais como presente ao rei axânti.[71] Os britânicos esperavam tirar proveito dos fracassos diplomáticos dos holandeses, cujo comércio passava por uma crise.

No ano anterior à sua morte, Des Bordes se envolvera numa disputa violenta com os residentes da cidade de Elmina. Em 1738, ele ficara sabendo que os povos de Great Commenda e Abrambo, ao norte de Elmina, tinham feito uma aliança com "certo preto do território fânti". Cobravam pedágio nas rotas comerciais e lealdade das pessoas da cidade de Elmina, coisa a que elas resistiam. Quase certamente, tratava-se de um esforço de John Currantee, de Anomabo, para estender sua influência até as rotas comerciais interioranas. Essa nova tensão causava problemas nas estradas, e os comerciantes do interior evitavam Elmina, dando preferência a fortes mais a oeste.[72] Frustrado pela ausência de comércio, Des Bordes esperava que um ou outro lado alcançasse uma vitória decisiva e pusesse fim à disputa. Quando os moradores rechaçaram um ataque, ele os aconselhou a levarem a guerra para o interior, o que eles recusaram, "alegando que seus antepassados nunca tiveram o hábito de levar a guerra para o interior, e que sempre combateram suas guerras na costa". Eles se defenderiam com vigor, mas sem se envolver em aventuras militares.[73]

Ressentido com a recusa, Des Bordes declarou que "iria tomar providências para que eles fossem obrigados a lutar". Despachou um mensageiro a Great Commenda, para informar que os holandeses não tinham qualquer queixa contra eles e que eles tinham liberdade para escravizar "quantos pretos de Elmina quisessem". Em seguida, proibiu os pescadores de Elmina de sair para o mar, confiscou alimentos destinados à cidade e mandou prender pescadores e comerciantes de milho. Os moradores pegaram em armas contra a fortaleza. Em 29 de maio, Des Bordes os bombardeou de dentro do forte e tocou fogo na cidade.[74] Em julho, ao chegar para assumir uma missão, o pastor Johan Hessing encontrou centenas de cabanas transformadas em montes de cinzas e o castelo danificado em todos os lados pelos constantes disparos dos seus próprios canhões. Em setembro, numa conferência o povo de Elmina alegou que, além das indignidades que a companhia lhes infligira, eles haviam "pranteado 414 mortos, 13 foram gravemente feridos e suas casas queimadas". A reunião terminou sem que se chegasse a uma solução.

O diretor-geral Des Bordes era "zangado e de frágil condição física", mas estava decidido a destruir a cidade.[75] Por intermédio do seu agente-chefe em Forte Cormantyn, a leste, Des Bordes mandou para os fântis, prometendo dinheiro, mais de cem barris de pólvora, uma boa quantidade de ouro e novecentos quilos de chumbo, com a condição de que saqueassem a cidade. Para garantir o acordo, ele aceitaria ficar com treze jovens a serem devolvidos a John Currantee se a campanha terminasse de forma satisfatória.[76] No começo de janeiro de 1740, um exército de mais de 30 mil fântis sitiou os moradores, "a fim de arruiná-los, se possível totalmente, e para escravizar suas mulheres e crianças".[77] Encastelado no forte, Des Bordes estava sempre "de péssimo humor". Bebia grandes quantidades de aguardente "sempre que se sentia aborrecido" e ficava cada vez mais doente.[78] Em março ele morreu, "deixando o país mergulhado na guerra e numa confusão indescritível".[79]

Com o exército fânti acampado em volta do forte e a cidade sitiada, Elmina se viu numa encruzilhada perigosa, com poucas saídas para a paz. Em lugares distantes como Acra, os europeus ficaram sabendo que "na Costa Alta há uma grande desordem". O governador dinamarquês de Christiansborg achava que Des Bordes tinha "causado tantos danos à Companhia que outro [diretor-geral] não vai conseguir consertar isso pelos próximos dez, doze anos".[80] Des Bordes também fora impopular entre quase todos os agentes da Companhia Holandesa das Índias Ocidentais; só o agente-chefe em Anomabo, ciente das virtudes de uma aliança com o cada vez mais poderoso Kurentsi, aprovava inteiramente seu plano. Os demais agentes da Companhia Holandesa das Índias Ocidentais mandaram representantes para pedir que os fântis se retirassem. Em vez disso, estes ameaçaram dar continuidade à guerra, na expectativa de que a companhia honrasse os termos acertados pelo falecido diretor-geral. Mas os holandeses agora tinham outras ideias e resolveram proteger o povo da cidade de Elmina, segundo eles, "rigorosamente, com todo o poder de que dispomos, e para mostrar a esse exército subornado que o Governo atual resolveu trabalhar vigorosamente pela prosperidade da nobre Companhia e não por sua ruína". Os fântis atacaram, encontrando, porém, grande resistência dos moradores. Canhões holandeses interromperam o violento ataque, e os fântis se retiraram, "depois de atearem fogo em seu acampamento, deixando para trás pelo menos setenta canoas e vários artigos de bagagem". Os holandeses tinham convidado os fântis para a guerra e depois os devolveram a Anomabo, e sabiam que essa traição teria consequências. "Havia um temor generalizado de que depois da derrota em Elmina os fântis iriam imediatamente para a Costa Baixa a fim de pegar o que o falecido diretor-geral lhes prometeu mas não entregou." De fato, quando o governador do forte holandês em Cormantyn tentou voltar para seu posto, Kurentsi o capturou e o manteve preso para exigir resgate.[81]

Os fântis continuaram hostis, bloqueando o comércio e capturando (ou *panyarring*) inimigos em toda a costa baixa. Os holandeses, impedidos de comunicar-se com seus fortes no leste, lamentavam a "insegurança das rotas e as apropriações indébitas dos fântis". Os ingleses pagaram a vários *caboceers* para proteger seus trabalhadores no mato contra sequestradores fântis e contribuíram com dinheiro para a defesa militar de Fetu contra a ameaça de incursões fântis. Os europeus costumavam depreciar os fântis como "uma nação ladra e arrogante", com tendência a "roubar e espoliar todo mundo".[82] Os fântis, de outro lado, julgavam estar defendendo sua independência, tanto dos poderosos Estados do interior, como Axânti, quanto dos dúbios arranjos acertados nos fortes europeus. Preferiam vender seus produtos diretamente aos navios em Anomabo, onde Kurentsi consolidou sua posição; ele logo se tornou o mais importante parceiro comercial da Grã-Bretanha na África Ocidental.

Um ano depois do funeral em Elmina, John Cope foi a Anomabo resolver assuntos com funcionários de lá. Aparentemente, concluiu que nem todos os agressores fântis agiam com autoridade legítima sob proteção do Estado. Quando voltou para o castelo de Cape Coast, pagou a alguns moradores 6 libras esterlinas "por aprisionarem um fânti e por encorajarem a captura de mais prisioneiros". Um mês depois, três "piratas fântis" foram enforcados no castelo de Cape Coast.[83]

Ao mesmo tempo em que os fântis testavam seu poder na costa mais baixa, as forças do rei Intsiful de Wassa ameaçavam a noroeste. Wassa tinha sido tomada pelos axântis em 1726, mas Intsiful escapou com muitos seguidores e continuou a assediar e a atacar aliados dos axântis, como Twifo. Durante vários anos uma série de batalhas travadas pelos axântis e os wassas resultaram na paralisação do comércio na ponta ocidental da Costa do Ouro. Durante os anos 1730, apesar de várias derrotas, o Exército wassa ocupou algumas das mais importantes passagens no interior, interrompendo o fluxo comercial, e fez alianças com os Estados que ficavam além da costa, para impedir que armas e pólvora chegassem aos axântis.[84]

FIGURA 1.2. Os fortes inglês e holandês em Sekondi, por volta dos anos 1720. William Smith, *Thirty Different Drafts of Guinea* (Londres, 1727). Cortesia da Harvard Map Collection.

No fim dos anos 1730, eles tinham desígnios no território ahanta, atrás do Cabo das Três Pontas, entre os rios Pra e Ankobra. Quando Cope foi para a África Ocidental, Intsiful ofereceu-se para "derrotar os antases e lhe dar os fortes holandeses". Cope recusou a oferta, mas ficou satisfeito por poder vender tabaco, tecidos e pólvora para os wassas. Mandou um mensageiro para manifestar sua esperança de que, se Intsiful se lançasse contra os ahantas, ele contornaria o forte inglês em Sekondi e atacaria apenas os holandeses.[85]

O caos em Elmina deu a Intsiful uma oportunidade. Em novembro de 1739 espalhou-se a notícia de que "os pretos wassas têm definitivamente a intenção de ir à guerra contra os antases" e de que os fortes na costa mais alta não poderiam esperar ajuda de Elmina. No fim do mês, toda a área estava "em comoção pois os wassas marcham a partir de sua terra e estão dispostos a guerrear na costa de Axim a Chama". Civis apavorados fugiram para os fortes vizinhos em busca de proteção, improvisando acampamentos de refugiados cercados por paliçadas.[86] O forte inglês em Sekondi recebeu mulheres e crianças, mas quando agentes da companhia começaram a contá-las, os africanos ficaram com medo de estarem sendo inventariados para venda.[87] Enquanto os fântis sitiavam Elmina, os wassas cercaram o forte holandês em Sekondi, "deixando-o numa situação de grande aperto".[88] Os holandeses pediram aos ingleses que não oferecessem proteção a Intsiful e que o mantivessem fora da conferência, mas quando os wassas atacaram os ahantas perto do forte da Royal African Company, os ingleses apoiaram o ataque com disparos de canhão. A milícia da cidade conseguiu rechaçar os wassas e depois deu vazão a seu ressentimento contra os ingleses com uma declaração e uma pergunta: "Nossos antepassados construíram esse forte, do qual esperamos proteção, e queremos saber por que os ingleses têm ajudado nossos inimigos". Em retaliação, começaram a intimidar e a sequestrar comerciantes ingleses.[89]

Pelo resto do ano de 1740, agentes da companhia se viram envolvidos nas conferências ahantas, que preocupavam moradores da costa de Sekondi a Dixcove. Em agosto, o agente da companhia John Castries, recém-chegado da Inglaterra, partiu de navio de Cape Coast com um séquito de *caboceers*, guardas, canoeiros e tradutores locais. Durante meses, a companhia anotou "despesas extraordinárias com bebidas alcoólicas" e alojamentos, enquanto negociava um acordo. A conferência chegou a envolver Opoku Ware, que mandou uma delegação de alto nível para as reuniões em Dixcove. Finalmente, a Royal African Company gastou 120 libras esterlinas para saudar o rei ahanta no Natal, cumulando-o, e aos *caboceers* locais, de presentes. A conferência foi formalmente resolvida, mas as tensões prosseguiram por mais de um ano.[90]

Essas foram, provavelmente, as condições do encontro de Cope e Apongo. Levando em conta as circunstâncias políticas, Apongo podia muito bem ser um axânti. Talvez fosse um dos dignitários axântis que estiveram em Elmina após a morte do diretor-geral, ou que foram ao castelo de Cape Coast para uma reunião com Cope sobre a abertura do comércio para o interior, ou para solucionar conferências ahantas. Como "príncipe na Guiné", é até possível que Apongo tivesse recebido esse nome em homenagem ao grande rei axânti Opoku Ware, muitas vezes grafado como Appocu nos registros da companhia. Talvez, na turbulência que se seguiu à derrota axânti em Akyem em 1742, logo depois que Cope partiu da costa, Apongo tenha sido sequestrado por comerciantes fântis "de ocasião" independentes, vendido às pressas para a costa e embarcado diretamente num navio negreiro para evitar um furor diplomático. Na verdade, o fato de ele mais tarde ter trabalhado como marujo na Marinha Real pode até sugerir que fosse um morador da costa, quem sabe até um dos 30 mil a 40 mil fântis acampados em Elmina em 1740.

Todas essas hipóteses são compatíveis com a probabilidade de que Thomas Thistlewood não tivesse perfeito conhecimento das origens de Apongo. O capataz só poderia anotar o que ouviu de Cope, ou do filho de Cope, o patrão de Thistlewood, John Cope Jr., ou das muitas conjecturas que surgiram depois do levante dos escravos em 1760. O que Thistlewood ouviu certamente veio misturado com muito boato e muita lenda. Dessa maneira, as origens de Apongo continuam obscuras. Em vez disso, o breve perfil apresentado por Thistlewood aponta para alguma coisa mais iluminadora do que a biografia de um indivíduo. Oferece uma oportunidade inesperada de imaginarmos a diversidade de plausíveis trajetórias que levaram Apongo até o Caribe, exigindo um relato mais penetrante do contexto político do comércio de escravos.[91] Se quaisquer dessas situações puderam levar Apongo à Jamaica, quaisquer outros africanos podem ter chegado em circunstâncias parecidas — ou, pelo menos, em circunstâncias que os tornavam igualmente familiarizados com a geografia marcial da escravidão atlântica. A incerteza requer de nós um panorama mais amplo dos possíveis mundos de Apongo, ressaltando a variedade de experiências militares que os africanos talvez tenham carregado consigo para as Américas. Apongo pode muito bem ter sido um chefe guerreiro daomeano, um súdito do grande Opoku Ware ou um chefe costeiro que mantinha contenciosas relações com os comerciantes britânicos. Esses foram também os antecedentes de outros futuros rebeldes escravizados. Qualquer dessas histórias de vida teria dado a Apongo, e a um número desconhecido de outros homens, uma aptidão para a liderança política e militar que os tornava perigosos para alguém manter como escravos.

2. A guarnição da Jamaica

NA ÉPOCA EM QUE APONGO, Tacky e quaisquer outros soldados da rebelião atravessaram o Atlântico, a Jamaica era um fabuloso entreposto comercial e uma poderosa guarnição militar. Tratava-se da colônia mais lucrativa da Grã-Bretanha, sua mais formidável base militar na América e ponto fundamental nas considerações estratégicas do Império. Lucrativa e poderosa, era uma sociedade militarizada de alto a baixo, com uma tensa simbiose entre guerra e negócios. A força militar mantinha à distância a turbulenta violência da guerra atlântica, enquanto a ordem militar permitia que os lucros se acumulassem sem as perturbações dos conflitos armados. Da guarnição, os militares transmitiam força por toda a região caribenha, dirigindo tropas rigorosamente disciplinadas para tratar inimigos da Grã-Bretanha com agressividade empreendedora. Os negócios do Império cresciam em meio à violência do terror diário. O militarismo funcionava em múltiplas escalas, dos conflitos interestatais que se estendiam através de oceanos e continentes a ataques diários à dignidade de subordinados. Na verdade, relações sociais íntimas e a guerra imperial estavam interligadas, fosse nas formais instituições militares de Estado ou nas guerras privadas exigidas pela reprodução diária da escravidão racial: o conflito violento na Jamaica costurava as relações sociais íntimas nas operações de governo colonial e de conquista imperial. Essa violência era tremendamente lucrativa, e persistiria enquanto o mundo pudesse ser mantido como lugar seguro para a escravidão.[1]

As riquezas das Antilhas representavam prêmios tentadores para países em guerra. Incursões audaciosas de piratas do Caribe empolgavam a imaginação dos contemporâneos, tornando-se lendárias. Marinhas imperiais realizavam manobras e táticas para atacar o comércio dos inimigos e proteger seus próprios negócios marítimos em tempos de guerra. As ilhas menores das Antilhas trocavam de donos com frequência, confundindo as lealdades e filiações dos moradores. Os regimes jurídicos internacionais que primeiro reconheceram que "não há paz para além da linha" — a ideia de que as colônias existiam numa zona limítrofe de violência não regulamentada — acabaram delineando os contornos de amizade e hostilidade em territórios coloniais.² Esses aspectos da história da guerra e do comércio nas Antilhas são bem conhecidos. Menos claras são as formas pelas quais a guerra moldou os contornos da escravidão colonial das plantations e as maneiras pelas quais a sociedade escravista condicionava as operações dos postos militares do Império. Poucas colônias exemplificavam tão claramente como a Jamaica a ligação entre a geografia da guerra e a servidão humana produzida pela agressão da escravatura, pelas batalhas travadas por colonos a fim de manter seus escravos submissos e pelos conflitos para garantir e estender a dominação britânica.

A partir de meados do século XVII, os britânicos passaram a dominar a Jamaica colonial por meio do "governo de guarnição". A ilha era um posto comercial fortificado, governado por militares veteranos dedicados a preservar a ordem e a segurança. Um governador militar presidia uma administração de província centralizada, com um conselho nomeado e uma assembleia eleita composta por "homens de negócios", a maioria deles beneficiária do apoio do governador. "Devemos ser governados como um exército", disse um colono jamaicano no século XVII, reconhecendo que a necessidade militar teria precedência sobre o legislativo e a lei. Mesmo quando imperativos comerciais começaram a se sobrepor a considerações militares, na terceira década do século XVIII, a mentalidade de guarnição persistiu, cultivando uma relação tensa, mas mutuamente proveitosa, entre a autoridade militar e as prerrogativas da riqueza privada. Governadores raramente hesitavam em invocar a lei marcial quando achavam que a ilha estava sob ameaça interna ou externa.³

Sentimentos marciais predominavam entre os colonos, que viam o êxito na guerra como interesse supremo do Estado imperial e colonial. Mas esse militarismo ia muito além do Estado. Influenciava os hábitos de beligerância geral que organizavam a sociedade da ilha, basicamente para proveito de sua população branca masculina. Homens armados ocupavam a Jamaica e oficiais da milícia e das forças armadas regulares eram tidos em alta conta pela elite local.[4] Patriarcas escravistas aplicavam a força para sujeitar o meio ambiente à sua vontade, arrancando lucro da mão de obra e da natureza. Delegavam à fertilidade feminina a tarefa de reproduzir seus estoques de propriedades humanas e assegurar a continuidade do status racial ao longo de sucessivas gerações. Senhores geravam e reforçavam seu senso de masculinidade pela conquista sexual e pela humilhação de homens em posições inferiores. Essas atividades ligavam o abrangente poder de exércitos, marinhas e milícias a ataques mais estritamente voltados contra a identidade, a integridade física e a dignidade. O cultivo e a direção da brutalidade masculina eram cruciais para a projeção do poder imperial. Costumes de dominação masculina impregnavam todos os aspectos da formação de comunidades de colonos, para assegurar que conflitos entre senhores e escravos fossem intensamente pessoais. A guerra permeava a paisagem da agricultura de plantations, as rotinas de trabalho da produção delas e os abusos sexuais de homens brancos, cuja agressividade cotidiana era endossada pelo regime jurídico, por uma população armada de senhores de escravos e pelas Forças Armadas britânicas formais.[5]

A sociedade da guarnição se mobilizava com frequência tanto para a guerra interna como para a externa. O resultado era um panorama militarizado que se sobrepunha à topografia e à ecologia. As guerras "intestinas" da colônia, como os colonos as chamavam, incluíam as batalhas contra os escravizados, cuja mão de obra tornava a Jamaica tão lucrativa, em especial porque a situação da ilha no Caribe fazia dela o posto avançado imperial mais notável da Grã-Bretanha. Nas primeiras décadas do século XVIII, a paisagem marcial da Jamaica tinha contornos distintos, notados minuciosamente pelos primeiros historiadores, como James Knight. Tendo vivido quase três décadas na ilha como comerciante, funcionário real e representante da Assembleia da Jamaica, Knight descreveu o lugar de um ponto de vista que combinava cuidadosa pesquisa com experiência pessoal profunda. Nos anos 1740, produziu uma história da Jamaica em dois volumes, dando atenção particular aos principais fortes e ao número de seus canhões, aos quartéis e sua capacidade de abrigar tropas, e à defensabilidade dos portos. Mostrou-se atento, em especial, à vulnerabilidade dos assentamentos a barlavento, no lado leste da ilha, perigosamente "expostos a um inimigo em tempo de guerra, e aos insultos e depredações da guarda-costeira e piratas espanhóis, em tempo de paz", e o tempo todo "sujeitos a incursões dos pretos selvagens".[6] Como tantos outros, Knight concebia a colônia de plantations como uma fortificação militar.

As guerras internas e externas afligiram a Jamaica desde os seus primórdios como colônia inglesa. Depois da conquista pela Inglaterra em 1655, resistentes espanhóis, acompanhados em muitos casos por seus escravos e por reforços do que hoje é o Novo México, fugiram para o interior montanhoso. De seus redutos inexpugnáveis, eles intimidavam os invasores, que logo começaram a sucumbir à fome e às doenças. Em 1657, o então governador da Jamaica Edward D'Oyley convidou piratas da vizinha Tortuga para ajudar na expulsão dos espanhóis, e os redutos finalmente se renderam no lado norte da ilha em 1660. A essa altura, a força de ocupação inglesa de mais de 8 mil homens estava reduzida a cerca de 2,2 mil.

Oportunistas intrépidos continuaram a se reunir em Port Royal e as ilhas logo se tornaram uma base para ataques contra a navegação espanhola. Reconhecendo a vantagem estratégica da posição da Jamaica bem dentro do Caribe, com rápido acesso ao continente espanhol, o governador seguinte, Thomas Modyford, continuou a promover os ataques. Quando a Inglaterra entrou em guerra com a França e a Holanda em 1665, Modyford conduziu uma guerra privada contra a Espanha, enviando o capitão Henry Morgan, corsário, numa série de audaciosas incursões. De 1665 a 1671, Morgan saqueou várias cidades espanholas na bacia caribenha, levando o butim para Port Royal, que logo se tornou uma das cidades mais fortificadas dos territórios ingleses. Defendida do mar por quatro fortes com uma bateria combinada de 94 canhões e de ataques anfíbios

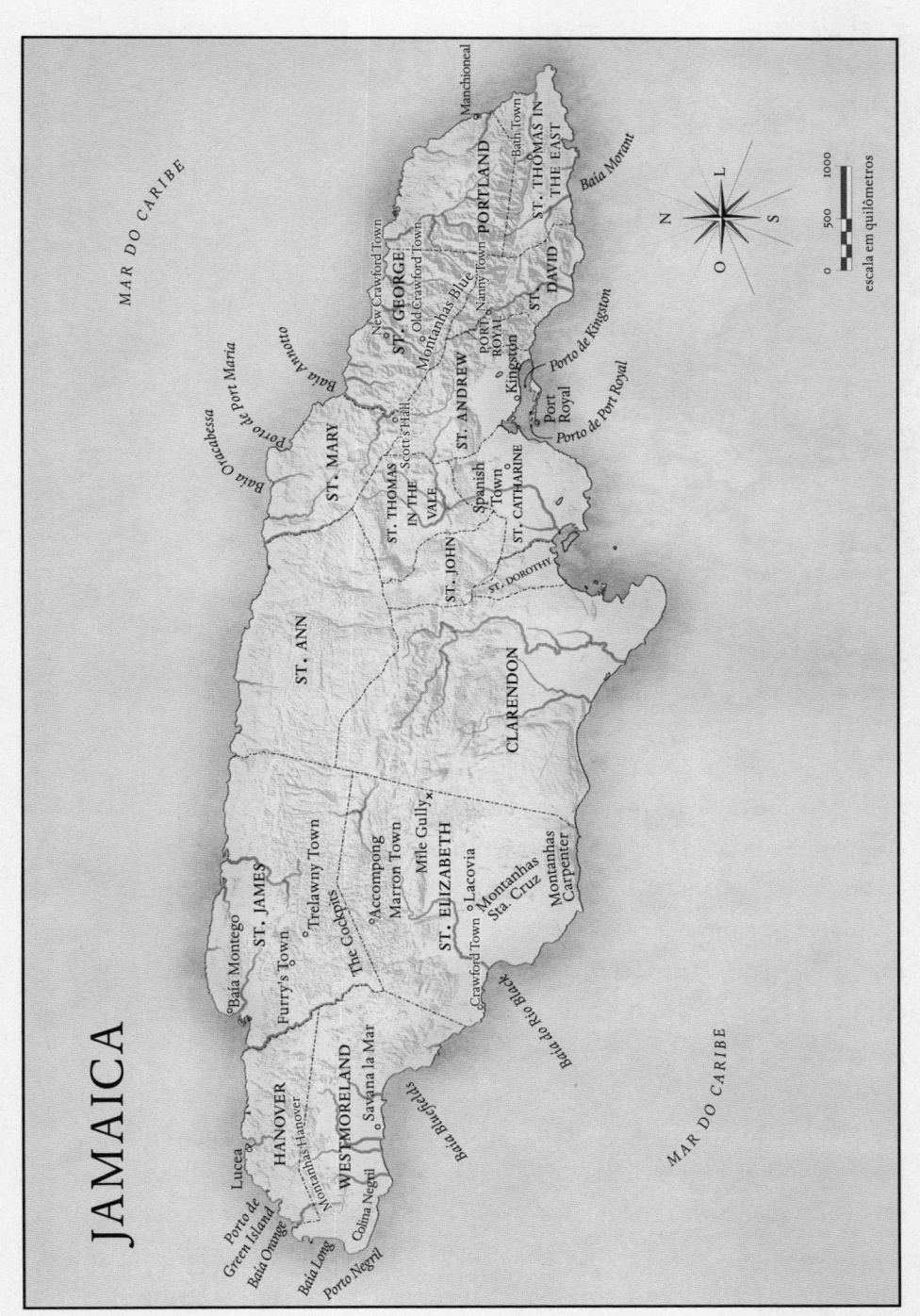

JAMAICA

MAR DO CARIBE

MAR DO CARIBE

MAR DO CARIBE

HANOVER
Lucea
Porto de
Green Island
Baía Orange
Baía Long
Colina Negril
Porto Negril
Montanhas Hanover
Baía Bluefields
Savana la Mar
WESTMORELAND
Furry's Town
Baía Montego
ST. JAMES
Trelawny Town
The Cockpits
Accompong
Marron Town
Mile Gully
Crawford Town
Lacovia
Montanhas
Sta. Cruz
ST. ELIZABETH
Baía do Rio Black
Montanhas
Carpenter
CLARENDON
ST. ANN
ST. MARY
Scott's Hall
ST. THOMAS
IN THE
VALE
ST. JOHN
ST. DOROTHY
Spanish
Town
ST. CATHARINE
Porto de Port Maria
Baía Oracabessa
Baía Annotto
New Crawford Town
Old Crawford Town
ST. GEORGE
Montanhas Blue
ST. ANDREW
ST.
DAVID
PORT.
ROYAL
Nanny Town
Kingston
Port
Royal
Porto de Kingston
Porto de Port Royal
PORTLAND
Bath Town
ST. THOMAS IN
THE EAST
Baía Morant
Manchioneal

MAR DO CARIBE

N
L
S
O

0   500   1000
escala em quilômetros

MAPA 3. A Jamaica.
Desenhado por Molly Roy.

FIGURA 2.1. O porto de Port Royal. *View of Port Royal and Kingston Harbours, Jamaica*. Gravura de Peter Mazell, em Edward Long, *History of Jamaica*, 1 (Londres, 1774). Cortesia do National Maritime Museum, Greenwich, Londres.

por um parapeito com mais dezesseis canhões, a guarnição abrigava duas companhias de soldados regulares e um contingente substancial de milicianos, complementando os mercenários marítimos que intimidavam os inimigos. Nas duas décadas seguintes, a ilha sustentou uma imponente base militar, um centro comercial movimentado e um turbulento ninho de piratas em Port Royal, tornando-se famosa por sua riqueza saqueada e por sua libertinagem desenfreada.[7]

Modyford, que serviu como governador de 1664 a 1671, também promoveu o povoamento agrícola da Jamaica. Chegou de Barbados em 1664 trazendo mil colonos. Com duas décadas de experiência como proprietário de plantações de cana-de-açúcar em Barbados, Modyford reconheceu o potencial da Jamaica como sociedade de plantation. Usou sua prerrogativa real para conceder aproximadamente 1,8 mil patentes abrangendo mais de 1200 quilômetros quadrados, obteve grandes investimentos de capital da Inglaterra e persuadiu os primeiros plantadores a ampliarem suas operações e acrescentarem mais escravizados a suas propriedades. O desenvolvimento das plantations se sobrepôs à manutenção da guarnição. Muitos titulares das maiores concessões de terra eram militares. Até mesmo Henry Morgan se tornou importante dono de plantações de cana-de-açúcar e proprietário de escravizados, ocupando seu lugar na emergente elite de senhores da ilha.[8]

Apesar disso, as relações entre proprietários de terras e bucaneiros eram tensas. Embora os primeiros se beneficiassem do dinheiro que as expedições piratas levavam para a ilha, era difícil controlar os bucaneiros e confinar suas incursões a alvos aprovados. Em tempos de paz oficial, eles muitas vezes perturbavam o comércio dos donos de plantations, acrescentando uma inconveniente dose de incerteza aos esforços destes para acumular riqueza. Os proprietários mais destacados, que muitas vezes eram comerciantes também, irritavam-se com a ausência de ordem. À medida que os povoados se espalharam pela ilha e a influência dos senhores foi crescendo, eles convenceram os governadores imperiais e a Marinha Real a classificar os bucaneiros como piratas e expulsá-los da Jamaica.[9]

O papel de Port Royal como refúgio de piratas terminou em definitivo com um grande terremoto em 7 de junho de 1692, que deu início a uma série de desastres na ilha nos anos 1690. "No espaço de dois minutos", lembrou uma testemunha, "todas as igrejas, as casas de moradia e usinas de açúcar de toda a ilha foram derrubadas", enquanto Port Royal era "engolida pelo mar" e "todos os seus fortes e fortificações demolidos e grande parte dos seus habitantes miseravelmente atingida na cabeça ou afogada". A subsequente escassez de moradias e a interrupção do suprimento de alimentos resultaram em condições adoecedoras. Centenas morreram, e o caos se instalou, deixando a ilha "aberta e exposta às tentativas de inimigos por mar e também por terra". Em consequência do terremoto e das calamidades resultantes, a fortaleza de Port Royal foi reduzida de 2 mil para duzentos combatentes.[10] Nos anos seguintes ao terremoto, epidemias de malária e febre amarela eliminaram milhares de colonos.[11] A situação

piorou, segundo um relatório do governador da Jamaica William Beeston,
quando notícias sobre "as doenças e as calamidades do lugar" afugentaram
o tráfego comercial e "aterrorizaram todos os que costumavam trazer
provisões", conduzindo à escassez de víveres e à fome generalizada.[12]

A Guerra dos Nove Anos na Inglaterra, entre 1689 e 1697, que se seguiu
à Revolução Gloriosa, agravou as dificuldades da ilha. Em 1694, os franceses invadiram a Jamaica com uma força de 3 mil homens. Desembarcando a leste de Port Royal, na baía Cow, no distrito de St. David, as forças
francesas "saquearam, incendiaram e destruíram tudo que encontravam
pela frente" em seu avanço através do distrito de St. Thomas, matando
gado, arrancando pés de cana-de-açúcar e derrubando árvores frutíferas.
Ao todo queimaram cinquenta usinas de açúcar e capturaram mais de 1,5
mil escravos antes de serem detidas pelos ingleses.[13] O governador Beeston queixou-se de que os franceses torturaram e assassinaram colonos a
sangue-frio, desenterraram cadáveres de seus túmulos e "toleraram que
pretos violassem" mulheres. "Jamais houve barbaridades mais desumanas
cometidas pelos turcos ou pelos infiéis no mundo", protestou ele.[14] Os dois
distritos orientais permaneceram escassamente povoados durante décadas depois da invasão, pois os colonos se preocupavam com sua contínua
vulnerabilidade. Os agressores franceses tiveram menos êxito na costa
meridional, a oeste de Port Royal, onde perderam quase quatrocentos
homens em combates com a defesa inglesa.[15]

A vulnerabilidade da Jamaica durante a guerra exacerbou um declínio
na colonização branca. Além das taxas de mortalidade assustadoramente
altas no fim do século XIX, funcionários coloniais lamentavam a exigui-
dade de recém-chegados. "A ilha tem estado em condição de declínio
nos últimos sete anos", informava um relatório, "especialmente as partes
de dentro do país em consequência da falta de importação de servos".
O número de colonos brancos tinha aumentado de cerca de 3700 para
7800 entre 1662 e 1673, mas em meados dos anos 1690 a população caiu
várias centenas, com o número de mortes superando grandemente o de
nascimentos. Esse declínio contrastava de modo espetacular com o crescimento da população negra. Entre 1671 e 1684, a Jamaica importou 1500

africanos por ano, complementados por um pequeno número de povos nativos capturados na América do Norte. Embora o número de negros fosse igual ao de brancos em 1673, nos anos 1690 a Jamaica abrigava mais de 40 mil negros escravizados.[16]

Sem trabalhadores brancos, a elite política da Jamaica temia não ser capaz de manter as defesas da ilha ou administrar o número cada vez maior de escravizados. Embora uma grande força expedicionária da Inglaterra apoiasse a guarnição depois da invasão francesa de 1694 e legisladores proibissem soldados de deixar a ilha durante a guerra nos anos 1690, a febre amarela desfalcava as tropas, que de modo geral não tinham imunidade contra as doenças tropicais. Entre 1694 e 1700, as listas de milicianos mostravam um aumento de cerca de 1400 homens, de 1774 para 2156, o que não chegava a ser suficiente para as necessidades de segurança locais.[17] A falta de imigrantes brancos era uma séria preocupação dos colonos, que se queixavam de estar "numa posição tão desfavorável" que não tinham "força para nos garantir contra uma insurreição de escravos".[18] Ansiosas para atrair colonos brancos que pudessem ajudar a defender a escravidão, em 1703 as autoridades da Jamaica aprovaram a primeira de muitas leis exigindo que os proprietários de terras mantivessem um homem branco para cada vinte escravos numa propriedade. De início, essas "leis sobre deficiência" estipulavam que as plantations que não tivessem o número exigido de funcionários brancos seriam obrigadas a aquartelar soldados regulares, mas, depois de 1720, com a proporção baixando para um homem branco para cada trinta escravos, as leis passaram a impor pesadas multas por desobediência. Em meados do século XVIII, poucos proprietários mantiveram sua cota, e as regiões de plantations mais ricas da ilha foram povoadas majoritariamente por escravos negros, de quem os senhores desconfiavam e que temiam.[19]

Ao mesmo tempo que lidavam com ameaças externas, os colonos se viam diante do perigo cada vez maior dos acampamentos inimigos no interior da ilha. Quando os espanhóis foram embora, deixaram para trás muitos dos seus antigos escravizados, que tinham travado combates de retaguarda contra a ocupação britânica. Conhecidos como "maroons", termo derivado dos *cimaroones* (bravios) espanhóis, formavam nas montanhas comunidades continuamente engordadas pelo fluxo de cativos fugidos de povoados ingleses e continuaram a atacar os novos colonos. Dos seus refúgios nas montanhas densamente arborizadas, maroons saqueavam as plantations em busca de provisões, armas e novos recrutas. A presença dessas comunidades livres ajudava a inspirar os escravizados das plantations, os quais organizaram revoltas sérias entre 1673 e 1694. A maioria dessas rebeliões ocorreu na costa setentrional, onde havia grandes plantações, umas longe das outras, embora uma das insurreições tenha ocorrido a menos de dez quilômetros da sede do governo colonial em Spanish Town. Nos primeiros anos do século XVIII, pequenos grupos de escravizados continuaram fugindo das propriedades para se juntar aos maroons, que logo se tornaram tão numerosos e fortes a ponto de ameaçar o futuro da colônia. Ao longo dos anos 1720 e dos anos 1730, os colonos e os maroons travaram uma guerra prolongada, que levantava muitas dúvidas sobre a perspectiva de uma duradoura ocupação britânica da ilha.[20]

Dessa maneira, a governança militar voltava-se ao mesmo tempo para dentro, a fim de sufocar frequentes revoltas de escravos e incursões de maroons, e para fora, a fim de intimidar e desafiar rivais imperiais. Os padrões de povoamento refletiam as exigências dos conflitos, bem como as perspectivas proporcionadas pela topografia da ilha. As plantations ficavam perto da costa, nas elevações menores, aglomeradas ao longo dos rios. Os primeiros povoados no sudeste tornaram-se os mais densos, com a principal artéria da sociedade de plantations indo de Port Royal a Spanish Town e estendendo-se a oeste nas terras baixas.[21] No lado nordeste, havia propriedades espalhadas pelos vales, mas os colonos encontravam maior espaço nas planícies mais largas do extremo noroeste. O interior montanhoso e as florestas não derrubadas continuaram sendo privilégio de fugitivos e de comunidades maroons. Quando os escravos negros passaram a dominar a mão de obra das plantations e a população rural, os brancos se amontoaram nas cidades, onde se sentiam seguros na presença uns dos outros e no aconchego das Forças Armadas imperiais.[22] Ali podiam recorrer aos fortes, aos quartéis e às praças de armas em busca de paz de espírito, pois esses "teatros de poder" tranquilizavam os colonos e serviam de advertência para seus cativos.

O desenho e a arquitetura das plantations e seu arranjo na paisagem refletiam preocupações de segurança. Muitas casas de brancos eram fortificadas, em especial nas partes mais remotas da ilha. James Knight descreveu moradias

> construídas de pedra e tornadas defensáveis com flanqueadores, dispondo de aberturas para armas de fogo e seteiras para canhões de pequena plataforma, as janelas e portas feitas à prova de mosquete; de modo que são capazes de fazer uma boa defesa com a assistência dos seus funcionários brancos e pretos de confiança contra um inimigo estrangeiro ou interno.[23]

Em toda a ilha, plantadores situavam casas de capatazes já pensando em facilitar a vigilância, elevando-as acima das senzalas ou colocando-as perto delas, dos campos e das máquinas de processamento da plantation. Nas regiões montanhosas, as propriedades podiam instalar as casas dos brancos no alto das encostas, à vista umas das outras, para comunicação à distância em caso de dificuldade.[24] Os proprietários de escravizados confiavam que o tamanho da ilha os protegeria contra "qualquer insurreição geral de pretos". Com propriedades espalhadas pelas densas matas e pelas formidáveis montanhas da Jamaica, eles acreditaram por algum tempo que escravos conspiradores potenciais julgariam impossível "juntar-se para executar seus desígnios".[25]

Em meados do século XVIII, a Inglaterra tinha reivindicado soberania sobre a ilha e foi capaz de defender suas plantations de outras potências europeias. Apesar disso, na prática era um domínio altamente desigual, ameaçado por inimigos internos que causavam impressões profundas na paisagem política.

ESSE PERIGOSO ESTADO DE COISAS persistia porque, depois das crises dos anos 1690, a Jamaica passou a ser a colônia mais lucrativa da América britânica. Os donos de plantations mais bem-sucedidos compraram grandes áreas, expulsando proprietários menores e consolidando terras menores em propriedades que não paravam de crescer. Apesar do vagaroso aumento da população branca, a colônia prosperava, convertendo mais e mais plantations para a produção de açúcar. Muitos brancos menos prósperos ingressaram na sociedade de plantations como capatazes e administradores, enquanto outros continuaram trabalhando como lojistas e artesãos.[26] As chances de sucesso da ilha aumentaram com as plantations. Em meados do século XVIII, o autor naturalista Patrick Browne pôde, com justiça, afirmar que a Jamaica era "não apenas a colônia mais rica, mas também a mais notável naquela época sob governo da Grã-Bretanha".[27]

Browne não estava exagerando. A ilha prosperava com mais de 100 mil escravizados "cujo trabalho e diligência são a razão quase exclusiva pela qual a colônia floresce e suas produções são cultivadas e manufaturadas".[28] Ao lado da cana-de-açúcar, os donos de plantations cultivavam café, gengibre e outros produtos agrícolas. Também criavam gado. Além de suas atividades agrícolas e pastoris, os grandes proprietários jamaicanos especulavam num aquecido mercado de terras, compravam e vendiam cativos, emprestavam dinheiro uns aos outros a juros vantajosos.[29] A Jamaica conduzia magníficos negócios a partir do centro comercial em Kingston, despachando açúcar, rum e outras mercadorias tropicais para a América do Norte e para a Grã-Bretanha. Kingston era um dos portos negreiros mais movimentados do Império Britânico, recebendo mais de 400 mil cativos de 1700 a 1760. Cerca de um terço deles era reexportado para a América espanhola, que mantinha um ativo comércio com a Jamaica mesmo em tempos de guerra.[30] Entre 1744 e 1746, os navios chegavam ao porto de Kingston a uma média de 342 por ano. Ricos homens de negócios envolvidos no negócio transatlântico dividiam a cidade com comerciantes de meios mais limitados, combinando com eles a distribuição de uma grande variedade de bens por toda a ilha e através do Atlântico.[31]

Browne descreveu a colônia como rica, mas a ampla maioria de sua população era formada por trabalhadores escravizados miseravelmente pobres. Atormentados por altas taxas de enfermidade e mortalidade, passavam a maior parte de suas curtas vidas famintos, doentes e exaustos. A riqueza da Jamaica acumulava-se nas mãos avarentas dos seus grandes plantadores e comerciantes, que estavam entre os homens mais ricos do mundo. Como em tantas economias de mercado, "a grande riqueza de poucos dependia da pobreza de muitos que produzem".[32] Os mais ricos donos de propriedades da Jamaica tinham centenas de escravizados. William Beckford, cujo avô e cujo pai tinham instalado a família no primeiro escalão da elite da Jamaica, era dono de mais de 1300 cativos quando morreu, em 1770.[33] Zachary Bayly, morto no ano anterior, deixou um patrimônio avaliado em 114 743 libras esterlinas, incluindo 2010 escravos. Além de proprietário de plantações de cana-de-açúcar e comerciante fabulosamente bem-sucedido, Bayly atuava como procurador de plantation para vários senhores ausentes, administrando milhares de escravizados de outras propriedades. Backford e Bayly estavam entre os dez mais ricos jamaicanos vivos no período entre 1674 e 1784, mas riqueza em escravizados era algo generalizado. Em meados do século XVIII, metade de todos os bens pessoais da Jamaica consistia de cativos, e poucos dos homens de destaque da ilha possuíam menos de cinquenta deles.[34]

Os senhores de terras e comerciantes mais ricos da Jamaica compravam acesso aos círculos de elite no Reino Unido, atuando como intermediários entre as Antilhas e os interesses metropolitanos. A carreira de William Beckford (1709-70) é um exemplo espetacular. Foi, talvez, o membro mais bem-sucedido de um grupo substancial de proprietários e comerciantes ausentes que serviam como agentes de troca imperial. Ao ir para o internato em Westminster quando ainda era menino, em 1719, ele se misturou com gente das classes altas inglesas e outras figuras distintas com fortunas nas Américas. Cruzando várias vezes o Atlântico entre 1736 e 1744, Beckford serviu na milícia e na Assembleia da Jamaica e usou seus contatos metropolitanos para defender com sucesso a guerra com a Espanha em 1739. Voltando à Inglaterra em 1744, comprou uma propriedade rural em Wiltshire, desenvolveu sua rede de contatos políticos, conseguiu o cargo de xerife de Londres e conquistou uma vaga parlamentar em 1747. Em meados dos anos 1750, já como membro do Parlamento representando Londres, cultivou uma aliança com William Pitt, ajudando a convencer o novo primeiro-ministro a lançar uma grande expedição para o Caribe durante a Guerra dos Sete Anos. Serviu na Câmara dos Comuns até morrer, acumulando essa função com dois mandatos como lorde prefeito de Londres.[35]

Zachary Bayly (1720-69) tinha imigrado para a Jamaica com a família nos anos 1730 e manteve estreitas relações com casas mercantis e com políticos em Londres. Quando seu irmão mais novo Nathaniel (1726-98) se mudou para a Inglaterra em 1759, os dois homens administravam um negócio transatlântico de família, mantendo cativos no trabalho das plantations, transportando matérias-primas tropicais para o Reino Unido, investindo os lucros com prudência e usando contatos políticos para se proteger. Como homem de grande fortuna, Nathaniel era bem relacionado e acabou servindo no Parlamento durante os anos 1770. Como os Beckford, os Bayly trabalhavam para harmonizar os interesses transatlânticos nacionais na escravidão com segurança militar.[36]

O trabalho escravo e a propriedade de pessoas tornavam comerciantes e senhores de terras ricos além de quaisquer expectativas razoáveis, apesar da demonstrada ameaça que os escravizados representavam para a colônia. Podemos ver os Bayly, os Beckford e outros do gênero como vitoriosos numa guerra de classes. E, levando em conta que os trabalhadores da ilha eram majoritariamente de ascendência africana, tratava-se também de uma guerra de raças. A violência da escravização prosseguia diariamente nas plantations, assim como nas rotas de escravos que levavam esses trabalhadores para as Américas. Os conflitos entre entidades políticas africanas produziam cativos para o comércio de escravos, a violência nas plantations produzia mercadorias para exportação, e os antagonismos de todos os dias, inerentes à produção nas plantations, ligavam a escravidão à guerra imperial. Mesmo antes de os escravizados nas propriedades Trinity, de Bayly, e Esher, de Beckford, no lado norte da ilha, no distrito de St. Mary, se levantarem contra o Império Britânico em 1760, eles foram bem treinados tanto pelo militarismo da sociedade jamaicana como pelas guerras de escravizados na África Ocidental.

A ECONOMIA DE PLANTATIONS ERA UMA VIOLAÇÃO dos escravizados, que mourejavam sob a ameaça constante de ataques que iam da humilhação pessoal ao terror público. O regime de trabalho exigido pelo cultivo da cana-de-açúcar implicava controle rigoroso pelos supervisores das plan-tations. Suas práticas de gestão tanto se baseavam na violência imperial como a reforçavam, estendendo o governo de guarnição à organização da economia. A escravidão endossava os dogmas militaristas da socie-dade: a convicção de que a violência representava uma solução rápida para problemas sociais; a propensão a recorrer à força com frequência e à menor provocação; e a manutenção de distinções nítidas e discrimina-tórias entre amigos e inimigos. Em seu próprio meio, os brancos eram famosos pela jovial hospitalidade; fora dos círculos da camaradagem, eram notoriamente propensos ao ataque. A violência e a dominação eram elementos vitais da vida diária, e os negros eram os que mais sofriam com essa agressão.

Como principal setor da economia, a produção açucareira ocupava a maior quantidade de terra e empregava o maior número de cativos. Aproxi-madamente metade dos escravizados da Jamaica trabalhava nas plantations de cana-de-açúcar, que estavam entre os maiores empreendimentos agríco-las privados do mundo. Os escravizados costumavam morar em plantações de mais de 150 pessoas, e um quarto da população vivia em propriedades com mais de 250. Funcionando numa escala que possibilitava a integração de todos os elementos importantes da produção, desde o plantio à colheita e ao processamento, até o cultivo de provisões para a força de trabalho, a indústria açucareira jamaicana exibia notável produtividade.[37]

Para os escravizados, essas poderosas locomotivas do lucro eram arrasa-doras, e as plantations que cultivavam a cana-de-açúcar estavam entre os locais de trabalho mais ameaçadores para os trabalhadores. As exigências físicas de plantar e cuidar da cana-de-açúcar e refinar o açúcar aumenta-vam os riscos de desnutrição e doenças tropicais. Pesquisadores modernos confirmam o que então se sabia muito bem: os trabalhadores escravizados eram consumidos pelos canaviais. Na grande e produtiva propriedade cha-mada Mesopotamia, no distrito de Westmoreland, inventários de escra-vizados feitos entre meados dos anos 1730 e início dos anos 1760 mostram duas vezes mais mortes do que nascimentos, com crianças, adolescentes e jovens adultos constituindo uma alta proporção dos mortos. Como o trabalho excessivo "dizimava as turmas do campo", as propriedades dependiam da importação constante de novos cativos da África.[38]

A turma de escravizados sob comando unificado era responsável pelo elemento crucial do regime de trabalho para a produção de açúcar em larga escala. Exércitos de cativos trabalhando seis longos dias por semana em turmas rigorosamente controladas faziam o giro por uma série de tarefas interdependentes em que o tempo era importante. Turmas de campo, divididas em múltiplos contingentes, empregavam a maior proporção de escravizados numa grande plantation. Uma turma de crianças transportava capim para o gado e fazia trabalho leve de enxada em volta dos brotos de cana. Outra limpava os pedaços de cana e os pastos, e durante a colheita ajudava a turma que trabalhava no campo. Essa turma fazia o trabalho mais duro, cavando buracos profundos para plantar e cortando a cana madura na colheita. Havia um breve descanso em maio e junho, depois da ceifa e antes que os escravizados começassem a cavar o chão novamente para a próxima safra. Para realizar essas tarefas, eles eram mantidos num ritmo automático dentro de um cronograma rígido. Esse resultado era obtido de maneira compulsória, em especial pela ameaça do chicote.[39]

As propriedades açucareiras de meados do século XVIII exigiam uma divisão hierárquica de trabalho e mantinham uma disciplina brutal, comparável à das Forças Armadas. Proprietários e procuradores de plantations davam instruções aos feitores, que supervisionavam vários administradores brancos, em geral chamados guarda-livros, abaixo deles. Até mesmo os trabalhadores escravizados eram altamente estratificados. Feitores, quase exclusivamente do sexo masculino, comandavam as turmas de campo, encarregadas do trabalho mais fatigante. Representando a linha de frente de intimidação em nome dos plantadores, os feitores estabeleciam o ritmo das tarefas de campo. Para tanto desfrutavam de privilégios: roupas e alimentos melhores, e por vezes uma casa separada das dos outros trabalhadores. Sua posição envolvia tensas e ambivalentes relações com capatazes e outros supervisores brancos imediatos, que dependiam da capacidade do feitor no manejo de escravizados, ao mesmo tempo que temiam seu potencial de liderança independente.[40]

Numerosas ocupações exigiam disciplina mais branda e ofereciam uma dose mínima de status social. Caldeireiros e destiladores tinham habilidades técnicas indispensáveis e mereciam um pouco mais de respeito dentro da cadeia de comando. Havia também os tanoeiros, que construíam tonéis e barris para armazenar açúcar e rum; carpinteiros, pedreiros e ferreiros, que faziam a manutenção de prédios e máquinas; guardadores que cuidavam do gado; e carroceiros, que transportavam cargas na ilha. Esses comerciantes e artesãos eram mais autônomos do que os trabalhadores do campo, e além disso costumavam ter vidas mais longas e saudáveis. Trabalhadores domésticos podiam pedir favores e recursos devido à proximidade com os brancos, mas também estavam mais diretamente sujeitos a seus abusos.[41]

Gênero e etnia ajudavam a determinar quem desempenhava certos papéis nas plantations. O número de mulheres e homens no campo era desproporcional, e elas costumavam ser excluídas de atividades de alta qualificação e de status mais alto. Muito de vez em quando, podiam ser feitores de turmas secundárias; o mais comum era atuarem como domésticas. Os trabalhos de status mais alto iam quase sempre para homens. Crioulos, os nascidos na ilha e acostumados às normas da sociedade das plantations, em geral ficavam com os serviços menos duros e autônomos, que envolviam a confiança e a preferência dos senhores. Os nascidos na África eram majoritariamente relegados aos campos. Mas alguns senhores tinham preferência por africanos de determinadas regiões, como a Costa do Ouro. Da mesma forma, a capacidade demonstrada por certo africano para exercer autoridade responsável podia garantir-lhe uma posição de feitor, papel potencialmente contraditório de responsável por manter a ordem na plantation e, ao mesmo tempo, de líder de comunidades de escravizados.[42]

O militarismo estabelecia o modelo comum de dominação branca na sociedade escravista, que envolvia um conflito civil rotineiramente brutal. Muitos homens brancos que trabalharam nas plantations nas fases formativas do desenvolvimento da Jamaica eram militares veteranos, treinados para servir em exércitos e marinhas altamente regulamentados e severamente disciplinados da Guerra dos Nove Anos e da Guerra da Rainha Ana. Vendo os africanos essencialmente como inimigos, eles não tinham o menor remorso de subjugá-los pelo terror.[43]

No que dizia respeito aos escravizados, até mesmo a lei servia como declaração pública de guerra. Os primeiros códigos escravistas descreviam os africanos como "espécie de gente incerta, perigosa e abrutalhada", a ser governada como adversária. Apesar da história jamaicana de levantes e guerras com os maroons, James Knight, amigo de Beckford, insistia em afirmar que "a segurança dos brancos está sob a providência devido às leis para a boa ordem & o governo dos escravos". Um escravizado não tinha permissão nem para guardar armas de fogo e outras "armas perigosas" em casa nem para "sair da plantação a que pertence sem um certificado do senhor ou feitor, declarando a hora que ele deve sair para se ausentar, e em que ocasião". Os donos de cativos aplicavam essas regras conforme seu entendimento, que eram "muitas vezes ignoradas e não postas estritamente em execução". Escravizados de confiança podiam até pegar em armas para seus senhores no caso de uma invasão estrangeira ou de uma rebelião interna. Mas todos os senhores compreendiam a necessidade de manter os escravizados "no temor e no respeito".[44] Quando ocorriam rebeliões, as reações dos brancos eram extremas. "Nenhum país os supera no bárbaro tratamento de escravos", escreveu Charles Leslie sobre os jamaicanos em 1739, "ou nos métodos cruéis com que os matam".[45] A lei tratava combatentes rebeldes simultaneamente como traidores da autoridade legítima e como inimigos fora da proteção da sociedade. Na condição de "inimigos intestinos", os rebeldes recebiam terríveis castigos. Apanhavam até virar uma polpa de carne, eram suspensos em gaiolas para morrer de fome, arrastados e esquartejados, queimados vivos. Alguns eram decapitados — e tinham seus crânios usados para enfeitar placas espalhadas na paisagem.[46]

A violência para servir de exemplo não se limitava a acontecimentos súbitos, como levantes; estava urdida na experiência diária da sociedade escravista. No fim dos anos 1720, um arguto comentarista notou a "barbaridade exercida diariamente nos corpos dos miseráveis pretos; os gritos lancinantes e as lúgubres lamentações que todos os dias penetram nos nossos ouvidos na cidade e no campo, sendo suficientes para aterrorizar uma pessoa de natural mansidão que veio parar nestas partes do mundo". Depois de algum tempo na ilha, porém, a maioria se habituava "àqueles tratamentos bárbaros, e finalmente se torna tão cruel e endurecida" como os brancos nativos. A explicação para a "disposição impiedosa" dos moradores locais era simples: "Não é de admirar que crianças nascidas no campo e criadas e educadas no meio de uma flagelação perpétua, e aos poucos se comprazendo com o clamor dessas criaturas miseráveis, e com a visão de seus corpos cobertos de sangue e a carne perfeitamente cortada depois do corretivo, se tornem, ao crescer, endurecidas por aquilo, e façam daquilo uma de suas diversões". Os brancos treinavam a si mesmos, ainda bem jovens, para disciplinar escravizados — e aprendiam a gostar. "Eles se divertem nas Antilhas com a flagelação, e o primeiro brinquedo colocado em suas mãos costuma ser um chicote, para se exercitarem num pelourinho, em imitação do que veem realizado diariamente nos corpos nus dessas miseráveis criaturas, até atingirem a idade que lhes permita ter força bastante para fazer o mesmo."[47] Essa deliberada introdução à brutalidade acostumava os brancos à prática da dominação, que exigia contínuos ataques à capacidade de vontade própria dos escravizados. Migrantes que chegavam à ilha dispostos a trabalhar na indústria açucareira rapidamente aprendiam a ser soldados severos numa guerra contra a dignidade dos escravizados.

O inglês Thomas Thistlewood chegou à Jamaica em 1750 e escreveu um diário durante os 36 anos que passou na ilha até sua morte, em 1786. Começou sua carreira como capataz de um curral no distrito de St. Elizabeth. Supervisionando 42 escravos num isolado pedaço de chão, Thistlewood às vezes passava semanas sem ver outro branco. Garantia a sua autoridade mediante um recurso liberal à violência e ao domínio sexual. No ano que passou trabalhando no curral, encontrou ocasiões para açoitar três quartos dos homens e mais de um terço das mulheres sob seus cuidados. Thistlewood teve relações sexuais com dez dessas dezessete mulheres, escolhendo uma delas como concubina regular. No ano seguinte se mudou para o vizinho distrito de Westmoreland, onde William Beckford e Arthur Porrest tinham plantations, e arranjou emprego na propriedade açucareira de nome Egypt, de John Cope Jr., filho do ex-agente-chefe do castelo de Cape Coast. Ali, como feitor de mais de noventa escravos, Thistlewood se tornou, decididamente, mais monstruoso. Costumava ameaçar desmembramento e morte como castigo para reincidência. Possuía à força as mulheres que queria, copulando às vezes até duzentas vezes por ano. Concebeu torturas degradantes, várias vezes forçando escravos a defecarem na boca de outros pelas menores infrações. E Thistlewood estava longe de ser único nesse tratamento duro dos negros. Na verdade, as descrições do seu diário sobre os métodos de outros homens brancos fazem os seus próprios métodos parecerem relativamente disciplinados e contidos.[48]

A dominação pessoal necessária para administrar uma sociedade de escravos preparava o terreno para uma conduta belicosa da parte de homens que tentavam justificar e direcionar sua agressividade. Logo depois de chegar à ilha, Thistlewood ouviu um conselho: "Neste país é altamente necessário que um homem lute uma ou duas vezes, para evitar que covardes se aproveitem dele". Os brancos jamaicanos eram conhecidos como arrogantes e "sujeitos a súbitos acessos de raiva".[49] A masculinidade marcial valorizava a arrogância violenta, o controle absoluto dos subordinados negros e o domínio sexual sobre as mulheres. Eram prerrogativas do mando, parecidas com os direitos de conquista, expressões adequadas da capacidade do homem de atuar com vigor sobre o seu ambiente. O poder coercitivo dos senhores raramente era posto em dúvida, e os escravizados dispunham de pouca proteção formal contra castigo, estupro, tortura ou mesmo assassinato. Dominando um número imenso de pessoas vulneráveis, a quem podiam oprimir sem medo de repercussão, os brancos transformaram em hábito a agressividade contra os negros. Estes aguentavam enxurradas de insultos e apelidos, violações pessoais, ataques físicos e humilhações variadas enquanto sonhavam com a autodefesa.[50]

Quando estavam juntos, um branco julgava o outro pela capacidade de impor sua vontade ao mundo, de possuir pessoas e coisas, e de adquirir conhecimentos úteis. Admirados pela afabilidade para com as pessoas do seu círculo de amizades, eram também intensamente competitivos em suas atividades — fosse no comércio, no namoro ou em questões de status social. A rivalidade masculina despertava até mesmo a curiosidade científica. Thistlewood tinha interesse por botânica, física e astronomia, e colecionou muitos instrumentos científicos ao longo da vida. Como competente astrônomo amador, não teve como não se impressionar com o "telescópio acromático de seis pés" pertencente a um amigo: "melhor do que o meu, embora não na proporção" da diferença das somas que cada um pagou pelo seu. Mais tarde se consolou por saber que pelo menos seu telescópio era maior que o do capitão Arthur Forrest.[51]

Como a maioria dos brancos com idade para lutar, Thomas Thistlewood serviu na milícia local, sendo convocado cerca de quarenta vezes nos anos 1750.[52] A milícia podia proteger contra invasão, como fez durante a incursão francesa de 1694, mas seu objetivo básico era lutar contra revoltas de escravos. James Knight descreveu a vigilância pública da Jamaica da seguinte maneira: "Costuma haver guardas aos domingos & feriados e as tropas de cavalos em vários distritos ou delegacias são obrigadas a patrulhar em suas respectivas divisões, para prevenir conspirações ou desordens entre os pretos". Knight confiava na capacidade da milícia de intimidar escravos, em especial quando se exercitava em combinação com tropas regulares do Exército. "Quando [os escravos] veem brancos em formação ou exercício", afirmava, "isso provoca admiração e terror neles." Os escravos geralmente evitavam qualquer um que trajasse casaco vermelho, como os usados pelos granadeiros, comentou ele, e, como resultado disso, "alguns cavalheiros usam um casaco dessa cor quando viajam" para evitar problemas nas estradas.[53]

Isso era em parte fantasia de Knight. Ele achava que os africanos tinham mais medo de milicianos do que os negros nascidos na ilha, sendo estes últimos mais familiarizados com a visão de uma formação e capazes de "fazer uso de armas de fogo tão bem quanto a milícia". Certamente, apesar de os brancos não confiarem neles para permitir que andassem armados, muitos africanos eram tão capazes de usar armas de fogo quanto os crioulos. Além disso, nem todos compartilhavam a crença de Knight na eficácia da milícia. Em 1750, o governador Robert Hunter criticou a milícia, que considerava "indiferente", achando que, na maioria, seus homens não "eram confiáveis com armas". Knight admitia que, nos anos 1730, os jamaicanos não eram "tão bem disciplinados como antes", referindo-se a um passado em que a milícia tinha mais veteranos de guerra com experiência em campanhas imperiais.[54]

Um retrato mais fiel da milícia jamaicana surge nos escritos do naturalista e colecionador suíço Pierre Eugène du Simitière, que chegou à ilha no fim dos anos 1750, depois de uma estada na vizinha colônia francesa de Saint-Domingue. Em geral, ele achava as milícias jamaicanas dominadas pelo orgulho, pela pompa e pelos privilégios. Ficou pouco impressionado, em particular, com as milícias do interior, como a de Thistlewood no distrito de Westmoreland, que contavam com um excesso de homens de alta patente, observou, com líderes demais no comando e poucos subordinados. Os soldados eram quase todos capatazes, guarda-livros e outros funcionários brancos das plantations, com os proprietários de terras e os procuradores de plantations alheias como oficiais. "Nenhum proprietário de plantation ou de terras quer ser convocado como soldado raso quando pode, por um dobrão, comprar uma patente do secretário do governador, que raramente é recusada", explicou Du Simitière. Tendo comprado facilmente uma patente de oficial, pelo tempo de serviço que fosse, um proprietário de plantation conquistava o privilégio prazeroso de "ser chamado pelo resto da vida de capitão Fulano, ou major, ou coronel". Na verdade, a milícia estava abarrotada de coronéis, porque, uma vez que usavam essa patente, os proprietários eram "chamados para sempre de coronéis".[55] Esse sistema ajudava os colonos de elite a manter um elevado senso de autoestima, mas sobrecarregava a milícia de homens orgulhosos sem qualquer treinamento, aptidão ou virtude militar. A patente militar simplesmente refletia hierarquias sociais predominantes de propriedade, raça e nacionalidade.

Du Simitière confiava um pouco mais nas unidades de Spanish Town. Essas refletiam hierarquias sociais na capital, uma "mistura de alto e baixo sem qualquer coisa no meio".[56] Como no interior, a milícia de Spanish Town era composta de homens ricos com patentes de oficiais e soldados de modestos recursos. Du Simitière observou que "os que são convocados na capacidade de soldados são pouco melhores, de modo geral, do que o que se chama de homem branco comum naquela ilha". Os oficiais, porém, eram na maioria advogados, médicos, e havia um pequeno número de donos de plantations, "cujo orgulho sempre excede sua fortuna".[57] A distinção aparecia mais nitidamente nos trajes dos milicianos. Divididos em companhias, cada uma com casacos e capas próprios, e chapéus de cores distintas, "a classe baixa deles parecendo maltrapilha e desprezada", anotou du Simitière, enquanto os oficiais "se cobrem com uniformes de regimentos enfeitados de galões".[58]

Du Simitière também reprovava a maneira como judeus viviam "promiscuamente misturados com cristãos e negros com mulatos". Spanish Town abrigava uma considerável população de judeus, negros forros e pardos, os últimos formando quase um terço dos 1271 habitantes da cidade em 1754. Esses grupos eram de certa forma atravessadores trazidos para a milícia a fim de garantir sua lealdade aos cristãos brancos dominantes. Muitos judeus descendiam dos que tinham fugido da Península Ibérica durante a Inquisição e continuavam a praticar secretamente sua religião nas colônias. Dedicavam-se principalmente a tomar conta de lojas e ao comércio, e precisavam manter relações amistosas com os senhores de plantations, assim como faziam as pessoas negras alforriadas, que trabalhavam basicamente no setor de serviços. Os chamados mulatos, tendo antepassados brancos e negros, geralmente precisavam de patronos brancos para abrir caminho na sociedade. Alguns recebiam privilégios de branco por atos legislativos. Negros alforriados que não contavam com o benefício de parentesco de sangue também buscavam patronos. O serviço na milícia oferecia a cada grupo desses uma oportunidade de demonstrar lealdade à raça dominante.

Havia também muitos judeus, negros alforriados e pardos em Kingston, mas sua riqueza maior sustentava as distinções mais sutis de uma pirâmide social ascendente.[59] A milícia de Kingston era mais temível do que a de Spanish Town, na opinião de Du Simitière. Compreendia cerca de mil homens, incluindo os negros livres, divididos em oito companhias — cada uma das quais destacada por regimentos com seus próprios uniformes distintivos. Du Simitière os descreveu minuciosamente, do mais alto ao mais baixo status social: "um uniforme escarlate com botões azuis e metálicos" para a companhia do coronel, com oficiais trajando um "casaco escarlate com veludo azul sem galões mas com um dourado no chapéu"; a companhia do coronel comerciante ostentando "[uniforme] de frente azul com chapéu de galão vermelho & dourado"; os numerosos "azuis verdadeiros" com casacos azuis e vermelhos e chapéus simples; vermelho com capas verdes para a companhia do major; azuis com capa de veludo carmesim para o do capitão comandante; uma considerável companhia judia de vermelho; uma "companhia de mulatos" nas cores vermelho e verde; e o dos negros "azul com frente marrom amarelada". Além disso havia as unidades de cavalaria, uma judia e duas cristãs, com cores e estandartes próprios. O regimento de infantaria tinha "dois pares de cores, uma das quais é a bandeira do Reino Unido tal como usada por toda a sua majestade & a outra é o branco com o brasão da ilha tal como concedido pelo rei Carlos II, adornado com suas próprias cores por cima". Os músicos dos tambores de todas essas companhias, incluindo os líderes de bandas militares, eram negros, com "librés geralmente o inverso do uniforme das companhias a que pertencem, muito enfeitadas de ricos galões". A riqueza de Kingston mantinha essas unidades coesas e bem enfeitadas.[60] Exercitando-se na capital comercial, porém, elas tinham pouco efeito dissuasivo sobre as grandes populações de africanos escravizados no campo.

Alguns poucos brancos ficavam isentos de servir nas milícias. Em meados dos anos 1750, a convite de vários proprietários de terras ausentes, a Unitas Fratum, ou Igreja da Morávia, estabeleceu uma cadeia de postos de missão em propriedades nos distritos de Westmoreland e St. Elizabeth, onde evangelizava os escravizados. Fundada por Zacharias George Caries no fim de 1754, a missão desenvolveu-se com a chegada, em 1757, de Christian e Anna Rauch, irmão Nicolaus Gandrup e seus convertidos. Como pacifistas contrários ao serviço militar, eles evitavam portar armas, prestar votos ou tomar parte em qualquer tipo de serviço militar. Um ato parlamentar de 1749 lhes deu plena liberdade de consciência no exercício de suas crenças, apesar de continuarem sendo uma minoria religiosa desprezada numa colônia sob a jurisdição da Igreja Anglicana.[61]

As missões morávias tinham sido aprovadas por proprietários, mas os procuradores, capatazes e guarda-livros que administravam as plantations de cana-de-açúcar desprezavam esses religiosos. A maioria dos senhores temia que converter escravizados para o cristianismo pudesse propagar perigosas noções de igualdade, enfraquecendo o senso de admiração e terror necessário para os manter submissos.[62] Além disso, eles se ressentiam da recusa dos missionários a pegar em armas, em especial por trabalharem em distritos onde a população negra superava de longe a de brancos. Apesar dos esforços dos missionários para apaziguar os proprietários de cativos pregando obediência e evitando críticas diretas à brutalidade dos donos de plantations, eles praticamente não tomavam parte na masculinidade marcial que servia de base para a sensação de segurança dos brancos. Para a maioria dos homens livres numa colônia perpetuamente em alerta, o pacifismo morávio parecia covarde, ou até mesmo desleal. Numa sociedade dedicada à agressão como estilo de vida, os irmãos eram exceções que confirmavam a regra do militarismo jamaicano.

O SISTEMA INTERNAMENTE VIOLENTO DA JAMAICA só permanecia produtivo na medida em que não fosse minado por conflitos imperiais da Grã-Bretanha. As guerras entre impérios europeus interrompiam o comércio e afetavam a produção das plantations. Como posto militar avançado, a Jamaica era tida na Grã-Bretanha como uma fortaleza para proteger a agricultura e o comércio britânicos. Mas não se tratava de um bastião remoto. Como o comércio marítimo estendia interesses britânicos ao longo de uma estrutura entrelaçada de rotas marítimas ligando Europa, África e América, a Jamaica era um dos nós cruciais num sistema de poder militar que conectava terras e mares em todo o Atlântico.

As forças combinadas do Império Britânico — milícia, Exército, Marinha e fuzileiros navais — estavam sempre prontas para proteger a navegação e defender as colônias de plantations contra ataques. Quando convocadas para servir a ambições maiores, elas podiam também tomar navios e territórios dos rivais. Patrick Browne gabava-se de que a Jamaica era "tão vantajosamente situada em relação ao continente que foi considerada, por muitos anos, um paiol para as partes vizinhas da América".[63] Embora os britânicos concentrassem suas forças terrestres nas áreas mais populosas do continente norte-americano, um relatório de 1748 dava conta de que havia 7500 homens da ilha aptos a portar armas, incluindo a milícia. Governadores coloniais muitas vezes se queixavam de que os milicianos não eram tão bem treinados nem tão rigorosamente disciplinados como os soldados das forças imperiais regulares, apesar de os soldados regulares às vezes servirem como auxiliares nas guerras internas contra os escravizados. Durante os anos 1720 e 1730, os casacas-vermelhas britânicos combateram os maroons até chegarem a um impasse. No fim de 1743, os britânicos formaram um regimento com as oito companhias independentes do exército regular, colocando-o sob o comando direto do governador Edward Trelawny, que estava sempre alerta, em especial ao perigo de revoltas de cativos e de guerras dos maroons. O Regimento de Infantaria de Edward Trelawny teve o nome trocado para 49º Regimento de Infantaria em 1751, quando uma ordem real reorganizou a infantaria britânica. O 74º Regimento logo se juntou ao 49º, e o objetivo principal dessas tropas era travar formalmente "guerras intestinas".[64]

A Marinha era indispensável para esse esforço. Apesar de muita atenção ter sido dada aos combates externos da Marinha com inimigos de fora e à sua prática de obrigar homens relutantes a servir, outra de suas missões era ajudar a sufocar revoltas internas. A merecida reputação histórica da Marinha Real como organização antiescravista no século XIX tem desviado a atenção do seu papel ativo no século XVIII na manutenção da escravatura nas colônias produtoras de açúcar. James Knight louvava a força marítima britânica não só na guerra e no comércio imperiais, mas também por seu valor para a intimidação dos escravizados. "Os navios de guerra que estão constantemente na guarnição & o grande número de navios continuamente chegando e partindo lhes dá uma ideia da força & do poder da nação inglesa & provoca admiração e terror neles", escreveu Knight. O papel da Marinha na proteção dos proprietários de terras mostrou-se tão vital quanto a defesa dos comerciantes.[65]

É fora de dúvida que a guarnição da Jamaica dependia da Marinha Real para travar suas guerras externas. A localização da ilha a certa distância de Cuba e de Hispaniola fazia dela uma base excelente para campanhas contra as possessões espanholas no Caribe e contra os franceses em Saint-Domingue. Desde o tempo da Guerra da Rainha Ana, o Almirantado manteve na Jamaica um esquadrão permanente, que ali ficou depois da guerra para interceptar galeões espanhóis quando possível e para tirar partido, oportunisticamente, de problemas entre a Espanha e seus súditos coloniais. Durante a Guerra da Orelha de Jenkins e a Guerra dos Sete Anos, quando os britânicos voltaram a entrar em luta contra a cada vez mais poderosa

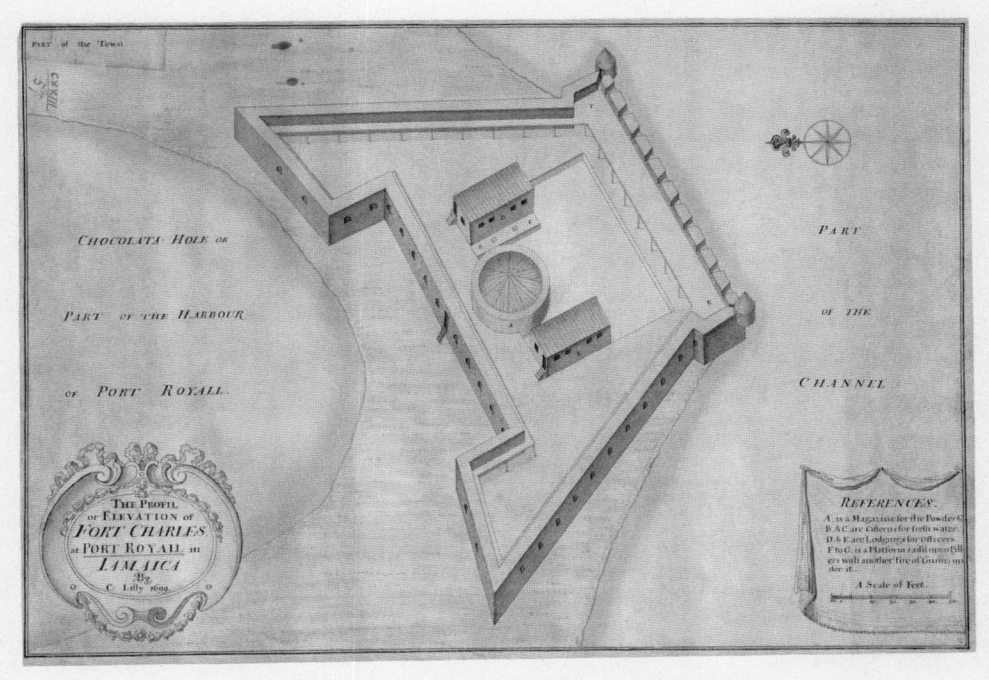

FIGURA 2.2. Perfil da elevação do Forte Charles, 1699.
Tinta sobre papel, de C. Lilly. Cortesia da British Library.

Marinha Francesa, o governo enviou mais potência de fogo naval consistente para o Caribe do que até então.[66]

Apesar de Port Royal ter sido destruída no terremoto de 1692, por incêndios em 1702 e mais uma vez arrasada por sucessivos furacões nas duas primeiras décadas do século XVIII, em 1735 o Almirantado investiu recursos significativos para reconstruir e ampliar duas docas e seus estaleiros. Continuou sendo, de acordo com James Knight, um porto excelente e um "lugar conveniente para uma guarnição, de cujas fortificações a segurança da ilha, pelo menos do comércio e da navegação, mais dependem aqui". Uma companhia independente de cerca de cem soldados do Exército mantinha constante vigilância, acompanhada por um regimento de milícia, que cuidava da guarda à noite. Representantes das Forças Armadas supervisionavam a entrada e a liberação de navios. Port Royal continuou mantendo uma esplêndida bateria. Havia 65 canhões posicionados nas muralhas do forte Charles, outros 34 constituíam a Linha Hanover construída em 1717, e quarenta canhões pesados e alguns morteiros cobriam a muralha que ia do nordeste até o extremo sul da cidade. Mais fortificações e baterias no forte Augusta, em Mosquito Point, defendiam a passagem para o porto de Kingston. Nos anos 1720, outra base naval menor foi estabelecida na Ilha de Lynch, ao largo de Port Antonio, para suplementar as instalações em Port Royal.[67]

O tamanho do esquadrão da Jamaica variava de acordo com as circunstâncias. Os colonos tinham pedido dez ou vinte navios de guerra para a guarnição no começo do século XVIII, mas raramente recebiam tantos. Durante a Guerra da Orelha de Jenkins, o esquadrão incluía geralmente de dez a catorze navios de guerra de tamanhos variados, incluindo sete embarcações de linha — pesados navios de guerra construídos para disparar sucessivos tiros de canhão ao lado de outros — para os grandes combates. O Almirantado decidiu manter oito navios de linha e onze embarcações menores na Jamaica em 1757. Em 1760, no auge da Guerra dos Sete Anos no Caribe, havia dezesseis navios de guerra britânicos designados para a Jamaica, com 478 canhões e quase 3700 homens ao todo, em comparação com dezoito navios nas Ilhas de Sotavento e dezenove embarcações destinadas a todo o continente norte-americano.[68]

Apesar da escassez crônica de marujos, aprofundada pelos altos índices de mortes e pelas frequentes deserções, a Marinha Real mantinha esquadrões permanentes nas Antilhas, enquanto os franceses não o faziam. Mais importante ainda, marinheiros britânicos que residiam por muito tempo na região acostumavam-se ao ambiente insalubre, que fazia estragos nas grandes frotas francesas enviadas ao Caribe em expedições especiais. A América do Norte fornecia em abundância provisões, madeira e piche, e as docas caribenhas em Port Royal, Porto Inglês e Bridgetown davam conta dos reparos mais indispensáveis. Navios de guerra podiam permanecer longos períodos nas Antilhas, substituídos periodicamente pelos que acompanhavam comboios comerciais através do Atlântico uma ou duas vezes por ano. Quando um novo almirante ou comodoro chegava para assumir o comando da guarnição, quase sempre trazia consigo uma grande companhia de navios. Comandantes de guarnição, portanto, tinham flexibilidade para despachar navios menores em viagens regulares a fim de coletar dados de inteligência e interceptar o comércio, enquanto reservavam seus navios de linha para ataques estratégicos ou para a defesa contra invasões.[69]

Ligados à Marinha, os Fuzileiros Reais forneciam tropas de infantaria ligeira para guerras anfíbias. Com suas origens remontando ao primeiro regimento marítimo de infantaria fundado em 1664, as Forças de Fuzileiros Navais de Sua Majestade contavam com três divisões sob o controle do Almirantado em 1755.[70] Sua criação coincidiu com um investimento maior em "expedições conjuntas" de forças terrestres e marítimas. Enquanto planejadores militares desenvolviam planos grandiosos para a invasão da França e da Espanha, expedições menores nas colônias ofereciam experiência contínua, especialmente no Caribe, onde o combate anfíbio era a forma-padrão de guerra. Em 1759, Thomas Moore Molyneux publicou uma análise minuciosa de todas as expedições anfíbias britânicas executadas desde a época da rainha Elizabeth, divididas em campanhas grandes e pequenas, bem-sucedidas e fracassadas. Das 68 expedições contadas por ele na Europa, na África, nas Antilhas e na América, quase um terço ocorreu no Caribe, e as Antilhas eram responsáveis por 80% das campanhas americanas.[71]

Entre os empreendimentos fracassados, o cerco de Cartagena em 1741 foi muito importante, e a análise de Molyneux teria sido de interesse especial para veteranos daquele desastre. O almirante Thomas Cotes, que comandava o posto da Jamaica em 1760 e tinha encabeçado um grupo que incluía o jovem Arthur Forrest na tomada de uma bateria espanhola em Cartagena, certamente era muito versado no que havia de mais recente em assaltos anfíbios quando os escravizados do distrito de St. Mary se rebelaram pela primeira vez.[72] Assim também o seu sucessor no posto, o contra-almirante Charles Holmes, que chegou durante a rebelião logo depois de servir como imediato do major-general James Wolfe durante o cerco e a captura de Quebec em setembro de 1759. Mas, apesar de criticar com severidade a tendência da Grã-Bretanha a "chafurdar e espernear" na execução da guerra anfíbia por falta de estudo sistemático, Molyneux nada disse sobre as operações combinadas contra cativos rebeldes. Os comandantes militares da Jamaica teriam que descobrir isso por conta própria.[73]

Para alcançar seus objetivos de guerra, o Almirantado adotava o mais notório sistema de disciplina existente fora das plantations movidas a trabalho escravizado. As forças britânicas seguiam à risca a lei marcial em terra e no mar. Depois de alguns casos de mau desempenho de oficiais navais durante os primeiros anos da Guerra da Sucessão Austríaca nos anos 1740, uma poderosa facção do governo britânico se convenceu da necessidade de uma Marinha mais profissional, com um senso de dever mais profundo, uma disciplina mais rigorosa e mais coragem nas batalhas. Esses whigs autoritários insistiam numa reforma naval para padronizar os regulamentos militares, reforçar a hierarquia e garantir obediência à autoridade central. Consequentemente, em 1749, o Parlamento reviu os Artigos de Guerra de 1661 e as leis subsequentes "relativas ao Serviço Marítimo" que dispunham sobre a conduta dos marinheiros.[74]

Os novos Artigos de Guerra perpassavam a Marinha Real como um cabo, conectando, combinando e energizando seus esforços ao mesmo tempo que ameaçavam castigos para os insubordinados. Os oficiais costumavam ler suas cláusulas em voz alta para a tripulação, num ritual destinado a provocar medo tanto do comando naval como do inimigo. Invocando a autoridade espiritual da Igreja Anglicana, os Artigos de Guerra forçavam a devoção a bordo dos navios "segundo a Liturgia da Igreja da Inglaterra". Sob a "boa Providência de Deus", eles reafirmavam, ainda, a jurisdição naval sobre marinheiros no "mar aberto, ou nos grandes rios" e "debaixo das pontes dos mencionados rios perto do mar, ou em qualquer abrigo, rio ou riacho dentro da jurisdição do Almirantado". Tripulantes no "serviço ativo e generoso pagamento dos navios e embarcações de guerra de Sua Majestade" não conseguiriam escapar à justiça do Almirantado cometendo crimes em terra.[75]

Uma preocupação especial da reforma era a tendência dos membros do corpo de oficiais a recorrer a status e relações sociais para influenciar resultados da corte marcial. Ela resolvia isso limitando o poder das cortes de reduzir castigos para determinados crimes.[76] Dos 36 artigos, 21 ameaçavam com sentença de morte, que era obrigatória para assassinato ou por "manter correspondência ilegal com o inimigo", mas poderia também servir de justa punição contra "proferir palavras sediciosas", abrigar secretamente "prática ou desígnio subversivo", atacar oficial superior ou cometer sodomia e outras transgressões.

Acima de tudo, os Artigos de Guerra visavam estimular a agressividade contra o inimigo. Ceder ou suplicar misericórdia de forma traiçoeira ou covarde era passível de pena de morte. Assim, também, "covardia ou negligência no cumprimento do dever durante combate", como os súditos britânicos descobriram quando, num caso célebre, o rico e bem relacionado almirante John Byng foi executado por deixar de "fazer o máximo possível" para defender a fortaleza britânica em Minorca, tomada pelos franceses na primavera de 1756. O artigo XIII ameaçava de morte "toda pessoa na frota que por covardia, negligência ou deslealdade deixe de perseguir qualquer inimigo, pirata ou rebelde, derrotado ou em fuga". Os marinheiros eram dissuadidos, igualmente, "sob pena de morte", de "libertar um inimigo ou rebelde" com dinheiro, munição, alimento ou bebida, "ou qualquer tipo de suprimento". O problema comum de desertar ou de incentivar outros a desertarem demandava "morte, ou outros castigos adequados às circunstâncias da transgressão". A maioria dos delitos e dos castigos era mal definida; as cortes marciais ainda tinham grande liberdade para decidir na maioria dos casos, e a pena de morte raramente era aplicada. Mas a autoridade dos Artigos de Guerra cumpria a intenção de intimidar, e uma classe de oficiais mais ansiosamente obediente levava a mais marinheiros comuns coagidos, com a coerção produzindo um efeito cascata. Os oficiais usavam e abusavam dos açoitamentos públicos para punir "outros crimes não passíveis de pena de morte", de acordo com as "leis e costumes usados no mar nesses casos". Com a hierarquia, a disciplina e a agressividade reforçadas, os Artigos de Guerra aumentaram a capacidade britânica de subjugar inimigos, tanto fora como dentro do país.[77]

WAGER, o escravizado da Costa do Ouro pertencente ao capitão Arthur Forrest, combateu nas guerras estrangeiras do Reino Unido antes de se transformar em inimigo interno. Antes de ser capataz na propriedade de Forrest, Wager mourejou mais de ano a bordo de um navio de guerra da Marinha Real, mas o pouco que sabemos de sua atividade militar nos chega de modo oblíquo, por meio de história do seu senhor. Nascido em Edimburgo, Escócia, Arthur Forrest se mudou para Londres ainda adolescente e foi para o mar em tenra idade. Trabalhava como mestre de um navio no comércio da Jamaica quando estourou a guerra entre a Inglaterra e a Espanha em 1739. O capitão Charles Knowles e o vice-almirante Edward Vernon recrutaram-no para participar da expedição a Portobelo como piloto. A captura de Portobelo fez de Vernon um herói nacional, e Forrest compartilhou a glória da proeza, sendo promovido a tenente da Marinha Real no ano seguinte.[78] Na Jamaica, Vernon planejou sua próxima campanha, enviando Forrest para desbravar o caminho para Santiago de Cuba antes de se decidir por Cartagena, o eixo comercial e militar da Nova Granada espanhola, uma grande faixa da América do Sul rica em minerais preciosos, em produtos agrícolas e em madeira. Forrest partiu da Jamaica no *HMS Burford*, em companhia de 185 navios, incluindo 29 de linha. Era um de 15 mil marujos, e de cerca de 39 mil homens no total, a maior força militar até então reunida no Caribe.[79]

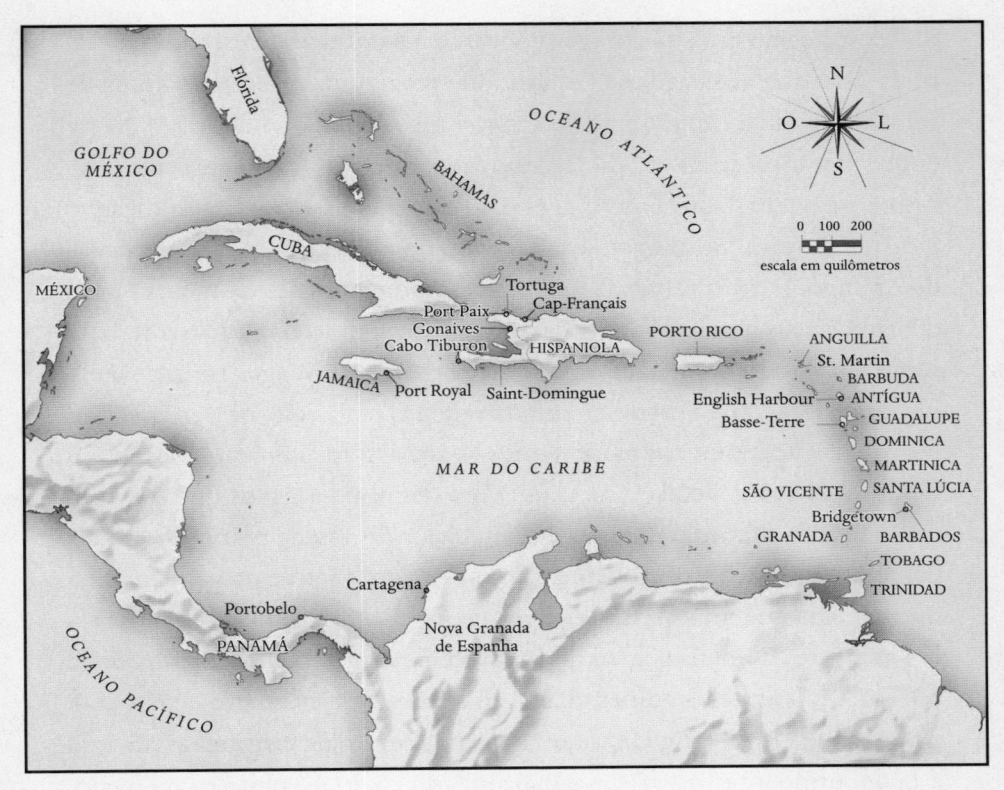

MAPA 4. O Caribe.
Desenhado por Molly Roy.

Os britânicos sitiaram Cartagena por mais de um mês, mas a febre amarela fez grande estrago entre os soldados, enquanto os comandantes se
desentendiam sobre questões táticas. A campanha terminou em desastre.
Mais de 8 mil soldados e marinheiros morreram em menos de dois meses
em Cartagena; e mais de mil morreriam poucas semanas depois da volta da
frota para a Jamaica. Mas Forrest se distinguira durante o assalto anfíbio,
chefiando um grupo de marinheiros que tomou uma bateria espanhola
de quatro canhões, capturando seis prisioneiros. Ele e outros marujos da
operação receberam pessoalmente uma recompensa financeira do almirante Vernon por "bravura".[80]

Reconhecido por sua coragem durante a batalha, Forrest viu sua carreira dar uma acelerada, e comandou três navios diferentes antes de
ser promovido a capitão no *HMS Wager* em 9 de março de 1745.[81] Nessa
época, adquiriu um africano escravizado com um nome parecido com
Apongo e o rebatizou como Wager para assinalar esse marco significativo
em sua carreira. Se chegou a saber alguma coisa da história pregressa
de Apongo, Forrest talvez visse no novo nome um jeito de incorporar o
elevado status anterior do africano, transformando-o em mascote. Durante a insurreição de 1760, corria o boato de que Wager tinha viajado
nesse navio, o qual Forrest comandara de 1744 a 1748, e, na verdade, um
marujo competente chamado James Wager se apresentou a bordo em
Port Royal em 13 de abril de 1746.[82] Era comum escravos que serviam
em navios da Marinha Real receberem genericamente prenomes cristãos
como James, John ou Peter, anexados às designações de origem africana
ou europeia que muitas vezes carregavam. Wager viajou com pelos menos mais três homens negros que aparecem nas mesmas apresentações a
bordo. A julgar pelos nomes akans, ao menos dois eram provavelmente
da Costa do Ouro: John Quaco, marujo que serviu de 9 de janeiro de 1746
a 14 de junho de 1747; e Peter Quamina, servo do carpinteiro do navio,
que se apresentou em 18 de julho de 1746 e deixou o navio em 3 de maio
de 1747. Eles acompanhavam o marinheiro John Primus, que chegou em
16 de novembro de 1746 e serviu até 3 de julho de 1747.[83] Esses homens
somavam-se a dezenas de outros marujos negros empregados na Jamaica,
que constituíam mais ou menos um quarto das tripulações operando nas
rotas de navegação da ilha naquela época.[84]

Depois que James Wager ingressou na tripulação, o *HMS Wager* passou
catorze meses patrulhando a costa da Jamaica e cruzando suas águas ocidentais até a colônia francesa de Saint-Domingue. Quando James comple-
tava apenas o quinto dia a bordo, o *Wager* perseguiu, atacou e capturou um
corsário espanhol ao largo da extremidade leste da Jamaica. Menos de duas
semanas depois, a tripulação perseguiu dois navios ao largo de Cabo Tiburon. O *Wager* rapidamente alcançou o menor, uma chalupa, e despachou
uma barcaça-canoa "tripulada e armada" com um grupo de abordagem.

FIGURA 2.3. Arthur Forrest. Gravura de Richard Purcell, à maneira de Johan van Diest, publicada *c.* 1758. © National Portrait Gallery, Londres.

Alarmados, os marinheiros "descobriram que se tratava de um corsário francês de grande força" e abortaram a tentativa, remando de volta com toda a força que tinham, sob uma chuva de tiros de canhão e de armas pequenas. Quando um navio maior, e provavelmente presa melhor, apareceu no horizonte, o *Wager* foi atrás dele. Na noite seguinte, com uma rápida troca de tiros de canhão, Forrest capturou seu prêmio — um navio de guerra francês viajando da colônia para casa — e fez 65 prisioneiros. Forrest os mandou para terra firme em Port Royal dias depois, e Wager deve ter notado que eles não seriam vendidos como escravos, como geralmente ocorria com cativos africanos.[85]

Os tiros do canhão francês tinham arrebentado o cordame do *Wager* e atravessado os mastros principal e de mezena, e o navio teve que se submeter a duas semanas de reparos em Port Royal. Observando o vaivém num porto em guerra, Wager certamente refletiu sobre o poderio britânico. A zona portuária era muito movimentada e estava em fase de crescimento. Na década anterior, trabalhadores tinham construído uma doca com plano inclinado, armazéns, alojamentos de oficiais e um muro cercando o estaleiro. Outro novo cais tinha acabado de entrar em atividade em 1744. Ele terá notado a composição poliglota da mão de obra militar. Negros realizavam a maior parte do trabalho duro do posto: um relatório de 1748 relacionava 53 calafetadores, dois serradores, seis ferreiros e 51 trabalhadores, todos recebendo cinco xelins por dia. Ao lado desses, havia mais catorze trabalhadores e sete tripulantes de barco ganhando menos de dois xelins por dia, além de dez "pretos do rei", escravos pertencentes à Marinha. Ouvindo as ordens guturais e as traduções imediatas de múltiplas línguas, James Wager deve ter se dado conta da crônica escassez de marujos, agravada pela morte súbita e pela deserção.[86]

Wager provavelmente também prestou muita atenção nos rituais de hierarquia, na severidade da disciplina e na inquieta agressividade que tornavam a Marinha Real uma força tão eficiente. No entanto, tendo visto marinheiros rechaçados numa batalha e o *Wager* atingido mesmo na vitória, ele decerto sabia que as Forças Armadas britânicas não eram invulneráveis. E deve ter ouvido de outros tripulantes a história da disputa mortal do *Wager*, em Boston, menos de seis meses antes de ele se apresentar, quando o capitão Forrest provocara uma briga com os moradores de lá ao insistir para que alguns homens servissem. Dois deles morreram na escaramuça e o contramestre do *Wager* foi preso, acusado de assassinato e condenado à morte, embora aparentemente tenha escapado da forca. A história desse conflito talvez tenha sido uma das primeiras lições de Wager sobre coerção imperial e rebelião local nas Américas.[87] Mais diretamente, ele deve ter visto que o papel da Marinha na luta contra os franceses e os espanhóis não se distinguia da manutenção da escravidão colonial. Pelo menos uma vez, a tripulação do *Wager* ajudou a polícia a escravizar a população, em setembro de 1746, quando capturou uma canoa transportando "dois pretos ingleses" fugidos de Spanish Town.[88]

Meses depois, Wager participou de um grande confronto. Em companhia de outros navios de guerra, em 6 de junho de 1747 o *HMS Wager* perseguiu dois navios franceses, de 24 e 36 canhões, entre a costa de Saint--Domingue e a pequena ilha de Tortuga, rumo aos fortes que dominavam a baía de Port Paix. Formando uma linha de batalha, os ingleses passaram pela baía fazendo disparos contra os navios e os fortes, mas acabaram se aproximando demais da terra e tiveram que mudar de direção antes de ser atingidos por tiros de canhão. Vigoroso tiroteio de resposta dos franceses causou poucos danos. Os fortes no alto da baía tinham feito toda a diferença, coisa de que Wager deve ter se lembrado anos depois, quando se juntou a seus companheiros rebeldes africanos numa barricada bem acima da planície de Westmoreland.[89]

James Wager foi dispensado como "inepto" em 3 de julho de 1747, antes de o *Wager* realizar sua viagem de volta para o Reino Unido, passando pela América do Norte.[90] Ele talvez estivesse doente, como a maior parte dos marinheiros assim relacionados na lista de convocados. Igualmente provável é que Forrest o tenha dispensado seguindo uma prática geral de utilizar marujos negros, muitas vezes escravizados, em águas caribenhas e em seguida deixá-los para trás quando os navios retornavam à Inglaterra. As tripulações marítimas tinham mais negros no Caribe do que em outros lugares, ainda que o Almirantado, de modo geral, desencorajasse a escravidão em suas fileiras. Em obediência às expectativas regionais, os capitães geralmente contratavam marujos negros nas colônias escravistas e os dispensavam antes de ir para casa, como Forrest fez também com John Quaco e John Primus.[91]

O capitão Forrest não tinha nada contra a escravidão caribenha. Na verdade, possuía raízes profundas na elite local da Jamaica. Sua família tinha propriedades na ilha desde o fim do século XVII, e seus muitos anos de serviço na região o haviam aclimatado física e culturalmente. Tendo acabado de herdar plantations de cana-de-açúcar do pai Thomas, em 1747 Forrest casou com a filha de outro rico proprietário de terras da Jamaica. Quando partiu para o Reino Unido com a esposa, em agosto de 1747, Forrest era dono ou sócio de quase 1200 hectares nos distritos de Westmoreland e St. Elizabeth. Além disso, acrescentara muitos ativos comerciais à sua riqueza agrária, investindo pesado em cargas capturadas de inimigos da Grã-Bretanha. Na Inglaterra, o capitão e a sra. Forrest compraram uma propriedade rural chamada Grove em Emmer Green, ao norte de Caversham, em Oxfordshire. Apesar disso, os amigos de Forrest achavam que a Jamaica era "o lugar mais agradável para ele". Por ser um oficial talentoso, um grande senhor de terras e um aproveitador que obteve muitos lucros com a guerra, não havia fricção alguma entre o serviço militar de Forrest para o Império Britânico, seu zelo na proteção do comércio imperial e seu interesse pessoal na escravidão. Ele sabia tão bem quanto qualquer um que a escravidão prosperava como fruto da guerra, ainda que não reconhecesse, como seu colega marinheiro Olaudah Equiano, que a escravidão era, em si, uma forma de guerra.[92]

Com Forrest ausente da ilha de 1748 a 1755, o encontro seguinte de Wager com o capitão provavelmente ocorreu quando Forrest voltou para a ilha em 1756 a bordo do *Rye*. John Cope tinha morrido em 3 de fevereiro daquele ano, semanas antes de o *Rye* ancorar em Port Royal.[93] Teria Cope cumprido a promessa feita a Apongo de "comprá-lo e enviá-lo para casa se o capitão Forrest viesse para a ilha" antes, como Thistlewood deduziu?[94] Não há como saber. No entanto, levando em conta o que conhecemos de suas viagens e experiências, podemos imaginar uma conferência entre Cope, Forrest e Wager para decidir o destino do africano. Em suas argumentações, cada um deles provavelmente se baseou em sua compreensão das relações entre guerra e escravidão.

Cope talvez tenha levado Forrest a entender que, como aprendeu por experiência própria, os africanos podiam facilmente igualar ou até superar os europeus. Na Costa do Ouro, ele se convencera da necessidade de resolver interesses conflitantes e descobrira que a distinção racial entre negros e brancos raramente era o que mais dividia as partes envolvidas. Na África, os britânicos disputavam com os holandeses, os dinamarqueses e os franceses, ao mesmo tempo que negociavam seriamente com várias entidades políticas africanas. Para jogar todos esses grupos uns contra os outros e tirar vantagem disso, era preciso reconhecer as diferenças e as diversas hierarquias de status entre eles. Isso podia dar a alguém uma posição vantajosa num forte exíguo e com falta de pessoal, assim como quem ocupasse uma casa grande numa plantation da Jamaica cercada por exércitos de escravos. Cope tinha visto o custo das conferências ahantas em Sekondi e Dixcove. Certamente, também entendia o ponto de vista dinamarquês sobre as calamitosas ações do diretor-geral Des Bordes em Elmina, que tinha "dado a todos os brancos um exemplo de como não provocar sem motivos os negros a usarem sua força".[95]

Tendo aprendido ao longo de décadas no Caribe que a guerra e a escravidão formavam uma dupla lucrativa, Forrest deve ter respondido que Wager era propriedade sua por direito de comércio e conquista. Por tê-lo adquirido legalmente, era dono de um título. Como a maioria dos proprietários de escravizados americanos, ele na certa achava que a cor da pele era a mais segura indicação de status social. Além disso, fora duplamente senhor de Wager, como proprietário e como comandante militar. Subordinados cumpriam ordens; não negociavam condições. Se Cope quisesse fazer essa compra altruísta, talvez Forrest a tivesse levado em conta. Mas seria uma transação comercial entre proprietários brancos, não uma conferência diplomática.

Além disso, Wager tinha experiência de guerra. Em 1756, ainda devia se lembrar bem da expansão ahanta, do poder crescente dos fântis ao longo da costa e das lutas mortais em volta dos fortes europeus. Também adquirira o hábito do comando e não vivia embasbacado com os europeus, nem como homem livre nem como escravo. Mesmo que estivesse penosamente consciente da precariedade do seu status atual, sabia também que a força funcionava contra os europeus do mesmo jeito que funcionava contra outros povos.

Poucos escravos na Jamaica, é claro, poderiam imaginar uma reunião como aquela. A história de Wager, apesar de imprecisa, parece excepcional. Na época da sua rebelião, Apongo fora um adulto com status de elite e um cativo, com uma ideia do mundo que abrangia a costa da África Ocidental, as maiores ilhas do mar do Caribe e a vida numa plantation de cana-de--açúcar. Desempenhara múltiplos papéis e ocupara várias posições nessa geografia, mas sempre com capacidade militar. E não estava sozinho nisso, ainda que a maioria dos migrantes escravizados circulasse em mundos de âmbito mais limitado.

Mesmo que poucos compartilhassem o elevado status de Apongo, a maioria dos escravizados estava engajada numa luta fluida que os impelia a tomar decisões dolorosas sobre quando ceder, como se proteger e dar proteção a outros, com quem se aliar e como revidar, se fosse o caso.[96] Nessas decisões, as matrizes de movimento traçadas por soldados, traficantes de escravizados e seus cativos construíam histórias políticas de espaço, conectando o vasto ao íntimo à medida que pequenas guerras começavam dentro de guerras maiores. A sociedade escravista jamaicana era, portanto, não só o coração comercial e militar do Império Britânico, mas também um constante campo de batalha na interseção das paisagens marítimas e terrestres que formavam a geografia marcial da escravidão atlântica.

Independentemente de uma conferência ser ou não ser capaz de resolver a disputa sobre a liberdade de Wager, o fato é que a questão continuou pendente, e quatro anos depois ele encabeçaria uma guerra afro-ocidental na Jamaica enquanto a ilha estava mergulhada numa guerra mundial europeia.

Em vista da capacidade jamaicana de travar uma guerra dentro e para além de suas praias, a importância da guarnição não estava em dúvida às vésperas da Guerra dos Sete Anos. Em 1754, com as povoações coloniais britânicas penetrando cada vez mais fundo no continente norte-americano, uma disputa territorial com os franceses e seus aliados indígenas no interior de Ohio deflagrou um conflito que duraria até 1763 e acabaria abrangendo o globo inteiro, com teatros de guerra na América do Norte, no Caribe, na América do Sul, na África Ocidental, na Índia e no arquipélago das Filipinas. O conflito terminou em 1763, com o Tratado de Paris e uma vitória esmagadora do Reino Unido, incluindo o reconhecimento formal da dominação britânica no leste da América do Norte. Mas esse desfecho estava longe de ser uma certeza quando o combate começou.

O conflito conduziu ao poder William Pitt, conde de Catham, que adotava uma atitude agressiva para com as rivalidades europeias e tinha a firme convicção de que o comércio americano e o poderio marítimo eram essenciais para o destino nacional. Tendo sido membro influente da Junta Comercial, Pitt emergiu como defensor dos interesses dos proprietários de plantations e comerciantes das Antilhas. Ao assumir o cargo de secretário de Estado e, de fato, a chefia do governo em 1756, dobrou o tamanho dos esquadrões navais na Jamaica e nas ilhas de Sotavento, muito embora as Antilhas continuassem ocupando lugar secundário nas considerações estratégicas da Grã-Bretanha na Europa continental e na América do Norte durante os primeiros anos da guerra.[97]

Enquanto isso, a Jamaica aguardava com grande expectativa uma invasão francesa. Em novembro de 1756, colonos receberam notícias de que uma expedição francesa formada por seis navios de guerra tinha chegado ao Caribe. O comandante do esquadrão da Marinha convocou seus navios de linha de volta para o posto, e comerciantes e senhores de terras ficaram apreensivos com as consequências para seu negócio. Navios tinham sido escassos na Jamaica o ano inteiro, e as principais transportadoras não conseguiam estabelecer o preço dos fretes para o ano seguinte, com medo de que as cargas fossem tomadas pelos franceses. O governador decretou lei marcial, suspendendo as atividades rotineiras dos tribunais e obrigando todos os homens brancos em idade de servir a se apresentarem para cumprir suas obrigações nas milícias. Os ilhéus aguardavam ansiosos a chegada de mais navios da Inglaterra, com medo de que fossem interceptados pelos franceses que navegavam ao largo do cabo Tiburon.[98]

Em 1758, os colonos se queixavam da má sorte trazida pela guerra. Um deles descreveu a situação para um colega em Londres em termos sinistros:

> Não se fazem mais negócios aqui com prazer, pois os proprietários de plantations estão, em geral, aflitos por dinheiro. O comércio da Guiné está numa situação bem fraca, e nada foi feito nesse setor durante meses, nem os comerciantes desejam fazer nada até terem recebido suas dívidas pendentes. Tenho medo de que o longo crédito e os maus salários acabem sendo a ruína deste país; nunca se viu escassez de dinheiro tão grande como aqui no momento.[99]

A importação de africanos despencou quase 60% de 1755 a 1758: de uma alta de quase 50 mil em 25 anos para menos de 5600.[100]

O declínio do negócio de escravizados denotava uma diminuição da atividade comercial. Como o governo britânico exigia que os colonos suplementassem os custos de alojamento, alimentação e equipamento do Exército, essa queda teve impacto nas defesas da Jamaica.[101] Zachary Bayly notou que o declínio no comércio de africanos comprometia a prontidão militar da Jamaica, apesar das notícias de um alívio prometido pela Inglaterra: "Esperamos ansiosamente o nosso novo governador, e outro regimento; mas como poucos pretos chegaram este ano é uma tarefa difícil encontrar dinheiro, entre todos os nossos amigos, para manter o regimento que temos aqui".[102] Enquanto a guerra se arrastava, os colonos da Jamaica esperavam, aflitos, que seu lobby no Reino Unido convencesse o governo a dar mais atenção aos interesses das Antilhas.

Em Londres, Pitt de fato preparava uma estratégia que envolvesse o Caribe mais diretamente na guerra. Afirmava que o poderio marítimo da Grã-Bretanha tinha condições de romper o impasse na Europa, privando a França de suas possessões coloniais. Em agosto de 1758, ele ficou sabendo da captura da fortaleza norte-americana da França em Louisbourg, passo

crucial na conquista de Montreal. Mas se o Canadá ainda era o maior troféu territorial, os pontos mais ricos do comércio atlântico ao sul ofereciam
outras oportunidades para lançar mão da superioridade naval britânica. A
riqueza da França, como a do Reino Unido, foi imensamente aumentada
pela mão de obra africana nas ilhas produtoras de açúcar, o que tornava
os fortes escravistas na África Ocidental uma prioridade militar. No Senegal, os franceses tinham monopolizado o acesso ao comércio de goma
arábica, matéria-prima essencial como ingrediente na fabricação da seda, e
comandavam a força de trabalho de uma grande população de "marinheiros escravos" que negociavam ao longo do rio. Nas Pequenas Antilhas do
Caribe, Martinica e Guadalupe eram tão prodigiosamente lucrativas como
Jamaica e Barbados; na verdade, Pitt achava que Guadalupe tinha mais
valor para a Grã-Bretanha do que todo o Canadá. Vitórias navais contra
os franceses na África Ocidental e suas plantations no Caribe debilitariam
suas finanças e seria mais difícil para eles continuar guerreando em outras
partes do mundo.[103]

Pitt recebeu conselhos de William Beckford, que se alistara na facção
de governo de Pitt: "Na milícia da Jamaica eu não passava de um soldado
comum", declarou ele. "Em nossa guerra política atual, pretendo atuar
como um dos seus soldados privados sem patente." Beckford sugeriu a Pitt
que um ataque à ilha francesa da Martinica resultaria em vitória fácil e
em espólios consideráveis. "Os pretos e as mercadorias daquela ilha valem
mais de 4 milhões de libras esterlinas", afirmou. E insistiu: "Pelo amor
de Deus, não perca tempo".[104] Os senhores britânicos das Antilhas não
esperavam estabelecer mais colônias açucareiras para o sistema — a competição derrubaria os preços dos seus próprios produtos —, mas queriam
levar mais armamentos britânicos para a região e mais escravos para suas
propriedades. Pitt estava convencido de que capturar uma das possessões
mais lucrativas da França daria aos britânicos considerável poder de barganha diplomática quando a guerra terminasse. Operações bem-sucedidas
na África e no Caribe talvez obrigassem os franceses a propor a paz em
termos favoráveis, e serviriam também aos interesses antilhanos.[105]

Estrategistas militares em Londres devem ter sido incentivados pelo êxito do capitão Arthur Forrest durante a guerra. Ele vivera numa bem equipada propriedade campestre na Inglaterra de 1748 até conquistar seu novo comando, em maio de 1755, no *HMS Rye*, uma fragata de 24 canhões. Em março de 1756, estava de volta à Jamaica. Um ano depois, transferiu seu comando para o navio de linha de sessenta canhões *HMS Augusta* e deu início ao que viria a ser seu mais célebre período de serviço.[106]

Em outubro de 1757, ao largo da costa de Saint-Domingue, Forrest chefiou o *Augusta*, o *Dreadnought* e o *Edinburgh* num combate com uma frota francesa bem superior de sete navios — quatro navios de linha e três fragatas bem armadas. Nessa época, a notícia de que o almirante John Byng tinha sido baleado em sua própria tolda, em março, por não ter lutado contra o inimigo circulava entre o corpo de oficiais, estimulando o que o historiador naval Nicholas Rodger chamou de "cultura de agressiva determinação que distinguia os oficiais britânicos de seus contemporâneos estrangeiros, e que com o tempo lhes conferiu uma ascendência psicológica sempre crescente".[107] Segundo vários relatos, o conselho de guerra entre Forrest e os dois capitães dos navios, seus acompanhantes, foi breve e direto: apesar da desvantagem numérica, os três capitães estavam doidos para lutar.[108]

No "furioso combate" iniciado em 21 de outubro, as embarcações sob comando de Forrest mutilaram o esquadrão francês, embora os navios britânicos tenham saído tão danificados do tiroteio que foram incapazes de se apoderar de qualquer butim. Segundo uma estimativa, os franceses tiveram de quinhentos a seiscentos homens mortos ou feridos. No *Augusta* morreram nove homens e 29 foram feridos, somando-se aos catorze mortos e sessenta feridos dos outros dois navios de guerra britânicos. A ousada ação de Forrest fez sua reputação e simbolizou o novo espírito de bravura dos capitães navais. O confronto que entrou para a história como batalha de Cap François logo se tornou um dos combates mais conhecidos da Marinha Real, eternizado poucos anos depois num hino da Igreja Anglicana. Apenas um mês depois, ao largo da costa de Gonaives, Forrest capturou sozinho um comboio de nove navios franceses transportando 112 canhões e 415 homens, e com uma carga de açúcar, índigo e algodão avaliada em 170 mil libras esterlinas. Essa proeza, também, foi divulgada em todo o Império, mas a notícia foi comemorada especialmente na Jamaica, para cujo porto Forrest levou o butim.[109] Seu sucesso na tomada de butins franceses continuou até o ano seguinte.

Nesse meio-tempo, Wager, escravo de Forrest, trabalhou como capataz na propriedade de Masemure. Ele tinha perdido a batalha de Cap François e o Cruzeiro Tiburon ao largo de Gonaives, embora pelo menos outros três marinheiros negros — James Cudjoe, Jupiter Anon e John Fortune — tivessem passado do *Rye* para o *Augusta* junto com Forrest. É quase certo que, ao serem dispensados em Port Royal, em 31 de dezembro de 1757, esses homens não tenham perdido tempo em contar suas histórias para outros marinheiros negros e para escravizados. As façanhas de sua tripulação eram o único assunto do posto, e é lícito supor que a notícia tenha chegado a Wager no distrito de Westmoreland antes de Forrest visitar sua plantation. Isso ocorreu menos de dois breves anos após John Cope, potencial patrão de Wager, morrer em 1756 e levar para o túmulo a esperança de alforria de Wager. Em 1758 e 1759, enquanto Forrest se tornava o herói do esquadrão da Jamaica e o queridinho do Império, Wager refletia sobre suas perspectivas cada vez mais remotas de liberdade.[110]

É impossível saber ao certo que significado a notícia dos triunfos tinha para Wager, ao mesmo tempo mascote, antigo tripulante e um dos "principais homens" da propriedade jamaicana de Forrest. Mas é provável que pelo menos parte dos seus sentimentos girasse em torno das relações entre masculinidade marcial e dominação. Um pouco devido ao fato de que os africanos da Costa do Ouro em geral tinham experiência em campanhas militares, os proprietários jamaicanos de escravizados os consideravam uma espécie superior, mas difícil de administrar; como cavalos selvagens domados, eles conferiam prestígio ao senhor. Dá para imaginar que Arthur Forrest se orgulhasse de escravizar outro militar, assimilando-o à sua autoimagem de conquistador — e que suas conquis-

FIGURA 2.4. A batalha de Cap François, 21 de outubro de 1757. *The Glorious Action off Cape François Octr. 21st, 1757, between Three English, and Seven French Ships of War Wherein the Latter Were Entirely Defeated*, em Francis Swaine, *Twelve Prints of Sea Engagements*, c. 1760. Pintura de John Cleveley, segundo uma gravura de Francis Swaine. Cortesia das Collections of the National Maritime Museum, Greenwich, Londres.

tas marciais deixassem Wager ainda mais exasperado. Que peso teve isso na decisão de tramar uma revolta não podemos saber, embora ele muito provavelmente tenha começado a planejar logo que o capitão deixou a ilha em agosto de 1759.

Forrest voltou para a Inglaterra como um homem rico que a guerra deixara ainda mais rico. Mudou-se com a família para uma propriedade suntuosa, fazendo vários acréscimos e melhorias na casa. A parte mais destacada da reforma foi uma série de quartos ligados à casa original por uma esplêndida galeria de quadros, uma espaçosa sala de estar, um salão e uma sala de música octogonal iluminada por uma cúpula. Ao longo das paredes Forrest pendurou quadros para comemorar suas várias batalhas navais, com destaque para a batalha de Cap François. Em abril de 1760, às vésperas da insurreição de cativos na Jamaica, pôs na ativa o *Centaur*, um navio de 74 canhões capturado da França no ano anterior. Forrest só voltaria à Jamaica no começo de 1761, depois que os escravizados se rebelaram para destruir sua plantation.[111]

ENQUANTO A INGLATERRA FAZIA CAMPANHAS na África Ocidental e nas Antilhas, seus navios, marinheiros e soldados estabeleciam as conexões entre a guarnição na Jamaica e a guerra mais ampla. Com seus movimentos e ações, esses instrumentos do Império ligavam as regiões díspares do mundo atlântico à economia escravista. O cruzeiro agressivo do *HMS Harwich* é um exemplo eloquente. O capitão do *Harwich*, William Marsh, é conhecido pela captura do Senegal em 1758, que precedeu e abriu caminho para a conquista mais celebrada de Gorée por Augustus Keller ainda naquele ano.[112] Mas a vitória de Marsh talvez seja o acontecimento menos instrutivo quanto à mobilização do navio.

Representando mais que uma vitória isolada numa luta imperial global, a movimentada missão do *Harwich* ao longo da costa da Guiné e no Caribe ressalta a ligação inextricável entre a atividade militar e a geografia da escravidão durante a Guerra dos Sete Anos. As ações em Senegâmbia serviram de modelo para futuras operações dos fuzileiros navais durante aquele período. No Senegal, os fuzileiros do *Harwich* comprovaram a capacidade da Marinha de projetar o poderio marítimo britânico e de capturar ativos estrategicamente valiosos sem a ajuda do exército.[113] Crucialmente, a campanha preparou os fuzileiros navais para lutar corpo a corpo contra os africanos, experiência que utilizariam para sufocar a insurreição de escravizados na Jamaica dois anos depois.

Posto na ativa pela Marinha Real em 1756, o *Harwich* era um navio de linha de quarta classe portando cinquenta canhões pesados. Em 1758, o capitão Marsh assumiu o comando de uma pequena expedição ordenada por Pitt para atacar "quaisquer fortes e assentamentos franceses no rio Senegal ou na costa da África" e fazer um balanço das armas e dos contingentes dos fortes comerciais britânicos ao longo do litoral.[114] A bordo do navio havia cinquenta marinheiros e duzentos fuzileiros navais, preparados para bombardear os fortes franceses, desembarcar para combates corpo a corpo e tomar navios e cargas. O *Harwich* viajava em companhia do *HMS Nassau*, 64 canhões, o *HMS Rye*, um antigo navio de Arthur Forrest, e três embarcações menores. A frota chegou à foz do rio Senegal em 13 de abril.

Nos dias seguintes, fuzileiros navais, munição e provisões foram transferidos para navios menores, a fim de desembarcar, e então começou-se a abrir caminho através do perigoso banco de areia margeando o porto até o Forte Saint-Louis, o posto mais poderoso do rio, situado numa ilha cerca de vinte quilômetros rio acima. Os franceses fizeram disparos contra os britânicos a partir de vários navios pequenos, enquanto seus aliados africanos "sustentavam um fogo contínuo com armas pequenas". Mas até 29 de abril, com os navios de linha bombardeando a costa, os britânicos desembarcaram setecentos marujos e fuzileiros com sua artilharia. Em 1º de maio, os franceses capitularam formalmente, entregando "todos os fortes, armazéns, embarcações, armas, provisões e tudo que pertencia à companhia, no rio Senegal". Entre os espólios no forte e dezesseis troféus no porto, os britânicos levaram 92 peças de canhão, quatrocentas toneladas de goma, uma grande quantidade de ouro em pó, quase 50 mil dólares e um ano de suprimentos para escambo, além de cinquenta escravizados e mais de duzentos prisioneiros.[115]

Deixando um grande contingente de fuzileiros navais para ocupar o forte, a frota partiu para a estação naval francesa e para o barracão de escravos na ilha de Gorée, considerada a chave para a África Ocidental francesa. Em 21 de maio, sob fogo das baterias do forte, os navios de guerra atracaram no ancoradouro de Gorée e prepararam o assalto à fortificação. Os navios menores sondaram a profundidade das águas entre a ilha e o continente, mas tiros de mosquete de soldados africanos em canoas retardaram a tarefa. O *Harwich* ancorou perto da praia, ao lado dos navios menores, a fim de impedir que as canoas passassem do continente para a ilha. Em 25 de maio, a tripulação "estava deixando tudo pronto para atacar Gorée". Antes do romper do dia seguinte, o *Harwick* formou uma linha de batalha com o *Nassau* e o *Rye*. Os britânicos e os franceses trocaram tiros de canhão por mais de duas horas. Mais tarde o capitão Marsh descobriu que o *Harwich* estava bastante avariado, "o mastro & o cordame muito arrebentados e cortados", o mastro principal e a verga da gávea "despedaçados" e o traquete e o cordame "muito destruídos". Ordenou uma retirada, mas antes de conseguir sair do raio de alcance dos canhões franceses os tiros arrebentaram a popa do *Harwich*, ferindo muitos tripulantes com lascas de madeira. Ancorando a distância segura do forte, os oficiais contaram as baixas: nove feridos no *Harwich*, doze mortos e catorze feridos no *Nassau*, dois mortos e vários feridos no *Rye* e um morto e vários feridos num dos navios menores.[116] A invasão tinha emperrado.

A frota recuou para o adjacente rio Gâmbia, onde os britânicos garantiam o comércio local a partir do seu forte na ilha James. Em 30 de maio, o *Harwich* separou-se do *Nassau* e da maior parte da frota, que tinha recebido ordem de voltar para a Inglaterra; ficou só com o *Rye* e um navio menor. As baixas aumentaram, com marujos e fuzileiros navais morrendo em consequência de ferimentos, incluindo um marinheiro que tinha "perdido as pernas em Gorée", mas a campanha prosseguiu. O próximo alvo do que restava do esquadrão foi Albreda, pequeno posto avançado a 3,5 quilômetros de distância, no rio Gâmbia, acima do Forte James. Albreda era isolada das outras posições da França no rio Senegal, mas contava com robusto apoio de entidades políticas africanas locais. Em 6 de junho, antes que Marsh se decidisse por um plano de ataque, a tripulação do *Harwich* "viu o *Rye* e o bergantim disparando contra os nativos e a feitoria francesa". Ficaram sabendo que os "fuzileiros navais e alguns dos nossos foram detidos pelos nativos", e o *Harwich* seguiu às pressas rio acima para participar da batalha. Na manhã de 9 de junho, uma força de mais de duzentos marujos e fuzileiros navais desembarcou "para destruir a feitoria francesa", enquanto o *Harwich* e o *Rye* bombardeavam o forte para dar cobertura ao desembarque. Os britânicos travaram um "corpo a corpo" na costa, mas os africanos eram muito mais numerosos e obrigaram os invasores a recuar para os navios. Antes de partir, as tropas atearam fogo na feitoria. Nove homens do *Harwich* tinham sido "perigosamente feridos, e alguns apenas de leve". Três homens do *Rye* foram mortos e "muitos outros feridos em lutas dentro do mato".[117] Vários marujos e fuzileiros navais feridos morreram durante a descida dos navios para a costa. Nos meses seguintes, o *Harwich* ajudou a proteger o comércio de cativos na Costa do Ouro — uma vez travando uma batalha "muito acirrada" com um navio de guerra francês — antes de partir da África para o Caribe.[118]

O *Harwich* avistou a Jamaica em 1º de dezembro. Logo depois, um piloto negro subiu a bordo e "assumiu o comando do navio", conduzindo-o com segurança para o porto de Port Royal. Ali, Marsh ficou subordinado ao almirante Thomas Cotes no *HMS Marlborough*, o capitânia do posto jamaicano, onde o *Harwich* ficaria baseado nos dois anos seguintes e onde suas campanhas contra os franceses e seus aliados africanos dariam o tom da guerra da guarnição da Jamaica contra os escravizados.[119]

EM 1758 E 1759, a Guerra dos Sete Anos virou decisivamente a favor da Grã-Bretanha. Londres recebeu boas notícias do continente europeu, assim como da Índia, da África, da América do Norte e do Caribe. A combinação de poderio marítimo e comércio superiores com financiamento criativo e sorte militar tinha possibilitado ao Reino Unido uma série de vitórias que levaram os britânicos a um passo da supremacia global. No teatro de guerra do Atlântico, a conquista de Quebec resultou na queda do Canadá. Juntamente com a captura de Guadalupe, isso garantiu à Grã-Bretanha uma vantagem da qual jamais abriu mão, e prenunciou a derrota da França, embora a guerra ainda fosse se arrastar por vários anos.[120] As repercussões dessas batalhas chegaram à Jamaica com os soldados, fuzileiros navais e marujos que nelas combateram.

A guerra levou também para a ilha soldados escravizados militantes, como cativos. Os negros eram mobilizados dos dois lados do conflito, mas os franceses utilizavam mais negros armados, tanto libertos quanto não. Um tenente da Marinha que tinha morado um tempo na Martinica observou que havia 60 mil negros naquela ilha, "muitos deles hábeis no tiro, e todos sabendo usar armas pequenas, embora não artilharia". Podia-se dizer coisa parecida de Guadalupe. Alguns desses combatentes eram escravizados a quem a liberdade tinha sido prometida em troca de serviço na milícia; outros formavam exércitos particulares a serviço de donos de plantations.[121]

No começo de 1759, depois de uma tentativa frustrada na Martinica, os britânicos atacaram a ilha de Guadalupe com uma frota que incluía o *HMS Cambridge*, que um ano depois viria a ser o capitânia do posto, na Jamaica. O governador eleito da ilha, o general George Haldane, comandou uma brigada do Exército na expedição. Intensos bombardeios atearam fogo à maior cidade jamaicana, Basse-Terre. Os franceses abandonaram seu forte, dividiram-se em destacamentos e retiraram-se para as plantations nas encostas do entorno, assim como para fendas nas montanhas. Nesses enclaves, puderam "fortalecer-se nos morros, colocando seus pretos numa situação de defesa", tornando-os "capazes de disputar o terreno em qualquer ravina onde as tropas pudessem aparecer".[122] Os britânicos desembarcaram fuzileiros navais e soldados, que depararam com pequenos grupos de soldados franceses disparando da proteção dos canaviais e de trincheiras construídas às pressas por escravizados. Os britânicos incendiaram vilarejos e campos próximos em resposta, e continuaram lutando em torno dos morros cheios de árvores. Numa batalha, foram atacados por uma mulher chamada Madame Ducharmey e seus "pretos armados", que tinham construído fortificações num morro em frente. Segundo o capitão dos fuzileiros navais Richard Gardiner, essa milícia escrava, comandada pessoalmente pela senhora, matou doze e feriu trinta soldados britânicos. Dez escravos armados morreram lutando, e vários outros foram capturados como prisioneiros. Essas escaramuças duraram semanas, com os franceses ocupando redutos nas montanhas e nas matas, enquanto milhares de soldados britânicos sucumbiam às doenças. Os britânicos só conseguiram tomar a ilha no fim de abril.[123]

Nesse meio-tempo, em 21 de março, George Haldane partiu a bordo do *HMS Renown* para assumir o cargo de governador da Jamaica.[124] Prisioneiros de guerra negros também foram para lá. Na conquista de Guadalupe, os britânicos capturaram dezenas, talvez centenas, de escravizados e de negros livres. Havia o entendimento de que não se vendiam negros livres como escravos, mas era difícil fazer valer essa política.[125] Antes de partir da Jamaica para a Inglaterra em agosto, Arthur Forrest comprou alguns desses cativos de guerra para sua propriedade de Masemure. Ouvindo as histórias da resistência negra em Guadalupe, talvez o capitão Forrest tenha se sentido orgulhoso de completar a derrota deles tornando-os seus vassalos. Talvez, também, os novos cativos tenham sabido, por intermédio de Wager, que Forrest adorava escravizar militares.

Mais soldados e marujos britânicos partiram de Guadalupe para a Jamaica nos meses seguintes. Entre eles, um ano depois, estavam os fuzileiros navais a bordo do *HMS Cambridge*.[126] O almirante Charles Holmes tinha assumido o comando da embarcação durante seu breve retorno à Inglaterra depois da campanha contra os franceses. Ele fizera parte da corte marcial que julgou e condenou o almirante Byng em 1757, acabava de ser eleito membro do Parlamento por Newport, na ilha de Wight, e era veterano da conquista de Quebec por Wolfe. Militar graúdo e reconhecido herói do esforço de guerra, Holmes chegou à Jamaica em 13 de maio de 1760, com um efetivo de fuzileiros navais comemorando o triunfo em Guadalupe. Sua missão seguinte seria ajudar na repressão de uma revolta de escravos.

A Guerra dos Sete Anos foi, antes de mais nada, um conflito global entre as potências da Europa. Mas dentro dessa guerra havia outra luta, visando a assegurar os benefícios da mão de obra escrava. Para garantir o êxito da escravidão imperial, as Forças Armadas britânicas enfrentaram os africanos nos dois lados do oceano Atlântico, como inimigos externos e internos ao mesmo tempo. Esses combatentes britânicos, com treinamento e experiência de guerra contra inimigos imperiais, não tinham ideia de que logo estariam numa guerra interna na Jamaica contra os escravizados. Talvez nem suspeitassem de que seus adversários em Guadalupe em breve estariam tramando ao lado de antigos companheiros de armas como Wager, até pouco tempo antes um bom integrante da Marinha Real. Mas os marujos a bordo do *HMS Harwich* e os fuzileiros navais a bordo do *HMS Cambridge* certamente guardavam lembranças recentes de combates contra soldados africanos. Na Senegâmbia e em Guadalupe, haviam lutado contra eles corpo a corpo no mato e em íngremes ravinas nas montanhas. Agora, na Jamaica, usariam essa experiência para reprimir uma insurreição de escravizados e para manter a guarnição jamaicana firme dentro do império britânico. Assim como os itinerários de donos de escravizados, de soldados e de cativos entrelaçavam numa coisa só o comércio, a guerra e o Império, as campanhas atlânticas da Guerra dos Sete Anos conectavam o objetivo imperial da guarnição da Jamaica a sua guerra interna entre senhores e escravizados.

No começo de 1760, no entanto, os colonos da Jamaica se sentiam mais seguros contra invasões estrangeiras do que em qualquer outro momento desde o começo da guerra. E, com seu absoluto poder sobre os escravizados, os colonos também se convenciam de estar relativamente a salvo de levantes. Apesar da superioridade numérica dos cativos, os proprietários de terras contavam com o conforto de uma sociedade totalmente militarizada, confiante em sua capacidade de enfrentar com violência esmagadora qualquer perturbação da ordem social. Consolavam-se também, talvez paradoxalmente, com a natureza diversa e fragmentada de sua população escravizada. "Diante de uma superioridade tão grande, devia-se considerar extraordinariamente perigoso e inseguro viver entre eles", reconheceu James Knight, antes de explicar por que os donos de escravizados estavam convencidos do contrário. Como os africanos provinham de várias regiões da costa, onde falavam línguas diferentes e tinham costumes diferentes, os proprietários imaginavam que, em sua maioria, eles não conseguiam "conversar livremente, nem confiar uns nos outros". Mais importante ainda, as rivalidades entre eles eram pelo menos tão imediatas e prementes quanto sua oposição comum à escravização. "Os de países diferentes têm uma antipatia uns pelos outros igual à de quaisquer dois outros países do mundo; portanto vivem na apreensão mútua de virem a ser subjugados uns pelos outros, caso se libertem do jugo dos ingleses, o que os torna mais dóceis, sem o pensamento de tentar." [127]

Tendo escrito minuciosamente sobre recentes revoltas de escravizados, Knight decerto não acreditava que eles não tivessem "o pensamento" da

insurreição. Percebeu, no entanto, uma coisa de importância vital: as disputas entre os africanos não desapareciam quando atravessavam o Oceano
Atlântico. Eles perdiam sua antiga posição na sociedade, as conexões sociais
e quaisquer riquezas que tivessem, mas a experiência anterior continuava a
influenciar suas lealdades políticas, mesmo como estrangeiros numa terra
estrangeira. Se foi uma guerra dentro da Guerra dos Sete Anos, a revolta
escrava de 1760 foi também uma guerra dentro de uma longa história de
conflitos fora da costa africana — conflitos esses que foram transformados,
ganharam novos contornos e significados e se manifestavam de diferentes
maneiras na Jamaica. As guerras internas e externas da ilha assumiram
a forma que assumiram devido não só a imperativos econômicos e militares do Império Britânico, mas também às guerras diaspóricas da África
Ocidental.

3. Território coromanti

Enquanto alimentava o comércio de escravos, a guerra na Costa do Ouro determinava territórios e alianças que davam forma aos padrões das revoltas de escravos nas Américas.[1] Tanto para os súditos e soldados de infantaria de impérios africanos como para muitos povos que viviam nos interstícios do império, as guerras da África Ocidental eram uma experiência histórica importante. As sementes da insurreição certamente germinaram na África, mas brotaram no solo fértil da brutal violência da escravidão nas Américas. E floresceram à luz das guerras imperiais, enquanto a Grã-Bretanha disputava com França e Espanha a supremacia no Atlântico Norte e os administradores imperiais da Jamaica lutavam para garantir a segurança de uma sociedade dependente da importação, aos milhares, de trabalhadores miseráveis e hostis.

Os colonos britânicos jamais poderiam contar integralmente com a obediência dos escravizados, em especial durante suas guerras contra os espanhóis e os franceses. Os temores de uma invasão externa, a apreensão pelo destino das cargas comerciais, a escassez de alimentos e o rancor político mantinham os proprietários tensos e desatentos. Os conflitos imperiais ofereciam oportunidades para os dissidentes internos; subordinados podiam muito bem conspirar enquanto seus senhores se preocupavam com essas coisas. Nem a brutalidade rotineira da escravidão, nem a ameaça de extraordinária violência bastavam para manter as pessoas na linha. As ordens e ameaças dos proprietários sempre deparavam com a possibilidade de que um cativo se recusasse a cumprir um comando, ou, pior ainda, reagisse à força com a força. Por isso os senhores suavizavam a intimidação rotineira com concessões e pequenos favores, confiando, ao mesmo tempo, que as divisões entre os escravizados — a multidão de línguas africanas, os costumes religiosos divergentes e distinções de posição social — os impedissem de juntar-se numa causa comum. Supunha-se que essas diferenças, espalhadas numa paisagem desigual e indomada, oferecessem segurança aos proprietários, que concentravam seu poder nas cidades militarmente guarnecidas e nas casas-grandes. Os colonos esperavam ganhar força com a diversidade da população escravizada.

EM MEADOS DO SÉCULO, mais de 90% dos habitantes da Jamaica eram escravizados. De metade a três quartos tinham nascido na África e vinham de uma vasta área do continente, entre os rios Senegal e Congo, e até mesmo da mais longínqua África oriental.[2] Entre 1701 e 1760, de acordo com as estimativas mais realistas, a Jamaica recebeu cerca de 408 mil cativos, embarcados em várias regiões da costa africana. Mas a distribuição não era nem aleatória nem regular. Menos de 1500 desses infelizes vieram do sudeste da África, e apenas um pouco mais de 8% deles embarcou na região que ia da Senegâmbia ao cabo Appolonia, passando pela costa da Alta Guiné. Um em cada cinco vinha do centro-leste da África, com uma proporção semelhante partindo da enseada de Biafra. Mais da metade de todos os africanos que chegavam à Jamaica vinham da Costa do Ouro e da adjacente enseada do Benim, a chamada Costa dos Escravos. Mais de 150 mil africanos, 37% do total, vieram da Costa do Ouro. Esses números atingiram um pico de 22 mil nos cinco anos anteriores à Guerra dos Sete Anos, antes de cair novamente para quase dois terços entre 1756 e 1760. A população da Jamaica era de fato diversificada, mas migrantes da Costa do Ouro representavam sua fração mais numerosa, muito maior do que o grupo proveniente da Inglaterra e da Escócia.[3]

A amplitude dessas origens regionais significava uma infinidade de línguas, entidades políticas e experiências históricas. No entanto, quando migravam, primeiro dentro da África e depois através do Atlântico, os africanos descobriam, compartilhavam e faziam muitas coisas em comum. Pessoas voltavam a juntar-se às que falavam línguas parecidas, cultuavam divindades parecidas ou reconheciam formas parecidas de autoridade. A partir das designações que lhes davam os proprietários, eles formavam novas categorias de pertencimento: angolas, ebos, papaws, uidás e coromantis, entre outros. Os proprietários acreditavam que esses povos eram muito diferentes em termos de caráter. Quase sempre suas impressões dos africanos não passavam de estereótipos grosseiros, mas até mesmo essas caricaturas estavam profundamente enraizadas e podiam ter consequências de longo alcance.

Em 1688, durante suas viagens na Jamaica, o naturalista sir Hans Sloane viu um grupo diversificado de africanos participar do que ele chamou de "festival". Convenceu um músico local, que estudara na Europa, e com um ouvido para composições negras — possivelmente um dos "músicos pretos" tocando no evento — a documentar algumas das músicas. Em *Viagem às ilhas da Madeira, Barbados, Nieves, São Cristóvão e Jamaica*, publicado em 1707, Sloane fez breves anotações para músicas "papa" e "angola", além de uma seção mais longa, mais complexa, de música "coromanti", indicando talvez que essa última variedade era mais conceituada. Já no fim do século XVII, nativos de várias regiões da África eram conhecidos por distintos estilos de expressão cultural. Apesar disso, eles enunciavam essas diferenças numa reunião amistosa, na qual podiam dar continuidade às tradições da terra natal e criar novas na diáspora. O fato de terem aprendido a tocar e a curtir as músicas uns dos outros sugere que nem suas alianças, nem seus antagonismos eram tão predeterminados por suas origens quanto os proprietários de escravos gostavam de supor.[4]

Provenientes de mais de vinte "países ou nações" diferentes, segundo consta, os africanos que os britânicos chamavam "coromantis" provocavam os comentários mais favoráveis e inspiravam grande apreensão. Os comerciantes de escravos usavam essa denominação para descrever africanos da Costa do Ouro em geral, mas seus proprietários reconheciam que eram "de diferentes províncias ou clãs, e não obedeciam ao mesmo príncipe ou chefe, nem falavam a mesma língua". De acordo com James Knight, os senhores jamaicanos preferiam ser donos de pessoas vindas de entidades políticas africanas mais conhecidas, perto da costa, com quem os europeus já mantinham relações comerciais de longa data. Esses africanos estavam acostumados ao trabalho disciplinado, e sua dieta tradicional de milho, banana-da-terra, inhame e outros tubérculos era fácil de encontrar na Jamaica. Os coromantis eram "industriosos", escreveu Knight, e quando jovens podiam "aprender facilmente qualquer ciência ou ofício mecânico". Elogiou-os até por serem "arrumados e limpos", com boa higiene dental.[5]

Famosos pela força física, acuidade mental e modos disciplinados, os coromantis agradavam aos donos de plantations como instrumentos ideais do seu desejo de obter lucro nos assentamentos coloniais. Os proprietários de terras às vezes percebiam nesses africanos em particular habilidades distintas que lhes seriam de grande serventia em certas funções especiais da sociedade escravista. Os talentos náuticos dos povos costeiros faziam deles pilotos, marujos, canoeiros e pescadores ideais. Para a maioria dos que vinham do cinturão de florestas, o mato jamaicano não era impenetrável, apesar de perigoso. Pessoas das áreas montanhosas podiam cuidar de produtos ao longo dos caminhos íngremes e tortuosos da ilha. E o porte militar de alguns homens coromantis os tornava feitores ideais de outros escravizados, e até modelos de certo tipo de ascendência.

No começo de 1750, a junta comercial, que na época incluía William Pitt, realizou uma audiência sobre a maior liberalização do comércio com a África. Embora várias testemunhas tivessem ideias diferentes sobre como obter o maior benefício para o empreendimento imperial, os dois lados consideravam que o comércio com a Costa do Ouro era seu ramo mais valioso, e que africanos daquela região eram as mercadorias humanas mais desejáveis, consideradas "mais aptas para o trabalho" do que outras e "absolutamente necessárias" para o sucesso das colônias. Comerciantes afirmavam que "os proprietários de plantations preferiam pagar quarenta libras por um escravo da Costa do Ouro a pagar vinte libras por um calabar" da enseada de Biafra. Um capitão de navio negreiro com longa experiência no comércio disse também que os africanos comprados a barlavento da Costa do Ouro "não se dão muito bem a bordo, nem são muito bons para os proprietários de plantations". Nativos da Costa do Ouro eram tão desejáveis que os comerciantes tentavam vender cativos de outras regiões como se fossem coromantis. O capitão do navio tinha, ele mesmo, "vendido escravos de barlavento como se fossem da Costa do Ouro, com os senhores muitas vezes sendo enganados" devido à intensidade da procura.[6]

Na Jamaica, a preferência especial dos donos de plantations pelos coromantis coincidia com uma fome insaciável por trabalhadores. Em meio ao crescimento rápido da colônia, os proprietários lamentavam que a ilha ainda não estivesse "nem um décimo ocupada" em 1750.[7] Havia uma necessidade desesperada de cativos para o trabalho brutal e mortífero da limpeza e do cultivo da terra, e a escravidão cresceu aceleradamente nos distritos onde surgiram novas lavouras depois do fim de uma guerra interna com os maroons em 1739. As populações escravizadas de distritos periféricos, e até então marginais, como St. James, Hanover, St. Mary e St. Thomas in the East, aumentaram de modo espetacular em meados do século, absorvendo uma parcela desproporcional dos recém-chegados da África.[8]

Mesmo nos distritos bem estabelecidos, como Westmoreland, onde já havia mais de 11 mil escravos em 1740, senhores estavam ansiosos por explorar mais africanos, em especial os da Costa do Ouro. Pessoas dessa região formavam quase um terço dos 250 escravizados na plantation de James Woodcock em Westmoreland; o restante incluía cem crioulos e setenta pessoas de outras regiões, como "ebors, calabares etc.". Até 1750, Woodcock tinha cultivado 120 dos 445 hectares de sua propriedade — encostada nas montanhas, não muito longe das propriedades Egypt, de Thomas Thistlewood, e Masemure, de Arthur Forrest —, deixando grandes áreas de mata montanhosa descendo através de áreas virgens entre os distritos de Westmoreland, Hanover e St. James. Depondo perante a junta comercial, Woodcock confirmou que tinha ouvido proprietários "se queixarem da falta de cativos da Costa do Ouro" e que eles geralmente "preferiam escolher uma maioria de pretos da Costa do Ouro" para suas plantations. Ele mesmo era dono de oitenta, não queria mais. Achava-os "uma gente perigosa", propensa à rebelião.[9]

A hesitação de Woodcock sugere a natureza contraditória da estima dos senhores. Como quase todos eles sabiam muito bem, os mesmos traços que admiravam nos coromantis os tornavam extremamente perigosos como inimigos. "Eles não são apenas os melhores e mais leais dos nossos escravos, são heróis natos", escrevera o governador Codrington das ilhas de Barlavento britânicas em 1701, ele mesmo senhor de escravos. Afirmava isso mesmo depois de saber que quinze coromantis tinham assassinado o major Samuel Martin, importante dono de plantations e presidente da Câmara da Assembleia em Antígua. "Há uma diferença entre eles e todos os outros pretos que não seria possível vossas senhorias imaginarem", informou à junta comercial. Martin certamente era "culpado de algum ato inusitado de severidade, ou mesmo de uma afronta aos coromantis", disse Codrington, racionalizando. Deduziu, da sua própria experiência e da experiência de seu pai, que mantivera africanos escravizados por 45 anos, que os coromantis eram "agradecidos e obedientes a um senhor bondoso, mas implacavelmente vingativos quando maltratados".[10] Assim, representavam ao mesmo tempo perigo e oportunidade.

Mais do que quaisquer outros africanos, os coromantis tinham uma alarmante reputação de rebeldia. Comentaristas britânicos quase sempre atenuavam seus elogios às atraentes qualidades dos coromantis com advertências sobre sua suposta disposição guerreira. "São turbulentos, e por natureza traiçoeiros, vingativos e sedentos de sangue", escreveu Knight. Podiam ser preferidos como escravos, mas os senhores corriam o risco de se arruinar se não levassem em conta o perigo potencial que os coromantis representavam. "Exigem mão mais rigorosa sobre eles do que sobre os de qualquer outro país", recomendava Knight, "razão pela qual todo proprietário prudente deve cuidar para não ter um número demasiado grande deles em sua plantation; e portanto o costume comum é misturar [gente de] outros países com eles". Knight e outros achavam que os coromantis representavam uma ameaça única: "Nunca houve, que eu saiba, nesta ou em qualquer colônia, uma trama ou conspiração da qual eles não sejam a causa". Ele e outros senhores tinham chegado a essa conclusão baseados numa combinação de percepção comum, precedente histórico, experiência direta e persistente preconceito.[11]

De modo um tanto paradoxal, esse estereótipo provavelmente incentivava senhores de cativos a conceder a coromantis funções e favores especiais. O pouco que se sabe sobre a seleção de feitores nas plantations — os mais diretamente responsáveis pela disciplina dos grupos de trabalho — sugere que costumavam ser crioulos nascidos na Jamaica.[12] No entanto, os senhores consistentemente valorizavam os africanos da Costa do Ouro o bastante para elevá-los acima dos demais na hierarquia das plantations. Wager, de Arthur Forrest, por exemplo, trabalhou como chefe na plantation de Masemure depois de servir a bordo de um navio de guerra da Marinha Real. Assim também, ao que parece, o futuro líder rebelde Tacky, que trabalhou numa propriedade em St. Mary, distrito cujo rápido crescimento tinha absorvido muitos africanos recém-chegados da Costa do Ouro. Levando em conta seu nome, que também era o termo na língua para designar alguém de cargo ou linhagem real, Tacky parece ter sido homem de importância política e militar na área vizinha a Acra, e coromanti quando chegou à Jamaica.[13] Talvez a aptidão militar que os senhores notavam nos coromantis coincidisse com as características pessoais da sua própria condição senhorial, que era militarista e portanto capaz de poderosas imposições da vontade, e ao mesmo tempo destrutiva — turbulenta, vingativa e sedenta de sangue. Era esse tipo de gente que podia construir grandes impérios — e destruí-los.

Os senhores não sabiam muita coisa sobre as sociedades e as histórias africanas que faziam dos seus cativos as pessoas que eles eram, mas assim mesmo conseguiam distinguir uns dos outros, com base em narrativas que circulavam por escrito ou corriam de boca em boca. Suas percepções giravam em torno da visão que tinham da Costa do Ouro como uma região do continente africano particularmente arrasada pela guerra. A prolongada interação europeia com aquela parte da costa e a destacada presença inglesa ali davam-lhes uma vaga noção do desenvolvimento do Estado, da guerra e da escravização na África. Na América, colonos britânicos trocavam histórias de múltiplas rebeliões coromantis no hemisfério e refletiam sobre suas consequências sobre os padrões de recrutamento, a administração e a coerção de escravizados, comparando a experiência alheia com suas próprias práticas. Eles sabiam pouquíssimo sobre como os coromantis se identificavam entre si além das similaridades linguísticas, ou como se organizavam e tentavam manter a coesão grupal — e tampouco davam a isso grande importância.

Em análises históricas recentes, os coromantis têm sido descritos como membros de uma "organização informalmente estruturada de conacionais que se integravam socialmente e ajudavam uns aos outros", formando o que os contemporâneos chamavam de "nação" nas Américas. Não há antecedentes diretos dessa "etnicidade" na Costa do Ouro, onde uma língua comum não era suficiente para superar divisões locais. A nação abrangia pessoas que compartilhavam o conjunto de línguas regionais hoje conhecido como acã, práticas religiosas reconhecidamente familiares, alguns ideais e símbolos políticos similares, além de princípios de incorporação comunal. Entre seus compatriotas, os africanos reconheciam maneiras semelhantes de cultuar o divino, de confraternizar e de sepultar os mortos. Como base de comunhão social num ambiente em que o desterro era a experiência comum, a nação também oferecia um fórum para planejar, organizar e efetivar revoltas.[14]

Os coromantis nas Américas podiam ser reconhecidos também pelos nomes. Senhores davam às suas propriedades humanas novos nomes de sua preferência, escolhendo rótulos genéricos, apelidos breves, nomes de lugar, alusões literárias ou designações clássicas romanas. Eram expressões comuns de desdém, destinadas a pregar sobre as origens africanas emblemas dos opressores. Às vezes, no entanto, senhores de escravos escolhiam nomes africanos, ou simplesmente não se davam ao trabalho de escolher novos nomes, deixando os próprios escravos escolherem. Era costume entre as sociedades da Costa do Ouro dar aos filhos o nome do dia da semana em que nasciam. Tais nomes aparecem com frequência nos registros, transcritos foneticamente (e etnocentricamente) por falantes do inglês. De domingo a sábado, Kwesi, Kojo, Kwabena, Kweku, Yaw, Kofi e Kwame eram versões predominantes de nomes masculinos, correspondendo, nas versões femininas, a Akosua, Adwoa, Abenaa, Akua, Aba, Afua e Amma. Os senhores de escravos trocavam Kwesi por Quashia, Kojo por Cudjoe e Kwaku por Quack — ou, para torná-lo ainda mais familiar, por Jack —, mas o som dos nomes era preservado em sua quase integridade. Entre si, coromantis como Kojo e Akyeampong mantinham viva a tradição dos seus nomes. Nomes da Costa do Ouro acabaram se tornando tão comuns que eram usados por senhores de escravos independentemente dos lugares africanos de origem, em especial no caso de homens altamente valorizados, com trabalhos que exigiam qualificação ou com autoridade sobre outros escravos. O predomínio desses nomes indicava a forte presença e influência dos coromantis na sociedade escravista jamaicana.[15]

Como designação, coromanti aparecia muito nos textos em inglês. Num banco de dados de anúncios sobre escravos fugidos nos jornais jamaicanos do século XVIII, o termo aparece escrito de várias formas — *calamante, calamantine, caramote, caramantine, cormantine* e *coromantine* — até por volta dos anos 1750, quando passou a ser grafado de modo uniforme como *coromantee*. Ainda naquele século, as listas distinguiam coromantis de axântis e fântis, reflexo, talvez, da expansão de Axânti e da consolidação da Federação Fânti na segunda metade do século, quando as distinções políticas entre essas nações eram ainda mais acentuadas. Por mais predominantes que fossem os coromantis, essas mudanças nos alertam para o risco de confundir a consolidação da grafia com a coerência da identidade cultural.[16]

Na realidade, como categoria de pertencimento, "coromanti" era trespassado por muitos outros eixos de identificação. Os coromantis falavam mais de uma língua e vinham de muitas regiões e de muitos reinos diferentes, de onde traziam uma variedade de experiências históricas.[17] Igualmente importante é o fato de que, uma vez na Jamaica, eles exerciam diferentes funções na sociedade escravista. Nenhuma semelhança cultural seria suficiente para resolver todas as difíceis negociações de múltiplos interesses e experiências realizadas entre eles. Mesmo entre seus compatriotas, os africanos escravizados faziam amigos e inimigos em virtude de uma política de pertencimento que tornava o debate sobre o significado de ser coromanti tão urgente quanto forjar a identidade propriamente. Diante dos assaltos contínuos à sua dignidade pessoal, os escravizados se distinguiam uns dos outros tanto por lealdades políticas como por classificações que lhes eram atribuídas. Entre os coromantis, diferentes ideias sobre como viver numa sociedade escravista, como escapar dos seus abusos mais sérios ou como destruí-la totalmente influenciavam as rebeliões tanto quanto as recordações de experiências vividas na África. Era um processo por natureza instável e circunstancial, que levanta dúvidas sobre até que ponto os coromantis de fato chegaram a ser um povo. A verdade é que muitos deram origem a muitos outros.

Esse processo ocorria na traiçoeira geografia marcial que ligava a Costa do Ouro às Américas. Os lugares de origem dos cativos, as rotas que percorriam e os locais para onde iam — tudo isso contribuía para o seu entendimento político. Quando se tornavam coromantis, os africanos escravizados definiam novas redes espaciais, atribuindo sentidos diferentes a lugares, e recorriam a seu senso de localidade para traçar os limites que distinguiam os espaços seguros dos perigosos e quem era de dentro de quem era de fora. No mundo turbulento da guerra atlântica, nada era mais importante do que saber onde e como formar unidades leais, alianças e coalizões diante do poder superior. Eles adquiriam essa sabedoria como resultado de duras experiências na Costa do Ouro antes de ir para a América, onde a readquiriam, com características diferentes. Na guerra contra seus senhores, os coromantis usavam esse aprendizado para traçar rumos através de fissuras na soberania colonial.

DENSAMENTE POVOADA, com cidades populosas e interligadas a rotas comerciais há muito firmadas, a Costa do Ouro se tornara uma importante região de partida para escravizados africanos na segunda metade do século XVII. Os ingleses tinham estabelecido seu comércio em Cormantyn em 1618, e começaram a construir o primeiro forte em 1638. De início mais interessados em ouro do que em escravos, logo passaram a rotular todas as pessoas que ali compravam de acordo com o ponto de embarque. Os holandeses fizeram o mesmo após expulsarem os ingleses em 1665. Mesmo depois que a Inglaterra instalou seu centro administrativo no castelo da Costa do Cabo, e que Anomabo se transformou em seu centro comercial mais movimentado no século XVIII, alguma versão de "coromanti" continuou sendo o nome aceito para os cativos daquela região.[18]

O comércio de escravos alimentava-se de conflitos. Nos anos 1660, mesmo antes de os escravos superarem o ouro como principal produto de exportação regional, Wilhelm Johann Müller, sacerdote luterano a serviço da Companhia Africana Dinamarquesa, notou que "países e domínios vizinhos na Guiné vivem em perpétua desunião e guerra total". Entidades políticas muito próximas umas das outras lutavam para cobrar tributos, para resolver rancores e questões de honra e para ampliar suas fronteiras. A elite social recrutava soldados em toda a comunidade; Müller contou que "juntavam o maior número de pessoas, tanto homens livres como escravos, que conseguiam encontrar ou manter", à exceção de mulheres e crianças, que ficavam em casa ou buscavam proteção em

FIGURA 3.1. Forte Amsterdam, Cormantyn, fim do século XVII. Willem Bosman, *A New and Accurate Description of the Coast of Guinea* (Londres, 1705). Cortesia da Tozzer Library, Harvard University.

países aliados. Chefiando os soldados no campo de batalha estavam capitães militares, chamados de *braffos* pelos fântis. Já em meados do século XVII esses homens eram os principais nas entidades políticas da Costa do Ouro, e sua importância aumentaria com a progressiva militarização das sociedades africanas.[19]

Esses primeiros conflitos interafricanos, apesar de frequentes e violentos segundo relatos europeus, eram quase sempre de pequena escala. Descrevendo o país de Fetu, que abrangia o castelo da Costa do Cabo, Müller notou que as guerras costumavam terminar em dois ou três dias, com as partes beligerantes "de regra satisfeitas com a luta acirrada, especialmente quando notam que um dos lados em disputa é páreo para o outro".[20] Os europeus admiravam as habilidades dos africanos no uso das armas, mesmo quando os observadores não entendiam direito as estratégias e táticas militares nativas. Lanças curtas, lanças longas, espadas e arcos produzidos localmente eram suplementados por armas de fogo compradas dos europeus. Müller ficou impressionado, em especial, com a habilidade deles para se defender com escudos de golpes violentos e de projéteis. Assistiu a exercícios militares sobre técnicas de combate corpo a corpo, manobras evasivas e talento individual:

Um homem mostra com seu escudo e seu dardo como enfrentará o inimigo na batalha. Outro faz todo tipo de cortes e furos com seu sabre: às vezes joga o sabre para cima com uma das mãos e o pega com a outra; às vezes o gira em volta da cabeça; às vezes mostra como decapitará o inimigo. Outro faz movimentos semelhantes com seu mosquete; ora o joga no chão, para esperar o inimigo que se aproxima; ora se levanta um pouco, para ver se o inimigo não foi embora; ora rasteja de joelhos, para se aproximar do inimigo sem ser percebido; ora dispara o mosquete e age como se tivesse baleado o inimigo.[21]

Esses exercícios públicos faziam propaganda das aptidões marciais de guerreiros individuais, ao mesmo tempo que aprimoravam suas habilidades com armas de longo uso e com adoções mais recentes, como armas de fogo importadas da Europa.

Willem Bosman, o chefe dos agentes holandeses em Elmina no fim do século XVII, ficou igualmente impressionado com a destreza dos africanos no uso de mosquetes e carabinas nos exercícios militares: "Eles manejam suas armas com tanta esperteza, descarregando-as de várias maneiras, um sentado, o outro rastejando, ou deitando-se etc., que realmente é de admirar que jamais machuquem uns aos outros". Mas as habilidades individuais dos africanos em combates corpo a corpo causavam mais impressão aos europeus, acostumados a diferentes tipos de disciplina regimental, do que sua eficácia militar em geral. Bosman achava os africanos da Costa do Ouro "muito irregulares em seus engajamentos, não observando o menor vestígio de ordem". Essas táticas de escaramuça o desnorteavam, e ele os censurava por serem incapazes de sustentar linhas de fogo em ataque ou defesa. "Na luta os pretos não ficam em pé uns contra os outros", reclamou, "mas em vez disso correm meio agachados esperando ouvir as balas voarem sobre suas cabeças." Com um desdém racista, registra que os "gestos ridículos, agachando-se, rastejando ou gritando, fazem sua luta parecer mais um bando de macacos brincando do que uma batalha". No entanto, essas mesmas táticas mantiveram os europeus longe da costa africana e causariam considerável problema às milícias coloniais e aos exércitos imperiais nas Américas.[22]

Nessas campanhas de meados do século XVII na África, estabelecer honras e distinções costumava ser mais urgente do que conquistar território ou comércio. Em seus grandes exercícios antes das lutas acirradas, os soldados exibiam suas roupas, armas e ornamentos de batalha, que indicavam hierarquia e status. Os vitoriosos nas armas mostravam troféus — geralmente as cabeças dos inimigos — e contavam atos de bravura em comemorações pós-guerra, depois que os derrotados fugiam do campo de batalha para evitar a morte ou a escravização. Rara era a devastação das guerras posteriores, "onde o inimigo, tendo conseguido se impor, praticava grande violência, roubando, saqueando, incendiando casas, em particular as cabanas de milho erguidas nos campos abertos, e causando destruição em todo o território". Essas guerras mais destrutivas, que acompanharam a expansão do comércio de cativos e armas no Atlântico, envolviam Estados com maiores ambições e uma capacidade maior de projetar força num território.[23]

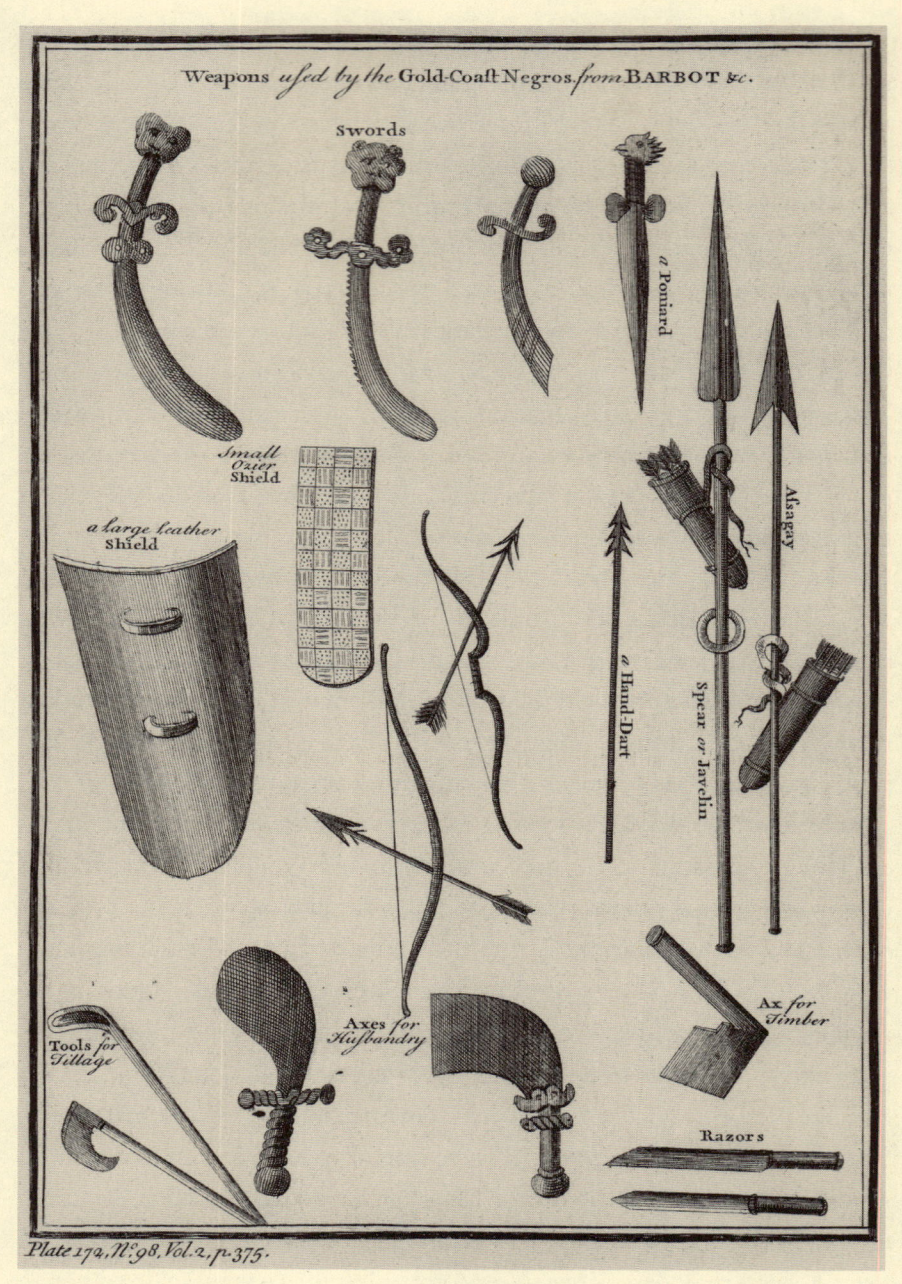

FIGURA 3.2. Armas da Costa do Ouro, fim do século XVII. Gravura de G. Child, em Thomas Astley e John Green (Orgs.), *A New General Collection of Voyages and Travels*, 4 vols. (Londres, 1745-7), gravura 172, 98, 2, p. 375. Coleção do autor.

FIGURA 3.3. Guerreiro da Costa do Ouro, por volta dos anos
1750. Mostrado com objetos sagrados e adornos que conferem
proteção contra inimigos.* Georg Wilhelm Bauernfeind,
em Christian Lindholm Schmidt, *Beskrivelse over den her paa
Kaabberstykket aftegnede Fri-Neger Qvou Ursovs Fetisserier og
Krigs-Rustning, samt hvoraf same giøres…* (Copenhague, 1761).
Cortesia da Kongelige Bibliotek, Copenhague, Dinamarca.

---

* O texto na imagem diz: "Qvou, filho de Eikoe, nascido na cidade de Ursue, em Acra, na costa
da Guiné. Esta (gravura) mostra como um preto de destaque é equipado quando vai para a
batalha". Tradução [para o inglês] do original dinamarquês por Selena Axelrod Winsnes. (N. A.)

Dos anos 1650 até os anos 1680, uma revolução militar instigada pela competição entre "homens graúdos" de elite da região da floresta central transformou radicalmente a guerra na Costa do Ouro. A partir de Kendkyira e Akwamu, exércitos começaram a preferir, em suas táticas de batalha, armas de arremesso, em especial arcos e flechas, aos combates corpo a corpo com dardos, tacapes e espadas. Cada vez mais isso veio a significar o emprego de armas de fogo como elemento decisivo na guerra. Ao mesmo tempo, exércitos inchados pelo recrutamento em massa de plebeus começaram a suplantar forças de soldados profissionais de tamanho mais modesto. Esses acontecimentos ampliaram o âmbito e a duração das guerras. À medida que grandes exércitos de mais de 10 mil soldados marchavam uns contra os outros e contra forças menores, a guerra engolfava distritos e províncias, e podia durar semanas ou meses.[24] Com essas guerras travadas em meio à densa população da Costa do Ouro, poucos não combatentes deixavam de ser afetados.

No fim do século XVII e durante o XVIII, a região assistiu à transformação de grandes impérios: Denkyira, Akwamu, Akyem, Axânti e a poderosa coalizão de Estados fântis, além de dezenas de entidades políticas menores, que competiam entre si por domínio, influência e autonomia.[25] As entidades políticas maiores, que investiam mais pesadamente no comércio de escravizados, formaram exércitos mais numerosos e travaram campanhas mais significativas, produzindo maiores quantidades de cativos para venda. Os Estados costeiros menores enviavam exércitos de não mais de 2 mil homens, mas os Estados fântis podiam enviar 25 mil e o reino de Akwamu, uma força ainda maior. Bosman soube, pelos moradores locais, que os "potentados do interior" como Akyem e Axânti superavam de longe as forças costeiras, "sendo capazes de invadir um país com seus numerosos exércitos".[26]

Enquanto disputavam o comércio, os europeus distribuíam armas e pólvora ao longo da costa e as canalizavam para comunidades africanas cada vez mais militarizadas, e para campos de batalha no interior.[27] "Anos atrás, com considerável razão, as pessoas tinham dúvidas sobre a venda de mosquetes na costa guineense", escreveu Müller em meados do século XVII.

"Hoje, no entanto, isso se tornou um mercado livre geral, e é com espanto que vemos a quantidade de mosquetes velhos e novos vendidos ali."[28] Na virada do século, Bosman explicou que os europeus disputavam o fornecimento de armas para conflitos africanos:

> Somos obrigados a isso, pois, se não o fizermos, eles podem armazenar uma quantidade suficiente dessas mercadorias adquiridas dos ingleses, dinamarqueses e brandemburgueses; e, se todos concordássemos em não vender, os atravessadores ingleses e zelandeses as forneceriam em abundância: e uma vez que isso e pólvora têm sido por um tempo as mercadorias mais vendidas aqui, nós faríamos apenas negócios indiferentes se não participássemos.[29]

Com as armas de fogo lubrificando as trocas, a guerra e o comércio de escravos viriam a se tornar muito prósperos nas décadas seguintes.

Uma rápida sucessão de campanhas militares assinalou a história política da região. Na área cheia de matas que se estendia para o norte a partir de Cabo Três Pontas, Denkyira ampliou suas conquistas ao longo dos anos 1690 antes de Axânti despontar no início do século XVIII. Mais para cima, à medida que a terra se elevava através de morros rumo à cordilheira à margem do rio Afram, Axânti olhava de modo apreensivo de sua capital, Kumasi, para sudeste, onde Akyem, rico em ouro e escravizados, se fortalecia entre duas cumeadas de terreno montanhoso. Essas duas potências acãs travaram uma guerra em 1771 que terminou com a morte do governante fundador de Axânti, Osei Tutu. Akyem fazia fronteira com Akwamu, que ocupava a floresta, as montanhas e as pastagens costeiras ao norte de Acra.[30] Akwamu demonstrou seu notável poder nas décadas em torno do ano 1700, conquistando Acra numa série de batalhas entre 1677 e 1682 e empurrando seus súditos a leste para Little Popo, antes de seguir ele próprio para o leste em 1702 e para o norte em 1707, dominando o comércio desde Acra ao rio Volta, até ser derrotado em 1730 por Akyem, que, por sua vez, caiu em poder do Axânti, sempre em expansão, doze anos depois. Através dos matagais costeiros à borda da floresta, numerosos Estados fânti formaram um governo de coalizão nos anos 1730 para a

defesa comum contra Axânti. Enquanto esses poderosos Estados brigavam
entre si e subjugavam entidades políticas menores, raramente as vitórias
e as derrotas em suas campanhas eram totais e definitivas. Nos Estados
vencidos, chefes e soldados costumavam reagrupar-se, lamber suas feridas,
encontrar aliados entre os antigos inimigos e voltar a lutar.

Esse clima político dinâmico incentivava a formação de alianças inconstantes, produzindo um ambiente social e político turbulento no qual as
guerras envolviam rivalidades europeias e africanas, múltiplas alianças, negociações e traições.[31] Havia quase sempre um incentivo mercenário, porém
as alianças eram necessárias também para a sobrevivência política contra
forças mais poderosas. Esses pactos eram selados por juramentos solenes.
Prometendo ajudar uns aos outros "com o máximo vigor para extirpar o
inimigo", as partes de um acordo costumavam ingerir uma poção preparada
e consagrada por uma autoridade espiritual. Acreditava-se que a beberagem
tinha o poder de matar testemunhas falsas e traidores, que seriam "inchados por aquela solução até arrebentar; ou, se isso não acontecesse, que logo
morreriam de doença definhante". Embora sempre houvesse um jeito de es-
quivar-se de um contrato, ou de renegociar os termos mais tarde, esses juramentos ofereciam uma poderosa maneira de organizar novas campanhas.[32]

O mais notável é que os turbulentos Estados fântis tinham criado, até
os anos 1730, um governo de coalizão para resistir ao avanço de Axânti.
Nos anos 1740, forjaram uma aliança oportuna com Wassa e Twifo, dois
formidáveis Estados interioranos que prestavam tributo a Axânti mas,
apesar disso, serviram de proteção para os fântis diante da expansão de
Kumasi. Ainda assim, nos anos 1750, durante um período de guerra civil
em Axânti depois da morte do seu rei, Opoku Ware, a coalizão fânti ajudou Axânti a reprimir uma rebelião de várias entidades políticas vassalas,
incluindo Wassa, Denkyira e Akyem.[33] Na prática, isso possibilitou a
segurança temporária de alguns em meio à guerra contínua de todos,
e a produção e a circulação crescentes de escravizados aumentaram a
riqueza de impérios dos dois lados do Atlântico.

Guerra e conquista incentivavam também importantes transformações
culturais. Estados menores não só passaram a prestar tributo a Estados

expansionistas, mas também aprenderam e adotaram segundas e terceiras línguas, incorporando novas maneiras e novos costumes. Essas guerras levaram a um conhecimento maior das línguas da família acã em toda a região — assim como das línguas de comércio desenvolvidas ao longo da costa — mesmo entre falantes de ga, adangme e ewe em ambas as margens do rio Volta. O processo disponibilizou amplamente um conjunto comum de símbolos e práticas culturais. Em toda a região entre as montanhas e a costa, povos reconheciam e muitas vezes adotavam nomes acãs, cultuavam de maneiras parecidas, empregavam práticas semelhantes de adivinhação e eram versados nas tradições uns dos outros. Reconheciam emblemas comparáveis de poderio estatal e princípios de hierarquia social, mesmo quando se desentendiam sobre como deveriam ser aplicados em determinadas circunstâncias. Se a elite social legitimava sua reivindicação de território e de poder referindo-se à longa duração de suas linhagens de parentesco sanguíneo, os plebeus tinham que fazer suas reivindicações de modo mais imediato e oportunista, demonstrando familiaridade com as práticas culturais dos poderosos.[34]

Enquanto africanos migravam, interagiam e alguns incorporavam ao seu modo de vida modos de vida dos outros, a turbulência social da região exigia considerável destreza cultural, em especial para não falantes de acã sujeitos ao domínio dos Estados-impérios acãs. Ao compartilhar, eles se familiarizavam uns com os outros, o que possibilitava a comunicação entre esses homens nas Américas, sobretudo quando eram amontoados com africanos de diferentes partes do continente — pois a verdade é que aquela gente não era, de forma alguma, um povo homogêneo. Na América, como na África, competiam entre si por status, recursos e poder, por mais escassas que essas coisas fossem em condições de escravatura. Indicadores de afiliação e desempenhos de pertencimento serviam tanto a fins competitivos como a fins colaborativos.[35]

Tão importantes quanto esses sinais de identidade e afiliação eram as experiências imediatas de guerra, desterro e captura com as quais os africanos aprenderam a lidar durante aquele período. O teatro militar na África deixou impressão profunda tanto nos combatentes como nos não

combatentes. Extensões na escala e no alcance das guerras regionais transformaram geografias conceituais, reorientando abordagens de espaço. À
medida que se intensificava o perigo político com a expansão do comércio
de escravos, os povos de entidades políticas mais fracas e menores es-
forçavam-se para construir vilarejos mais defensáveis em áreas remotas,
incluindo ilhas inacessíveis em rios e lagunas, florestas densas e enclaves
montanhosos. Movimentando-se por rotas comerciais estabelecidas, blo-
queadas aqui e ali em tempos de conflito, ou marchando para a guerra por
grandes estradas construídas por impérios emergentes como Axânti, ou
fugindo de exércitos invasores por trilhas sinuosas e carreiros de animais,
moradores da Costa do Ouro adquiriam um senso abrangente da região
e um senso refinado dos lugares dentro dela onde podiam ficar a salvo de
agressão ou escravização.[36]

Os milhares que se tornavam cativos iam passando de um grupo de
presos por cordas para outro, e por pontos de coleta no interior. Depois
disso, se destinados à venda para os europeus, iam para barracões úmidos
na costa. Ali, "observavam a chegada regular de novos prisioneiros nas
feitorias costeiras, o desaparecimento dos que morriam ou escapavam e,
periodicamente, a partida daqueles que eram levados pelos escravizados
do castelo e nunca mais voltavam".[37] O conhecimento adquirido nesses
movimentos era parte tão importante de sua experiência de vida quanto
os costumes ancestrais. A história desses africanos levados da Costa do
Ouro para as Américas tinha tanto a ver com a compreensão imediata de
paisagem e de manobra — encontrar espaços de saída, escolher campos de
batalha e fazer alianças — quanto com tornar-se coromanti. Esses modos
de orientação eram, na verdade, um aspecto importante do que significava
ser coromanti. Na escravidão, as lições que tinham aprendido no passado
serviam para lidar com circunstâncias urgentes enquanto continuavam
lutando contra outros africanos, contra outros povos negros escravizados
e contra outros brancos.

Navios negreiros europeus se entupiam de cativos dessas guerras expansionistas africanas. A exportação de escravos da Costa do Ouro disparou
de pouco mais de mil, nos anos 1650, para quase 30 mil no período de 1661

a 1680, quando a revolução militar se consolidou. Depois caiu um pouco durante o restante do século, antes de saltar novamente para 40 mil na primeira década do século XVIII e para 50 mil na segunda, à medida que a guerra engolfava toda a região. Até 70 mil africanos, e nunca menos de 40 mil, foram despachados da costa em navios durante cada uma das quatro décadas entre 1720 e 1760. De 1641 a 1700, a Costa do Ouro exportou um total de cerca de 58 mil cativos para os europeus; de 1701 a 1760, esse número chegou a quase 328 mil. Grandes concentrações desses nativos tinham origem nas áreas costeiras, arborizadas e no interior não muito distante, bem como nas regiões montanhosas orientais envolvidas nos cataclismos daquela época.[38]

De 1661 a 1760, os navios negreiros europeus transportaram mais de 300 mil africanos da Costa do Ouro para o outro lado do Oceano Atlântico. Mais de três quartos deles se concentraram nas colônias dos britânicos, holandeses e dinamarqueses, que mantinham as empresas comerciais e os fortes mais ativos da Costa do Ouro. Quase 17% foram para as Guianas holandesas e para as ilhas holandesas no Caribe. Os dinamarqueses importaram africanos da região em números incompatíveis com a sua fatia do comércio atlântico, carregando cerca de 3,5% do total, e esses cativos compunham a maioria esmagadora de suas pequenas sociedades de plantation. O Caribe francês recebeu 9% — a maioria indo para Saint-Domingue e Martinica —, embora os franceses tivessem elevado sua fatia para um terço do total nos anos 1740, quando lançaram seu maior desafio aos comerciantes britânicos da região. Quase 12% chegaram ao Brasil, com a maioria indo para Pernambuco. Mas os ingleses capturaram a maior parte, com a Jamaica como seu principal destino. Mais de 50% de todos os africanos despachados da Costa do Ouro foram para o Caribe britânico — 46% só para Antígua, Barbados e Jamaica — e outros 3% seguiram para o continente norte-americano. Impedidos por tratados e por uma antiga prática de negociar diretamente com a África, os espanhóis receberam menos de 2% dos cativos diretamente daquela região, embora tenham recebido muito mais, em especial em Cartagena e Portobelo, por intermédio de seu comércio interamericano com lugares como a Jamaica.[39]

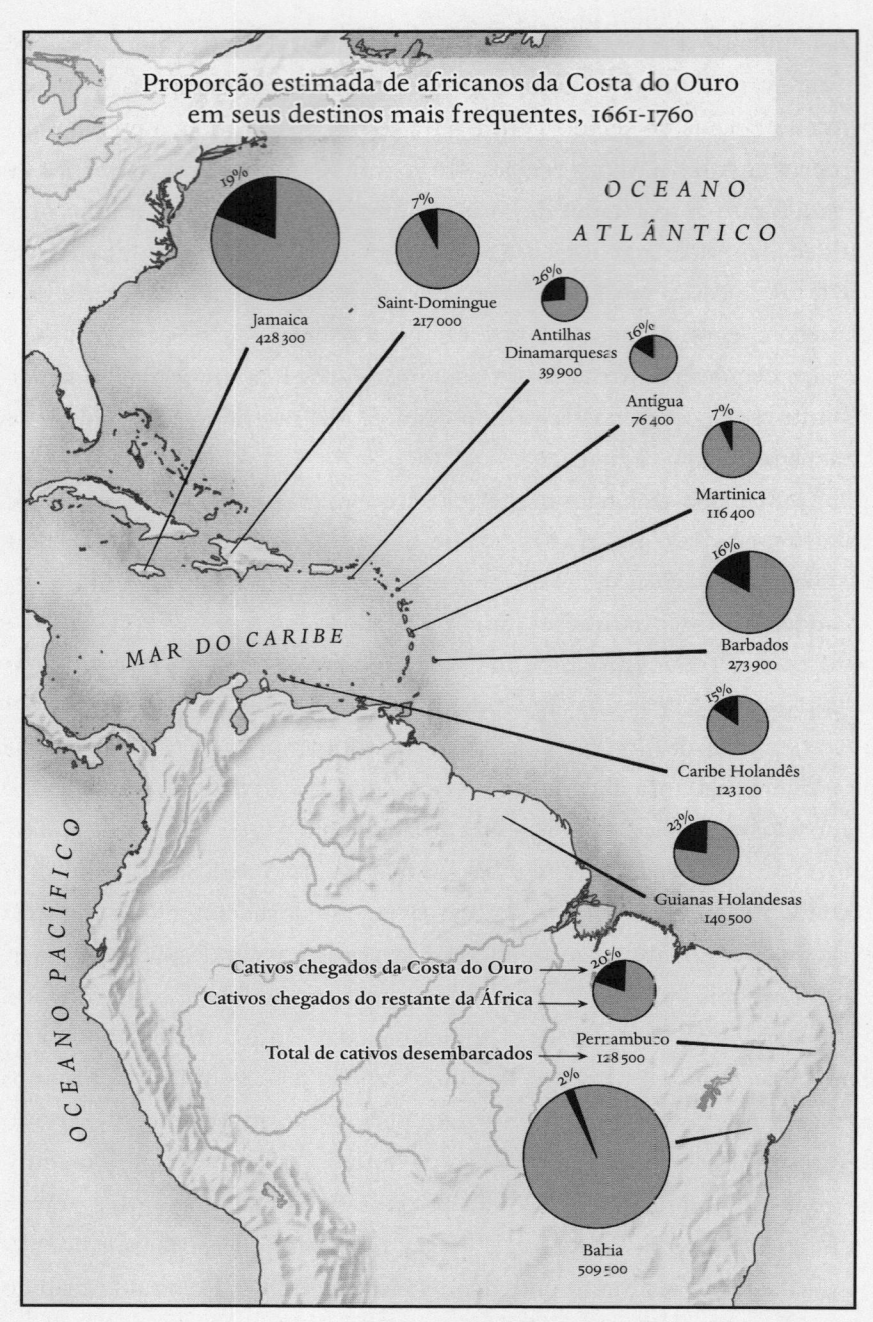

Proporção estimada de africanos da Costa do Ouro em seus destinos mais frequentes, 1661-1760

OCEANO ATLÂNTICO

19%
Jamaica
428 300

7%
Saint-Domingue
217 000

26%
Antilhas
Dinamarquesas
39 900

16%
Antígua
76 400

7%
Martinica
116 400

16%
Barbados
273 900

15%
Caribe Holandês
123 100

23%
Guianas Holandesas
140 500

MAR DO CARIBE

OCEANO PACÍFICO

Cativos chegados da Costa do Ouro →
Cativos chegados do restante da África →

Total de cativos desembarcados →

20%
Pernambuco
128 500

2%
Bahia
509 500

MAPA 5. A diáspora da Costa do Ouro, 1661-1760.
Desenhado por Molly Roy.

A Jamaica ficou com mais de 80 mil, 25% do total. Durante a década imediatamente anterior à insurreição de 1760 na Jamaica, coincidindo com o período de guerra civil que se seguiu à morte de Opoku Ware no Axânti e à guerra com os vizinhos, mais de 40% dos africanos despachados da Costa do Ouro para as Américas foram parar na Jamaica. Muitas dessas mais de 22 mil pessoas tinham sido arrastadas nas mesmas campanhas e batalhas, conheciam umas às outras, haviam lutado umas ao lado das outras e sido inimigas ou aliadas, ou até pertencentes à mesma família. Muitos dos cativos tinham sido soldados. Vários tinham sido vitimados pela guerra. Essas pessoas descobririam que a guerra estava quase sempre à mão nas Américas, ainda que a maioria dos senhores as tivesse recrutado para trabalho não militar.[40]

Concentrados no Caribe, africanos da Costa do Ouro tinham que lidar com paisagens análogas.[41] Criados em florestas tropicais, planaltos cheios de mato e planícies costeiras, ao chegar às ilhas vulcânicas tropicais deparavam com uma natureza que parecia um exagero condensado de sua terra natal, com características familiares amontoadas num ambiente em miniatura. Densa vegetação chegava até a costa e margeava savanas criadas pelo homem, com fileiras e fileiras de plantações dividindo-as e a elas se sobrepondo. Montanhas se erguiam abruptamente do mar, cortadas por profundas gargantas arborizadas. Era esse o terreno onde trabalhavam arduamente, onde buscavam refúgio contra a escravidão e onde organizavam revoltas contra novos inimigos.

A NOTORIEDADE PÚBLICA DOS COROMANTIS entre falantes do inglês começou com a publicação em 1688 de *Oroonoko, or The Royal Slave*, de Aphra Behn. A história fictícia apresenta um príncipe africano escravizado, o último de sua linhagem real, de Coromantien; é descrito como "muito belicoso e bravo, em campanha contínua, sempre em hostilidade com um ou outro príncipe da vizinhança" — descrição que serve também para a realeza inglesa. Behn talvez tenha estado no Suriname em 1663, apenas dois anos antes da Segunda Guerra Anglo-Holandesa (1665-7), durante a qual trabalhou como espiã inglesa na Antuérpia. Ela certamente comemorou quando forças inglesas saquearam dezenas de plantations holandesas e capturaram seus escravos, levando vasto número de cativos da Costa do Ouro para colônias britânicas antes mesmo da grande expansão do comércio escravista transatlântico britânico. A narrativa de Behn baseia-se na história turbulenta de guerras dentro de guerras. Escravizado por traição, Oroonoko chega ao Suriname durante o breve período do país como colônia inglesa, antes de ser tomado pelos holandeses em 1667. Ali conhece o narrador, que conta a história do seu trágico amor, da sua rebelião e da sua execução. Adaptada para o palco por Thomas Southerne em 1695, e publicada como a peça *Oroonoko, uma tragédia* em 1696, a história teve sucessivas edições ao longo de todo o século XVIII e ajudou a definir a imagem dos coromantis como povo nobre e guerreiro, capaz de mexer com os sentimentos de leitores, frequentadores de teatro e talvez até de donos de escravizados.[42]

A história da rebelião de Oroonoko despertou a consciência da longa história de revoltas de cativos coromantis, que tinha começado não muito tempo depois das revoluções militares nos Estados acãs e da exportação de levas e mais levas de africanos para as Américas em meados do século XVII. Os coromantis, claro, não encabeçaram todas as revoltas e conspirações conhecidas pelos colonos; onde quer que houvesse escravidão, havia sempre escravizados conspirando e se rebelando.[43] Mas padrões observáveis e tendências de confirmação se combinavam para convencer as pessoas de que as revoltas coromantis eram um problema especial. Colonos, já partindo do pressuposto de que eles eram rebeldes, recebiam as notícias de cada nova rebelião com o maior interesse. Relatos de muitas dessas revoltas circulavam amplamente, moldando a percepção das insurreições de escravizados enquanto elas se desenrolavam. E as descrições jamais eram apresentadas de maneira isolada; vinham conectadas a caracterizações largamente disseminadas de acontecimentos parecidos.[44] Algumas eram exageradas, embora fosse raro serem fictícias ou apenas percepções europeias. A violência provocava histórias de violência; a guerra era assunto de interesse porque estava em toda parte.

Em 1676, colonos ingleses em toda a América leram o vívido relato de uma conspiração rebelde em Barbados no ano anterior por muitos "coromantis ou pretos da Costa do Ouro". Eles tinham escolhido um rei, instalando-o num tamborete à guisa de Estado e planejado "tocar fogo nas canas-de-açúcar" e "cortar a garganta de seus senhores nas respectivas plantations às quais pertenciam". Correram boatos de duas subsequentes conspirações em Barbados em 1683 e 1692, embora elas tenham envolvido mais do que apenas coromantis. Em Antígua, bandos organizados de cativos fugidos, incluindo coromantis, ameaçaram a colônia de plantations durante todo o fim do século XVII, mesmo antes de um destacado proprietário de plantations ser assassinado por coromantis em 1701. Africanos da Costa do Ouro e de Popo, além de alguns "índios espanhóis", organizaram uma sangrenta revolta em Nova York em 1712: cerca de trinta pessoas, munidas de armas, tacapes e instrumentos cortantes, mataram nove brancos e feriram outros sete antes que o governador Robert Hunter pudesse mobilizar a milícia para contê-los.[45]

Leitores do *Novo relato de algumas partes da Guiné*, do capitão William Snelgrave, publicado em 1734, ficaram sabendo que coromantis — "povo robusto e teimoso", que "nunca seria dócil", dizia ele — se rebelaram a bordo do navio negreiro *Henry* em 1721. Oito africanos escaparam dos ferros, atacaram sentinelas e pularam no mar, de onde foram resgatados e recapturados por marinheiros. Por meio de um tradutor, os cativos contaram a Snelgrave que ele era um "grande velhaco por comprá-los a fim de os levar para longe de seu país; e que estavam decididos a recuperar sua liberdade, se possível". Poucos dias depois, Snelgrave descobriu que eles de fato estavam "conspirando novamente, e preparando um motim". Antes de terem uma chance, outra rebelião estourou a bordo do *Elizabeth*, ancorado perto do *Henry* em Anomabo. Coromantis recém-embarcados mataram o tanoeiro do navio e tentaram nadar até a praia. Tendo capturado dois dos rebeldes e descoberto qual deles matara o tanoeiro, Snelgrave reuniu os comandantes dos outros navios próximos para uma execução. Convocaram todos os cativos ao convés para que vissem marinheiros içar o acusado para a verga do traquete e dez homens o matarem a tiros com seus mosquetes.

"O corpo foi jogado no convés, a cabeça cortada e atirada ao mar." Dois dias depois, carregado com outros cativos do *Elizabeth*, o *Henry* partiu de Anomabo com 650 escravos para a Jamaica, onde a tripulação vendeu 562 sobreviventes da travessia.[46]

Muitos na Jamaica provavelmente ficaram sabendo disso por transmissão oral nos anos 1720. Outros, quando leram sobre essa história na década seguinte, examinaram-na no contexto de uma queda brusca no preço do açúcar e dos altos e baixos do comércio agrícola. Naquela situação, os proprietários de terras ouviam com apreensão relatos de ameaças a suas frágeis margens de lucro — e nos anos 1770 africanos da Costa do Ouro estavam provocando uma nova onda de rebeliões no Caribe. Senhores de escravos acompanharam as notícias do levante que eclodiu na ilha dinamarquesa de St. John em novembro de 1733. Começando com um ataque ao forte na baía Coral, um exército de "aminas" do leste da Costa do Ouro tomou e controlou a ilha durante meses. Embora poucos proprietários soubessem disso, os rebeldes africanos eram os remanescentes da aristocracia político-militar de Akwamu, derrotada havia pouco na Costa do Ouro por Akyem. Autoridades dinamarquesas receberam ajuda de tropas francesas estacionadas na Martinica, que chegaram no fim de abril de 1734 e lançaram a contrarrevolta até o fim de maio. A milícia local finalmente recuperou o controle da colônia para os senhores no fim de agosto, frustrando, com isso, a ressurreição de Akwamu no Caribe.[47]

Logo depois, os donos de plantations foram informados de uma conspiração frustrada em Antígua. Em 1736, coromantis encabeçados por um homem chamado Court, também conhecido pelo título real ga de "Tackey", conspiraram com um mestre carpinteiro crioulo de nome Tomboy, que ajudou a recrutar outros artesãos e feitores crioulos para participar do seu plano de assassinar o governador e os mais importantes proprietários de terras e em seguida capturar a ilha. Acompanhado por oficiais e tenentes — chamados *braffo*, segundo a prática da Costa do Ouro —, bem como por curandeiros obeahs que impuseram juramentos de lealdade, Court preparou uma complexa cerimônia de coroação para anunciar sua autoridade. Mas traidores denunciaram a conspiração e senhores de escravos reagiram com uma vingança brutal, alimentada pelo pânico. Executaram Court, Tomboy e mais dez líderes logo após descobrirem o projeto da revolta, e em seguida ampliaram o âmbito de sua retaliação. Até maio de 1737, executaram 88 escravos — queimando vivos 77 deles — e expulsaram da ilha mais quase cinquenta.[48]

Colonos que inspecionavam o mundo mais amplo da escravidão atlântica também tiveram notícia de rebeliões coromantis para além da órbita britânica, o que indicava que a geografia da agitação escrava correspondia mais a padrões de migração do que a limites territoriais de impérios. Escravizados despachados da Costa do Ouro via Jamaica participaram em revoltas na Nova Granada espanhola, formando comunidades maroons perto de Cartagena. Navios portugueses e brasileiros importaram rebeldes para o Brasil.[49] No Suriname, os holandeses lutaram de modo intermitente com escravos rebeldes e maroons, muitos deles da Costa do Ouro ou descendentes de coromantis, de 1690 até os anos 1740 e 1750. Um tratado de paz assinado com maroons do Suriname em 1749 garantiu uma breve trégua no persistente conflito, até que os maroons finalmente conquistaram sua independência em 1762.[50]

Em razão da preponderância das revoltas lideradas por coromantis escravizados na Jamaica e em outras partes, muitos dão atenção especial a seus antecedentes — origens étnicas, ideologias coletivas e orientações e práticas culturais — para descrever e explicar as insurreições. Os coromantis têm sido descritos como "essencialmente africanos no caráter" e no estilo, empenhados na recriação da "autocracia de estilo acã" ou na "ressurreição" de um grupo étnico culturalmente distinto.[51] Essas descrições demonstram até que ponto as revoltas coromantis tinham características comuns. Conspiradores e rebeldes costumavam comunicar seus planos na "língua coromanti" e empregavam símbolos e sinais culturais comuns. Recorriam a curandeiros obeahs para administrar juramentos de lealdade e oferecer consulta espiritual. Organizavam-se em companhias, com capitães militares. Na batalha e na derrota, mostravam a mesma determinação, quase sempre preferindo o suicídio à captura e enfrentando a execução com um estoicismo que impressionava os inimigos. O governador Codrington, de

Antígua, escreveu a esse respeito em 1701: "Nunca houve um patife ou covarde nessa nação, intrépida até o último grau, não há um homem deles que não aguente ser cortado em pedaços sem soltar um suspiro ou gemido".[52] A ênfase nos antecedentes africanos dos coromantis, no entanto, significa que aspectos mais imediatos e materiais de suas guerras têm sido menos explorados.

Diferentes ambições, diferentes interesses e divergências práticas ajudavam a definir o curso dos acontecimentos, mesmo quando insurgentes eram do mesmo grupo cultural. A construção de uma consciência de grupo comum nas Américas não era condição suficiente para a união política.[53] Um grupo étnico não correspondia a uma aliança política. Um vínculo étnico, claro, podia facilitar a cooperação, mas essa coesão não era necessária nem automática. A escravidão borrava distinções especialmente quando criava outras, de tal maneira que suas condições sociais se revelavam tão importantes quanto as distinções culturais feitas pelos africanos na diáspora. Até mesmo nos despersonalizantes navios negreiros os europeus escolhiam os primeiros africanos embarcados para montar guarda sobre as últimas aquisições.[54] Por serem os coromantis da Jamaica uma população informalmente conectada e amplamente distribuída, sua força política era latente. A coesão grupal tinha que ser criada de olho nas situações locais por meio das brigas, da persuasão e da coerção que sempre definem a política. Essa ação política podia unir coromantis e atrair outros para a sua liga, mas, com a mesma facilidade, podia separá-los e arruinar suas estratégias. Na verdade, na Jamaica, a trajetória da luta política era determinada mais por divisões políticas entre escravizados, entre africanos, e até entre coromantis, do que pelo que eles tinham em comum.

As transformações na Costa do Ouro haviam ensinado os africanos daquela região a encontrar maneiras de unir facções rivais para promover interesses comuns e para resistir às depredações de inimigos comuns, fossem eles Akwamu, Axânti ou os impérios da Europa. Essas estratégias de formação de coalizões baseavam-se na América, como antes na África, em promessas coletivas consagradas por juramentos, que garantiam vínculos de aliança política a serviço de objetivos imediatos. Podemos interpretar esses juramentos como indicação de similaridade étnica entre pessoas que compartilhavam uma compreensão cultural da aplicação material e sobrenatural de sanções. Ao mesmo tempo, no entanto, os juramentos eram essenciais para forjar vínculos de aliança justamente porque as coalizões eram muito frágeis — a afinidade étnica era base insuficiente para a ordem militar. Assim sendo, enquanto os britânicos tinham seus Artigos de Guerra, um código jurídico lido em voz alta como uma fórmula mágica, os coromantis tinham seus juramentos solenes.[55]

Era possível unir os insurgentes por meio de crenças na sabedoria espiritual de especialistas em rituais, na invulnerabilidade supostamente conferida por feitiços sagrados e na honra dos camaradas conspiradores. Curandeiros obeahs ajudavam bandos rebeldes a consolidar suas uniões. O historiador do século XVIII Edward Long descreveu obeah como "uma espécie de feitiçaria da mais ampla influência [...]. A autoridade de alguns dos seus velhos com reputação de bruxos, ou curandeiros obeahs, sobre [escravizados] era às vezes utilizada com muito sucesso para os manter subordinados aos chefes".[56] Os conspiradores pediam aos xamãs que usassem seus feitiços para protegê-los de balas e para administrar promessas vinculantes.[57] Os conselheiros espirituais eram indispensáveis para a política rebelde.

Mesmo quando concordavam em colaborar, os rebeldes enfrentavam o desafio de pôr seus planos em prática no campo de batalha, onde lutavam com as demandas muito materiais de contextos particulares. Esse era o caso nos navios negreiros oceânicos, nas cidades coloniais, nas plantations da ilha e na própria Costa do Ouro. Na verdade, talvez a origem geográfica dos africanos de regiões costeiras, cobertas de mata ou montanhosas, fosse tão saliente quanto suas origens linguísticas e culturais. Rebeldes estudavam oportunidades políticas prestando a maior atenção em momentos e espaços que ofereciam as melhores possibilidades de sucesso. Rebeliões em navios negreiros eram mais comuns com terra à vista, quando marinheiros estavam ocupados e distraídos fazendo transações comerciais e reabastecendo, e quando africanos podiam avistar uma fuga viável.[58] Rebeldes nas cidades reuniam-se em tavernas e no cais, onde era difícil para as autoridades monitorar o vaivém de estranhos. Escravos fugidos no Caribe, com um forte contingente de grupos de africanos recém-chegados, seguiam direto para trechos inexplorados de mata, pântano e montanha.[59]

Agudamente afinados com sua situação espacial tanto quanto com suas dificuldades políticas, os insurgentes trabalhavam para forjar alianças em meio à fraturada soberania criada pela geografia física e social das colônias. Numa ilha densamente arborizada e montanhosa como a Jamaica, a fronteira das plantations era ao mesmo tempo uma vantagem concedida aos rebeldes e uma criação deles. A fronteira oferecia refúgio contra a escravidão, enquanto a presença e as atividades dos rebeldes nas regiões ermas limitavam a área de agricultura de mão de obra escravizada. Quando os rebeldes atuavam em harmonia, o regime de plantations enfrentava um grande perigo e guardava distância do interior. Quando eles se dividiam, os senhores e o Império Britânico aproveitavam a vantagem. Essa dinâmica era evidente na Jamaica durante a longa sucessão de revoltas e de pequenas guerras que precedeu a insurreição coromanti de 1760.

Com a crescente importação de africanos nas últimas décadas do século XVII, os colonos jamaicanos enfrentaram uma série aparentemente interminável de rebeliões escravas, culminando numa guerra total com os maroons nos anos 1730. No entanto, os rebeldes só se uniam em situações específicas. Combinando coromantis com africanos de várias regiões e crioulos nascidos na escravidão ou entre os maroons, eles se integravam incompletamente com o passar do tempo, à medida que iam esboçando seu próprio mapa político do território da Jamaica. Escrevendo nos anos 1740, ainda com frescas lembranças de combates recentes, James Knight narrou aquilo que os historiadores hoje chamam de Primeira Guerra Maroon (a segunda ocorreria nos anos 1790), com a fusão de muitos bandos rebeldes ao longo de várias décadas. Os maroons continuaram resistindo nas montanhas de barlavento (no leste), apesar de a sociedade jamaicana de plantations ter inchado no fim dos anos 1600 com recém-chegados da África. Os escravizados fugidos iam para os acampamentos existentes, quando lhes era possível, aumentando lentamente sua população, que disparou de modo mais drástico já perto do fim do século.[60]

Em 1673, cerca de duzentas pessoas se rebelaram no distrito de St. Ann, na parte norte da ilha. Descritas por Knight como "na maioria coromantinos, povo brigão, turbulento e sanguinário", elas mataram seu senhor e uma dúzia de brancos, capturaram todas as armas e munição que encontraram e fugiram para as montanhas entre os distritos de Clarendon e St. Elizabeth, onde ofereceram poderoso exemplo para os escravizados daquela área.[61] Em 1678, uma rebelião numa propriedade perto de Spanish Town deu menos certo. Mas, embora quase todos os rebeldes tenham sido mortos ou recapturados, as horrendas torturas e execuções que se seguiram não tiveram o efeito dissuasivo que os proprietários de terras esperavam. Em 1685, no vale de Guanaboa, escravos rebeldes atacaram a casa do major Francis Price. Os colonos sustentaram uma defesa eficiente e tiveram a boa sorte de matar um dos "conjuradores, dos quais eles dependiam acima de tudo". Recuando para uma encosta calcária, "um monte vantajoso cheio de rochas íngremes e tocos de árvore", os rebeldes se prepararam para a batalha contra os reforços enviados de Spanish Town. Perdendo metade do contingente quando os colonos invadiram o morro, eles se dividiram em três grupos e recuaram para o interior. Um bando, encabeçado por um coromanti chamado "Cophy", conseguiu chegar ao distrito de St. Mary, ao norte, onde os rebeldes, isolados durante meses, atormentaram as plantations. As autoridades souberam da morte de Kofi em abril de 1686, mas grupos de tropas regulares e milicianos caçaram o bando até meados de 1687.[62]

Então, em 1690, na montanhosa propriedade de Sutton, no distrito de Clarendon, toda a população de quinhentos escravos se rebelou, ateando fogo na casa-grande e confiscando cinquenta mosquetes e peças de artilharia. Carregando o canhão com pregos, eles rechaçaram um grupo miliciano de cinquenta homens antes de se retirarem quando reforços chegaram. Forças coloniais mataram e capturaram dezenas nas perseguições que se seguiram, mas centenas continuaram em liberdade, incluindo mulheres e crianças. Segundo Knight, muitos dos que escaparam "também se estabeleceram nas montanhas separadamente e sob comandantes diferentes, por eles mesmos escolhidos". Um desses comandantes teve um filho de nome Kojo — chamado pelos britânicos de Cudjoe —, que viria a ser um dos mais famosos líderes maroons do século xviii.[63]

De início, segundo Knight, vários grupos de maroons "se contentaram em esconder-se naquelas partes, onde podiam subsistir sem causar danos aos proprietários ou incomodando-os o mínimo possível". Mas sempre havia itens necessários que só podiam ser obtidos nos circuitos do comércio atlântico — especialmente tecidos, armas e munição. Os rebeldes eram obrigados a adquiri-los em incursões noturnas nas plantations mais distantes, ou através do comércio ilícito. "Seu sucesso não só os animava como também incentivava grupos menores de pretos a desertar das plantations", lamentou Knight. Muitos bandos viveram "alguns anos em seus respectivos retiros, sem ter conhecimento uns dos outros, ou dos pretos espanhóis". No entanto, representavam coletivamente um exemplo que outros escravizados continuavam a imitar. Knight descreveu outra rebelião, em 1718 no distrito de St. Elizabeth, onde um grupo de fugitivos "se colocou sob o comando de um preto de Madagascar, que era um sujeito arteiro e resoluto". Dos seus assentamentos nas montanhas, eles "atraíram muitos pretos descontentes nas plantations vizinhas e se tornaram consideráveis ali pelo ano 1720". Aos poucos, os maroons do lado sotavento (oeste) da ilha se unificaram. Fazendo contato através de caminhos nas montanhas, eles começaram a disputar entre si território e táticas, a colaborar e a amalgamar. Primeiro, fundiram-se em dois grupos, um sob o comando do homem que seria de Madagascar, o outro consistindo dos coromantis que se haviam libertado da propriedade de Sutton. "Depois de muitas disputas, e de batalhas sangrentas nas quais grande número morreu dos dois lados", eles se uniram sob o capitão Kojo e passaram a representar uma ameaça existencial à colônia de plantations.[64]

Outro problema paralelo para os senhores se desenvolvera a barlavento, nas imponentes Montanhas Azuis. Ali, maroons construíam aldeias e cultivavam alimentos básicos nos vales íngremes e isolados. Apesar de também realizarem incursões noturnas nas plantations mais distantes, seu contingente cresceu mais devagar que o dos maroons de sotavento, com fugitivos chegando sozinhos ou em pequenos grupos. Com o tempo, porém, "começaram a tornar-se temíveis devido a contínuas deserções e a centenas de pretos robustos e aptos que nasciam no mato e eram treinados para as armas". Os ataques dos maroons de barlavento obrigaram muitos donos de plantations a abandonar assentamentos de fronteira por volta de 1730, e tomaram posse ou invadiram completamente grandes áreas do nordeste da Jamaica.[65]

Totalizando milhares no começo do século XVIII, os maroons de sotavento e barlavento estabeleciam rotas através da ilha bem distintas dos percursos dos colonos. Correspondiam-se através das montanhas, rastejavam por passagens secretas até as propriedades, negociavam produtos de contrabando com escravos, e desciam dos seus redutos elevados até o mar, onde apanhavam peixes e tartarugas e produziam sal.[66] Aglomerando-se em diferentes partes da ilha, saqueando propriedades e interagindo com os escravizados a seu alcance, eles se tornaram senhores de pedaços de terra inacessíveis aos brancos. "Conheciam cada estrada secreta do país", escreveu o proprietário Bryan Edwards em sua *História das Antilhas*, "de maneira que podiam se esconder de perseguições, fazer seus estragos noutros lugares, ao sabor das circunstâncias."[67] Seus movimentos ao longo de "pequenas trilhas, em trajetórias indiscerníveis, que só podiam ser rastreadas com muita dificuldade, a não ser por eles mesmos", constituíam uma região desconhecida dos senhores e do governo colonial, uma soberania maroon de facto, que subdividia a ilha.[68]

Bandos maroons eram governados por cadeias de comando militares e hereditárias, com a prática espiritual sustentando a integração social. Comandantes rebeldes eram "pelo sufrágio do todo investidos de um poder absoluto, que, por medo e por necessidade, era passado para seus herdeiros". Abaixo dos comandantes-chefes, numerosos capitães eram designados, cada um escolhido por sua habilidade e exercendo autoridade sobre tantas pessoas quantas o comandante "julgasse proporcional a seu mérito e a seus serviços". Essa estrutura oferecia incentivo aos capitães, cujas responsabilidades eram exercitar os soldados, instruindo-os "no uso da terra e de pequenos exércitos, ao modo dos pretos da costa da Guiné", além de planejar e executar incursões "ousadas, resolutas e ativas" nas plantations; e despachar outros homens para caçar, pescar ou ajudar as mulheres no plantio.[69]

Se a necessidade militar governava os acampamentos maroons, a colaboração dentro dos grupos e entre eles exigia o tipo de estratégia de construção de coalizões que tinha funcionado na África Ocidental. Ainda que os coromantis fossem provavelmente maioria, as comunidades de acampamentos rebeldes eram tão poliglotas quanto as plantations. Dizia-se que Kojo estabeleceu o inglês como língua oficial de comunicação para evitar mal-entendidos e brigas que pudessem surgir em virtude da diversidade de origens. A certa altura, também, os maroons adotaram a "língua kromanti" — derivada de várias línguas da Costa do Ouro — como idioma unificador.[70] Sob pressão da guerra perpétua, a desconfiança era enorme, e fugitivos que conseguiam chegar aos acampamentos maroons em geral passavam por períodos probatórios antes de conquistar a confiança dos povos das montanhas.[71] Os procedimentos maroons de incorporação baseavam-se em grande parte na religião kromanti, que ritualizava a união de pessoas de múltiplas linhagens de descendência mediante cerimônias de juramento, e no conselho espiritual de curandeiros obeahs.[72] Knight soube por um correspondente no distrito de Westmoreland que os maroons de sotavento costumavam consultar "uma pessoa a quem chamavam de Homem Obia, a quem reverenciavam, e cujas palavras tinham para eles a [força] de oráculo".[73] Mais famosamente, os maroons de barlavento se voltavam para sua sacerdotisa, Nanny, que acabou dando nome ao seu principal assentamento acima do rio Stony, e que continua sendo uma antepassada reverenciada. Essas figuras davam coesão espiritual e social a povos que viviam sob extrema coação — e, como na África Ocidental, conduziam os serviços sagrados que ligavam diferentes facções numa aliança militar.[74]

Usando o terreno irregular da Jamaica para formar unidades rebeldes de onde os plantadores não pudessem erradicá-los, os maroons adaptaram suas táticas militares à paisagem. Estabeleceram bases seguras onde o terreno era de acesso mais difícil para intrusos, mas também oferecia um solo rico para a produção de milho, inhame e outros tubérculos.[75] Os donos de plantations reconheceram isso depois de capturar Nanny Town, em 1732: "Tendo muitos refúgios seguros e lugares de retiro, quando eram descobertos e expulsos de um assentamento se dirigiam para outro, onde nosso povo não podia segui-los por não ser muito familiarizado com as partes montanhosas nem capaz de escalá-las, a não ser com muitíssima dificuldade".[76] Essa facilidade para escalar montanhas sugere que os africanos de regiões elevadas provavelmente contribuíram de maneira desproporcional para o desenvolvimento inicial das manobras militares dos maroons. Mais tarde, no entanto, maroons crioulos passaram a contar com uma importante vantagem tática, "sendo, desde a infância, acostumados a íngremes montanhas rochosas", onde "era extremamente difícil e quase impraticável para pessoas brancas irem atrás deles".[77] Adaptando-se ao seu meio, os africanos e seus descendentes criaram novos territórios, domesticando a natureza da Jamaica de um jeito que era só deles.

Os maroons situavam seus acampamentos de maneira que só pudessem ser acessados por uma ou duas entradas estreitas, facilmente vigiadas e guardadas. "Na entrada desses caminhos eles mantinham vigilância contínua ou sentinela para evitarem ser apanhados de surpresa", explicou Knight. "À menor sugestão de perigo ele aproveitava da melhor maneira seu caminho para a cidade ou dava sinal ou alarme, depois do que todo homem capaz de manusear uma lança ou usar armas de fogo imediatamente corria para o seu posto, sob seu respectivo capitão, que ficava em alguma emboscada ou lugar fácil de defender."[78] Como se queixou um governador militar da Jamaica, tropas europeias estavam mal equipadas para lutar naquele ambiente:

O serviço aqui não é como em Flandres ou qualquer outra parte da Europa. Aqui a grande dificuldade não é derrotar e sim ver o inimigo. Os homens são obrigados a subir as correntes dos rios, passar por montanhas íngremes e precipícios sem uma trilha, através de matas tão fechadas que têm que abrir caminho cortando quase a cada passo, a vegetação rasteira [...] é sempre extremamente dura e cerrada, retorcida e intricada de um jeito estranho; além disso eles muitas vezes deparam com torrentes causadas por chuvas fortes e penetrantes que costumam cair nas matas e para as quais as barracas não servem de abrigo [...]. Em suma, nada se pode fazer em rigorosa conformidade com as preparações militares de praxe e de maneira regular, sendo a luta no mato, como eles a chamam, uma coisa muito peculiar.[79]

No caso de os inimigos atacarem com sucesso seus acampamentos, os defensores providenciavam para que as mulheres e as crianças pudessem fugir às pressas para um ponto predeterminado em outro assentamento.[80] Levando a melhor sobre os colonos dessa maneira, os maroons recapturaram Nanny Town no começo de 1733.

Eles usavam a paisagem de modo astuto tanto no ataque como na defesa. Podiam aparecer de súbito do meio do mato para saquear propriedades e desaparecer com a mesma rapidez. Vigiavam a movimentação de tropas de suas posições em pontos elevados, empurrando rochas e pedregulhos quando elas se aproximavam. Preparavam armadilhas nas matas escuras. Usavam os sons ecoando entre os profundos desfiladeiros para assustar e confundir as tropas coloniais, que tinham dificuldade para distinguir o som original do eco. Quando em confronto direto, os maroons "constantemente sopravam berrantes, conchas e outros instrumentos, que produziam um barulho medonho e terrível entre as montanhas, na esperança de aterrorizar nossos grupos, fazendo-os supor que seu número e sua força eram muito maiores do que de fato eram", pensava Knight.[81]

Os chifres não serviam apenas para a guerra psicológica. Também ajudavam a orientar as habilidosas táticas dos maroons com armas de fogo. Sem claros ângulos de vigia na floresta íngreme, a audição era um meio melhor do que a visão para coordenar ataques.[82] Os maroons treinavam a audição para torná-la "maravilhosamente alerta, possibilitando-lhes escapar dos mais insistentes perseguidores", de acordo com um dos primeiros cronistas de sua história. "Comunicavam-se por meio de chifres; e embora outras pessoas mal conseguissem ouvi-los, eles distinguiam a ordem transmitida pelos sons."[83] Esses chifres — *abeng*, como eram chamados na Costa do

Ouro — ajudavam a organizar mobilizações, manobras táticas e grandes combates em terreno denso e irregular.[84]

Um diagrama notável das táticas de infantaria maroons no Suriname sugere que métodos similares talvez tenham sido usados na Jamaica. Nos anos 1770, quando os holandeses travaram uma prolongada guerra contra os maroons do Suriname, um soldado inglês por nome John Gabriel Stedman participou da contrainsurgência holandesa. De um guia negro chamado Hannibal — e, depois, da experiência direta — Stedman aprendeu o que chamava de "forma de luta no mato dos negros africanos". As informações que obteve lembram as descrições dos combates da África Ocidental feitas por Bosman. Hannibal disse a Stedman que as expedições maroons se dividiam em "pequenas companhias de oito ou dez homens comandadas por um capitão com um berrante", o qual sinalizava as grandes manobras de um combate. Quando resolviam lutar, os homens da companhia se separavam, deitavam-se no chão — ou, onde a folhagem era densa, encostavam suas armas de fogo nos galhos das árvores — e disparavam "através do verde" contra o clarão das armas do adversário. Então mudavam de posição para recarregar, disparavam de novo e seguiam em frente, descrevendo ângulos caleidoscópicos através do espaço de batalha. Cada atirador era acompanhado de dois apoiadores, um para pegar a arma — se e quando o atirador original tombasse — e outro para levar o corpo e impedir que caísse nas mãos do inimigo. Devido à escassez de armas e munição, empregar três homens para cada arma de fogo também ajudava a aproveitar cada tiro. O combate continuava dessa maneira até o som do berrante sinalizar a retirada de um ou de outro grupo. Essas táticas atormentavam os holandeses no Suriname, tanto quanto métodos similares afligiam os britânicos na Jamaica.[85]

Os ataques dos maroons foram ficando cada vez mais audaciosos. No fim dos anos 1720, tendo derrotado ou frustrado numerosos grupos de colonos despachados contra eles, os maroons tinham força suficiente para ameaçar o controle britânico da ilha, pelo menos a julgar por declarações oficiais. Em seu discurso de junho de 1730 na Câmara da Assembleia da Jamaica, o governador Robert Hunter, que tinha governado Nova York

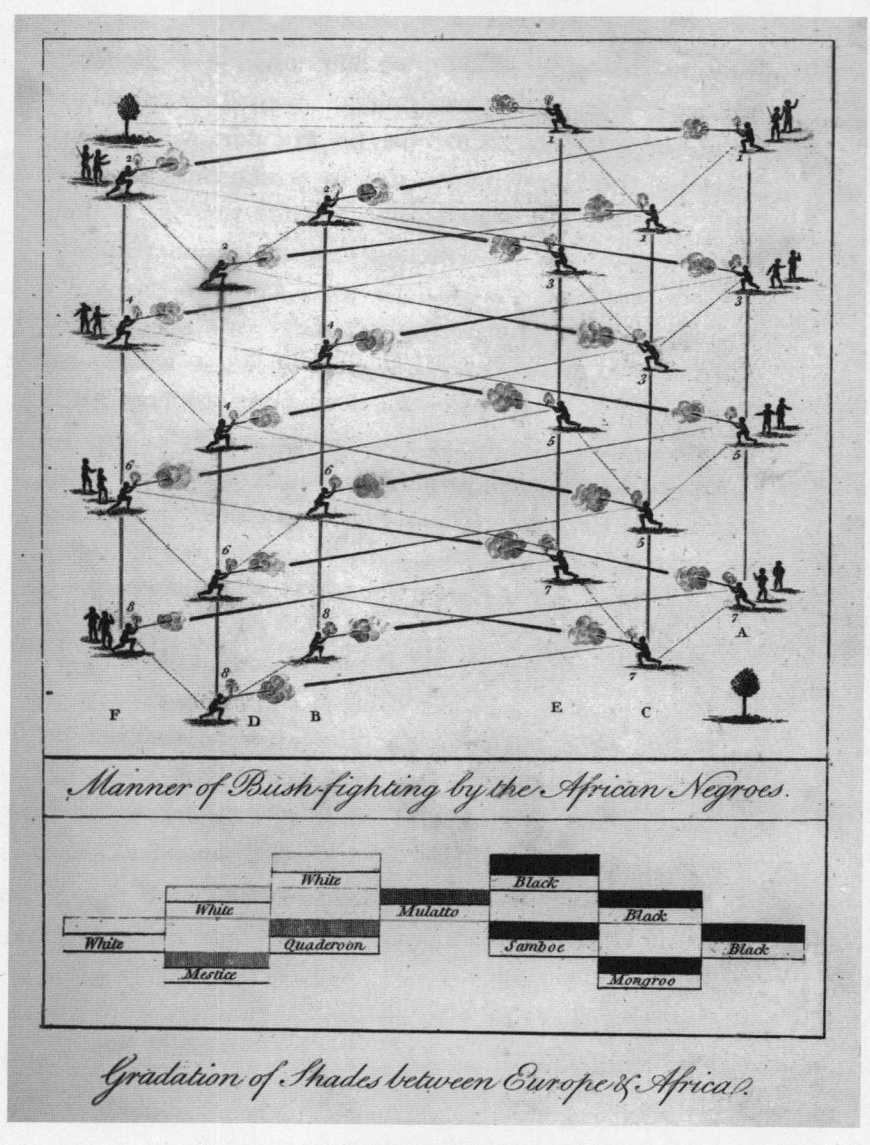

FIGURA 3.4. "Forma de luta no mato dos pretos africanos", diz uma das legendas da imagem. Esta ilustração de um exercício de tiro dos maroons no Suriname mostra táticas africanas de infantaria na América com o emprego de um cambiante "modo gangorra", que continuava até que "ao som de um berrante um dos grupos cede fugindo e a batalha termina". John Gabriel Stedman, *Narrative of a Five Years Expedition against the Revolted Negroes of Surinam* (Londres, 1790). Cortesia da Library Company da Filadélfia.

durante o levante de escravos de 1712, manifestou o temor de que os maroons "tivessem se tornado tão insolentes que vossas fronteiras, que já não contam com qualquer tipo de segurança, precisem ser esvaziadas, e então o perigo se espalhe e chegue mais perto se não for prevenido".[86] Um ano e meio depois, apesar da chegada de oitocentos soldados regulares de Gibraltar, o medo já era maior:

> Nunca houve um momento que exigisse mais a vossa atenção para com a segurança desta ilha do que o atual; vossos escravos em rebelião, animados por seus sucessos, e outros (segundo se informa) prontos para a eles se juntarem na primeira oportunidade favorável [...], todas as tentativas anteriores contra esses escravos tendo sido malsucedidas ou em vão.[87]

Então, em 1733, os maroons de barlavento derrotaram um "grande grupo" de cem soldados e cinquenta marujos. Espalhou-se o pânico entre os proprietários, que suplicavam a ajuda de Londres. "Não estamos em condição de nos defender", escreveu um deles.[88]

Embora os senhores estremecessem à beira do desespero, a campanha contra os maroons não deixou de ter algum sucesso. O governo reuniu mais tropas e recursos, armando vários grupos de nativos da costa do Mosquito da América Central e companhias de escravizados por eles chamadas de Black Shots.[89] Em abril de 1734, depois de uma batalha feroz e mortífera que durou cinco dias, as forças coloniais recuperaram Nanny Town, incendiaram os assentamentos dos arredores e destruíram culturas de provisões vizinhas. Os colonos então melhoraram seu acesso às montanhas abrindo uma estrada até Port Antonio e continuaram a intensificar seus ataques.

Os maroons sobreviventes dispersaram-se em grupos menores. Alguns, encabeçados pela própria Nanny, reinstalaram-se no leste. Outro grupo viajou para o oeste a fim de encontrar o bando de Kojo no lado sotavento da ilha, na esperança de forjar uma aliança. Muitos deles construíram novas casas no distrito de St. Elizabeth, estabelecendo-se dentro e nos arredores de Accompong Town. Outros, que formavam um grupo grande, ficaram a sotavento por um tempo, mas não tiveram permissão para se

estabelecerem em caráter permanente. Pelo relato de Knight, Kojo os rejeitou, "não querendo receber outro grupo, que era independente dele, e
sujeito apenas a seus próprios chefes, que não se submeteriam a ele". Kojo
os recebeu como hóspedes, mas não permitiu que se estabelecessem, e eles
voltaram para barlavento, com sua capacidade militar bastante reduzida.[90]

Em meados dos anos 1730, forças britânicas travaram uma luta prolongada e inconclusiva com os maroons de sotavento. O desgaste gradativo
de homens, dinheiro e munição debilitou as Forças Armadas, que previam
uma guerra contra a Espanha. Na verdade, os colonos descobriram mais
tarde que os maroons vinham se correspondendo com os espanhóis em
Cuba, os quais se juntariam a eles com munição e suprimentos "a fim de
reduzir a ilha e expropriar os ingleses".[91] Frequentes convocações de grupos milicianos interrompiam a produção das plantations, e as incursões
dos maroons frustravam planos de expansão da agricultura comercial.
Ao mesmo tempo, a guerra total consumia soldados e suprimentos dos
maroons, enquanto a necessidade de movimentos mais frequentes os impedia de cultivar suas próprias colheitas. Os maroons rejeitaram um pedido de paz em 1734, mas quando Edward Trelawny chegou para assumir
o governo, em 1738, os dois lados estavam prontos para um armistício.[92]

Soldado e estadista experiente, Trelawny designou um rico e respeitado
senhor de terras e oficial de milícia do distrito de Westmoreland, coronel
John Guthrie, para chefiar uma expedição à cidade de Kojo com a missão
de negociar a paz.[93] É provável que Trelawny ou Guthrie, ou os dois,
tenham lido a obra de Santa Cruz de Marcenado, soldado, diplomata e
teórico militar espanhol cujo influente *Reflexões militares* foi publicado em
espanhol em onze volumes entre 1724 e 1730, e numa tradução francesa
mais amplamente lida entre 1735 e 1740. Em suas sugestões sobre como
descobrir, prevenir e conter insurgências, Marcenado recomendava clemência.[94] Os espanhóis tinham uma prática já antiga de negociar termos
de paz com maroons nas Américas. Da mesma forma, Guthrie considerava
que a única maneira de encerrar a luta era conceder aos maroons um "perdão pleno e geral, sob certas condições", ratificado e confirmado por uma
Lei da Assembleia da Jamaica. Trelawny aceitou a proposta.

Com cerca de trezentos milicianos, quarenta soldados e numerosos voluntários recrutados entre os proprietários de plantations de Westmoreland, Guthrie marchou para as montanhas, rechaçando ataques ocasionais. Knight relatou que alguns dos rebeldes conheciam pessoalmente vários proprietários e "os chamavam pelo nome, e numa linguagem muito ofensiva lhes perguntavam por que ficaram contra eles, que nunca lhes haviam causado dano algum". Aproximando-se da cidade após dois dias dessas "pequenas escaramuças e sentidas repreensões", os colonos convenceram os maroons a discutir uma trégua geral.[95] Durante a grande conferência entre Kojo e o coronel Guthrie, os colonos fizeram uma recepção oferecendo presentes, e os dois lados trocaram reféns. Por fim, elaboraram um tratado.[96]

Assinado em 1º de março de 1739, o tratado de quinze artigos encerrou formalmente a guerra com os maroons de sotavento, prometeu-lhes um "perfeito estado de liberdade e independência" e estabeleceu uma aliança entre o rei Jorge II e os capitães Kojo, Accompong, Johnny, Cuffee e Quaco. Um acordo similar foi assinado em julho com o capitão Quao dos maroons de barlavento, que continuaram lutando por mais alguns meses. Pelos acordos, os grupos se comprometiam a lutar pela Grã-Bretanha contra seus inimigos externos e internos, acrescentando a força militar dos maroons à guarnição da Jamaica. Em caso de invasão estrangeira, os maroons se posicionariam, a pedido do governador, "para repelir os referidos invasores" com "força total". O tratado com os rebeldes de sotavento obrigava o capitão Kojo e seus sucessores a "se esforçar ao máximo para prender, matar, suprimir ou destruir" todos os outros revoltosos da ilha.[97] Os maroons de barlavento também concordaram em devolver todos os futuros escravizados fugidos em troca de uma recompensa.

Os tratados ratificavam o controle maroon das regiões fora dos limites da sociedade escravista. Levando em conta as distintas reivindicações territoriais dos maroons, o acordo lhes reconhecia a posse de seiscentos hectares de terra entre sua principal cidade (que passou a chamar-se Cidade de Trelawny) e o Cockpit Country (conhecido por suas crateras íngremes e seus morros cônicos) no noroeste da ilha, além de uma área semelhante no leste montanhoso. Ali, eles teriam permissão para cultivar café, cacau,

gengibre, tabaco e algodão, e manter, alimentar e criar gado. Os maroons
podiam também caçar à vontade, respeitando um raio de cinco quilômetros de distância de qualquer plantation. Com a licença de autoridades
locais, podiam levar seus produtos para os mercados, ali se misturando
com cativos das plantations. Mas os colonos esperavam também reduzir
sua desvantagem no trato com a paisagem do interior. Homens brancos
especialmente selecionados passariam a morar em cidades maroons para
manter a comunicação inter-regional, e para estar em dia com os acontecimentos. O tratado estipulava, ainda, que os maroons deveriam "abrir,
limpar e conservar livres estradas grandes e apropriadas da Cidade de
Trelawny para Westmoreland e St. James e, se possível, para St. Elizabeth".
Essas estradas facilitariam a movimentação de tropas coloniais, ajudando
a manter os maroons nos lugares que lhes foram designados.

É quase certo que a construção de estradas produziu consequências
involuntárias, porque os escravizados das plantations trabalhavam nessas estradas também. James Knight achava que, em vista da extensão
da ilha e de suas subdivisões topográficas, os cativos não tinham conseguido comunicar-se através de grandes distâncias, "ou, se tinham, seria
quase impossível para eles se juntarem e executarem seus desígnios". A
construção de novas estradas no interior deu aos escravos mais familiaridade com a paisagem entre as plantations. Alguns dos que construíram
essas estradas tinham provavelmente trabalhado em grandes projetos
de execução de estradas em Axânti, na floresta da África Ocidental, e
sabiam por experiência própria que elas facilitavam campanhas militares. Outros logo aprenderam que as novas artérias cruzavam com as sendas
capilares que possibilitavam o movimento clandestino entre as propriedades e os "amigos [dos escravizados] nas montanhas", como desconfiados
senhores continuaram chamando os maroons.[98]

OS MAROONS LOGO TIVERAM OPORTUNIDADE de demonstrar seu compro-
metimento com a nova aliança — e de descobrir se os senhores cumpririam
a sua parte. No começo de 1742, alguns coromantis escravizados tentaram

fugir para a floresta, mas foram apanhados e devolvidos aos plantadores por maroons de Kojo. Em troca, autoridades jamaicanas ofereceram presentes: gado, 4,5 metros de *osnaburg* (linho) para cada um e a liberdade da nora de um capitão maroon, escravizada na região.[99] O pacto tinha passado no primeiro teste, mas os escravizados da Jamaica continuavam inquietos.

No fim de 1744, com a Grã-Bretanha novamente em guerra com a França, uma dezena de feitores de várias plantations contíguas em Louidas Vale, distrito de St. John, conspirou para lançar uma campanha contra seus opressores. Liderados por um chefe carismático, de quem se dizia ser um "favorito, uma espécie de supervisor, mais acima do homem branco da plantation do que abaixo dele", os feitores tentaram usar sua posição na hierarquia da plantation para organizar os escravizados de toda a área numa rebelião. Foram traídos por um cativo de nome Hector, que avisou a sua patroa que ela seria uma das vítimas. Ela mandou um recado para o governador Trelawny em Spanish Town, que imediatamente despachou uma força para armar uma emboscada contra os conspiradores no lugar onde eles se reuniam. Atacando de surpresa, os colonos apreenderam mais de uma dezena de escravizados e "continuaram a capturar mais deles aos poucos".[100]

Nos julgamentos rápidos e desorganizados que se seguiram, os colonos condenaram os acusados a serem enforcados, queimados vivos ou expulsos da ilha. Dos sete executados, pelo menos dois tinham nomes da Costa do Ouro. Entre os cinco conspiradores exilados havia um chamado Xânti, possivelmente do reino de mesmo nome governado por Opoko Ware.[101] Na opinião de Trelawny, a conspiração "perversa e audaciosa poderia ter tido consequência muito fatal se não fosse descoberta a tempo".[102] Os escravos que ajudaram a suprimir a conspiração receberam recompensas da Casa da Assembleia: Hector ganhou a liberdade por revelar a trama, e outros quatro — três com nomes acãs — receberam cinco libras cada um por capturar um conspirador chamado Tom e entregá-lo aos senhores para execução.[103]

Dentro de meses houve outro levante, dessa vez no estaleiro da Marinha em Port Royal. No fim de uma noite de domingo, cerca de vinte coromantis e papaws, comerciantes e mulheres chefiados por um pedreiro chamado "King's Cudjoe" se reuniram no Palisadoes, um estreito tômbolo que protegia o porto de Kingston e ligava Port Royal à ilha. Esses treze homens e sete mulheres deveriam se juntar a um grupo de vinte, que não conseguiram chegar ao encontro marcado por causa de uma profunda brecha no banco de areia. De acordo com o relato de um colono, os rebeldes primeiro mataram um homem negro na faixa de terra — que talvez tenha tentado detê-los, ou ameaçado denunciá-los — e em seguida marcharam para o leste pela Estrada Nova, na esperança de fugir. Na manhã seguinte, assassinaram outras pessoas — um negro forro pescador e quatro mulheres idosas — antes de avançar mais cinco quilômetros rumo às Montanhas Azuis e ao distrito de St. Davis. Passando pela propriedade de 1130 hectares de John Innis, mataram o supervisor e vários outros escravos. Seguindo em frente, chegaram a uma casa, onde executaram mais três cativos antes de reduzir a construção a cinzas. A essa altura, todos na região estavam apavorados, achando que os rebeldes tinham uma única intenção: "matar todo mundo que encontrassem, tanto brancos como negros, que não quisesse se juntar a eles em seus sangrentos propósitos". Grupos milicianos partiram no encalço, enquanto os rebeldes subiam as montanhas.[104]

Os maroons de barlavento foram os primeiros a alcançar os rebeldes. "Nossos amigos pretos", como um graúdo local agora os chamava, mataram quatro homens e uma mulher rebeldes no combate, e levaram três mulheres como prisioneiras. Outros treze escaparam, conseguindo chegar ao distrito de St. Thomas, a leste. O grupo miliciano local já contava com cerca de trezentos homens, e uma recompensa foi anunciada: cinco libras esterlinas por rebelde morto, e dez por rebelde capturado vivo. Nos dias e semanas seguintes, a milícia matou um rebelde; os outros doze foram capturados ou mortos por escravos das plantations em busca da recompensa.[105]

Esses incidentes nos anos 1740 indicavam a importância irredutível de alianças políticas locais. Os maroons agiam para garantir sua soberania conquistada a duras penas.[106] Sua aliança com os senhores limitava o horizonte espacial dos escravizados das plantations, diminuindo suas esperanças de conquistar a liberdade indo para o interior. Origens na Costa do Ouro e fluência nas práticas culturais da terra natal não bastavam para superar as divisões políticas criadas na Jamaica. Os coromantis podiam se unir e lutar contra os brancos, e podiam também se fragmentar em grupos menores e lutar uns contra os outros. A disposição demonstrada pelos senhores de empregar e recompensar pessoas escravizadas na luta contra os maroons criava outras oportunidades. Se já não era possível formar entidades políticas autônomas nas montanhas, talvez os escravizados pudessem conseguir gradativos avanços materiais dentro da sociedade escravista.

Havia outra lição a ser aprendida. Status, responsabilidade e aptidões dentro da escravidão podiam facilitar a rebelião também. Os feitores em Louidas Vale e os pedreiros e ferreiros que trabalhavam para a Marinha Real tinham se aproveitado da autoridade que os senhores de escravos lhes concediam para lutar contra a escravidão.

Ao lado dos acontecimentos na guerra com os franceses, essas insurreições de cativos com status e habilidades especiais deviam ser o grande assunto do porto quando o *HMS Wager* chegou à Jamaica em fevereiro de 1746. A revolta dos coromantis e o papel de King's Cudjoe nela devem ter causado impressão especialmente memorável em todos os negros que trabalhavam no porto ou serviam na Marinha Real, incluindo Apongo, que se apresentaria a bordo do *Wager* poucas semanas após a chegada do navio.[107] Prestando atenção a rumores, fofocas e informações sólidas, aspirantes a rebelde podiam aprender, com essa tentativa de King's Cudjoe, que o mais necessário para eles era forjar as alianças corretas, descobrir o momento correto e identificar os lugares onde uma revolta poderia ter mais êxito.

NA ESTEIRA DA CONSPIRAÇÃO DE ST. JOHN, o governador Trelawny examinou atentamente a situação estratégica. No fim de 1743, com a Primeira Guerra dos Maroons deixada para trás e uma nova guerra com os franceses à sua frente, Trelawny tinha formado um novo regimento com as oito companhias independentes da ilha, transferindo-as dos seus quartéis no interior para dentro das cidades. Assumiu o comando direto da unidade como seu primeiro coronel, e ela recebeu o nome de Regimento de Infantaria de Edward Trelawny. Mais tarde, em 1751, quando um mandado real reorganizou a infantaria britânica, ele passou a ser o 49º Regimento de Infantaria, e serviu como a principal força do Exército britânico na Jamaica até a chegada do 74º Regimento, no final dos anos 1750. Criado o novo regimento, Trelawny tinha certeza de que ele oferecia mais segurança contra invasões estrangeiras. No fim de 1744, no entanto, já temia, como escreveu para o duque de Newcastle (então secretário de Estado), que levar os soldados para longe das plantations "talvez tivesse dado aos pretos ousadia para tentar" uma conspiração.[108]

Por causa dessa preocupação, o governador insistiu na necessidade de mais tropas. Informando Newcastle das peculiaridades da paisagem da Jamaica, ressaltou que as plantations eram "muito espalhadas e distantes umas das outras, de modo que, num levante, os rebeldes podem de imediato tomar posse de uma vasta extensão de terra". Com as propriedades tão separadas umas das outras, os senhores não poderiam ajudar as propriedades dos vizinhos sem deixar as suas indefesas. Trelawny achava imperativo "ter sempre alguns soldados aquartelados no interior, prontos em todas as emergências para a proteção dos assentamentos mais distantes e as partes da ilha que não podem receber de imediato a assistência das cidades". Novos soldados, distribuídos pela ilha, "seriam uma grande segurança e conforto para os habitantes, especialmente os de distritos remotos, que vivem muito apreensivos tanto com inimigos estrangeiros como com revoltas dos seus próprios pretos".[109] Isso permitiria à guarnição da Jamaica continuar sua guerra em múltiplos fronts.

A conspiração de St. John e a insurreição do estaleiro naval também levaram Trelawny a pensar numa reforma drástica da sociedade jamaicana. Em 1746, ele publicou um panfleto anônimo em Londres, *Ensaio sobre a escravidão e o perigo a que a Jamaica está exposta pelo excessivo número de escravos e pelo pouco cuidado que se toma para administrá-los, e uma proposta para impedir a importação de mais pretos para aquela ilha.* Ocultou o próprio nome porque sabia que suas ideias seriam odiadas por colonos da Jamaica. Apesar disso, sentia-se obrigado a publicá-las devido à urgência da situação, com a ilha estando "tão insegura" que os colonos viviam "não só alarmados a cada novo e trivial armamento do inimigo, mas muito apreensivos às vezes com seus próprios escravos". E advertiu: "Alguma coisa precisa ser feita, e rapidamente, ou essa valiosa colônia sem dúvida será perdida, e o Império Britânico nas Antilhas muito reduzido, se não totalmente arruinado". Não confiando muito na disposição dos colonos da Jamaica de colocar o dever cívico acima do interesse pessoal, ele esperava convencer os legisladores no Parlamento.[110]

Na forma de diálogo fictício entre duas figuras arquetípicas — chamadas simplesmente de Proprietário de terras e Oficial — Trelawny apresentava argumentos contra a escravidão, como injusta, e propunha a abolição do comércio de escravos. Usando o personagem do Oficial como seu porta-voz, ele chegou a denunciar a escravidão como "contrária à Lei de Deus e da Natureza" — refutando o argumento filosófico de John Locke segundo o qual ela poderia ser justificada como um direito de conquista. Ao mesmo tempo, reconhecia que a emancipação não era prática para um Império enriquecido graças ao trabalho dos escravizados.[111] O panfleto descrevia as ações de grandes proprietários de escravos, que em seu afã de importar cada vez mais africanos eram como crianças "brincando com ferramentas afiadas", como inimigas do interesse público, imperial, em especial numa época de guerras simultâneas com os espanhóis, os franceses e os rebeldes jacobitas na Escócia.[112] Trelawny preocupava-se profundamente com a composição racial da colônia. "O imposto de capitação de 1740 revelou que os pretos são dez vezes mais numerosos do que as pessoas brancas", observou.[113] Como remédio, sugeria que uma lei do Parlamento britânico pusesse fim ao comércio de escravizados. "Quando temos mais escravos do que é compatível com a nossa segurança, não devemos trazer mais para assegurar a nossa perdição."[114] Na ausência de importações, uma política para aumentar a taxa de natalidade poderia "manter o estoque atual" se as mulheres no parto recebessem "um pouco de roupas de cama e mesa, ou outros artigos essenciais", e se mulheres estéreis fossem cerimonialmente açoitadas "num dia determinado do ano".[115] Claramente ele não via qualquer contradição entre a aversão à escravidão e a defesa da permanência da dominação masculina.

Contudo, tanto os sentimentos abolicionistas de Trelawny como seus temores raciais estavam subordinados a uma preocupação geral com o número de trabalhadores alienados em posições de autoridade na Jamaica que não tinham nenhum interesse pessoal na manutenção da ordem existente. "Para mim é um perfeito desacerto confiar num escravo com poder", declara o Oficial em seu diálogo.[116] Era uma suprema falta de discernimento, na opinião de Trelawny, permitir que escravos exercessem as tarefas especializadas que sustentavam a economia colonial. Sua proposta para evitar que a colônia fosse "infestada e arruinada por seus próprios escravos" trazia uma reforma social racialmente flexível: assegurar a devida proporção de pessoas livres "de uma ou de outra cor, brancas, negras ou amarelas, uma vez que não se consegue de imediato arranjar homens brancos em quantidade suficiente", impedindo os cativos de exercer o comércio ou de ser empregados em serviço doméstico, e limitando-os ao "campo ou ao tipo de trabalho pesado e cansativo que só eles podem realizar".[117] Era perigoso demais escravizar pedreiros como King's Cudjoe e os ferreiros que se juntaram a ele numa revolta. Esses homens não deveriam poder usar tão facilmente suas aptidões e influência contra seus senhores. Tendo em mente acima de tudo a conspiração de St. John, Trelawny recomendava que em especial os feitores fossem homens livres.[118]

Mais genericamente, o panfleto argumentava contra a substituição de trabalhadores brancos por escravos. Os proprietários mais ricos da Jamaica preferiam empregar escravizados, que supostamente estavam sujeitos a seu controle absoluto. No entanto, devido à escassez de colonos europeus e a leis escritas exigindo que as propriedades empregassem pelo menos um determinado número de brancos, ou pagassem multas pesadas, os trabalhadores brancos tinham bom poder de barganha. Os brancos que chegavam, sobreviviam e ficavam podiam dizer que a Jamaica era "o melhor país para pobres" do mundo. Eles ganhavam bem, mudavam facilmente de emprego e demonstravam pouco respeito por seus patrões.[119] O adágio, claro, ocultava o fato de que os negros pobres executavam a maior parte dos trabalhos mais importantes em quase todos os níveis da sociedade, exceto no topo. De outro lado, ressaltava o fato de que o racismo permitia que brancos menos talentosos e aptos se comportassem como se fossem superiores às massas de negros escravizados.

Trelawny achava que o fato de banir escravos de ofícios qualificados tornaria esses empregos mais atraentes para os brancos. Como exemplo, citava o caso dos pilotos escravizados que realizavam a tarefa essencial de guiar navios ao longo da costa local. Os brancos se sentiam diminuídos por terem que disputar com eles, e quase sempre recusavam o emprego. Como explica o Oficial de Trelawny: "Um branco não quer ser posto em pé de igualdade com pretos e servir com eles sob as ordens de outro". Assim sendo, se um branco concordasse em ser piloto, "não seria agora nada menos que um piloto-mestre", que ganhava a vida mandando escravos fazerem o trabalho. O mesmo se aplicava a todos os ofícios, "pois é fato, e pode ser tido como máxima infalível, que seja o que for que você permita que os escravos façam, nunca mais conseguirá que homens brancos o façam".[120] Não tendo os privilégios da grande riqueza, o próprio senso de identidade dos brancos dependia da subordinação negra.

Trelawny não tinha nada contra a hierarquia racial. Simplesmente preferia um arranjo em que a mão de obra negra servisse tão bem aos interesses do império como seus súditos mais ricos. Imaginava que uma população diversificada de homens livres defenderia a colônia com mais vigor. O Oficial de Trelawny sugere que feitores sejam alforriados, fiquem legalmente vinculados a suas propriedades por sete anos e depois arrendem ou recebam pequenos lotes de terra. Como donos e inquilinos com alguma propriedade para proteger, homens negros relativamente privilegiados seriam semeados em toda a ilha como "dentes de Hidra", prontos para brotar em defesa da soberania britânica como os guerreiros esqueletos da mitologia grega.[121]

Em certo sentido, sua sugestão era reflexo de experiência prática. A utilidade dos Black Shots durante a Primeira Guerra Maroon tinha demonstrado o valor dos escravizados leais. Comprometidos por tratado, os maroons tinham havia pouco demonstrado sua eficácia como complementos militares. Escravos de plantation confiáveis como Hector foram essenciais na descoberta da conspiração do distrito de St. John. Worchester, um carpinteiro de propriedade de um coronel de milícia, tinha sido "morto a serviço do país" quando ajudava a sufocar uma revolta no estaleiro naval.[122] Em vista das realidades da configuração demográfica do posto, tanto o Esquadrão da Jamaica como o 49º Regimento sempre incluiriam pessoas de cor. As Forças Armadas do Reino Unido eram um aglomerado de brancos, negros e todas as cores intermediárias — recrutados, comprados e disciplinados para formar uma força de combate poliglota. Para Trelawny, como para a maioria dos oficiais do Atlântico, uma hierarquia imperial inclusiva era tanto uma necessidade como uma norma.

O panfleto não convenceu ninguém a acabar com o comércio de escravos. Na verdade, não provocou uma resposta significativa, sugerindo que teve poucos leitores e pouca influência em Londres. As plantations jamaicanas, contando com números cada vez maiores de africanos para operá-las, estenderam-se para distritos até então inseguros por causa dos maroons. Trabalhadores negros do comércio continuaram a exercer tarefas que exigiam qualificações especiais. Os brancos se sustentavam comandando negros de todos os níveis, incluindo os feitores, que continuavam escravizados. Com a redução da ameaça dos maroons, os proprietários de escravos conquistaram uma vantagem imensa em sua guerra diária contra os escravizados, e já anteviam décadas de magnífica prosperidade. "A Providência sempre faz advertências significativas, nós recebemos as nossas", disse Trelawny. "A Providência fez a sua parte, devemos fazer a nossa, ouvindo os avisos e alterando o nosso curso." Mas seus conselhos caíram em ouvidos moucos.[123]

ATÉ O FIM DO GOVERNO DE TRELAWNY, em 1752, os maroons criaram poucas dificuldades para os colonos. O novo governador, o almirante Charles Knowles, percorreu a ilha logo que chegou e fez um relatório positivo sobre o crescimento da colônia em março de 1753. Notou "vastos avanços", com novos trechos do território desmatados e cultivados e bom aumento do número de habitantes nas plantations de cana-de-açúcar. Ficou especialmente satisfeito com o estado do distrito de St. James, onde os maroons de

Sotavento tinham anteriormente barrado a colonização branca. O distrito tinha apenas seis usinas de açúcar em 1740, mas agora havia 36, com mais de 1200 brancos, plantando também café, algodão e gengibre. Knowles visitou algumas das cidades maroons e recebeu vários de seus capitães nas plantations mais próximas. Essas reuniões, nas quais renovou tratados e distribuiu presentes, convenceram-no de que os maroons estavam "extremamente satisfeitos e acredito de modo verdadeiro que se mostrarão mais úteis ao país do que já foram danosos".[124]

Knowles pecou por excesso de confiança. Um ano depois, enfrentou uma insurreição em Crawford Town, uma aldeia maroon situada no alto do rio Buff Bay. Uma desordem interna já tinha levado duas dezenas de pessoas de Crawford Town a se separar para formar Scotts Hill em 1751.[125] Então, em 23 de fevereiro de 1754, Knowles ficou sabendo que os capitães de Crawford Town tinham "se rebelado e matado Ned [Edward] Crawford", o tenente designado para um de seus grupos militares. O governador citou cabecilhas em seu relatório da junta comercial: Quaw, Agado, Mingo, Dansu, Boqua, Pompey, Badoo, Yan, George, Assutia e Accompong. Eles "capturaram todas as armas", incendiaram a cidade e detiveram os três homens brancos lá estacionados, juntamente com os negros que se recusaram a participar da revolta. Agindo rapidamente, Knowles enviou uma companhia do 49º Regimento para guardar Spanish Town se o levante se espalhasse, e então convocou a milícia de Kingston, ordenando também que uma companhia ocupasse uma posição em Buff Bay. De lá, eles se juntaram aos maroons de Scotts Hall, um grupo de Nanny Town e um destacamento de soldados de Port Antonio.[126]

Certo tenente Ross, ex-morador de Crawford Town, que gozava do respeito de muita gente dali, subiu a montanha com a intenção de negociar uma rendição. Ficou lá "altercando com os chefes" por mais de um dia, conseguindo a soltura dos reféns brancos e negros, mas não a capitulação. Em vez disso, convenceu os rebeldes a descer até uma propriedade na costa e continuar as negociações. Sem ter, apesar disso, chegado a um acordo, os rebeldes foram embora e as forças britânicas armaram uma emboscada contra eles na volta para casa. "Seguiu-se uma batalha", informou Knowles, "na qual foram capturados os capitães Quaw, Adago, Mingo e Dansu, o último dos quais foi mortalmente ferido. Boqua, Pompey e Badoo foram mortos e suas cabeças trazidas." Dos supostos cabecilhas, apenas quatro escaparam, incluindo Accompong, que teria sido ferido. Atuando como intermediários, os capitães de outras cidades pediram o perdão do governador para os rebeldes sobreviventes, o que Knowles concedeu.[127] Mas Accompong continuou solto por algum tempo.

Em outubro de 1755, à medida que a ilha se preparava para a guerra com os franceses, um colono escreveu para Rose Fuller — dono de plantations de cana-de-açúcar e até pouco tempo antes juiz-chefe da Jamaica — dando notícias alvissareiras. "Uma coisa boa aconteceu no país cerca de três semanas atrás: a cabeça do arquirrebelde Acampung foi trazida por alguns pretos selvagens." Àquela altura, os colonos achavam que Accompong "estava projetando uma revolta geral dos escravos e seria seu rei". Na verdade, "quando foi baleado, ele tinha na cabeça uma coroa de ouro, seguindo a moda antiga". Ao ver a cabeça levada para Kingston, um dos escravos declarou: "Era a cabeça do rei dos pretos".[128]

Se isso era verdade, e Accompong vinha de fato planejando uma revolta geral desde março do ano anterior, sua morte foi extremamente oportuna para a colônia. O levante teria coincidido não só com a retomada dos combates interimperiais, mas também com uma séria disputa política entre colonos. O governador Knowles se desentendeu com a Câmara da Assembleia durante toda a sua tumultuosa administração. Mais grave ainda, em 1754 ele tomou o partido de comerciantes que pediram a transferência da capital de Spanish Town para Kingston. A elite de Spanish Town, encabeçada pelo juiz-chefe Rose Fuller e pelo presidente da Assembleia Charles Price, reagiu com furiosos protestos de rua e com petições próprias. Moradores de Spanish Town insultaram a esposa de Knowles quando ele estava ausente inspecionando a ilha, médicos se recusaram a cuidar de seu filho doente e alguém invadiu sua casa, destruindo bens. Knowles então se mudou para Kingston, transferindo os tribunais de justiça e os arquivos governamentais, e pressionou uma Câmara da Assembleia deliberadamente escolhida por ele para sancionar a manobra. Houve novas manifestações de raiva, envolvendo a classe política em recriminações, acusações e processos durante meses.[129]

Em Londres, a junta comercial decidiu revogar as leis de transferência e retornar a capital para Spanish Town, mas a comoção continuou ao longo de 1755, com facções da assembleia ameaçando umas às outras em tom cada vez mais áspero. Em outubro, houve uma briga dentro da assembleia, e Knowles prendeu dezesseis pessoas da facção de Charles Price. Quando souberam o que houve, os lordes do Comércio reconheceram que "a ilha está em grande desordem e confusão, que motins e tumultos tomaram conta, e atos de violência têm sido cometidos".[130] No começo de 1756, a renúncia de Knowles foi aceita e o vice-governador Henry Moore, natural da Jamaica, foi escolhido para assumir o seu lugar até a chegada do próximo governador nomeado, o general George Haldane. Nas comemorações públicas que se seguiram na praça de Spanish Town, a multidão acendeu duas grandes fogueiras, queimando imagens de Knowles e seu capitânia.[131]

Não se sabe o que os escravos pensavam dessa crise. Alguns devem ter visto nela uma oportunidade. Accompong, escapando da captura enquanto "projetava uma revolta geral" durante a maior parte de 1755, certamente acompanhou a "desordem e confusão" entre os brancos com o maior interesse. Quase não há dúvida de que ele tinha conhecimento de uma disputa, sabendo ou não de suas causas e de seus desdobramentos. Os homens envolvidos eram grandes proprietários e comerciantes ricos, cada qual com sua comitiva de escravizados domésticos que conversavam com outros cativos. Nesses circuitos de informação que ligavam as cidades às propriedades, e as plantations às montanhas, boatos de "motins e tumultos" em Spanish Town e Kingston teriam incentivado muitos dos insatisfeitos com o governo britânico a pensar nas possibilidades oferecidas pela situação.

Accompong, fugitivo das autoridades coloniais e em desavença com outros maroons, seguramente via as brigas públicas dos brancos como sinal de fraqueza militar. Sua conspiração teria explorado a rede de comunicação estabelecida em toda a ilha durante a Primeira Guerra Maroon, dos anos 1730. Como capitão coromanti, com um destacado nome acã, Accompong esperava atrair seus compatriotas de toda a ilha, talvez especialmente dos distritos com mais recém-chegados da África. Movimentando-se por caminhos clandestinos nas montanhas e no mato, ele teria entrado em senzalas para agitar e recrutar. Talvez tenha se encontrado com Tacky no distrito de St. Mary, ou viajado até Westmoreland e St. Elizabeth, onde Accompong Town leva o seu nome.

É até possível, embora talvez improvável, que o "arquirrebelde" Acampung e o capitão maroon Accompong fossem o mesmo homem, "irmão" do capitão Kojo. Em março de 1755, o missionário morávio Zacharias George Caries descobriu o capitão Accompong e seis outros maroons visitando a senzala da propriedade de Boque, em St. Elizabeth. Recém-chegado à ilha, Caries ficou fascinado com os chamados "pretos selvagens" e descreveu com cuidado a aparência de Accompong. Notou o colete bordado do capitão e a corrente de prata com uma medalha também de prata pendurada no pescoço; "num dos lados havia o retrato de Jorge II e no outro sua comenda com os dizeres Capitão Acampong". Ele usava brincos e "em cada um dos seus dedos cinco, seis ou sete anéis de prata", bem como anéis de ferro nos dedos dos pés descalços. Além disso, havia uma ostensiva renda de ouro no chapéu — talvez a "coroa de ouro" notada quando a cabeça do rebelde foi levada para Kingston no fim daquele ano.[132] O capitão Accompong não é mencionado em documentos posteriores aos anos 1750 e pode ser o mesmo homem morto em 1755. Muitos dos maroons executados por Kojo em razão de uma tentativa de golpe em 1742 eram de Accompong Town, a qual mantinha uma tensa relação com Trelawny Town.[133] De outro lado, havia um bom motivo para supor que o "arquirrebelde" Acampung fosse uma pessoa totalmente diferente. O capitão Accompong com quem Zacharias Caries se encontrou ainda usava a medalha do rei Jorge II, talvez significando respeito pela aliança dos maroons com o Reino Unido, e Caries não se refere a ele como fugitivo. Apesar disso, a presença do capitão na senzala indica que os maroons se movimentavam livremente entre os escravizados, dando-lhes ampla oportunidade de compartilhar novidades de partes distantes. Recém-chegados deviam contar o que se passava na África Ocidental, enquanto maroons talvez os instruíssem sobre a história relevante da Jamaica, conectando coromantis em diferentes regiões a um fértil campo para recrutar insurrectos.

A partir desses circuitos, coromantis interessados descobriram em 1754 que, na África, um exército combinado de Denkyira, Twifo, Wasse e Akyem tinha ido à guerra contra Axânti. Tantos homens estavam no serviço militar que poucos ficaram para cuidar das plantações, e a fome ameaçava toda a região.[134] Africanos capturados nessa guerra e levados para a Jamaica logo se viram em situação parecida. Quando chegou ao Caribe em 1756, a Guerra dos Sete Anos levou consigo escassez e inanição. Em junho daquele ano, Caries descreveu visitas a escravizados doentes e debilitados em suas casas e nos campos da propriedade de Boque. "A maioria está em situação muito difícil, carente de artigos de primeira necessidade", escreveu ele em seu diário. "Em outras propriedades ainda é muito pior, pois alguns de fato morrem de privação e muitos fogem." As condições pioraram no mês seguinte. Em toda parte, os famintos roubavam alimentos dos lotes de subsistência uns dos outros, de acordo com Caris: "Muitos dos seus senhores e capatazes são tão ruins que não dão a seus pretos absolutamente nada, deixando-os, em vez disso, morrer de fome". Desesperados, correndo um risco imenso, cativos também roubavam seus senhores. Alguns "foram enforcados recentemente" por isso, observou Caries, e outros mortos a tiros.[135]

A Guerra dos Sete Anos também provocou um declínio rápido da dominação numérica dos coromantis da Jamaica. O conflito tinha prejudicado o comércio em toda a Costa do Ouro, mas esse comércio aumentou significativamente no centro-oeste da África. Entre 1751 e 1755, os quase 22 mil africanos despachados de navio da Costa do Ouro representaram 45% das importações totais, com menos de 3 mil chegando do centro-oeste. Nos cinco anos seguintes, apenas 8 mil vieram da Costa do Ouro e mais de 10 mil do centro-oeste, quase 30% dos quais chegando ao longo da maior parte da guerra.[136]

Em meio a um número cada vez maior de recém-chegados que falavam quicongo, quimbundo e outras línguas do centro-oeste da África, os coromantis devem ter sentido um enfraquecimento de sua influência cultural e uma queda nas oportunidades de fazer alianças com parceiros potenciais de conspiração. Talvez seja impossível conhecer os fatos, mas pode ser que eles tivessem decidido tentar novamente fomentar uma insurreição geral antes que sua posição piorasse ainda mais. Alternativamente, podem ter percebido que os povos do centro-oeste africano haviam passado por experiências de guerra parecidas em sua terra natal e procurado juntar-se a eles para as batalhas vindouras contra os proprietários de escravizados. Desde o fim do século XVII, os coromantis tinham exercido vasta influência na ilha. Assim como eram capazes de dominar a música no festival a que sir Hans Sloane assistiu, ou fornecer o vernáculo básico para os bandos multilíngues de escravos fugidos, podem ter definido os objetivos políticos de uma população diversificada de cativos inquietos. Como as Forças Armadas britânicas, que recrutavam brancos e negros de três continentes para lutar pelos ingleses, vários africanos podem ter se unificado com os coromantis com o objetivo imediato de derrubar o regime escravista.

APESAR DE SER DIFÍCIL DESENREDAR os motivos exatos dos rebeldes, ou acompanhar o planejamento da rebelião que teria início em 1760, sabemos que, fosse qual fosse a conspiração em estado de fermentação, o fato é que ela se baseava em padrões há muito tempo estabelecidos. A afinidade cultural dos conspiradores coromantis era certamente um fator, mas estava longe de ser o único importante. A nação coromanti se consolidou culturalmente e encontrou terreno comum na experiência prática da vida, do trabalho duro e da luta na Jamaica. Nos levantes contra os senhores de escravos, os rebeldes decerto se utilizavam da familiaridade com a guerra em múltiplos terrenos na África. Contudo, um longo caminho separava a revolução militar acã do século XVII das insurreições que abalaram as plantations caribenhas, das guerras maroons nas montanhas e da cuidadosa trama de insurgências gerais. Essas coisas estavam enraizadas e espalhadas por toda a geografia política da paisagem jamaicana.

As formas das revoltas escravas dependiam do conhecimento que eles tinham dos contornos do território coromanti, que determinava como tirar vantagem militar dele, mantendo rotas de fuga, encontrando refúgio temporário e construindo comunidades fora dos limites da escravidão. Não se tratava apenas de uma questão de ecologia natural; dizia respeito também a histórias sociais de lugar. Conspiradores e rebeldes formavam alianças e antagonismos potenciais ao descobrir quem estava nas propriedades, quem controlava determinadas regiões das cidades, das montanhas e do mato, e que batalhas tinham classificado aqueles espaços como seguros, perigosos ou incertos. Uma vez mapeada a situação social, rebeldes escravos em potencial executavam o trabalho indispensável de convencer pessoas a buscar um objetivo militar e político. Nenhuma extensão pura e simples da experiência na África, nenhum desempenho coromanti, nenhuma reação ao fato da escravização conseguiria isso. Já a afinidade cultural, a experiência migratória e as incessantes lutas sociais misturavam-se em locais particulares e próximos para determinar o curso dos acontecimentos. A guerra africana na diáspora afastou-se de suas origens, desembarcou com firmeza em novo solo e adaptou-se de modo efetivo ao seu novo ambiente.

4. A Revolta de Tacky

EM MARÇO DE 1759, o novo governador, o brigadeiro-general George Haldane, finalmente chegou para substituir o vice-governador Henry Moore. Recém-saído da conquista de Guadalupe, Haldane propôs que o Regimento da Jamaica atacasse Saint-Domingue com a ajuda de quinhentos maroons.[1] O plano não saiu do papel, em parte porque Haldane logo ficou muito doente e morreu em novembro. Para honrar seu breve período de serviço, o legislativo deu seu nome ao forte de Port Maria, no distrito de St. Mary.

Mais uma vez caberia a Henry Moore governar a colônia. Isso desagradou Zachary Bayly, que tinha sido adversário político de Moore durante seu primeiro mandato como governador em exercício. "Pelo amor de Deus! Que país é este!", escreveu para Rose Fuller, então na Inglaterra servindo como membro do Parlamento. "Se ele [Moore] continuar por muito tempo eu saio desta ilha, quaisquer que sejam as condições."[2] Era exagero, mas a revolta de escravos que tinha começado em Forte Haldane em abril de 1760, espalhando-se pela Jamaica por muitos meses, logo daria a Bayly um motivo inteiramente diferente, e melhor, para querer deixar a ilha.

O forte Haldane ficava no penhasco sobranceiro à entrada do porto de Port Maria. Tratava-se de uma estrutura extraordinária, com casernas suficientes para abrigar sessenta homens, mas era um lugar insalubre, e estava em grande parte indefeso na noite do ataque rebelde.[3] Olhando para o mar, um único vigia tomava conta do principal porto de comércio do distrito. Foi o primeiro homem branco morto no levante. Pouco depois da meia-noite de 8 de abril, quase cem africanos marcharam para o forte, renderam a sentinela e capturaram quatro barris de pólvora, um barrilete de balas de mosquete e todas as armas leves, cerca de quarenta em condições de uso. Para suplementar a munição, alguns desceram até a baía e arrancaram pesos das redes de pesca para usar nas armas. De uma loja nas proximidades os africanos pegaram um par de pistolas, algumas mercadorias e vinho madeira. Armado e abastecido, esse exército letal de insurgentes se preparou para travar uma guerra contra a escravidão britânica. Ao longo de vários dias, os rebeldes mataram, incendiaram e saquearam uma vasta faixa do distrito.[4]

A violência súbita semeou pânico e confusão entre proprietários de escravos da Jamaica, e descrições do avanço e das intenções dos rebeldes divergiam. Mas, juntando os vários relatos de testemunhas, histórias e boatos, os brancos construíram uma narrativa — uma história na qual os principais personagens eram todos africanos da Costa do Ouro, mas cujos objetivos continuavam pouco claros. Uma anônima "Carta de um senhor de St. Mary", datada de 14 de abril de 1760, circulou nos jornais coloniais e serviu de base para muitas narrativas subsequentes. Provavelmente de autoria de Zachary Bayly, que desempenhou papel crucial na organização da resposta da milícia ao ataque inicial, começava com um aviso isentando-se de responsabilidade: "Estou informado de que vocês receberam vários relatos errôneos e contraditórios das atividades dos pretos rebeldes; o que não me surpreende, pois é difícil estabelecer a verdade aqui no lugar. O que vem a seguir são as melhores informações que tenho a oferecer-lhes".[5]

Os proprietários achavam que sabiam quem eram os instigadores. Testemunhas identificaram um "preto coromanti de nome Tacky, que tinha sido chefe na Guiné", um segundo coromanti chamado Jamaica e "três outros chefes de seu país, cada um dos quais deveria receber uma propriedade por seus bons serviços". Esses homens eram descritos como "pretos da Costa do Ouro recém-importados" para a ilha.[6] Tendo identificado os líderes como coromantis, os senhores praticamente ignoraram a questão de saber se os seguidores eram todos da Costa do Ouro também. Os primeiros relatos chegaram a identificar o lugar inicial do planejamento e do lançamento da conspiração. Embora Tacky e Jamaica fossem escravizados da propriedade Frontier de Ballard Beckford, que dava para o porto e ficava perto da estrada principal, atrás da cidade de Port Maria, eles primeiro concentraram suas forças mais acima, no rio Western Port Maria, na propriedade Trinity, de Zachary Bayly, onde se reuniram rebeldes vindos de Whitehall, Ballard's Valley e outras plantations no coração do distrito.

Embora conseguissem identificar os cabecilhas e as propriedades onde a conspiração foi concebida, os senhores estavam perplexos com a amplitude e o cenário da insurreição. Tinham perguntas urgentes sobre seus parâmetros. Qual foi a causa da revolta? Por que tomou o rumo que tomou? Teria sido causada simplesmente pelas más condições de determinadas plantations ou foi uma extensão de guerras africanas? A maioria gostava de acreditar que levantes eram quase sempre incidentes isolados, resultantes da crueldade de determinados senhores, mas muitos proprietários da Jamaica tinham sem dúvida ouvido falar de escravizados coromantis executados por tramar uma revolução na dinamarquesa Santa Cruz, no fim de 1759.[7] Aquele teria sido um episódio local — ou parte de uma guerra regional contra senhores de escravos? Caso se tratasse de uma questão interna, poderia ser resolvida com os recursos políticos disponíveis localmente; se não fosse, então a ilha estava à mercê de inconstantes políticos em Londres, de comerciantes europeus gananciosos e, pior ainda, de guerreiros africanos absolutamente estrangeiros. O senso de dominação desses senhores estava em risco. Em suas desesperadas tentativas de compreender uma situação desconcertante, que mudava rapidamente, eles contavam a si mesmos uma história distorcida que tem sido repetida desde então.

"Revolta de Tacky" é o nome que normalmente se dá aos violentos acontecimentos iniciados com o ataque a Forte Haldane e terminados meses depois com a derrota de Wager e mais alguns do outro lado da ilha. Batizada com o nome de Tacky, essa designação fez do distrito de St. Mary o centro dos acontecimentos, comprimindo o que seria um processo complexo e desnorteante num momento simbólico de um lugar e de uma época. Mais do que qualquer coisa, o rótulo Revolta de Tacky é um produto do medo e da desorientação causados pela insurgência. Relatos da rebelião de autoria de colonos transmitem mais do que informações sobre o seu conteúdo; eles transbordam o terror daquela época. Fontes descrevem uma ecologia de medo, na qual a própria paisagem da Jamaica vibrava de pânico e horror. O pavor das insurreições eclipsava as observações dos proprietários de escravos sobre os objetivos dos africanos, que não deixaram registro próprio. Concentrados na resposta à eclosão inicial da violência, os colonos deram ênfase excessiva ao papel dos primeiros líderes da rebelião, em especial Tacky. O território da revolta, entretanto, oferece pistas para uma narrativa mais matizada. Prestar atenção aos movimentos no espaço e ao longo do tempo nos dá uma nova perspectiva das manobras militares dos combatentes. Mapeando as narrativas traçadas por plantadores sobre a geografia do distrito de St. Mary, podemos descobrir padrões de intenção política tanto da parte dos rebeldes como da parte dos contrainsurgentes, e ver a Revolta de Tacky como apenas um episódio numa guerra coromanti muito mais vasta.

Após o ataque a Forte Haldane, os rebeldes voltaram a Trinity em busca de mais armas e de reforços. Quando seus contingentes incharam com aliados de propriedades vizinhas, marcharam pela estrada principal. Ali se orientavam pela geografia do distrito. Escassamente povoado por brancos mas lucrativamente dedicado à produção de açúcar, St. Mary fervilhava de cativos recém-importados da Costa do Ouro, os quais trabalhavam em propriedades situadas ao longo do sistema de rios do distrito. Localizado do lado barlavento da ilha, St. Mary era um dos distritos mais úmidos e mais cobertos de mata da Jamaica. Profundas ravinas e grotas cavadas na paisagem por mais de vinte rios e muitos ribeirões subdividiam o lugar. O proprietário Edward Long o descreveu bem: "Quase todo este distrito é composto de morros, montanhas, ravinas e vales".[8] As viagens fora das estradas principais eram lentas e difíceis, e os insurgentes esperavam atingir muitas plantations o mais depressa possível, atraindo camaradas com a perspectiva de sucesso rápido. Dessa maneira, a rota da insurreição passava pelo coração comercial do distrito.

De manhã cedo, os rebeldes cercaram a casa do capataz na propriedade Ballard's Valley. Zachary Bayly estava havia algumas semanas em St. Mary, visitando suas plantations ou as plantations que administrava para outros.

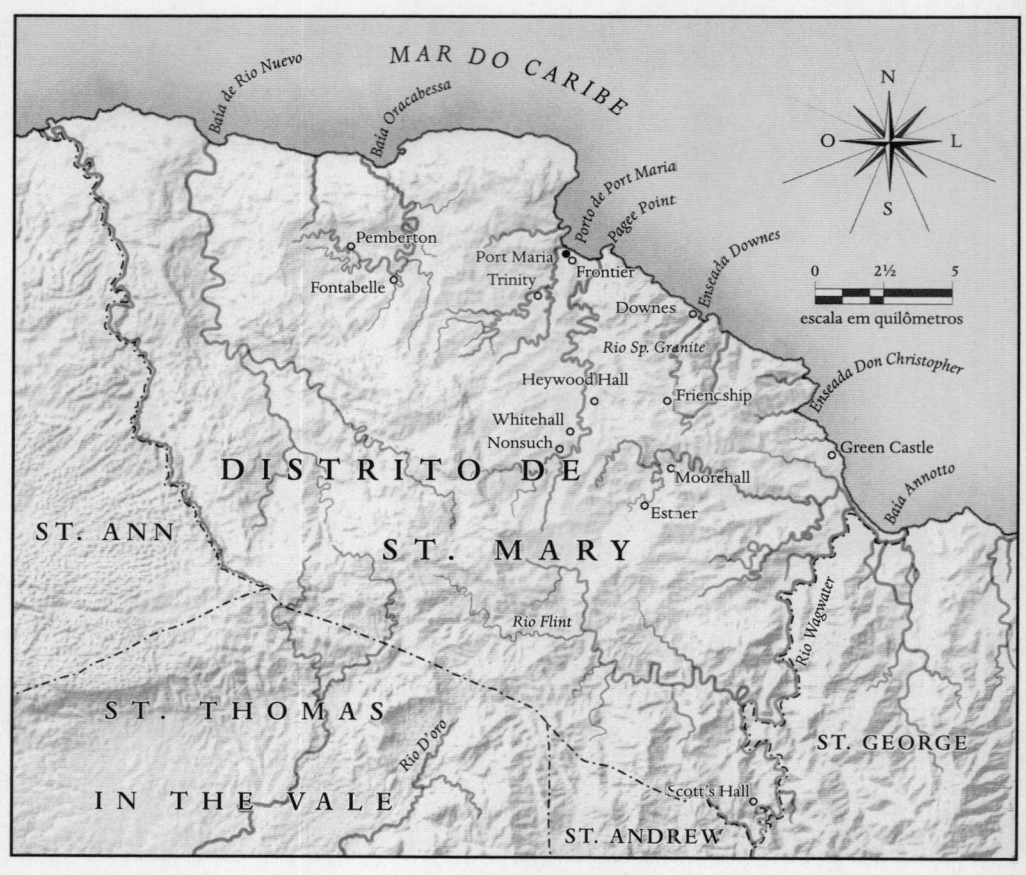

MAPA 6. Distrito de St. Mary.
Desenhado por Molly Roy.

Tinha estado em sua Trinity no dia anterior ao levante, inspecionando africanos recém-adquiridos e distribuindo roupas e facões para o corte de cana entre eles. Na noite da revolta, dormira em Ballard's Valley, de John Cruikshank, a poucos quilômetros de Trinity rio acima. Ao romper do dia, alguns trabalhadores domésticos escravizados de Bayly o acordaram com notícias alarmantes. Os insurgentes se aproximavam. Uma consulta apressada a Cruikshank e alguns outros produziu um acordo para coletarem armas e se juntarem numa propriedade próxima. Descendo o morro da casa de Cruikshank, Bayly viu "todo o grupo de pretos rebeldes em plena marcha" e ouviu o que achou que fosse um "grito de guerra coromanti". Foi a cavalo até os rebeldes, na esperança de convencê-los a irem embora.[9] Aproximando-se com cautela, acenou com o chapéu e disse aos da sua propriedade Trinity: "Rapazes, vocês não me reconhecem?". Eles responderam com tiros, obrigando Bayly a recuar às pressas.[10] Os rebeldes então atacaram a casa e mataram o capataz e mais três homens brancos lá dentro.

Escrevendo décadas depois, o proprietário-historiador Bryan Edwards diria que esses servos brancos tinham sido assassinados quando dormiam. Diria ainda que os rebeldes "literalmente beberam o sangue deles misturado com rum", detalhe citado para fazer o ataque parecer ainda mais bárbaro, e que não aparece no primeiro relato.[11] Edwards incluiu o detalhe para horrorizar mais ainda os leitores, mas uma prática como essa teria um significado diferente para os rebeldes. Pessoas da Costa do Ouro geralmente acreditavam que sangue e álcool eram fluidos de grande potência espiritual. O poder, em especial a capacidade militar e a autoridade de comando, vinha ao mesmo tempo da esfera temporal e da esfera sobrenatural; a ajuda de deuses e espíritos de guerra podia ser invocada com libação e sacrifício cruento. Aos guerreiros vitoriosos às vezes era dado rum enriquecido com gotas de um inimigo tombado, para protegê-los contra fantasmas noturnos vingadores e para fortalecer sua coragem. Na Jamaica, os africanos provavelmente recorriam a essas práticas tradicionais para acumular força espiritual e assimilar e contrabalançar o poder dos seus inimigos mais próximos, os colonos.[12]

Avançando para a base das montanhas, os rebeldes entraram na propriedade Esher, de William Beckford. No caminho, ainda esperando impedir que a notícia de seus movimentos se espalhasse rapidamente entre os brancos, encontraram um homem branco andando a pé e o mataram. Quando chegaram a Esher, mais catorze ou quinze africanos aderiram à revolta. Os brancos na propriedade, incluindo o capataz, um agrimensor, um jovem escocês de nome Gordon e outros dois dispararam contra eles, mas foram sobrepujados por sua fuzilaria e se entrincheiraram na casa-grande. Com pouca munição, amontoaram-se num único quarto, acovardados, na expectativa do que os rebeldes fariam em seguida.[13]

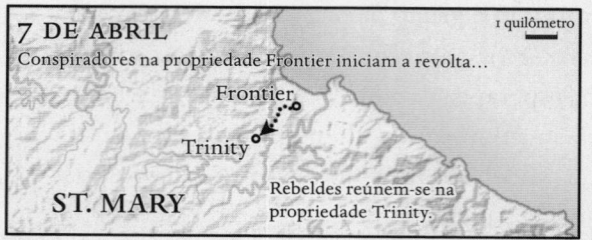

7 DE ABRIL

1 quilômetro

Conspiradores na propriedade Frontier iniciam a revolta...

Frontier

Trinity

ST. MARY

Rebeldes reúnem-se na propriedade Trinity.

LEGENDA

······▶	Rebeldes
─────▶	Milícia
━━━━▶	Exército
┅┅┅▶	Maroons
∿∿∿▶	Marinha

Confronto com rebeldes ✿
Limites do distrito ┄┄┄┄
Nome do distrito **ST. MARY**

8 DE ABRIL

1 quilômetro

Rebeldes fazem o percurso de Trinity até o forte Haldane, matando a sentinela e conseguindo armas.

Forte Haldane

Porto de Port Maria

Trinity

Retornam a Trinity para conseguir mais armas e reforços; partem para Ballard's Valley, reunindo, no total, centenas de insurgentes.

Para a floresta

Em Ballard's Valley, rebeldes matam mais de doze brancos e trinta não brancos.

Heywood Hall

Rebeldes marcham de Ballard's Valley para Esher, matando o inspetor, um agrimensor e três outros homens brancos.

Whitehall

Milícias locais se reúnem em Ballard's Valley enquanto os rebeldes avançam de Esher para Whitehall, matando um homem branco.

Esher

ST. MARY

Os rebeldes seguem para a propriedade de Heywood Hall; a rebelião de St. Mary atinge seu auge e as milícias os encontram lá, matando oito rebeldes e capturando quatro. Centenas de rebeldes se retiram para as propriedades vizinhas.

Destacamentos do Exército são enviados a vários distritos. Maroons chamados para ajudar a reprimir a revolta.

9 DE ABRIL

1 quilômetro

Base do Monte Guy

ST. MARY

Wagwater

ST. GEORGE

74º Regimento

Maroons de Scott's Hall

Maroons de Crawford Town

74º Regimento

ST. JOHN

49º Regimento

Spanish Town

ST. CATHERINE

Port Royal

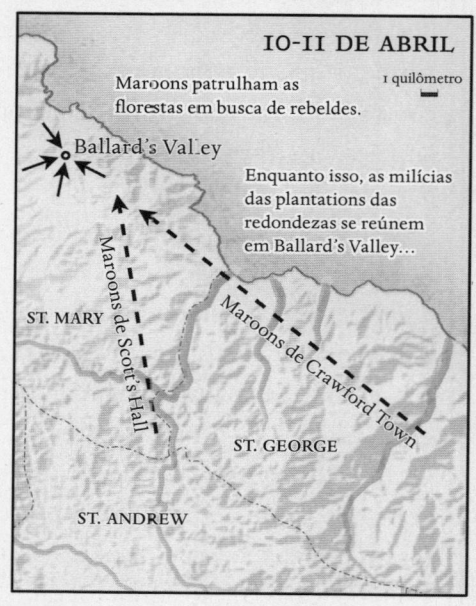

IO-II DE ABRIL

1 quilômetro

Maroons patrulham as florestas em busca de rebeldes.

Ballard's Valley

Enquanto isso, as milícias das plantations das redondezas se reúnem em Ballard's Valley...

Maroons de Scott's Hall

Maroons de Crawford Town

ST. MARY

ST. GEORGE

ST. ANDREW

MAPA 7. A Revolta de Tacky, 7 de abril a 21 de maio de 1760.
Desenhado por Molly Roy.

12 DE ABRIL

1 quilômetro

Enseada Downes

Ravina na floresta

Rebeldes queimam casas ao redor da enseada Downes, atraindo Exército, milícias e maroons para a área.

ST. MARY

Rebeldes atacam soldados britânicos na enseada Downes, matando um e ferindo outro, antes de recuar para uma ravina na floresta.

Maroons e milícia perseguem os rebeldes, capturando e matando muitos deles.

49º Regimento

Baía Annotto

13 DE ABRIL

1 quilômetro

Milícias e maroons perseguem rebeldes na mata, perto de Friendship, enquanto o Exército patrulha outras florestas.

49º e 74º Regimentos

Limites da floresta

Friendship

ST. MARY

74º Regimento

Propriedade de Nonsuch

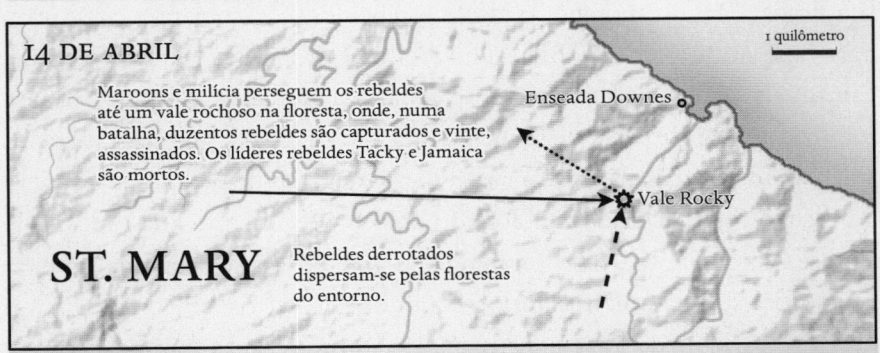

14 DE ABRIL

1 quilômetro

Maroons e milícia perseguem os rebeldes até um vale rochoso na floresta, onde, numa batalha, duzentos rebeldes são capturados e vinte, assassinados. Os líderes rebeldes Tacky e Jamaica são mortos.

Enseada Downes

Vale Rocky

ST. MARY

Rebeldes derrotados dispersam-se pelas florestas do entorno.

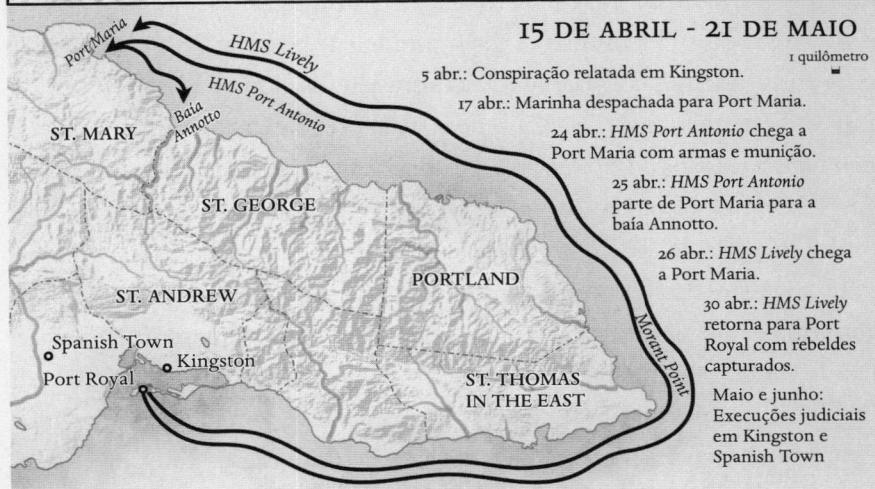

15 DE ABRIL - 21 DE MAIO

1 quilômetro

Port Maria

HMS Lively

HMS Port Antonio

Baía Annotto

ST. MARY

ST. GEORGE

PORTLAND

ST. ANDREW

Spanish Town

Port Royal

Kingston

Morant Point

ST. THOMAS IN THE EAST

5 abr.: Conspiração relatada em Kingston.

17 abr.: Marinha despachada para Port Maria.

24 abr.: *HMS Port Antonio* chega a Port Maria com armas e munição.

25 abr.: *HMS Port Antonio* parte de Port Maria para a baía Annotto.

26 abr.: *HMS Lively* chega a Port Maria.

30 abr.: *HMS Lively* retorna para Port Royal com rebeldes capturados.

Maio e junho: Execuções judiciais em Kingston e Spanish Town

Os rebeldes logo invadiram a casa e chegaram à porta do quarto, dizendo aos brancos que "se oferecessem alguma resistência certamente seriam mortos, mas se saíssem e entregassem as armas sua vida seria salva", O estratagema funcionou. Um dos homens, um alemão, saiu e foi imediata e silenciosamente golpeado na cabeça. Sem saber do fim do alemão, outro homem também saiu e foi tratado da mesma forma. Então os atacantes entraram no quarto, decapitando o capataz e matando os homens restantes, salvo Gordon, que se escondera debaixo da cama.[14]

Contrariando o primeiro relato impresso da batalha em Esher, segundo o qual Gordon tinha sido morto junto com os outros, ele sobreviveu, e contou a sua versão da história para Pierre Eugène du Simitière no ano seguinte.[15] Mas escapou por pouco. Os rebeldes o descobriram e atiraram para debaixo da cama, ferindo-o no joelho. Em seguida, arrastaram-no e caíram em cima dele com facões de cana e cutelos, desfigurando-o quase totalmente, até ele parar de se mexer. Por fim os rebeldes o puxaram pelos pés para fora da casa, a cabeça batendo nos degraus de pedra que levavam à praça, onde o estenderam ao lado dos corpos dos mortos. Apesar de "quase inconsciente", Gordon percebeu que alguns se preparavam para cortar fora sua cabeça, mas foram contidos por outros, que o declararam morto. Abandonado ali, ele ficou deitado durante horas, "no limite entre a vida e a morte", inconsciente e sangrando, até que um grupo de brancos chegou para sepultar os corpos. Encontrando Gordon quase morto, cuidaram dos ferimentos e o levaram para uma propriedade vizinha, onde ele ficou aos cuidados do tio, um médico eminente. Dois cirurgiões cuidaram de Gordon por um bom tempo, "todos os dias importunado por uma multiplicidade de ataduras e curativos, que era preciso aplicar em quase todas as partes do seu corpo". Com o tempo, ele recuperou a saúde, e brancos jamaicanos descreveram sua recuperação como "quase milagrosa".[16] Desde então, ostentou numerosas "cicatrizes no rosto e em várias partes do corpo", que o distinguiam como uma celebridade entre seus conhecidos. Esse jovem escocês chegara à Jamaica apenas sete meses antes da revolta, e essas tribulações fizeram dele uma figura histórica em sua época. Até ganhou o apelido de "Coromanti Gordon", como uma condecoração.[17]

Depois de tomar Esher, os insurgentes passaram a cuidar da questão de proclamar sua autoridade sobre os escravizados. Os proprietários achavam que o mais importante racha social durante uma revolta de cativos acontecia entre negros e brancos, mas distinguir amigos de inimigos sempre foi mais complicado. Os rebeldes tinham poupado o capataz da propriedade Trinity, Abraham Fletcher, que gozava de boa reputação entre os escravizados, deixando-o fugir da plantação sem o maltratarem.[18] De outro lado, não hesitaram em assassinar os escravos que não quiseram se juntar a eles ou que atrapalharam a rebelião. Na explosão inicial da violência, quando assassinaram mais de dez brancos, os rebeldes também mataram cerca de trinta não brancos que ofereceram resistência.[19]

Como nos estágios de planejamento, o êxito na batalha dependia de um cálculo entre confiança e traição. Uma vez iniciada a rebelião, os conspiradores lutavam para convencer os que ficaram em cima do muro de que tinham o controle da situação e que os senhores tinham perdido o poder de determinar o destino coletivo ou individual dos escravizados.[20] Isso fez da guerra uma questão de histórias pessoais de camaradagem e animosidade. Fosse qual fosse a nova ordem a ser estabelecida pelos insurrectos, ela seria construída com base em seu cálculo de alianças e antagonismos da vida diária. Um ressentimento ou um ato de bondade anterior poderia determinar quem merecia confiança e quem seria morto. Como em todas as guerras, a disputa física pelo poder mobilizava emoções elementares: medo, raiva e luxúria.

Uma das vítimas em Esher foi a concubina do capataz. Como mulher de ascendência mestiça de negros e brancos, ela era um alvo provável da rapina sexual dos senhores, alva o suficiente para corresponder aos padrões racistas de beleza, mas destinada a uma situação inferior por causa da pele morena: simultaneamente atraente aos olhos dos brancos e fácil de explorar. A proximidade da classe dos senhores também fazia dela objeto de desconfiança entre os escravizados. Para muitos rebeldes, que sabiam que podiam ser castrados por "transpor" a "amante" de um homem branco, ela representava uma capitulação perigosa. Além disso, oferecia para esse grupo particular de homens uma oportunidade de reforçar os vínculos mútuos por meio de um ato coletivo de violência sexual.

Eles a "violentaram", segundo Edward Long, e pretendiam matá-la. A intervenção de outros escravizados salvou-lhe a vida. Eles disseram que, persuadindo o capataz, ela muitas vezes os salvara de castigos. Pelo menos eles assim acreditavam. Long achava que a mulher tinha sido poupada "não por algum mérito da parte dela", mas porque o "capataz tinha apenas preferido dar a entender que seu perdão se devia mais à importunação de outra pessoa do que à bondade de sua própria natureza". Havia uma questão de influência não resolvida nesse caso. No desespero da sua situação, teria ela a capacidade de proteger outros cativos de perigos imediatos, como alegavam seus defensores? E se tinha, como muitos rebeldes sem dúvida questionavam, isso simplesmente lhe permitia tomar emprestado algum poder dos senhores, a ser utilizado seletivamente segundo os caprichos dela? Ou, como suspeitava Long, seria essa capacidade apenas ilusória, sujeita ao controle final do capataz? Fosse qual fosse a verdade por trás disso tudo, as opiniões dos escravizados sobre o assunto significaram a diferença entre execução e clemência.[21]

De Esher, a rebelião voltou pelo vale do rio através da propriedade Whitehall, onde os rebeldes mataram um homem branco, e seguiu rumo a Heywood Hall, uma plantation de cana-de-açúcar estrategicamente situada do outro lado do rio, em frente a Ballard's Valley, no coração geográfico e agrícola do distrito. Os rebeldes atearam fogo ao canavial e ao moinho de vento, para sinalizar o seu sucesso e atrair novos recrutas para a revolta. Até o meio-dia, o número deles tinha aumentado para cerca de quatrocentos homens e mulheres.[22] Sem que os rebeldes soubessem, no entanto, a insurreição de St. Mary já tinha atingido o seu auge.

Os insurgentes se reuniram numa clareira encoberta por árvores a certa distância da estrada, onde fizeram um balanço de suas provisões: porcos, aves, banana-da-terra, rum e outros produtos que tinham conseguido nas incursões da manhã. Assando um boi numa fogueira, procuraram selar seu senso inicial de vitória com vínculos de camaradagem e consumo comunal. Segundo descrição posterior dos senhores, aquele foi o momento "de farra" dos rebeldes; é igualmente provável que tenha sido também o momento de repassar estratégia, logística e progresso da campanha.[23] Somar forças em comemoração aberta era um importante exercício militar. Fossem quais fossem os planos concebidos antes do levante, aquela era a hora de estabelecer a unidade de propósito dos rebeldes reunidos e de comprometer-se novamente com o esforço. Comida, bebida e canções ajudavam a gerar o sentimento de camaradagem essencial para erguer o moral.

Foi também o momento de administrar juramentos de lealdade para todos os novos recrutas. Homens e mulheres obeahs, praticantes versados em artes espirituais africanas, tinham sido fundamentais na organização da guerra. Como haviam feito em conspirações anteriores, curandeiros obeahs agora aconselhavam e inspiravam os conspiradores. Além de preparar e oferecer o juramento sacramental, eles forneciam aos rebeldes "uma mistura mágica para os tornar invulneráveis", fortalecendo sua disposição para a batalha contra forças de armas superiores. Edward Long atribuiu a curandeiros obeahs o crédito de convencer os rebeldes de que Tacky "não poderia de forma alguma ser ferido por homens brancos, pois aparava com a mão todas as balas disparadas contra ele e as jogava de volta, com destruição, sobre seus inimigos". Agora que a rebelião ganhara força, o obeah dos rebeldes parecia estar fazendo sua mágica funcionar bem.[24]

A explosão inicial de atividade tinha sido notavelmente bem-sucedida. Os insurgentes haviam traçado seus planos sem ser descobertos, adquirido armas de fogo no forte e marchado de volta ao coração do distrito para formar um exército, saqueando e incendiando as propriedades que encontraram pelo caminho. O fogo servia a pelos menos dois objetivos. Primeiro, sinalizava a expansão da insurreição para outros que estavam à espera de um sinal ou que aguardavam a balança pender a favor dos rebeldes. Segundo, desferia um golpe direto nos meios de produção das plantations, a fonte de tanto sofrimento dos escravos. Os incêndios deliberados transformavam lugares de labuta em lugares de triunfo e proclamavam, como nenhum outro meio de comunicação seria capaz, que, por ora, os rebeldes estavam no controle. Mas para quê?

As táticas militares dos rebeldes revelam algo de sua ambição. Seus ataques bem planejados e rápidos seguiam os padrões predominantes nas primeiras revoltas caribenhas de escravizados, bem como precedentes de guerra na Costa do Ouro. Exércitos africanos muitas vezes adotavam uma política de escaramuças em pequenos bandos, enfraquecendo seus adversários com táticas de ataques rápidos. Como a floresta densa não permitia batalhas campais em larga escala, combatentes africanos usavam estradas e clareiras com precisão estratégica, mantendo colunas pequenas e muito ágeis que convergiam de várias rotas para campos de batalha. Movendo-se no mato jamaicano de plantation em plantation, os rebeldes faziam uso de sua experiência em combates nas florestas, escapando facilmente das milícias, que invariavelmente treinavam em espaços abertos e praças de armas. Insurgentes da Jamaica também chegavam a propriedades tão dispostos a recrutar como a lutar. Assim como os chefes militares na África Ocidental do século XVIII, estrategistas rebeldes consideravam populações inteiras capazes de portar armas como recrutas potenciais.[25] À medida que separavam inimigos de possíveis amigos, eles declaravam seus objetivos e suas ambições. Dessas declarações não existem registros diretos — apenas a interpretação tendenciosa de Edward Long das informações secretas reunidas por seus colegas proprietários de escravizados.

Long mais tarde argumentaria que os rebeldes tinham como objetivo controlar e operar plantations, talvez na esperança de administrarem eles próprios o comércio ultramarino. À primeira vista, a opinião de Long parece absurda. Afinal, os rebeldes consistentemente incendiavam prédios e canaviais nas plantations. Esses atos de destruição parecem significar uma revolução social, uma intenção de livrar a paisagem da exploração comercial. Com base em profundo conhecimento das sociedades da Costa do Ouro, o historiador Walter Rucker conjecturou que os coromantis mantinham uma "consciência plebeia", enunciando "visões de mundo distintamente subalternas".[26] Essas opiniões guiariam uma entidade política composta de "províncias independentes vinculadas por alianças políticas", ou o que Long entendia como "pequenos principados ao modo africano".[27] Nesse caso, muitos rebeldes provavelmente viviam em conflito com líderes como Tacky, que estavam decididos a recuperar a posição social e os privilégios que conheceram na África, e que provavelmente eram a favor de uma autoridade suprema mais unificada com uma elite hereditária.[28]

Apesar disso, pelo trajeto da insurreição parece possível que os rebeldes de fato esperassem controlar a zona comercial. As rotas percorridas através das matas, das montanhas e ao longo de rios sugerem seus objetivos estratégicos. Em Forte Haldane, os insurgentes tinham juntado armas e munição antes de marchar pela estrada principal rumo às cabeceiras de alguns dos mais importantes canais navegáveis do distrito, que alimentavam a baía de Port Maria e a baía Annotto, os principais portos do lado norte da ilha. Os rebeldes tinham supostamente planejado atacar no extremo oeste do distrito também, subindo o rio a partir da baía Oracabessa: na noite da eclosão, senhores capturaram um "notório fugitivo" da propriedade de Pemberton, a quem enforcaram por tentar convencer outros a aderir à rebelião. Pemberton ficava numa localização crucial, entre várias plantations bordejadas pelas montanhas e a propriedade de Fontabelle, no alto de um sinuoso trecho de rio que passava por Crab Lanthorn Gully e desaguava na baía. Se esse homem tivesse organizado um ataque bem-sucedido, os rebeldes teriam assumido o controle de um distrito até outro.[29] Os principais conspiradores tinham planejado a revolta nas propriedades de Trinity, Whitehall, Frontier e Heywood Hall, cujos donos estavam entre os homens mais importantes da colônia. Um ataque a elas era ao mesmo tempo um ataque à elite política da ilha. As batalhas, além disso, ocorreram em terreno que os rebeldes conheciam bem, em razão de seus trabalhos. Escolheram esse lugar para demonstrar a recrutas potenciais que a rebelião estava a pleno vapor e ganhava força. Do ponto de encontro perto de Heywood Hall era fácil atacar algumas das maiores plantations de St. Mary. Lutando dentro do coração econômico do distrito, os rebeldes certamente não estavam à procura de enclaves montanhosos. Quando veio o contra-ataque, eles partiram para a costa, dividindo-se em grupos pequenos para atravessar as densas matas e as ravinas da área e lançar incursões até as enseadas do litoral. Esse modelo de guerra indica uma tentativa de controle territorial e político, uma estratégia de manobras, e não de retirada, evasão ou fuga.

Não temos como saber com certeza qual era a intenção dos rebeldes, claro. É inteiramente possível, até mesmo provável, que discordassem entre si, incapazes de atingir um consenso sobre os objetivos finais da revolta.

Os senhores mais tarde ficaram sabendo que uma revolta em toda a ilha tinha sido calculada para coincidir com os feriados de Pentecostes, seis semanas mais tarde, mas que os rebeldes de St. Mary se insurgiram cedo demais, "porque Tackeys ficou bêbado".[30] Ainda que Tacky tenha de fato estragado o cuidadoso planejamento de outros líderes, a dissensão talvez fosse latente desde o início. Teria continuado quando debatiam se deveriam buscar acampamentos defensáveis e esconderijos, insistir no ataque imediato ou tentar juntar-se a conspiradores de outros distritos. Mais tarde, segundo consta, houve "tantas divergências entre eles que vários foram mortos em suas próprias desavenças".[31] Mas, àquela altura, a contrainsurgência colonial já estava na ofensiva e a maré tinha virado contra a rebelião.

Em meio à confusão em Esher, um escravo chamado Yankee tinha defendido a casa e ajudado os brancos. Quando descobriu que eles estavam em desvantagem, fugiu para a propriedade vizinha, Moore Hall. Ali colaborou com Blackwall, outro "preto leal", que pertencia ao vice-governador da Jamaica, Henry Moore. Juntos, Yankee e Blackwall conceberam "medidas combinadas para alertar as plantations e ajudar os brancos".[32] Enquanto isso, Zachary Bayly reuniu a milícia. Depois do seu primeiro contato com os rebeldes, Bayly foi a cavalo de plantation em plantation, dando notícia do levante e pedindo a todos os homens válidos que pegassem em armas e se juntassem a ele imediatamente ou se reunissem numa casa defensável perto de Ballard's Valley. Quando descobriram a assembleia de rebeldes perto de Heywood Hall, a milícia tinha juntado quase 130 homens negros, pardos e brancos "toleravelmente armados".[33]

Montados em setenta ou oitenta cavalos, eles avançaram em direção ao acampamento rebelde, e os insurgentes se posicionaram na mata em torno. Disparando a esmo, os revoltosos descobriram que os pesos de pescar que usavam como munição descreviam arcos irregulares e provocavam poucos estragos entre os milicianos, que aguentaram com firmeza os primeiros tiros. Cautelosamente, a milícia resolveu entrar na mata, mas decidiu que não havia munição suficiente para todos participarem da luta. Em vez disso, a maioria dos homens permaneceu em suas posições na clareira, despachando seus servos e "alguns outros bem armados" para perseguirem os adversários.[34] A tática ressaltava um problema fundamental da milícia do país: havia nela uma presença grande demais de homens de alta posição social, e eles desprezavam o trabalho sujo dos soldados. No que dizia respeito aos colonos de elite, o mato não era lugar para os abastados. Por isso todos os capitães, majores e coronéis, que formavam o grosso da milícia, decidiram que entrar no mato cabia aos plebeus.

Mas o ataque foi encorajador. Os primeiros relatos diziam que a milícia matou oito rebeldes e capturou quatro.[35] Certo Mulatto Billy "teria matado três com suas próprias mãos", segundo Edward Long, "e um bravo escocês mais ou menos a mesma quantidade".[36] Mais importante ainda, os senhores começaram a coletar boas informações secretas sobre a insurgência. Depois de surras e ameaças, um dos prisioneiros ofereceu-se, aos prantos, para dar informações se o deixassem vivo. Entre outras coisas, revelou o papel crucial desempenhado pelos conselheiros espirituais dos rebeldes. Os colonos agora conheciam uma fonte importante do moral e da bravura dos revoltosos, que eles procurariam destruir nos dias seguintes.[37]

Por ora, os insurgentes estavam desaparecidos na floresta e a milícia dirigiu-se ao ponto de encontro perto de Ballard's Valley. Long e Edwards, como apologistas entusiásticos da classe dos proprietários, descreveram suas ações em termos heroicos. Na opinião de Long, o assalto da milícia foi uma questão de sábia e cuidadosa estratégia. O "audacioso ataque" tinha intimidado os rebeldes, que recuaram, mas "não foi julgado adequado naquele momento persegui-los".[38] Edwards atribuiu o sucesso tático aos "brancos", que atacaram os rebeldes "com grande fúria, mataram oito ou nove deles no ato, fizeram vários prisioneiros e enxotaram o restante para o mato, que depois disso atuaram totalmente na defensiva, e logo foram exterminados".[39] Mas os rebeldes estavam longe de ser derrotados; para sufocar a revolta, alguém que não fosse a arrogante elite distrital teria de lutar contra eles no mato profundo.

A notícia do levante não demorou a chegar ao governo colonial em Spanish Town. Ao primeiro alarme em St. Mary, dois escravos de confiança de William Beckford, Billy e Philip, receberam ordem para selar os cavalos e partir às pressas para a capital. Embora a distância fosse inferior a 65 quilômetros, era uma viagem de subida até os cumes arborizados ao longo do rio Flint e de descida para o distrito de St. Thomas in the Vale, onde os mensageiros puderam finalmente desenvolver velocidade seguindo pelas margens do rio D'Oro. Atravessando as colinas Red que protegiam a savana de Spanish Town, aproximaram-se da capital pelo rio Cobre, que desaguava no porto de Kingston, a principal sede de poderio militar britânico nas Américas. Avançando por estradas ruins e trilhas estreitas, os mensageiros deram a notícia ao vice-governador Henry Moore no começo da tarde, mais ou menos quando a milícia dava combate aos rebeldes perto de Heywood Hall.[40]

Moore agiu rápido. Spanish Town era também um poderoso enclave militar, com a guarnição abrigando consideráveis unidades de milícia montada e soldados do Exército britânico. Situadas quase no meio da ilha, essas forças podiam ser mandadas para barlavento com agilidade. Moore imediatamente despachou um destacamento de três oficiais e sessenta soldados privados do 74º Regimento para marchar através de St. Thomas in the Vale pela estrada que levava a Archer's Ridge. De Port Royal, Moore convocou o 49º Regimento, ordenando que marchasse para St. Mary pela nova estrada aberta em St. Andrew até as cabeceiras do rio Wagwater. Cartas expressas foram levadas para oficiais britânicos estacionados entre os vilarejos maroons de barlavento em Crawford Town, Nanny Town e Scotts Hall, instruindo-os a invocar os tratados de 1739 e 1740 para envolver os maroons na luta.[41]

A milícia da cidade, tanto a parte a pé como a parte montada, deveria ficar de prontidão, já armada, "caso alguma tentativa seja feita pelos pretos de outros distritos para se juntar aos que já participam da rebelião".[42] Mas a tensão entre pessoas comuns livres e a elite rica enfraqueceu as ordens de Moore. Os residentes de Spanish Town costumavam ter mais ofícios independentes e pequenos negócios do que os de Kingston ou do interior. Em consequência, os plebeus da cidade não tinham a mesma relação direta de dependência com as plantations ou com os grandes comerciantes, e eram menos subservientes aos seus superiores. Quando convocados para defender a aliança comerciantes-senhores, vários deles hesitaram. "Muitos dos homens privados tiveram a insolência de dizer aos oficiais que não apareceriam para lutar" e prefeririam pagar os dez xelins de multa exigidos pela Lei da Milícia por não comparecer.[43]

O vice-governador Moore criticou severamente aquela suposta falta de virtude cívica, furioso com "um comportamento tão antinatural num momento de calamidade pública, somado a muita insensibilidade ao perigo pelo qual todo o país estava ameaçado". A Jamaica era uma fortaleza militar num império em guerra, que agora precisava da agressividade guerreira dos súditos. Assim sendo, em 9 de abril, "recorrendo ao único meio restante para obrigá-los a cumprir o seu dever", Moore proclamou a lei marcial:

> Pelo Rei, uma Proclamação
>
> Levando em consideração que um grande número de pretos no distrito de St. Mary está agora em real estado de rebelião e matou muitos brancos e destruiu vários assentamentos naquela parte do país, consideramos apropriado para o serviço desta nossa ilha e para impedir qualquer tentativa feita pelos escravos de outros distritos de se juntar aos envolvidos na presente insurreição, que para a defesa e a segurança desta nossa dita ilha e para a supressão imediata da dita rebelião a lei marcial deve entrar em vigor.
>
> Decidimos portanto que esta proclamação seja publicada ordenando e exigindo que os Artigos de Guerra sejam publicamente lidos neste nono dia de abril corrente nas cidades de Saint Jago de la Vega, Port Royal e Kingston, pela qual a publicação da lei marcial é por meio desta realizada.[44]

A lei marcial pretendia mobilizar toda a população masculina de não escravos, sujeitando-a à rigorosa disciplina dos Artigos de Guerra.[45] O resultado foi a militarização formal da escravização racial. Disputas entre grandes e pequenos senhores de escravos ou entre grandes homens de negócios e pequenos comerciantes, entre protestantes, católicos, judeus, pardos e negros livres deveriam ser postas de lado no interesse da defesa da escravidão, como desejava a Coroa. Como explicou Du Simitière, sob a lei marcial todos os habitantes da ilha são postos em pé de igualdade como um exército regular e durante o tempo que durar nenhum procedimento civil pode ter efeito, consequentemente não está ao alcance de ninguém processar ou prender outro por dívida, o que faz muitos homens com uma patente na milícia parecerem grandes, sendo que eles não ousariam, em época de tranquilidade pública, mostrar o rosto na rua [por] medo dos homens do xerife. Portanto, as inconveniências dessa lei parecem muito claras e devem suspender em grande medida a maioria dos negócios e especialmente o comércio.[46]

Os tribunais fecharam e a atividade jurídica parou. Especialmente ofensiva para a elite da sociedade foi a confusão de hierarquia social. "Você terá provavelmente como seu oficial e, claro, como seu superior um homem em todos os sentidos abaixo de você e que noutros tempos não valeria a pena notar", lamentou Du Simitière. "Todos, sem distinção, têm sido obrigados a pegar em armas para destruir o inimigo comum", escreveu um advogado de Kingston.[47] "Todo homem era soldado."[48]

Agora, assumindo plenamente sua função de comandante-chefe da ilha, Moore dirigiu uma resposta de várias partes ao longo de múltiplos trajetos. Ordenou que tropas da milícia de Spanish Town rumassem imediatamente a pé e a cavalo para o lado oeste de St. Mary, pela estrada que passava por Bagnell's, e que um destacamento da milícia de Kingston seguisse as tropas regulares do 49º Regimento do Exército para o lado leste do distrito. Do 74º Regimento ele enviou dois destacamentos a noroeste do distrito de St. John, para estacionar nas vulneráveis propriedades do norte, nos vales de Guanaboa e Louidas. Mais uma unidade do 74º marchou para St. Mary através de Archer's Ridge a fim de se juntar à unidade já despachada para aquele lugar. De lá, uma unidade tomaria conta da passagem de St. Mary, enquanto outra iria para a passagem em Bagnall's, no lado oeste do distrito, com a missão de impedir que rebeldes se comunicassem com potenciais confederados no vizinho St. Ann. Para aumentar a potência de fogo, Moore mandou o capitão do trem de combate de Spanish Town levar dois canhões até Archer's Ridge. Uma escolta de soldados montados da capital transportaria provisões, armas e munição pelas montanhas. Moore então mandou chamar os maroons a sotavento, de Trelawny Town, Furry's Town e Accompong Town. E, novamente com os Artigos de Guerra ressoando em seus ouvidos, todos os oficiais de milícia foram instruídos a se preparar para marchar a qualquer momento.[49]

Por último, o vice-governador convocou a Marinha Real. Tendo enviado uma carruagem de suprimentos por terra, pediu ao vice-almirante Thomas Cortes um navio para transportar provisões contornando a costa, para "o grande número de pessoas que estava então reunido no distrito de St. Mary devido a esse infeliz acontecimento".[50] Dessa maneira, o governo integrou com firmeza os colonos do lado norte à vasta cadeia de suprimentos das Forças Armadas imperiais. Enquanto isso, para isolar os insurgentes e concentrar as energias da colônia na supressão da insurreição, o governo colonial impôs um embargo a todo o transporte marítimo. A Jamaica estava de quarentena.

No dia seguinte, Moore convocou uma reunião do Conselho do Governador para explicar suas ações. Um dos seis homens presentes era Ballard Beckford, dono das propriedades de Whitehall e Frontier. Ele certamente gostou de saber do empenho do governador em prender os encrenqueiros, que tinham causado tantos danos a seus interesses em St. Mary. Na verdade, o conselho foi unânime na aprovação, elogiando as "muito prudentes medidas [de Moore] para alívio daquela parte aflita do país" e louvando seus esforços "a serviço da segurança geral de toda a ilha". Além disso, reconheceu a necessidade da lei marcial "para esmagar a rebelião em sua infância e impedir as fatais consequências que forçosamente ocorreriam se os pretos das outras partes da ilha tivessem tido tempo de juntar-se aos envolvidos na presente insurreição". O vice-governador deveria manter a ilha sob lei marcial, recomendou o conselho, "até que todas essas desordens sejam suprimidas e a tranquilidade do país, restaurada".[51]

Enquanto Moore mobilizava as forças especiais de Spanish Town, rebeldes e senhores atacavam uns aos outros em St. Mary. Os insurgentes tinham de início contado com a vantagem da surpresa e da velocidade, mas agora os britânicos começavam a cercá-los. Vales íngremes e florestas densas limitavam o número de caminhos limpos para entrar e sair do distrito. Enquanto bloqueavam as estradas principais e as passagens nas montanhas, as tropas da contrainsurgência iam empurrando os rebeldes cada vez mais para dentro do emaranhado de arbustos, ravinas bruscas e grutas escondidas. Embora fossem ruins para a soldadesca britânica, esses redutos táticos impediam que a rebelião ganhasse força e avançasse de propriedade em propriedade, como fizera antes.

Os colonos também se beneficiaram da captura e da execução de um destacado curandeiro obeah. Eles tinham sabido pelos prisioneiros capturados perto de Heywood Hall que os conselheiros espirituais eram muito importantes para os rebeldes e que um "velho preto coromanti" tinha sido designado "o principal instigador e oráculo dos insurgentes". Esses oráculos exerciam grande influência na Costa do Ouro, em alguns lugares tendo autoridade para nomear capitães de guerra e orientar estratégias políticas. Quem quer que desempenhasse esse papel na Jamaica provavelmente tinha ajudado a organizar e inspirar a insurreição de forma parecida. Os senhores de escravos o capturaram, escreveu Long, "adornado com todas as suas penas, seus dentes e outros instrumentos de magia". Sumariamente julgado e condenado à morte, o xamã continuou insubmisso, declarando que "não estava no poder dos brancos matá-lo". Morreu enforcado, o que surpreendeu e desanimou os espectadores escravizados que se reuniram para assistir à execução. Long supôs que esse ato tivesse impedido muitos escravos de se juntar aos rebeldes.[52]

Os maroons aderiram de imediato à batalha. Patrulhas de Scott's Hall e Crawford Town enfiaram-se na floresta, utilizando-se de um século de experiências de viagens, rastreamentos e combates no mato. Na quinta-feira, 10 de abril, uma turma de Crawford Town atacou um grande grupo de rebeldes na floresta, mas foi numericamente sobrepujada e repelida, com o filho do capitão Cudjoe morrendo no confronto. Outros grupos de maroons continuaram a vasculhar o mato à procura de bandos vigilantes de insurgentes, travando combates esporádicos e inconclusivos.[53] Enquanto isso, a milícia das plantations do entorno se reuniu perto de

Ballard's Valley. Na noite de quinta-feira, um capitão e proprietário de terras chegou com cerca de sessenta homens montados. No dia seguinte, com mais outros senhores e seus homens, os colonos patrulharam as propriedades vizinhas.[54] Mulheres, crianças, velhos e colonos enfermos da área mais imediatamente afetada pela revolta seguiram para o leste, em direção à baía Annotto, reunindo-se na propriedade de Green Castle, onde aguardaram socorro do mar.

Os rebeldes também seguiram para o mar. Retirando-se para o noroeste de Heywood Hall, retomaram a iniciativa na área em volta da enseada Downes. Essa região era pouco povoada, separada das grandes propriedades ao longo do rio Port Maria por um trecho de terreno irregular com picos verdejantes e barrancos abruptos que descrevia uma curva de Pagee Point para Don Christopher's Point. Rios e riachos curtos corriam pelas íngremes ravinas para a costa rochosa. Descendo o rio Spanish Granite, a poucos espinhosos quilômetros da propriedade de Friendship, a enseada Downes se abria numa ravina arborizada que continha uma grande variedade de grutas ocultas.[55] Designada como "Rocky Cove" num mapa de 1755, a enseada e sua pequena praia ofereciam um porto clandestino para pequenos barcos, um refúgio para pescadores, contrabandistas e fugitivos. Dessa praia era possível lançar-se para uma curta travessia até Cuba. Se os rebeldes buscavam o controle defensável de um porto ou canal modesto, esse lugar talvez servisse. Era de acesso difícil, fornecia bons esconderijos e apesar disso apresentava um potencial de comunicação com o mundo fora da Jamaica.[56]

Uma única e árdua estrada ia do rio Port Maria até a isolada propriedade do sr. Downes, na costa. Controlando essa estrada, os rebeldes poderiam ficar com a enseada. Na manhã de sábado, 12 de abril, eles incendiaram várias casas na propriedade. Uma força combinada de contrainsurgentes se reuniu nas terras de Downes para responder à ameaça. Destacamentos do 49º Regimento encabeçado pelo capitão Rigby tinham chegado de Port Royal, juntando-se à milícia do tenente Forsyth e aos maroons de Crawford Town. Também presente estava o capitão William Hynes, um mercenário que comandava um grupo de escravizados bem armados. Informado de que os rebeldes estavam ali perto, um grupo foi a Carlton Wood House, que ficava no topo de uma colina, no lado leste da enseada, enquanto Forsyth e a maior parte do 49º Regimento ficaram na propriedade de Downe. Os maroons de Crawford Town, levados por Charles Sweigle, juntaram-se ao capitão Hynes e seu exército privado de cativos na perseguição aos rebeldes.[57]

Os rebeldes se protegeram numa grande gruta situada dentro de uma ravina rochosa. Nessa "pequena clareira, tão cercada de encostas rochosas que era difícil chegar até eles", montaram seu principal acampamento. Vários homens, mulheres e crianças ficaram ali com suas provisões e seus limitados estoques de munição, enquanto outros continuaram fora, patrulhando. O grupo de Hynes foi o primeiro a descobrir o acampamento, com os maroons logo atrás. Durante uma hora, dispararam contra os rebeldes e "os assaltaram com granadas de mão" enquanto subiam um morro perto da ravina, matando dois homens e duas mulheres. Hynes capturou mais duas mulheres e uma criança e recuperou algumas bagagens, um barrilete de pólvora e duas espingardas no ataque. Com apenas dois de seus homens feridos, Hynes e os maroons continuaram a perseguição, separando-se para vasculhar o mato desde o rio Spanish Granite até a propriedade de Friendship, onde resolveram acampar até a manhã seguinte.[58]

Aquela noite, Tacky liderou o contra-ataque na enseada Downes. O golpe, vindo logo depois da debandada do seu principal acampamento, indicava a determinação dos rebeldes de expulsar as forças britânicas da área e sugere que pretendiam construir ali o seu futuro — ou que para eles talvez não houvesse melhor opção. Surpreenderam e mataram a sentinela da guarda avançada do 49º Regimento e feriram mais dois homens na batalha subsequente. Mas três rebeldes morreram, e o próprio Tacky foi ferido. Tendo recebido garantias dos xamãs de que era invulnerável, ele perdeu a confiança em sua própria capacidade de liderar. Segundo relatos posteriores, Tacky "não pôde mais ser convencido a liderar seus homens, até que eles ameaçaram matá-lo".[59] Com o oráculo dos rebeldes executado e seu maior líder ferido, o ânimo começou a abandonar a insurreição.

Forças britânicas continuaram a cercear geograficamente a insurgência. Reforços de Spanish Town chegaram com "sessenta conjuntos de armas e dois barris de pólvora" à propriedade de Nonsuch, onde tributários formavam o braço central do rio Port Maria. A partir de Friendship, Hynes, Sweigle e os maroons aproveitaram a vantagem que tinham, apesar de os insurgentes continuarem oferecendo vigorosa resistência. A certa altura, os rebeldes surpreenderam numa emboscada William Towers, superintendente de Nanny Town, e seu grupo de doze maroons. Towers conseguiu sair lutando da armadilha, mas sofreu graves ferimentos no combate. Os maroons continuaram a percorrer a mata à procura de bandos vigilantes de insurgentes, enquanto forças do Exército se enfileiravam na borda da floresta.[60]

Finalmente, em 14 de abril, os maroons empurraram os rebeldes para um vale rochoso a montante da enseada Downes. Os maroons de Scott's Hall atacaram o grupo principal de insurgentes, "com grande impetuosidade", forçando-o a recuar em debandada. O líder rebelde Jamaica foi morto e Tacky tentou fugir, seguido de perto pelo tenente Davy, dos maroons. Davy atirou em Tacky "enquanto ambos corriam a toda velocidade", de acordo com o relato de Edward Long, e matou o comandante rebelde. Forças coloniais fizeram muitos prisioneiros e capturaram todas as bagagens e provisões que encontraram, além de quatro barriletes de pólvora. Os maroons juntaram provas de morte para mostrar aos britânicos sua participação na batalha, levando dezessete pares de orelhas e vendendo cada um por um dobrão.[61]

Incapazes de manter a enseada Downes, os rebeldes estavam derrotados. Os primeiros relatos declaravam que não mais de uma dezena tinha escapado do vale rochoso e estava sendo caçada pelos maroons de Trelawny Town, que haviam chegado logo depois da batalha.[62] Muitos rebeldes se entregaram. Outros preferiram o suicídio a ser escravizados de novo. Houve relatos de que "muitos cortaram a própria garganta" ou se enforcaram no mato. Outros, ainda, foram mortos em brigas internas, pois o fracasso levou insurgentes a se voltarem uns contra os outros.[63] De acordo com vários relatos, cerca de sessenta pessoas "foram para uma gruta a dois ou três quilômetros da cena do combate, onde se supunha que eles haviam atacado violentamente uns aos outros, em número de 25".[64] Corriam boatos de que os maroons sob o comando de Charles Sweigle tentaram reivindicar crédito indevido por esses mortíferos conflitos internos. Du Simitière ouviu dizer que Sweigle — "nenhum grande mágico na perseguição dos rebeldes" — tinha entrado no mato com seu grupo e descoberto "vários cadáveres de pretos que haviam atirado uns contra os outros em sua briga particular". Com permissão de Sweigle, os "maroons sob seu comando fizeram questão de cortar as orelhas de todos eles para terem direito à recompensa". Entregaram os troféus diretamente ao vice-governador Moore para receber o prêmio.[65]

Muitos rebeldes recapturados se submeteram a interrogatório, na esperança talvez de que os colonos lhes poupassem a vida. Revelaram que a insurreição tinha começado a desmoronar mesmo antes da morte de Tacky e de Jamaica. "Pelos relatos de alguns dos que se entregaram", os colonos descobriram que

> os rebeldes estavam muito aflitos por falta de provisões; que quando qualquer deles ficava manco ou ferido era imediatamente morto, para impedir que passasse informações secretas; que seu líder, Tacky, depois de ferido pela primeira vez não pôde mais ser convencido a liderar seus homens, até que eles ameaçaram matá-lo; que havia tanta discórdia entre eles que vários foram mortos em suas próprias desavenças; e que muitos teriam desertado, se pudessem fazê-lo com segurança.[66]

Aos fugitivos que continuaram soltos depois das batalhas pela enseada Downes só restava negociar a própria rendição. Enviando uma delegação ao sr. John Gordon, um proprietário com quem os sobreviventes achavam possível conversar, eles se ofereceram para voltar se pudessem deixar a ilha em vez de serem mortos. Um deles, um homem chamado Kingston, envolvido no assassinato do capataz na propriedade de Esher, não recebeu clemência. Estava condenado à execução, ainda que posteriormente, em notas escritas à mão em sua *História da Jamaica*, Long reconhecesse que Kingston era inocente. Mas o que importava então era que o levante parecia ter acabado.[67]

EM 17 DE ABRIL, em Spanish Town, três dias após a morte de Jamaica e Tacky, o vice-governador Moore convocou novamente o Conselho para informar do progresso da contrainsurgência. Gabou-se de que suas oportunas mobilizações tinham "cortado a comunicação dos rebeldes com outras partes do país e impedido que recebessem qualquer assistência". Declarou que forças imperiais "tinham constantemente obtido êxito e que haviam matado e tomado tantos deles que não havia dúvida de que seriam totalmente destruídos em poucos dias". Moore transmitiu ao Conselho as últimas notícias de St. Mary: as tropas montadas de Kingston e Spanish Town já não eram necessárias e tinham recebido ordem de voltar para casa, enquanto grupos de maroons perseguiam os poucos "remanescentes dos rebeldes", "vasculhando a floresta onde muitos se haviam escondido". Mais uma vez, o Conselho aprovou por unanimidade as ações de Moore, proclamando que "nada poderia ter contribuído mais para a segurança de toda a ilha do que a vigilância por ele demonstrada nessa ocasião e a prontidão com que mandou tantos soldados àquela região para impedir a disseminação de uma revolta que parecia ameaçar destruir todo o país".[68]

O vice-governador voltou-se então para a questão da lei marcial. Admitindo que o estado de emergência "não poderia deixar de produzir muitos inconvenientes para um povo de comerciantes", manifestou o desejo de suspender a lei marcial logo que a situação permitisse. Por ora, no entanto, queria manter o destacamento do 49º Regimento dentro e em torno de St. Mary e os maroons "constantemente lá na floresta", até segunda ordem. Apesar de satisfeito com a continuação da vigilância contra os escravos, o Conselho desejava que senhores e comerciantes retomassem suas atividades e recomendou a suspensão da lei marcial e do embargo ao transporte marítimo dentro de quatro dias, desde que o vice-governador não tivesse mais notícias de "tumultos ou desordens em outras partes da ilha".[69]

Do *HMS Malborough*, o capitânia do posto na Jamaica, o vice-almirante Thomas Cotes concordou com Moore. Em 19 de abril, escreveu para Londres informando à junta comercial sobre o levante e atestando que os rebeldes "certamente teriam causado muito mais dano se o vice-governador sr. Moore não tivesse tomado as medidas mais vigorosas e prudentes para suprimi-los proclamando a lei marcial e armando toda a ilha". Cotes calculava que quinze ou dezesseis homens brancos tinham sido mortos — nada disse a respeito dos escravos fiéis —, além de três ou quatro maroons, e que seis ou sete maroons tinham sido feridos, bem como o tenente Bevill. Mas notou que, apesar das perdas, Moore tinha "recebido muitos aplausos por dar fim rapidamente a uma rebelião que começou com tamanha fúria". Embora ninguém soubesse quantos escravos se haviam rebelado, os colonos achavam que o número teria aumentado se os rebeldes "conquistassem uma vantagem ainda que mínima sobre as tropas". Assegurou a Londres que os militares tinham matado e capturado de sessenta a setenta rebeldes e que os restantes espalhados pela ilha "devem ser mortos, capturados ou morrer de fome" em breve: "A tranquilidade da ilha foi restaurada e a lei marcial terminará no dia 21 do mês corrente".[70]

Caberia à Marinha Real garantir a pacificação. Embora os envolvimentos terrestres da Marinha tivessem sido leves, suas ações foram vitais para suprimir a revolta. Transportando tropas, aprovisionando colonos aflitos e fechando rotas de manobras para os rebeldes, as forças marítimas da Grã-Bretanha projetaram em terra o poder do império atlântico. Em tempos de crise, manobras logísticas desse tipo eram indispensáveis para a vida da colônia. Mais do que qualquer outra instituição, a Marinha articulava as partes constituintes do Império Britânico. Outra grande função sua, nesse caso, foi enfraquecer o inimigo, negando-lhe a oportunidade de atravessar território em seus próprios termos. Essa também foi a função maior do embargo ao transporte marítimo, um ato de quarentena que fez da Marinha Real a única rota de mobilidade entre a ilha, a região e o mundo mais vasto.

Logo que soube por Moore da insurreição, Cotes despachou barcos do *Marlborough* a Port Royal para transportar a companhia do 49º Regimento através do porto até Forte Passage, de onde ela seguiu por terra para St. Mary.[71] Logo em seguida, Cotes confiscou uma escuna de propriedade particular, entregando-a a um tenente, um imediato e um cadete, juntamente com dez marujos, vinte fuzileiros navais, um sargento e um cabo do navio capitânia. Rebocando a escuna ao lado do *Marlborough*, marinheiros carregaram o barco com provisões para as tropas: "5164 libras de

pão, vinte barris de porco, dez encomendas de carne vermelha e 31 galões
e dois quartos de rum, para levar até Natto Bay para os soldados em sua
jornada atrás de alguns pretos rebeldes".[72] Os navios de guerra *HMS Port
Antonio* e *HMS Lively* seguiram a escuna pelo lado norte da ilha com mais
provisões e "suprimentos bélicos".[73]

Esses navios reduziram o perímetro em torno da insurreição, mesmo
enquanto canalizavam os movimentos da contrainsurgência. Marujos,
soldados, provisões e munição fluíam para o teatro de combate; só prisioneiros capturados saíam. A fragata *HMS Lively* chegou à baía Annotto
em 22 de abril e fez contato com os colonos. Logo depois, seu capitão,
Frederick Maitland, mandou desembarcar "trinta barris de carne, vinte
barris de pão, 2,5 barris de pólvora e um de bala" para a plantation Green
Castle, onde os colonos de St. Mary tinham providenciado um refúgio para
famílias de proprietários e uma base para operações de contrainsurgência.
A fragata também distribuiu carne, pão, pólvora e pederneiras para que
uma embarcação particular menor dividisse essas mercadorias entre os
soldados, de acordo com a necessidade.[74] Com isso garantiu para os colonos
uma ligação com os recursos do império, ao mesmo tempo que ajudava
a manter os rebeldes confinados no oeste da baía, entre as montanhas e o
mar. Enquanto isso, a corveta *HMS Port Antonio* chegava ao porto de Port
Maria, poucos quilômetros a noroeste. Seu capitão, John Lewis Gidion,
mandou seis homens armados desembarcarem para ajudar os guardas,
que mantinham cerca de duas dezenas de rebeldes prisioneiros. Na manhã
de 25 de abril, Gidion recebeu "quinze dos homens pretos rebeldes e dez
mulheres" a bordo do navio.[75] Com pouco espaço para prisioneiros a bordo
da pequena corveta, Gidion foi até a baía Annotto e os transferiu para a
Lively antes de voltar para Port Maria. Ali, ajudou a caçar o que restava
da insurreição, desembarcando doze homens armados "para ajudar um
grupo que estava indo atrás dos pretos rebeldes". Esses homens voltaram
trazendo outro prisioneiro.[76]

A bordo da *Lively*, marinheiros anotaram os nomes dos presos. Eram
nomes dados por seus captores, muitos dos quais conheciam os rebeldes
como escravos de plantations locais, ou extraídos durante interrogatórios

— provavelmente as duas coisas. De qualquer maneira, nada garante que haja uma correspondência direta entre os nomes pelos quais esses homens e mulheres eram conhecidos, os nomes ouvidos pelos marujos e os nomes registrados na lista do navio. Na verdade, devem refletir alguma combinação de dissimulação da parte dos rebeldes, de confusão entre os colonos e da inevitável indiferença da contabilidade de guerra. Até mesmo o número de prisioneiros recebidos é duvidoso. O diário de bordo do capitão para Port Royal informa a entrega de 25 homens e mulheres, mas o diário do tenente para a fragata *Lively* registra o recebimento de apenas 23, catorze homens e nove mulheres.[77] Apesar disso, os nomes estão lá. Se eram de fato conspiradores e combatentes, ou simplesmente espectadores arrebanhados durante a repressão, o fato é que 25 pessoas foram relacionadas numa coluna de "pretos rebeldes". Os homens eram Jenery, Port Royal, Kingston, Cudjo, Quamino (havia outra pessoa com esse nome), Robin, George, Anthony, Hector, Matthew, Philip, Suckham, Mathew Fintee, Jack e Abbe. As mulheres eram Sarah, Sabira, Cate, Sophia, Betty, Dod, Dianna, Sentosia, Quamino e Minah.[78]

Historiadores e leitores costumam supor que as mulheres eram menos militantes em sua resistência à escravidão do que os homens. Apesar da posição de destaque de Nanny, dos maroons, nos relatos de rebeliões de escravizados na Jamaica, a resistência das mulheres à escravidão raramente tem sido vista como um fenômeno militar.[79] Como elas quase sempre tinham filhos e mundos domésticos pelos quais lutar, levantes violentos eram prerrogativa dos homens; pelo menos era o que pensávamos. No entanto, aqui as mulheres representam 40% dos primeiros rebeldes capturados conhecidos durante a maior insurreição no Caribe britânico no século XVIII. Atuando como coadjuvantes ou participando diretamente dos combates, o fato é que algumas dessas mulheres certamente fizeram parte da comunidade nuclear de insurgentes.

Os próprios nomes talvez nos digam mais alguma coisa sobre essa comunidade. Cinco nomes são claramente derivações acãs: os dois Quaminos, Cudjo, Mathew Fintee e Minah. Jack também era uma tradução comum de Quaco, o que nos dá seis nomes acãs identificáveis entre os 25.[80] Há apenas uma pessoa na lista com algum tipo de sobrenome, Mathew Fintee, provavelmente dos fântis da África Ocidental. Os senhores nitidamente impuseram a maioria dos nomes dessas pessoas, em especial no caso de denominações de lugar, como Port Royal e Kingston, nomes cristãos como Sarah e Matthew ou o nome clássico Hector. É quase certo que muitos desses homens e mulheres tinham mais de um nome — uma designação como escravizado, uma identidade comunal e um apelido. Dessa maneira, a relação de prisioneiros rebeldes nos dá pouca certeza mas sugere que essas pessoas tinham múltiplas identificações e eram mais do que apenas coromantis. Além disso, confirma que os proprietários e o Estado militar quase nada sabiam a respeito delas.[81]

A fragata *Lively* tinha partido de Port Royal em 18 de abril, mas dois dias depois uma vela surgiu no horizonte e ela passou a persegui-la. A presa, uma escuna francesa de nome *Le Friponne*, não era páreo para a rápida fragata de 24 canhões e rendeu-se sem luta. A *Lively* fez 44 prisioneiros franceses, que ainda estavam cativos no porão quando os rebeldes africanos subiram a bordo em 26 de abril. No dia seguinte, ela atacou um corsário francês e fez mais prisioneiros, que dividiram o apertado porão com os "pretos rebeldes" de volta para Port Royal, onde a fragata atracou ao lado do *HMS Malborough* em 30 de abril. Se até então os rebeldes não tinham ideia de que sua campanha era parte de uma guerra maior, agora certamente tinham. O barco do *Marlborough* transportou os franceses para a prisão de Greenwich, e os rebeldes foram obrigados a subir a bordo do capitânia do esquadrão. De lá seguiram para Kingston e Spanish Town — para tortura e julgamento.[82]

QUANDO AQUELES HOMENS E MULHERES chegaram à cidade, os colonos alimentavam a grande suspeita de que havia mais coisas no levante do que os acontecimentos de St. Mary. Duas semanas antes, na noite de 15 de abril, "um jovem foi baleado quando passava por algumas cabanas de pretos" na savana de Kingston. Ele informou aos guardas, que mandaram um grupo de milicianos às moradias dos escravizados. Vários negros pularam uma cerca e fugiram, mas um foi capturado e sua casa submetida a uma busca minuciosa. Ali as autoridades descobriram uma "espada de tamanho e peso extraordinários, o punho coberto de veludo preto e cravejado de tachas de latão, e debaixo do veludo uma pena de imitação".[83] O homem foi julgado num tribunal convocado às pressas, e o caso se concentrou basicamente no significado da espada. Feita de mogno, media 1,15 metro de comprimento, enfeitada na lâmina com "pintura a óleo em quadrados irregulares em relevo de cores diferentes". O punho coberto de veludo tinha 22 centímetros de comprimento, com um guarda-mão de tachas douradas entre o punho e a lâmina. Esta se abria para abranger um grande buraco de cerca de doze centímetros de diâmetro no topo, com um quadrado menor, furado, no meio da lâmina. Dos depoimentos, o grupo de juízes e três proprietários ficou sabendo que a espada era um "emblema de guerra e de rebelião entre os coromantis", significando guerra quando segurada pelo punho e paz quando segurada pelo furo redondo no topo.[84] Muito provavelmente, tratava-se de uma espada de Estado improvisada, à moda da Costa do Ouro, que significava a autoridade de um homem célebre distinto ou a existência de uma entidade política em fase de desenvolvimento. Os escravizados estavam, literalmente, tomando o poder nas próprias mãos.[85] O acusado confessou ter feito a espada e foi enforcado com a arma a seus pés. Moradores de Kingston ouviram dizer que essa mesma espada tinha sido vista na feira de Spring Path, onde cativos se reuniram em grande número nos três domingos anteriores. "Observou-se ainda que os pretos coromantis em Kingston têm sido muito audaciosos, desde o relato da insurreição em St. Mary." Era um aviso para que os colonos ficassem "circunspectamente atentos" a sinais de distúrbios mais amplos.[86]

A notícia da revolta de St. Mary e do episódio de Kingston circulou por toda a ilha nas duas últimas semanas de abril. Transmissões orais, cartas e declarações oficiais se acumularam. A escuna que tinha socorrido St. Mary com suprimentos voltou para o porto de Kingston em 18 de abril, levando relatos em primeira mão do que lá se passara.[87] No dia seguinte, os jornais publicaram as primeiras notícias, amplamente lidas. Do outro lado da ilha, na propriedade Mesopotamia, no distrito de Westmoreland, o missionário morávio residente soube por um colega pregador que "pretos se rebelaram em vários lugares desta ilha e já tinham matado vários brancos de forma terrível". Eles viram "mais detalhes disso no jornal". No vizinho distrito de St. Elizabeth, colonos leram a mesma confirmação dos boatos que circulavam há dias. Um missionário notou a reação dos escravos: "Alguns com medo, outros com alegria, dependendo da inclinação de seus corações".[88]

Senhores da ilha temiam o número de cativos que pudessem reagir com alegria, e talvez com expectativas positivas, à notícia de uma guerra contra os patrões. Sempre que as notícias eram impressas, eles as comparavam a relatos anteriores, recalibrando a ameaça e compartilhando suas avaliações. Embora exemplares desses jornais jamaicanos não tenham sobrevivido, podem-se perceber as notícias que divulgavam refletidas nas cartas dos colonos, que rotineiramente resumiam o que saía nos jornais. O que os colonos repassavam para parentes e colegas de além-mar quase sempre era o que tinham lido, bem como o que tinham ouvido com os próprios ouvidos, ou visto com os próprios olhos. Muitas vezes, a fonte original do que liam, ouviam e contavam eram as sofridas confissões de africanos capturados, a começar pelos 25 rebeldes levados para Kensington no fim de abril. Quanto mais os funcionários brancos torturavam, interrogavam e executavam esses prisioneiros, mais se convenciam da possibilidade de que a revolta no lado norte da ilha não fosse um episódio isolado. Na verdade, a feroz represália contra esses rebeldes de St. Mary começava a refletir o pavor racial à ideia de uma guerra geral dos escravizados.

No começo de maio, os 25 cativos de St. Mary chegaram ao fim de seu período conjunto. Tinham ficado de uma a três semanas juntos, pensando em qual teria sido o destino do levante, dando apoio moral uns aos outros e imaginando um jeito de fugir. Alguns decerto conjecturavam sobre as informações que poderiam fornecer para salvar a vida. Havia entre eles homens tidos como líderes da insurreição e outros que simplesmente souberam antecipadamente da conspiração. Vários estavam presos talvez desde a batalha inicial perto de Heywood Hall. É provável que soubessem de importantes discussões sobre estratégias e táticas quando os rebeldes tentavam consolidar seu êxito inicial e avaliar as possibilidades

de avanço da insurgência. Mas as autoridades os separaram para interrogatório e julgamento, despachando onze deles para enfrentar o tribunal em
Spanish Town, enquanto os outros permaneceram em Kingston.[89] Os julgamentos se estenderiam por semanas, com os colonos executando os rebeldes sentenciados em fases, numa tentativa de arrancar mais informações
dos prisioneiros restantes ao exibir exemplos aterrorizantes de castigo por
desobediência.

O Estado colonial condenava seus inimigos tendo um olho também na
instrução pública, matando alguns logo depois do julgamento nas cidades
e executando outros nos lugares onde supostamente "haviam cometido
suas barbáries".[90] O governo montou os primeiros espetáculos de sofrimento na capital. Um homem que não participou do levante mas, pelo
que se dizia, "jurou cortar fora as cabeças do seu senhor e da sua senhora,
e com elas fazer tigelas de ponche" foi queimado na fogueira horas depois
de ter sido entregue ao tribunal. No sábado, 3 de maio, um viajante teste-
munhou em Spanish Town o julgamento de quatro homens "que foram
considerados culpados de estarem interessados no assassinato de pessoas
brancas". Diante da multidão reunida na savana nos arredores da cidade,
dois rebeldes foram assados vivos e dois enforcados. Em seguida, os algo-
zes queimaram o corpo morto dos enforcados, cortaram suas cabeças e as
enfiaram na ponta de varas, *in terrorem*.[91]

Na segunda-feira seguinte, em Kingston, os tribunais de escravos condenaram dois homens, Fortune e Kingston, sentenciando-os à morte na forca
em 10 de maio.[92] Quando esse dia chegou, pessoas se reuniram para ver os
dois rebeldes enforcados a seis metros de altura na savana. Pierre Eugène du
Simitière estava lá e mais tarde redigiu uma descrição minuciosa da execução. Em francês, ele conhecia o castigo como *penàre au sec*. Os condenados
eram presos a uma "roupa" feita de cabos de ferro bem ajustados a diferentes partes do corpo. "Dois deles passavam do alto da cabeça aos pés, em
posição perpendicular, e eram mantidos juntos por muitos outros, presos
a eles em posição horizontal a distâncias iguais." Uma tábua sob os pés permitia que os homens atados ficassem em pé; no entanto "suas mãos estavam
amarradas sobre o peito com um par de grilhetas". Uma corrente passava por

FIGURA 4.1. A execução de Fortune e Kingston. Esboço de Pierre Eugène du Simitière. Cortesia da Library Company of Philadelphia.

dois cabos atados sobre a cabeça dos homens, prendendo a "roupa" à forca, mais acima. O ferreiro que fez as "roupas" amarrou os presos dentro delas. Em seguida, eles foram postos numa carroça e levados por um único cavalo para a forca erguida na praça perto de Halfway Tree, na saída da cidade. Içados acima da multidão, os homens foram deixados assim, para desidratar e morrer de fome, pendurados até secar.[93]

"Ficaram pendurados muito tempo", comentaram testemunhas, "num lugar extraordinariamente quente" que, no entanto, esfriava à noite.[94] Um destacamento da milícia de Kingston, ocupando uma pequena casa perto da forca, impedia que eles fossem resgatados. Certa noite, um miliciano pardo que estava de plantão falou com um africano que passava com uma carga de lenha. Como o africano não respondeu, o miliciano o matou a tiros. Kingston e Fortune continuaram lá pendurados, às vezes contemplados estupidamente, às vezes servindo como alvo de zombarias, às vezes encarados solenemente. Um proprietário escreveu, em tom de censura, que os africanos "se divertiam o dia inteiro conversando com seus compatriotas, que tiveram permissão, muito impropriamente, de ficar em volta da forca".[95] Fortune sobreviveu sete dias. Kingston, "que continuou falando" e tratava alguns curiosos com "dura insolência", ainda viveu nove dias.[96] Na manhã anterior à sua morte, o corpo de Kingston foi sacudido por convulsões, despertando o interesse de certo dr. Chovet, que queria "fazer algumas observações anatômicas sobre uma morte tão estranha" e mandou buscar os corpos para dissecação. Uma vez satisfeita a sua curiosidade médica, ele os costurou de novo e os devolveu às "roupas" de cabo de onde tinham sido retirados. Depois disso, as autoridades os penduraram em duas forcas diferentes erguidas nas principais estradas que vinham de diferentes lados da cidade, para testemunhar os serviços prestados pela municipalidade ao Estado de direito britânico.[97]

Segundo diversos relatos, os dois homens tinham demonstrado notável força moral. Algumas descrições do estoicismo dos africanos certamente refletiam o desejo dos brancos de ver os corpos negros como insensíveis e as torturas horripilantes como razoáveis e legítimas. "Acho que essa morte não é tão cruel como as pessoas imaginam", escreveu um morador de Kingston, notando que os homens enforcados "mal se queixaram". Falando em nome dos senhores, Edward Long afirmou que o castigo cruel e espetacular foi o troco justo recebido pelos rebeldes, e uma franca advertência contra novos "assassinatos e infâmias", mas que Fortune e Kingston "parece que foram muito pouco afetados por ele", comportando-se com "insensibilidade brutal".[98] O relato da execução feito por Bryan Edwards também ressaltava que "eles nunca emitiram a mais leve queixa, a não ser do frio da noite". Até "riram desbragadamente" de alguma piada cuja graça só eles entendiam. Ao descrever a morte de outro homem queimado na fogueira por ter cometido assassinato em Ballard's Valley, Edwards ficou atônito: "O corpo amarrado a uma estaca de ferro, ateou-se fogo em seus pés. Ele não soltou um gemido, e viu suas pernas serem reduzidas a cinzas com a mais absoluta firmeza e compostura; depois disso, um de seus braços tendo de alguma forma se soltado, ele pegou um tição da fogueira que o consumia e jogou no rosto do algoz".[99] Em todas as descrições é tentador vermos apenas os brancos se justificando e negando a própria brutalidade.

Mas relatos da coragem e da dignidade dos africanos diante da execução aparecem em muitas línguas de várias partes das Américas. Os coromantis eram especialmente notáveis pelo estoicismo, um traço que condiz com sua disciplina marcial. Essa autoconfiança dos africanos, se era um velho chavão, era também uma característica observável.[100] Na verdade, nos dias que se seguiram as pessoas teriam mais oportunidades de testemunhar essas demonstrações de compostura africana durante exibições de violência em toda a ilha.

O principal objetivo desses primeiros interrogatórios e execuções era estabelecer advertências exemplares para outros candidatos a rebelde. Para curvar o espírito da rebelião e impedir a sua disseminação, o estado escravista compôs um cenário de terror. Autoridades públicas em Spanish Town e Kingston construíram forcas adornadas com corpos negros mutilados em mercados e ruas importantes, assim como em estradas movimentadas, e na entrada de cidades, para convencer dissidentes em potencial de que o governo era inigualável em seu poder de vida e morte. Amedrontando o público dessa maneira, os senhores de escravos tentavam invocar o temor reverencial pelo sobrenatural como tática de contrainsurgência. Por esse motivo, tendo descoberto que os curandeiros obeahs fortaleciam o moral dos rebeldes, o Estado preparou execuções especiais para xamãs condenados à morte. Uma testemunha contou mais tarde que "vários experimentos foram feitos com máquinas elétricas e grandes lampiões". Isso teve pouco efeito prático, "exceto em um que, depois de receber vários choques, admitiu que o obeah do seu senhor ultrapassava o seu próprio".[101] Na competição para exercer autoridade sobre os escravizados, os senhores não hesitaram em empregar suas próprias feitiçarias.

O segundo objetivo da tortura pública era obter informações sobre a razão da revolta e a extensão que os rebeldes lhe pretendiam dar. As primeiras respostas a essas perguntas foram tranquilizadoras. Um relatório de 22 de abril, posterior à morte de Tacky mas anterior à data em que os cativos de St. Mary chegaram a Kingston e a Spanish Town, julgava que a insurreição "foi provocada pelo fato de os pretos terem um feriado negado por um dos seus senhores na segunda-feira de Páscoa".[102] Esse rancor tão local e tão particular não representava uma ameaça geral. Mas o vice-governador Moore tinha motivos para temer um perigo mais amplo. Tendo marcado o fim da lei marcial e do embargo ao transporte marítimo para 21 de abril, ele de repente teve notícia de outra insurreição em Westmoreland e suspendeu as ordens. Em 24 de abril, soube que não houvera levante algum, só um tumulto local em algumas propriedades adjacentes, que "pelo temor das pessoas foi transformado em insurreição de todos os pretos" do distrito. "Tudo está tranquilo ali, e parece que em outras partes da ilha também", escreveu Moore. Ele fora informado de que a maioria dos rebeldes de St. Mary "havia sido morta ou capturada" e que "grande número de pretos suspeitos estavam confinados, e logo serão julgados e castigados de acordo com suas deserções". Mas Moore, mesmo assim, estava convencido, por "descobertas feitas recentemente e pela quantidade de armas ocultas encontradas", de que a "insurreição iniciada em St. Mary pretendia ser geral".[103]

Dos soldados e dos marinheiros que voltavam às cidades, e dos primeiros prisioneiros torturados no começo de maio, os colonos ouviram a confirmação de que o levante em St. Mary deveria ser apenas um de muitos. Em 8 de maio, os senhores suspeitaram de uma conspiração "profunda e cruel" pelos escravizados. "Sua intenção era rebelar-se em Kingston e Spanish Town, numa noite; atear fogo, nessas cidades, a vários lugares de uma vez e assassinar todo mundo. Ao mesmo tempo, eles deveriam rebelar-se em St. Mary e Sixteen-Mile-Walk." Esse assalto simultâneo talvez tivesse sido arrasador, mas "os pretos em St. Mary começaram cedo demais".[104] Tacky tinha ficado bêbado, deduziram os colonos, e deslanchou a rebelião "antes que os outros estivessem no ponto".[105] Os maroons levaram a cabeça dele a Spanish Town para receber a recompensa. Autoridades coloniais esperavam sinalizar o fim do episódio fincando a cabeça do líder numa estaca na estrada principal. Mas o marco não demorou a ser derrubado, a cabeça "roubada, como se supunha, por algum conterrâneo dele, que não queria deixá-la exposta de forma tão ignominiosa".[106] Senhores talvez tenham interpretado essa suposta reintegração de posse como um sinal contrário vindo de baixo, uma indicação de que eles podiam vencer os rebeldes na batalha mas não obrigar os escravizados a aceitarem a derrota.

Notícias de mais dificuldades chegaram quase de imediato. No distrito de St. Thomas in the East, coromantis encabeçados por dois homens chamados Akim e Pompey vinham planejando um levante na região do rio Plantain Garden, perto de Manchioneal. Felizmente para os proprietários, havia entre os conspiradores um homem chamado Cuffee, que de início se recusara a participar do complô, segundo o relato de Edward Long, mas depois,

> percebendo que algumas vantagens poderiam advir do conhecimento que tivesse das intenções deles, fingiu ter pensado melhor sobre suas propostas e, demonstrando entusiasmo por se juntar a eles, participou de vez em quando de suas cabalas privadas, até estar de posse de todo o segredo, que ele aproveitou a primeira oportunidade para denunciar.[107]

Os militares britânicos despacharam uma tropa da milícia montada de Kingston e um destacamento de quarenta fuzileiros navais, levados a Port Morant pela Marinha, para se juntar à milícia local, enquanto vinte e tantos rebeldes escaparam de várias plantations para a cobertura da mata. Forças britânicas tomaram a iniciativa antes que os rebeldes pudessem organizar seus ataques, mas a ameaça aumentou nos colonos a sensação de desordem.[108]

Então veio a notícia de outro levante em Westmoreland — dessa vez não era alarme falso — que confirmava seus medos mais profundos. Essa, como sabemos agora, era uma guerra coromanti maior, chefiada por Wager e outros, e não a Revolta de Tacky. No fim de maio, mensageiros correram para Spanish Town e Kingston com a notícia urgente da nova rebelião: "Várias propriedades em Westmoreland se insurgiram, mataram uns doze brancos e cometeram grande destruição, e lançaram toda aquela parte do país em máxima confusão". As cartas que o vice-governador recebeu de moradores do distrito advertiam-no de que essa revolta envolvia não menos de seiscentos escravizados. Zachary Bayly voltou para Kingston, após seis semanas suprimindo a rebelião em St. Mary, a tempo de receber notícias de sotavento. Tinha acabado de saber dos distúrbios em St. Thomas in the East, aliviado por ouvir que os conspiradores de Manchioneal tinham feito "pouco estrago", mas agora foi informado de que "antes que essa insurreição fosse completamente esmagada" um levante bem pior tinha começado no oeste. "Frequentes alarmes de insurreições e rebeliões de pretos me mantêm constantemente em ação", queixou-se. Essa agora parecia ser uma erupção em toda a colônia. Pelo que ficaram sabendo por meio dos prisioneiros, e pelos sinais de violência, os colonos chegaram a uma terrível conclusão sobre seus próprios apuros: "Acredita-se que foi traçado o plano de uma insurreição geral em toda a ilha pelos pretos coromantis, que são de longe os mais numerosos e resolutos". A guerra tinha sido planejada para o Pentecostes, não para a Páscoa, quando os rebeldes de St. Mary lançaram prematuramente seu ataque a Forte Haldane.[109]

Reiteradamente os colonos tinham tentado se convencer de que o âmbito do levante era estreito, de que sua disseminação seria facilmente contida e de que já estava quase acabando. Moore havia anunciado a eliminação da revolta em 24 de abril. Ao mesmo tempo, proprietários como John Morse podiam "agradecer a Deus" pelo fato de os rebeldes terem sido quase todos "mortos e capturados". As constantes tentativas dos senhores de se tranquilizarem explicam em parte seu crescente empenho em chacinar os escravos rebeldes. Os colonos tentavam demonstrar a si mesmos — e a seus escravizados — que a rebelião não era incontrolável, não teria como prosseguir e não iria mais longe. A extensão e a resistência crescentes da insurreição começaram a ser percebidas por eles como a chegada de uma febre, de início perturbadora, depois oferecendo uma prova definitiva de doença no calor e no suor de uma profunda enfermidade. Para curar o mal, eles projetavam todos os seus temores não mencionáveis no corpo negro, o qual destruíam como em efígie, no decorrer de uma purificação ritual. Em junho, um morador de Kingston pôde observar pragmaticamente: "Quase não se passa um dia sem que alguns pretos sejam executados".[110]

No começo de junho o Estado colonial executou Scipio, Harry e Cuffee em Spring Path. "Primeiro foram enforcados, então tiveram as cabeças arrancadas espetadas em estacas, e os corpos queimados." Poucos dias depois dessas mortes, julgamentos mostraram que mais três homens e mulheres "pareciam ter tido algum conhecimento da conspiração". O tribunal dos escravizados ordenou que fossem "severamente açoitados pelas ruas da cidade". Em meados do mês, também em Spring Path, Quaco e Anthony foram executados — Quaco queimado na fogueira e Anthony enforcado, com a cabeça depois cortada fora e espetada na ponta de uma estaca perto da casa de Zachary Bayly, na estrada da prisão de Greenwich. Mais ou menos ao mesmo tempo, o tribunal determinou que Sappho, Princess, Sylvia e Doll pareciam ter tido "algum conhecimento da conspiração". Com colares de ferro no pescoço, as quatro mulheres foram obrigadas a ver Quaco e Anthony sofrerem, morrerem e serem mutilados. A vida delas foi poupada. Foram levadas de volta à prisão a fim de aguardar transporte para fora da ilha, e ameaçadas de morte se algum dia voltassem à Jamaica. Enquanto isso, em Spanish Town, o governo enforcou um homem "por tentar atrair vários outros escravos para a rebelião".[111]

Muito provavelmente, os homens e mulheres julgados em junho estavam entre os 25 cativos que chegaram à ilha na fragata *Lively*. É quase certo que tenha sido o caso de Anthony, cujo nome aparece na relação da *Lively*. Essa lista tinha provavelmente confundido Sophia com Sappho, Dod com Doll, Jenery com Harry e Jack com Quaco, que as pessoas costumavam abreviar para Quak. Sem transcrições do depoimento dos prisioneiros, é impossível saber o que eles de fato contaram aos captores sobre as origens e os objetivos da insurreição no distrito de St. Mary. Mesmo que esses depoimentos tivessem sobrevivido, seria difícil separar a verdade das invenções produzidas sob coação para apaziguar os torturadores. Seria ainda mais difícil saber que visão da sociedade tinham esses africanos ao se reunirem próximo a Heywood Hall ou nas ravinas perto de enseada Downes, quando achavam que era possível ganhar a guerra. Uma nova visão de uma entidade acã, talvez, ou algo mais radical a partir das formas de Estado e ordem social da África Ocidental? Podemos ter certeza, no entanto, de que os escravos haviam elaborado planos próprios para uma sociedade em construção e de que, o que quer que eles quisessem da vida na Jamaica, não o encontrariam no espetáculo de derramamento de sangue e de sacrifícios humanos dos proprietários das plantations.

Só os CONSPIRADORES REALMENTE SABIAM se seus planos exigiam um levante geral desde o início. Os colonos davam palpites com base em indícios obtidos sob tortura, e os historiadores contam com pouco mais do que essas especulações. Teriam os acontecimentos em St. Mary, Kingston, St. Thomas in the East e Westmoreland sido parte de uma insurreição geral?

Uma coisa importante está em jogo nessa pergunta. Os historiadores às vezes interpretam os julgamentos sobre conspirações de escravizados como prova de pânico, como projeções dos senhores sobre vítimas impotentes. Outra perspectiva apresenta as ações dos cativos como respostas basicamente reativas a circunstâncias e oportunidades imediatas, e não como resultado de cuidadosa organização.[112] Em contraste, o primeiro historiador a interpretar a Revolta de Tacky, Edward Long, pensava, como seus colegas colonos, que a rebelião tinha sido cuidadosamente planejada:

> Essas circunstâncias mostram a grande amplitude da conspiração, a rigorosa correspondência que tinha sido estabelecida pelos coromantis em todos os cantos da ilha e seu sigilo quase inacreditável na formulação do seu plano de insurreição; pois parece evidente que a primeira eclosão em St. Mary foi uma questão previamente arranjada, e conhecida de todos os chefes nos diferentes distritos; e o segredo provavelmente foi confiado a algumas centenas, durante meses antes que o golpe fosse dado.[113]

Para Long, Tacky foi o "chefe" à frente da conspiração. Mas o relato de Long é um guia pouco confiável. Mais importante ainda, ele traz uma cronologia errada dos fatos. Desejoso de mostrar uma conspiração em toda a ilha, ele descreve os acontecimentos no distrito de St. Mary como simultâneos a eventos posteriores em Westmoreland, alongando a cronologia do levante de St. Mary e dando a entender que durou até depois da insurreição de Westmoreland. Pelo menos um pormenor do relato faz crer que essa distorção foi deliberada: Long declara que o almirante Charles Holmes foi quem despachou os navios da Marinha para o lado norte da ilha, sendo que Holmes só chegou à Jamaica em 13 de maio, semanas depois de Tacky ser morto e de os rebeldes se dispersarem. Long certamente tinha conhecimento disso, mas a distorção da sequência dos fatos teve o efeito de fazer todo o episódio parecer pertencer à Revolta de Tacky.[114]

Essa teoria dava à insurreição um bode expiatório fácil de identificar, a quem Long podia ao mesmo tempo culpar e menosprezar. Reconhecendo Tacky como um "jovem de boa estatura e bem constituído", ele o descreveu como "bonito, mas de um tipo mais afeminado do que masculino". Ridicularizar e demonizar a sexualidade negra era parte importante do estabelecimento da hierarquia racial, e Long apressou-se a acrescentar que Tacky "teve o desplante de esperar (entre outros frutos da vitória) ficar com a esposa do vice-governador como sua concubina" — sendo essa senhora a irmã mais velha de Edward Long. Na estimativa de Long, a ascensão de Tacky devia-se não a suas aptidões de liderança ou a sua experiência militar, mas à sua suposta semelhança com "algum líder favorito da nação deles na África". Muito provavelmente Tacky fora líder no continente africano, mas, para Long, esse era apenas um sinal da credulidade dos coromantis. Ele comparava os seguidores de Tacky a alguns africanos que certa vez depararam com a estátua de um gladiador numa plantation local; "no momento em que a viram, os coromantis quase se jogaram ao chão para adorá-la".[115] Com Tacky à frente do levante, Long concebeu uma narrativa acessível da violência que convenientemente não levava em conta as implicações estratégicas que ele tanto temia. Na sua opinião, a revolta foi produto de um esforço conjunto, mas estava condenada ao fracasso pelos defeitos intrínsecos dos africanos.[116] No entanto, como ele sabia, do ataque a Forte Haldane até a morte de Tacky, no vale rochoso a montante da enseada Downes, a "Revolta de Tacky" durou apenas uma semana.

O que explica o desejo de Long de subordinar toda a rebelião a uma cronologia que dá primazia ao que aconteceu em St. Mary? Outras fontes também conspiraram para ressaltar a importância dos primeiros confrontos. A "Carta de um senhor de St. Mary", de 14 de abril, foi o primeiro relato e o único coerentemente organizado; os que vieram em seguida revelam a irregularidade e a confusão da situação dos colonos. O medo governava suas experiências. Em maio, enlouqueceram de pavor ao fazer um rol das selvagerias africanas. É difícil separar as histórias vindas de rebeldes capturados das histórias nascidas da imaginação dos senhores, em especial quando o espectro do canibalismo apareceu em letra de fôrma. Os colonos leram que os rebeldes em Ballard's Valley "cortaram fora a cabeça do capataz, puseram seu sangue numa cabaça, misturaram-no com pólvora e comeram bananas-da-terra mergulhando-as nele, como faziam com todos os homens brancos que matavam: em resumo, sua selvagem barbárie praticamente não tem igual".[117] Se houve mesmo um sacrifício de sangue em Ballard's Valley, essa notícia deu a impressão de que os rebeldes participaram de alguma santa comunhão, utilizando bananas em vez de pão. A história tornava esse sacramento ainda mais hediondo porque comparava os coromantis aos católicos — os principais adversários globais da Grã-Bretanha protestante — e fortalecia o sentimento de que a colônia estava sitiada interna e externamente por inimigos ao mesmo tempo conhecidos e estranhos. A cada descoberta de uma nova agitação, os senhores ficavam mais apavorados e perplexos. De repente parecia que a revolta ocorria em todos os lugares ao mesmo tempo. A chocante demonstração de que o poder não garantia a segurança deixava os colonos apavorados.[118]

Nas semanas seguintes, estendendo-se até julho, eles descobriram muitas outras conspirações. Na capital comercial, autoridades coloniais aprofundaram a investigação das circunstâncias que cercaram a espada de mogno simbolizando a guerra. Descobriram que os coromantis de Kingston tinham se reunido em torno de uma mulher chamada Cubah, a quem elevaram "à condição de realeza" e apelidaram de "Rainha de Kingston". Como outros africanos, ela reivindicou território para si e para seus seguidores, sabendo que os limites de seu domínio eram traçados mais por lealdades pessoais do que pelos agrimensores. Em reuniões, "ela se sentava formalmente sob um dossel, com uma espécie de manto nos ombros e uma coroa na cabeça", adotando a "parafernália do poder" que talvez pudesse ter sido dela na Costa do Ouro. Com base nessas informações secretas, o governo capturou Cubah e mandou despachá-la da ilha.[119] No Vale de Louidas, no distrito de St. John, coromantis de propriedade do presidente da Câmara da Assembleia, Charles Price, "tinham concordado em rebelar-se, destruir as propriedades e matar os homens

brancos de lá". Três pessoas familiarizadas com o plano traíram os rebeldes, e os "cabecilhas foram presos, e, depois de condenados, executados;
outros, que produziram provas, foram levados para fora da ilha, de modo
que todo esse sangrento plano foi providencialmente frustrado".[120] Mais
conspirações estavam em gestação nos distritos de St. Dorothy, Hanover
e Clarendon, onde Edward Long tinha sua propriedade. Durante todo
esse tempo Henry Moore manteve em vigor a lei marcial, e os militares
continuaram marchando por toda a ilha.[121]

O medo mergulhou os senhores num pesadelo febril e delirante, do qual
levariam um bom tempo para se recuperar.[122] É possível que a experiência
de pânico durante o levante os tenha lançado num estado de fuga no qual
a temporalidade linear perdeu parte da sua força. Eles tinham perdido o fio
da meada. A narrativa que montaram no começo da rebelião representava
a descrição mais linear de que foram capazes, até que Long se sentou em
Londres, uma década depois, para reconstruir a sequência. Em parte por
esse motivo, e em parte por causa do que ocorreu mais tarde, nos anos 1760,
a revolta de St. Mary estabeleceu um duradouro padrão narrativo, apresen-
tando uma origem inteligível e personagens reconhecíveis, com as ações
dos colonos forçando uma ordem cronológica discernível do começo ao fim.

Os senhores de escravos estavam paranoicos, e seus escravos queriam
mesmo pegá-los. Às vezes, esses dois fatos podiam existir independentemente; os acontecimentos de 1760 os juntaram numa coisa só. As causas da
insurreição estavam, provavelmente, bem mais amplamente distribuídas
e eram muito mais acidentais do que Long e os outros proprietários supunham.[123] Apesar disso, fossem ou não resultantes de um único desígnio
grandioso, essas revoltas não estavam desconectadas umas das outras, nem
eram meramente oportunistas. Os rebeldes se amalgamavam por vínculos
de língua, identificação regional e entusiasmo militar. Se tinha sua inspiração própria, cada revolta também levava cuidadosamente em conta
condições locais, possibilidades de ligação e oportunidades mais amplas.
Em St. Mary, a trajetória da insurreição sugere fortemente um objetivo
definido: o controle ou a destruição da zona comercial ao longo dos rios.
Apesar disso, se o que houve no distrito de St. Mary pode ser chamado de

Revolta de Tacky, foi apenas um conflito dentro de uma guerra maior, um levante se desenrolando no contexto de guerras dentro de guerras.

Na cascata de acontecimentos iniciados pelos rebeldes em St. Mary, vemos que a militância africana nascia do emaranhado de império, comércio e guerra através do Atlântico. A Revolta de Tacky só foi menor e menos significativa do que Long e os historiadores subsequentes imaginaram porque a guerra de escravizados que ela incentivou foi maior e mais importante. "Nunca me envolvi, em toda a minha vida, numa questão mais perigosa e problemática", escreveu Zachary Bayly sobre a insurreição de St. Mary. E ainda assim a Guerra Coromanti estava mais perto do começo do que do fim.[124]

5. A Guerra Coromanti

WAGER E SEUS COMPATRIOTAS ATACARAM quando os colonos ainda estavam digerindo as notícias do distrito de St. Mary. A Revolta de Tacky estava praticamente suprimida no fim de abril, mas boatos de novas conspirações e relatos sobre as confissões de insurgentes capturados mantinham os senhores em estado de alerta máximo. O início da insurreição em Westmoreland em 25 de maio confirmou, para a maioria dos colonos, que a ilha inteira estava sob ataque a partir de dentro. O choque e o pânico que saudaram a rebelião de St. Mary evoluíram para a certeza horrenda de uma insurreição generalizada. O local dessa nova explosão agravou o medo, porque os colonos consideravam Westmoreland um lugar bem mais importante do que St. Mary. Hectare por hectare, o distrito de Westmoreland era um dos territórios mais lucrativos do Império Britânico. Diferentemente do distrito de St. Mary, povoado de leve nas dobras e nos vincos da paisagem, a ampla planície de Westmoreland era densamente habitada, com plantations de cana-de-açúcar e legiões de escravizados, o que fazia do distrito uma poderosa máquina de acumulação.

"A face do país" era bela para os donos de plantations. Eles elogiavam em Westmoreland a "série contínua de propriedades de cana-de-açúcar bem cultivadas e as ricas pastagens", satisfeitos com a perspectiva de riqueza que essas coisas representavam.[1] De fato, Westmoreland crescia rapidamente em 1760. Na primeira metade do século XVIII, sua taxa de colonização superou a de todos os outros distritos jamaicanos.[2] Na época da revolta, cerca de 15 mil escravos trabalhavam duro em mais de sessenta plantations de cana-de-açúcar, muitas delas pertencentes aos homens mais importantes da ilha.[3] William Beckford, o proprietário que serviu continuamente na Câmara dos

Comuns de 1747 a 1770 e cumpriria dois mandatos como lorde prefeito de
Londres, era dono de mais de 280 hectares ali. O capitão Arthur Forrest, da
Marinha Real, possuía quase 1200 hectares, contando o que tinha em Westmoreland e no vizinho distrito de St. Elizabeth.[4] Westmoreland também era
onde morava Thomas Thistlewood, o capataz inglês cuja ascensão resultou
da abundante riqueza gerada pela economia das plantations, ao longo das
três décadas em que passou de imigrante lutando com dificuldade a proprietário de terras autossuficiente.

A porta de entrada do distrito, a baía Bluefields, era um dos melhores
portos das Américas. Embora o distrito contasse com alguns portos apro-
veitáveis, incluindo um na importante Savanna La Mar, a entrada da baía
dessa cidade era estreita demais para permitir navios de mais de 350 toneladas, o que incluía a maior parte dos navios de guerra. A baía Bluefields era
larga e profunda, possibilitando que navios pesados entrassem, saíssem e
ancorassem em qualquer condição de maré. Igualmente importante, os marinheiros consideravam a água doce do rio Bluefields "tão boa quanto qual-

FIGURA 5.1. Propriedade de William Beckford no distrito de Westmoreland.
*A View in the Island of Jamaica of Roaring River Estate belonging to William
Beckford Esq.r near Savannah la Marr.* Gravura de Thomas Vivares a partir
de uma pintura de George Robertson. Cortesia de The British Library.

quer outra do mundo". Os navios britânicos que seguiam para o golfo da
Flórida geralmente passavam por Bluefields em busca de madeira e água,
e a baía era um ponto de encontro crucial para os comboios comerciais
que ali se reuniam em tempo de guerra a fim de aguardar suas escoltas
militares até a América do Norte e o Reino Unido.[5] Devido à importância
econômica e estratégica do distrito, uma derrota militar em Westmoreland
seria um duro golpe para o Império Britânico.

No entanto, apesar de o distrito ser uma valiosa peça de engrenagem
para o comércio da Grã-Bretanha, boa parte da região ficava muito fora
de mão. Como em outras partes das Américas, esse lugar importan-
tíssimo era contíguo a terras ásperas e hostis, encostando em grandes
trechos de pântano, morro e montanha. No oeste do distrito, um vasto
pântano se estendia entre o porto Negril e South Negril Point, e alguns
quilômetros para dentro alcançava os confins ocidentais das montanhas
Hanover. Elas se erguiam acima de florestas e matagais densos, depois
despencavam abruptamente, antes de se levantar novamente para separar
Westmoreland do distrito de Hanover, seguindo para o norte da planície
agrícola e chegando mais acima, a St. James e St. Elizabeth.[6] Nessas "altas
e vastas montanhas" ficavam as aldeias maroons de sotavento Furry's
Town e Trelawny Town — esta última construída "por aquele bando de
pretos selvagens que foram os primeiros a se submeter em 1738 e serviram para trazer os outros", explicou o historiador local James Knight.[7]
Com as montanhas patrulhadas pelos maroons, agora os fugitivos muitas
vezes buscavam refúgio nos pântanos que interrompiam as planícies
de Westmoreland e da vizinha St. Elizabeth. Escrevendo mais de uma
década depois da insurreição, Edward Long considerava Westmoreland
o distrito "mais provável de ser infestado por esses distúrbios; pois é
parte do território onde há uma grande multidão de escravos, e poucos
donos de propriedades residem; e onde o entorno está cheio de florestas
e matagais, que podem tentá-los a se amotinar com mais frequência,
pela proteção que oferecem".[8] Essa paisagem desigual — submetida à
disciplina do capitalismo imperial, mas selvagem e indisciplinada também — definiu o curso da Guerra Coromanti.

FIGURA 5.2. A planície de Westmoreland, olhando-se para oeste a
partir de St. Elizabeth, na direção das montanhas Hanover. Pintura
de Joseph B. Kidd. Fonte: *Illustrations of Jamaica in a Series of Views*
(Londres, 1838-40). Cortesia do Yale Center for British Art.

Essas justaposições de margem e centro na geografia imperial da Jamaica vinculavam a escala local da revolta dos escravizados ao âmbito
hemisférico do Império atlântico. Aqui o esforço econômico, político e
militar do domínio britânico atravessava os caminhos toscos de um terreno irregular e violentamente contestado. Como os colonos evitavam as
florestas e montanhas não cultivadas, a matriz do movimento que definia
o Império Britânico atlântico sobrepunha-se de modo imperfeito aos des-
locamentos de pessoas negras em seu território. Suas rotas pelos morros,
florestas e montanhas compunham um conjunto distinto de itinerários
que os britânicos nem conheciam nem eram capazes de controlar. E essa
região do interior servia de campo de batalha para guerras menores dentro de guerras maiores. Dessa maneira, a revolta em Westmoreland ligou
o Atlântico interimperial à paisagem local de um jeito que ilumina uma

geografia política composta em processo de desenvolvimento. Mais diretamente do que a revolta no distrito de St. Mary, a Guerra Coromanti nas partes de sotavento da Jamaica conectou a insurreição a campanhas militares africanas e europeias do outro lado do oceano Atlântico. Aqui a estratégia rebelde se baseou em experiências africanas de guerra no mato e de montanhismo, em especial quando tropas britânicas combateram a rebelião como uma batalha num conflito global integrado. Dessa maneira a guerra diaspórica definiu a região, enquanto todos os combatentes se esforçavam para preservar as afiliações e alianças que mapeariam o território para gerações futuras.

A LEI MARCIAL ACABARA de ser suspensa quando Thomas Thistlewood percebeu dois homens pertencentes à propriedade Masemure, do capitão Arthur Forrest, no meio dos escravos da plantation Egypt, onde ele trabalhava como capataz. Na hora não deu muita importância, nada acrescentando à breve menção da visita em seu diário. Poucos dias depois, no entanto, na tarde de 25 de maio, um proprietário das montanhas chegou trazendo uma informação que lhe fora repassada por um "estranho homem preto" sobre uma "suposta insurreição a começar amanhã, quando 8 mil pretos devem se reunir em certos lugares, provenientes de Hanover e deste distrito". Em seu boletim meteorológico, Thistlewood registrou pancadas de chuva; houve uma trovoada distante, e quando o céu escureceu, ele viu relâmpagos. No fim da noite, ouviu o som de um berrante na senzala, e logo após a meia-noite vários homens brancos apareceram à sua porta para informá-lo do levante na propriedade Masemure, de Forrest.[9]

O administrador de Masemure, John Smith, tinha se reunido com uma amiga, o capataz e o contador para uma ceia do feriado de Pentecostes em companhia de vários outros, entre os quais o capitão Hoare, comandante de um navio mercante, seu sobrinho e o capitão George Richardson.

Os convidados comentaram "que tudo estava tranquilo e silencioso". Por causa das semanas anteriores de notícias e boatos, a noite calma era

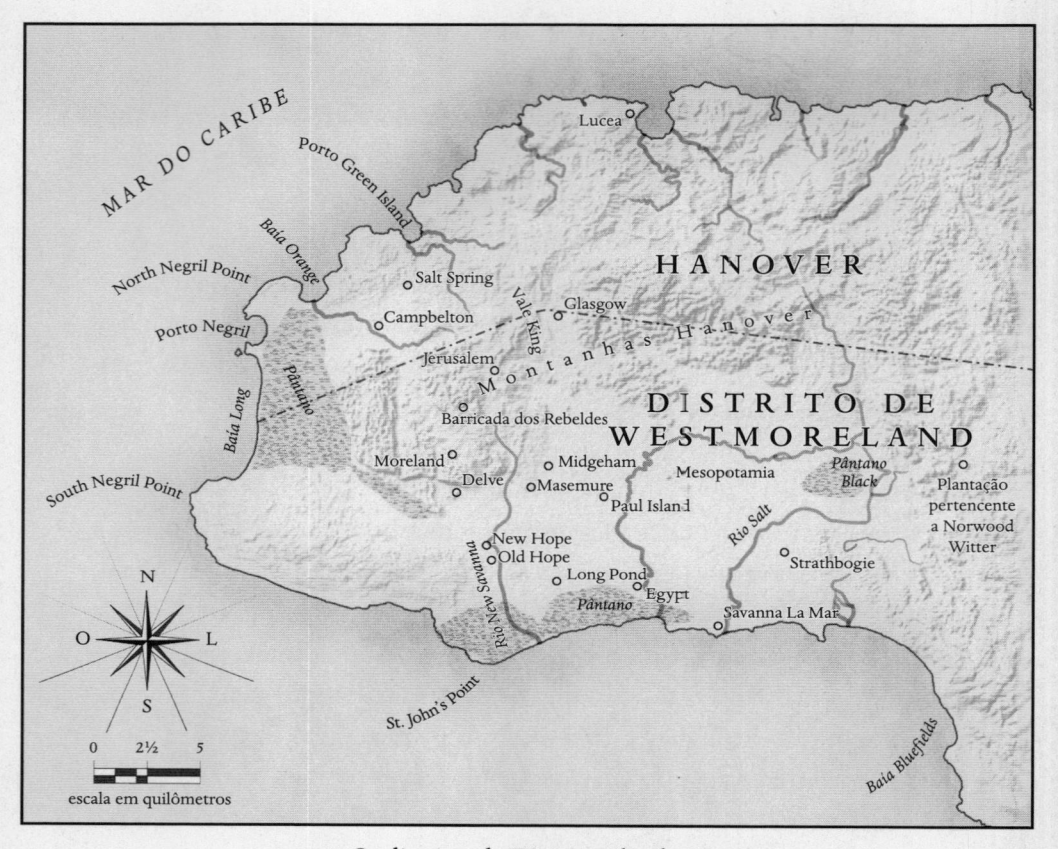

MAPA 8. Os distritos de Westmoreland e Hanover.
Desenhado por Molly Roy.

tranquilizadora e inquietante ao mesmo tempo. Então, sem aviso, alguém disparou um tiro de mosquete pela janela, matando John Smith no ato. De súbito, rebeldes africanos invadiram a casa com facões de cana para assassinar os brancos. Hoare conseguiu sobreviver a várias facadas. Richardson e outro homem escaparam por pouco, "correndo para a baía a pé" para dar o alarme. Vários escravos de Forrest — Nero, Congo, Molly e Beckford — também fugiram e avisaram os vizinhos, enquanto trezentos ou quatrocentos insurgentes se revoltavam nas plantations próximas e marchavam para Masemure.[10]

Os revoltosos se guiaram por convenções táticas, buscando matar todos os brancos que pudessem, o mais rápido possível, enquanto sua força aumentava numericamente. Como ocorreu em St. Mary, os rebeldes de Westmoreland se aglomeraram inicialmente em grandes plantations, onde pudessem subjugar sem dificuldade administradores, capatazes e escravos leais antes de se levantar nas propriedades do entorno. Matar de imediato os brancos não só servia ao objetivo militar de remover inimigos do campo de batalha e ganhar tempo antes da reação das forças opositoras, suprimindo o alarme, como propagava a notícia da ousadia de sua determinação. Gerentes e capatazes, os brancos mais próximos da lida diária com os escravos, que conheciam os trabalhadores e suas rotinas sociais, eram alvos especialmente importantes. No saque de Masemure, os rebeldes cercaram a casa de Alexander Crawford, proprietário da plantation junto com Arthur Forrest. Ali depararam com a resistência de alguns escravos, que se recusaram a aderir à rebelião e protegeram seu senhor. Para não perder tempo, os rebeldes atravessaram o rio New Savanna e avançaram para a propriedade Delve, de James Woodcock, quase no sopé das montanhas Hanover. Woodcock já se mostrara preocupado com o perigo de possuir um número excessivo de coromantis — a certa altura, tivera pelo menos oitenta —, e agora uns duzentos escravos seus aderiram à revolta; nem todos eram da Costa do Ouro.[11] De Delve, os rebeldes subiram para Moreland, um complexo de múltiplas plantations localizadas acima da planície, onde centenas se juntaram aos revoltosos. Capturando Moreland, o exército rebelde ocupou a área como base militar. Pelos relatos de colonos, quase cem deles estavam bem armados, tendo tomado "sessenta armamentos da propriedade de Forrest e alguns de outras propriedades que acharam por bem visitar".[12] Enquanto isso, insurgentes se rebelaram em propriedades do outro lado das montanhas, no distrito de Hanover. Em menos de 24 horas, os africanos tinham matado onze brancos e numerosos negros que ofereceram resistência, antes de se instalarem em terrenos elevados e defensáveis.[13]

A partir de Moreland, os rebeldes avançaram montanha acima, onde começaram a construir um refúgio fortificado. De acordo com Edward

Long, "eles levantaram um forte parapeito improvisado numa estrada flanqueada por uma colina rochosa; dentro dessa obra ergueram suas cabanas e se instalaram numa espécie de acampamento".[14] Os engenheiros desse forte teriam sido alguns "pretos franceses" capturados durante a ocupação britânica de Guadalupe e levados por agentes para Masemure. "Esses homens eram os mais perigosos", disse Long, "pois tinham sido soldados" dos franceses "e testemunhado algumas operações militares ali." Na "Barricada dos Rebeldes" os coromantis assumiram posição de defesa, rechaçando vários grupos de colonos, "por causa de sua situação vantajosa e por terem armas e munição em abundância".[15] À medida que os rebeldes se juntavam no reduto da montanha, os colonos calculavam, com apreensão, que o exército insurgente já chegava a mil homens.[16]

COMO OS REBELDES DE ST. MARY, os de Westmoreland e Hanover fizeram uma ligeira pausa depois do primeiro surto de combates. Wager, também conhecido como Apongo, era um dos militantes. Estavam presentes ainda Simon (autor do primeiro tiro fatal contra John Smith), Goliath, Fortune e Davie, todos eles propriedades humanas do capitão Arthur Forrest. Reunindo-se na Barricada dos Rebeldes, eles avaliaram o resultado de sua estratégia inicial. Quando o levante atingiu Westmoreland, os colonos se convenceram de que a ambição dos insurgentes era conquistar toda a ilha. Como informou o almirante Charles Holmes ao almirantado, aquela "nova insurreição" era "muito mais temível do que a primeira, e toda a ilha foi tomada de grande terror e consternação por um bom tempo, havendo mais provas do que antes de que sua desobediência e revolta pretendiam ser universais".[17] Não houve nenhum desejo urgente de desenvolver uma explicação matizada da estratégia dos insurgentes. No entanto, ali também o momento e o lugar dos movimentos rebeldes revelam contornos mais claros do plano dos africanos do que os obtidos pelos colonos por meio de confissões de prisioneiros torturados e de conjecturas próprias inspiradas pelo pânico. Os colonos estavam certos ao concluir que a revolta de Westmoreland nada tinha de errática; seu avanço sugeria o complexo entendimento dos rebeldes de uma adaptação à geografia política da Jamaica.

O momento escolhido para começar não poderia ter sido acidental — pelo menos em Westmoreland: 25 de maio era a data prevista para a partida da frota mercante e de sua escolta naval da baía Bluefields com destino à América do Norte e ao Reino Unido, tendo sido remarcada depois do levante em St. Mary. Os rebeldes sabiam que nos dias e semanas anteriores à partida toda a atenção do distrito estaria voltada para as docas, concentrada no pessoal, no embarque e no aprovisionamento dos navios. Ninguém estaria olhando para as montanhas, e o comboio, quando saísse para o mar alto, levaria também parte da proteção do distrito. Mais favorável ainda era que aquela ocasião coincidiria com uma celebração pública.

Os colonos descobriram que "o plano de uma insurreição geral foi traçado para toda a ilha pelos pretos coromantis" e que "o momento escolhido foi o feriado de Pentecostes".[18] Achavam agora que em St. Mary os rebeldes tinham confundido o domingo de Páscoa com o domingo de Pentecostes, rebelando-se antes da hora.[19] Teria sido um erro compreensível, uma vez que muitos dos rebeldes de St. Mary eram recém-chegados e não estavam familiarizados com o dia santo. O feriado de Pentecostes abrangia o festival cristão de mesmo nome, o sétimo domingo depois da Páscoa, comemorando a descida do Espírito Santo sobre os apóstolos de Cristo. Na Inglaterra, o Domingo Branco, ou Whitsunday, era um dia de festejos seguido pelo feriado de Pentecostes, que durava uma semana. Tradicionalmente, correspondia a uma pausa no calendário agrícola e era uma semana de férias para o *villein* na Idade Média, tempo durante o qual os servos eram dispensados do trabalho no solar e nas terras do seu senhor. As leis da sociedade escravista jamaicana reconheciam o feriado, mas os senhores divergiam sobre quanto "tempo de lazer" deveria ser concedido aos seus *villeins*.[20]

Programando a rebelião para os festejos de Pentecostes, quando se concedia aos escravizados uma pausa nas duras rotinas de trabalho, os conspiradores podiam contar com restrições menos severas a suas atividades e a seus movimentos tanto nos dias anteriores, enquanto preparavam suas comemorações, quanto durante as festividades. A mobilização ganharia, portanto, um pouco mais de amplitude sem despertar as suspeitas dos

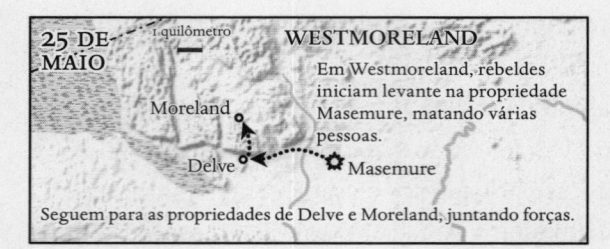

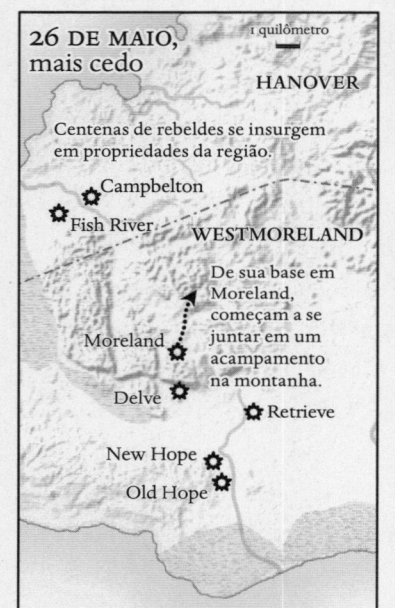
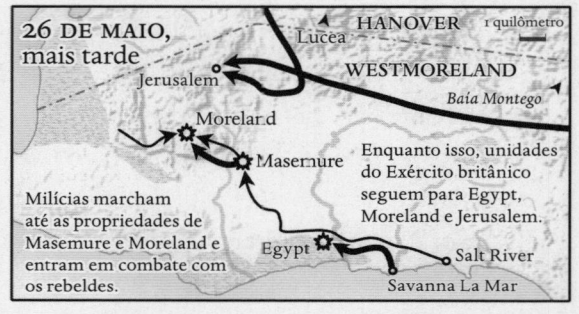

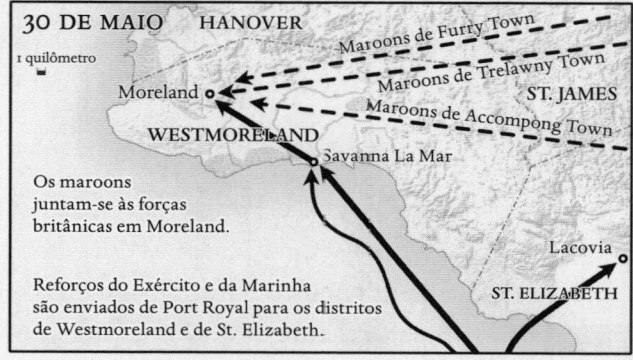

MAPA 9. A Guerra Coromanti, 25 de maio a 3 de agosto de 1760.
Desenhado por Molly Roy.

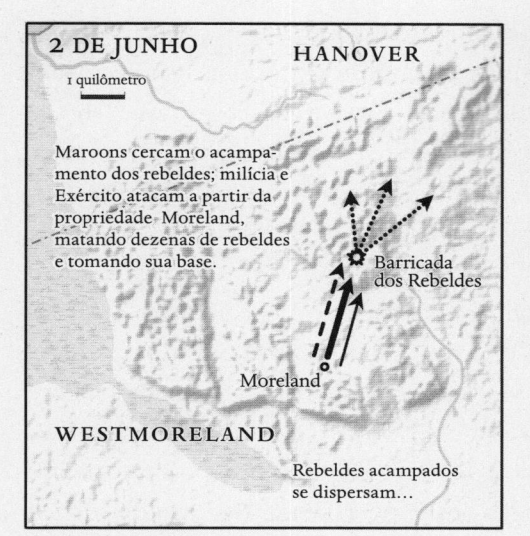

2 DE JUNHO

HANOVER

1 quilômetro

Maroons cercam o acampamento dos rebeldes; milícia e Exército atacam a partir da propriedade Moreland, matando dezenas de rebeldes e tomando sua base.

Barricada dos Rebeldes

Moreland

WESTMORELAND

Rebeldes acampados se dispersam…

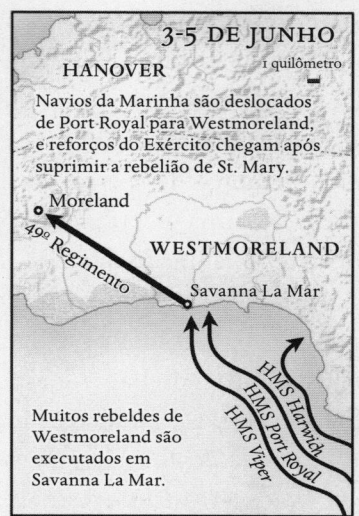

3-5 DE JUNHO

HANOVER

1 quilômetro

Navios da Marinha são deslocados de Port Royal para Westmoreland, e reforços do Exército chegam após suprimir a rebelião de St. Mary.

Moreland

49º Regimento

WESTMORELAND

Savanna La Mar

HMS Harwich
HMS Port Royal
HMS Viper

Muitos rebeldes de Westmoreland são executados em Savanna La Mar.

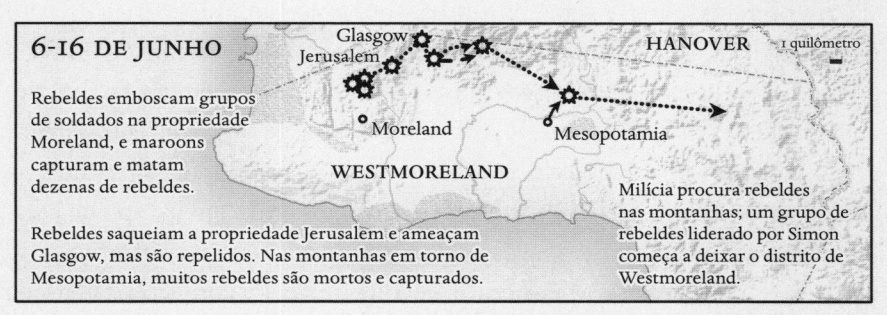

6-16 DE JUNHO

Glasgow
Jerusalém

HANOVER

1 quilômetro

Rebeldes emboscam grupos de soldados na propriedade Moreland, e maroons capturam e matam dezenas de rebeldes.

Moreland

Mesopotamia

WESTMORELAND

Rebeldes saqueiam a propriedade Jerusalém e ameaçam Glasgow, mas são repelidos. Nas montanhas em torno de Mesopotamia, muitos rebeldes são mortos e capturados.

Milícia procura rebeldes nas montanhas; um grupo de rebeldes liderado por Simon começa a deixar o distrito de Westmoreland.

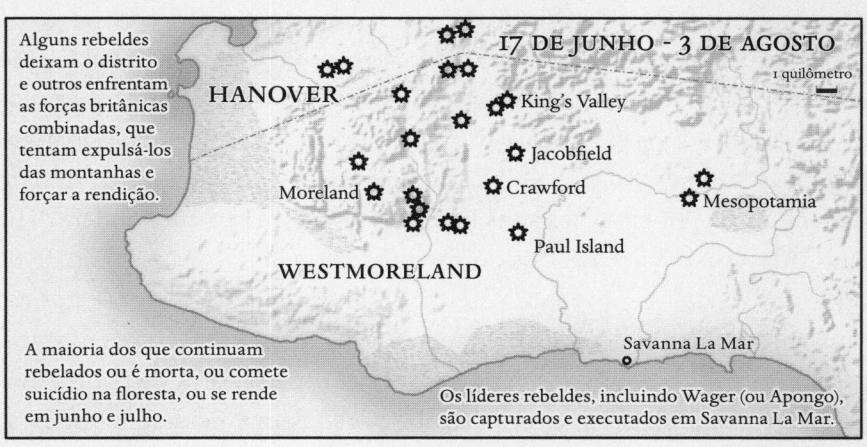

Alguns rebeldes deixam o distrito e outros enfrentam as forças britânicas combinadas, que tentam expulsá-los das montanhas e forçar a rendição.

HANOVER

17 DE JUNHO - 3 DE AGOSTO

1 quilômetro

King's Valley

Jacobfield

Moreland

Crawford

Mesopotamia

Paul Island

WESTMORELAND

Savanna La Mar

A maioria dos que continuam rebelados ou é morta, ou comete suicídio na floresta, ou se rende em junho e julho.

Os líderes rebeldes, incluindo Wager (ou Apongo), são capturados e executados em Savanna La Mar.

senhores. Thomas Thistlewood, por exemplo, não ficou nem um pouco preocupado quando dois homens de Masemure apareceram para ver Jackie três dias antes do levante. Meses depois, quando descobriu que, "no começo da rebelião, uma cabeça raspada entre os pretos era sinal de guerra", ele se lembrou de que, no dia do levante, "nossos Jackie, Job, Achilles, Quasheba, Rsanna etc. traziam a cabeça notavelmente raspada".[21] Na época, deve ter imaginado que eles estavam apenas se arrumando para as festas.

Fazer o levante coincidir com o calendário litúrgico trouxe outro benefício. Ao escolher uma data que tinha significado para toda a ilha, os conspiradores podiam ter esperança de chocar e desconcertar os senhores com ataques simultâneos. Para qualquer escravo familiarizado com o significado de Pentecostes, quando o Espírito Santo impregnou o corpo dos apóstolos, talvez houvesse um sentido especial nas palavras de Atos 2:18: "Sobre os meus servos e sobre as minhas servas derramarei do meu espírito naqueles dias; e eles profetizarão". Mas a maioria dos africanos conhecia pouco da — ou não se interessava por — teologia cristã, e teria facilmente confundido Pentecostes com Ressurreição. Embora os proprietários viessem a acreditar que Tacky tinha bebido muito e começado a agir antes da hora — o álcool era ingrediente importante na bravura em campo de batalha para a maioria dos primeiros soldados modernos —, a confusão sobre os feriados talvez explique por que a Revolta de Tacky começou na Páscoa enquanto os rebeldes de Westmoreland se levantaram no Pentecostes.[22]

Se não existisse um plano unificado, havia uma disposição rebelde mais generalizada à qual os contornos da ilha davam forma e direção. A grande distância entre Westmoreland e St. Mary aumentava a dificuldade de transmitir e coordenar projetos. As notícias de um distrito para outro tinham que seguir ou por cima das altas montanhas da Jamaica, ou por dentro de Kingston e Spanish Town, os dois pontos mais significativos da rede de informações da ilha. Embora os escravizados mantivessem extensas comunicações, muitos detalhes certamente se perdiam nas mensagens transmitidas oralmente, e às escondidas, por administradores de plantations ou cativos fugidos. Assim, por mais que os rebeldes esperassem interligar vários levantes na ilha, a geografia local definia os riscos imediatos e as estratégias de cada insurreição.

Masemure, de Arthur Forrest, o centro do levante de Westmoreland, ficava num longo trecho de plantations bordejando as montanhas Hanover, que assomavam atrás. Entre esses picos e a cadeia de altas montanhas cobertas de densas florestas a leste, a estrada para o distrito de Hanover passava pelo vale King, uma fértil área sem mata pontilhada de propriedades.[23] No distrito de Hanover, logo atrás das montanhas, um rico aglomerado de plantations ladeava os rios que iam desaguar no porto de Green Island e na baía Orange, nas cabeceiras do vasto pântano atrás das baías Negril e Long, na extremidade ocidental da ilha. Um dia depois da eclosão em Masemure, levantes tinham ocorrido em propriedades em toda a base dessa cordilheira. Isso quase certamente indica um foco estratégico resultante de uma rede de comunicações e planejamento que atravessava as montanhas.[24]

A Barricada dos Rebeldes ficava no alto de um precipício nas montanhas Hanover, tida como defensável tanto contra os senhores que dominavam as vastas planícies de Westmoreland e Hanover como contra seus aliados maroons nas grandes montanhas e na região cárstica a leste do vale King. Ali, os rebeldes estabeleceriam uma nova aldeia maroon, completando a ocupação negra das terras altas de sotavento. Mulheres e crianças chegavam em grande número ao acampamento, onde os insurgentes puseram-se de imediato a construir o que esperavam que viesse a ser uma duradoura sociedade alternativa. Houvesse ou não uma insurreição abrangendo toda a ilha, esse reduto nas montanhas seria uma cidade central no território local dos rebeldes.

Havia outra alternativa. Mais tarde, durante a eliminação da revolta, quando proprietários de escravos torturavam rebeldes cativos, soube-se que eles tinham pensado em seguir diretamente para a baía a fim de ocupar a estratégica porta de entrada de um dos distritos mais lucrativos do império.[25] Interpretando uma conversa supostamente havida entre um rebelde capturado e um homem judeu na cadeia de Savanna La Mar, Edward Long achava que os rebeldes pretendiam aliar-se aos judeus, expulsar os brancos, escravizar os negros que não tivessem querido aderir à revolta e continuar a produzir açúcar e rum para exportação. Segundo Long, o rebelde acreditava que o sonhado Estado negro poderia continuar suas atividades comerciais sob os auspícios de marinheiros, que "não são contra nós", declarou, "pois não querem nem saber quem está de posse do país, se negros ou brancos".[26] A merecerem algum crédito, essas histórias indicam que havia uma disputa entre líderes rebeldes de uma facção que queria forjar uma aldeia independente nas montanhas — estratégia que os maroons de Kojo demonstraram ser viável — e os que defendiam uma afronta mais agressiva, a exemplo dos Estados comerciais costeiros da África Ocidental. Talvez houvesse um meio-termo. Se a insurreição de Hanover tivesse dado certo, os rebeldes poderiam ter garantido o acesso à baía Orange, um porto amplo e profundo situado atrás de North Negril Point.[27] Diferentemente dos vilarejos maroons nas montanhas do leste, esse povoado talvez pudesse manter acesso ao mar e ao comércio exterior — um meio-termo, quem sabe?, entre duas diferentes visões de liberdade negra na Jamaica.

ENQUANTO ISSO, os britânicos desenvolviam sua estratégia para reduzir a liberdade negra. Àquela altura, a reação dos colonos à insurreição dos escravizados obedecia a um padrão bem claro. Primeiro, unidades de milícia compostas basicamente de brancos das plantations vizinhas confrontavam os rebeldes, quase sempre sem grande êxito. Ao mesmo tempo, mulheres, crianças e velhos brancos fugiam para os portos, onde se amontoavam com medo. Logo que recebeu a notícia do primeiro levante em St. Mary, o vice-governador Henry Moore decretou lei marcial e mobilizou a contrainsurgência formal: o Exército, muito mais eficaz do que a milícia em viagens de grande distância em formação de combate e batalhas cuidadosamente ensaiadas; a Marinha, que conduzia esforços de socorro e reabastecimento ao mesmo tempo que levava marinheiros para combates em terra; e os maroons, mestres na perseguição de rebeldes em florestas densas e em montanhas. A milícia, mantendo-se rigorosamente perto das plantations, continuava a travar escaramuças com os bandos de rebeldes que sobreviviam às grandes batalhas. O interior tornou-se uma zona militarizada de tiro livre, onde qualquer "preto" suspeito poderia ser capturado ou morto quando avistado. No entanto, a coordenação dessas diversas forças era repleta de dificuldades. Os britânicos encararam problemas próprios de planejamento e organização, causados pelo efeito centrífugo da distância da autoridade central. Falhas na cadeia de comando e interesses divergentes entre os vários elementos da coalizão criaram severos desafios ao esforço militar. Se os britânicos acabaram, em última análise, vencendo os coromantis, foi com bastante trabalho e muitos gastos durante um longo período.

As notícias do levante espalharam-se com rapidez. Já aflitos com os acontecimentos das semanas anteriores, os colonos reagiram com muito medo enquanto percorriam as propriedades dando o alarme. Os brancos que tinham avisado a Thistlewood achavam-se em trajes precários ou parcos, dizendo-lhe que ele "provavelmente não demoraria a ser morto". Ao fugir pela estrada para a propriedade do coronel de milícia James Barclay, Thistlewood esqueceu as chaves e os documentos e teve que voltar correndo a Egypt para assegurar a propriedade. De lá foi para a baía cumprir suas obrigações na milícia até o romper do dia, quando voltou mais uma vez à propriedade. Ali encontrou John Groves, um dos trabalhadores brancos da plantation, tomado por uma histeria assassina. "Como um louco", Groves disparou a esmo contra meninos negros, ferindo o criado pessoal de um importante proprietário, e em seguida fugiu para Savanna La Mar sem permissão de Thistlewood.[28] Do outro lado do distrito, missionários morávios na propriedade de nome Mesopotamia rapidamente receberam a "notícia desoladora" de que "pretos tinham se rebelado" e "sinistramente assassinado muitos". Em poucas horas, segundo informações recebidas pelos missionários, "todos os brancos deste distrito estavam indo treinar com fuzis" enquanto os senhores se exercitavam para a guerra.[29] Senhores também armaram seletivamente cativos nos quais julgavam poder confiar. Os escravizados de Thistlewood permaneceram majoritariamente leais, assim como os de Mesopotamia. Outros proprietários não tiveram a mesma sorte. Colin Campbell, na propriedade de New Hope, armou doze escravos que imediatamente aderiram à rebelião. Da mesma forma, Tom Williams, em Old Hope, armou vinte coromantis nos quais tinha "a mais absoluta confiança", instruindo-os a guardarem sua casa, mas logo que receberam as armas de fogo "eles lhe garantiram que não lhe fariam mal, mas que precisavam juntar-se a seus conterrâneos; em seguida, saudando-o com seus chapéus, todos foram embora".[30]

Ao meio-dia de 26 de maio, todo o distrito se achava num estado de caótica mobilização. "Vastos números de pessoas, pertencentes à tropa, à milícia etc." passavam por Egypt na estrada para as montanhas Hanover, enquanto outros colonos transmitiam inúmeros relatórios em resposta a "frequentes alarmes".[31] Tropas do Exército britânico iniciaram marchas de lugares tão distantes como Lucea, em Hanover, e baía Montego, no distrito de St. James, rumo à propriedade de nome Jerusalem, à beira do vale King, para proteger a passagem de montanha para Hanover. Outros soldados britânicos se reuniram com a milícia de Westmoreland em Savanna La Mar e em Salt River, a leste da cidade, e avançaram para oeste pela estrada principal. Passaram perto de Egypt, continuaram bordejando o pântano, depois seguiram para as montanhas. Combates esporádicos com os rebeldes renderam resultados irregulares. O grupo miliciano do coronel Barclay capturou dezessete prisioneiros em Masemure, enquanto um grupo de escravizados leais pertencente à propriedade Campbelton, em Hanover, trouxe mais dezessete de Moreland. Em 27 de maio, grupos de Westmoreland e Hanover capturaram dezoito rebeldes e começaram a enforcar os cativos logo no dia seguinte.[32] Enquanto perseguiam o principal grupo rebelde, soldados atacavam qualquer um que lhes parecesse suspeito. "Sambo e Mitilia mortos em Egypt", comentou Thistlewood, sem mencionar qualquer inquérito ou julgamento.[33]

O levante criou uma situação tensa para os morávios em Mesopotamia, pois eles eram pacifistas e se negavam a pegar em armas. O irmão Nicolaus Gandrup informou que

uma grande companhia de pessoas brancas armadas a cavalo passou por nossa casa e na casa-grande apearam dos seus cavalos e ali permaneceram até mais ou menos oito horas da noite, quando vieram novamente à nossa casa e nos chamaram: disseram que tínhamos que pegar em armas e aparecer em Cross Path de manhã.

Os missionários enfrentaram a milícia com princípios firmes:

Dissemos ao capitão (por nome Richard) que em primeiro lugar não tínhamos armas e em segundo lugar achávamos que não tínhamos necessidade delas, e em terceiro que andar armado não era nosso negócio. Concluíram, então, que éramos quacres. Ele nos disse que princípios quacres não eram aceitos na Jamaica, e que se fôssemos bispos tínhamos que ir com ele. Nós lhes dissemos: não éramos quacres, mas irmãos, e tínhamos o privilégio do poder de uma lei do Parlamento, e que, portanto, podíamos entrar em todas as terras inglesas. Eles quiseram ver a lei, mas não a tínhamos para mostrar. O capitão, no entanto, ficou satisfeito com a promessa do irmão Gandrup de mostrar-lhe a lei no dia seguinte, e assim sendo o capitão disse adeus educadamente e seguiu seu caminho.[34]

Os irmãos então convenceram o administrador da propriedade a falar com o capitão da milícia em sua defesa, e os missionários foram deixados entregues à própria consciência. Quando o distrito acordou ao som dos tambores militares, os morávios ficaram divididos entre a prática da própria religião, de um lado, e a ligação com os proprietários, do outro: "Pobres de nós, vivemos como sempre entre o medo e a esperança", escreveu um deles, "porque ainda precisamos justificar o nosso jeito de ser". Apesar disso, devem ter sentido um alívio quando o administrador lhes disse que a milícia "já tinha capturado quinze rebeldes e feito justiça com alguns deles".[35]

As primeiras batalhas comprovaram a mediocridade da milícia, que de início combateu os rebeldes com resultados indiferentes. Como reconheceu um colono: "Fomos um pouco imprudentes no começo, acho eu, por termos enviado grupos pequenos, e eles não conseguiram ficar por falta de água etc., o que foi motivo de perdermos muito mais do que deveríamos".[36] Na verdade, a resposta dos colonos foi marcada por confusão e indisciplina. Soldados e marinheiros de passagem pela Egypt procuraram Thistlewood para pedir comida e bebida, o que ele imediatamente lhes deu. "Lamentável serviço dos marinheiros", que ficaram bêbados demais, queixou-se Thistlewood. Um soldado que pegara no sono no mato tinha perdido suas armas na noite anterior. Ali perto, "um grupo de pretos rebeldes" havia "interceptado uma canoa carregada de açúcar" e outros víveres. Mas milicianos, senhores visitantes e mesmo escravos de Egypt nada podiam fazer além de manter estrita vigilância dia e noite. Com a insurreição ainda se propagando dois dias depois de começar, o diário de Thistlewood registrou sua nervosa vigilância: "Algumas vezes me deitei vestido e dormi pouco".[37]

Ele acordou cedo de manhã, fez sexo com uma escravizada na casa de purgar e alegrou-se horas depois quando um grupo de soldados apareceu com 21 prisioneiros, sendo dezenove homens e duas mulheres, a serem julgados e executados na baía. Enquanto distribuía bebidas para os soldados, Thistlewood soube que um dos homens capturados era um líder, "o cabelo raspado em forma de chapéu na cabeça". Esse homem era acompanhado não só por rebeldes africanos, mas também por boatos horripilantes. Supostamente, ele tinha comido "o coração e a língua de um dos brancos assassinados". Os colonos achavam que ele "deveria ter sido rei".[38] Apesar de sua captura, no entanto, os rebeldes continuaram ganhando força. Thistlewood começou a se indagar quais dos escravos de Egypt talvez fossem coniventes com a rebelião. Percebera uma "estranha alteração" em alguns deles quando ouviram a notícia do levante na vizinha Old Hope; lembrava-se de ter havido estrondos nos campos no dia anterior ao levante em Moreland; Lewie tinha estado na propriedade de Forrest na noite da rebelião, e Cuffee e Job se comportavam de um jeito muito estranho. Temia que alguns estivessem "muito prontos se eles ousarem" e tinha "bastante certeza de que estavam na conspiração".[39] Manteve a vigilância, continuou a aprovisionar os brancos que o procuravam e esperava que os homens armados que passavam pela propriedade a caminho das montanhas logo suprimissem os rebeldes.

Em 29 de maio, no que acabou sendo um grande revés para os colonos, a milícia fez uma investida frustrada contra a Barricada dos Rebeldes. Chefiado pelo capitão John Myries, cuja família era dona de seiscentos hectares ao sul do pântano, um grande grupo miliciano investiu contra a base avançada dos rebeldes em Moreland, matando e ferindo muitos, e prosseguiu, confiante, montanha acima rumo ao reduto africano.[40] Na passagem íngreme e estreita, no entanto, os rebeldes os surpreenderam e derrotaram, matando quatro homens e obrigando o resto a fugir ladeira abaixo. Edward Long descreveria a derrota com inegável desalento:

> Os homens eram mal disciplinados, tendo sido reunidos às pressas; e caíram numa emboscada, ficaram apavorados com os gritos terríveis e com a multidão de assaltantes. Todo o grupo foi lançado na mais absoluta confusão, e debandou, apesar dos esforços dos oficiais; foi cada um por si, e enquanto corriam em diferentes direções, mal sabendo o que faziam, vários foram massacrados, outros arrebentaram seus membros em precipícios e o resto teve dificuldade para encontrar o caminho de volta.[41]

Os africanos obtiveram mais uns cinquenta fuzis que os colonos "deixaram para trás, muito imprudentemente, quando fugiram".[42]

Na análise de Long, essa perda resultou de erro de julgamento da parte dos colonos. Foi uma loucura, julgou, "lançar o primeiro ataque contra eles com um bando de milicianos despreparados, indisciplinados, sem fazer avançar simultaneamente um grupo de reserva, para sustentar seus esforços e cobrir sua retirada". Somente "homens experientes e bem treinados" poderiam suprimir revoltas daquele tipo. O fracasso nesse primeiro grande confronto tinha consequências estratégicas potencialmente catastróficas. A vitória dos rebeldes "ergueu os ânimos dos coromantis nessa parte do país" e incentivou muitos outros a aderir ao levante. Assim como os africanos visavam a atacar rápido e acumular forças antes que os senhores pudessem reagir, a lógica da contrainsurgência dependia de conter os rebeldes de imediato. Long declarou que "quase todas as insurreições que ocorreram nesta ilha" confirmavam aquele sábio preceito.

A vitória na primeira batalha contra o grupo rebelde geralmente decide a questão da guerra; desconcerta os conspiradores ainda não envolvidos e que ficam de longe, sem saber se aderem ou não; e intimida todos os homens armados, e com grande frequência os deixa desanimados; o inverso decorre com toda a segurança de uma derrota dos brancos no primeiro encontro; e nada pode dar mais força a uma rebelião, ou tende mais a aumentar a autoridade dos sacerdotes e líderes que a iniciaram.

Agora, os rebeldes estavam "exultantes de confiança em sua superioridade; e recebiam reforços todos os dias".[43] Os colonos imediatamente reconheceram as possíveis consequências daquele episódio.

À medida que a insurreição avançava, uma onda de medo se ergueu na planície. Em questão de dias a maioria das pessoas no distrito ficou sabendo da derrota na Barricada dos Rebeldes. "Os pretos não têm noção de prisioneiros, eles não demonstram piedade", gritavam os proprietários.[44] Thistlewood vivia "numa terrível apreensão" depois que o coronel Barclay trouxera a notícia do revés. O capataz percebeu que seus escravos tinham "boa compreensão" do desfecho da batalha, "estando muito exaltados e prontos para se rebelar". Outro proprietário o aconselhara a, "pelo amor de Deus", tomar cuidado. "Agora estamos no maior perigo", admitiam. De tarde, três jovens negros chegaram correndo da propriedade Jacobfield, perto de Masemure, para informar Thistlewood de que alguns rebeldes, gritando e disparando suas armas, tinham destruído grande parte da casa-grande antes de escapar da milícia.[45] Na noite do dia seguinte, Thistlewood deu abrigo a um capataz em fuga, da vizinha propriedade Long Pond:

O sr. [Thomas] Reid veio e dormiu em leito meu, foi alertado por um dos seus pretos a fugir da propriedade, pois constava que um dos seus coromantis viria de noite com um grupo de pretos rebeldes para tomar tudo que pudessem; muitos pretos leais deixaram a propriedade, para não serem obrigados a se juntar aos rebeldes.[46]

Na propriedade Mesopotamia, os missionários "ouviram dizer que a rebelião tinha incendiado outra plantation; e nós vimos a fumaça subir". Mulheres brancas fugiram para um navio ancorado na baía "a fim de escapar das atrocidades".[47] Em terras vizinhas, dizia-se que "todos os pretos tinham fugido e acredita-se que o lugar esteja completamente deserto".[48]

As deserções começaram a multiplicar-se na milícia, e muita gente no distrito elogiava proprietários como o sr. Cornell, que teria dito "não permitir desertores em sua casa, do contrário eles viriam para visitar e forçariam outros". Os morávios se viram quase sozinhos, entregues aos cuidados divinos: "Não há ninguém branco aqui, a não ser nós; mas não temos medo; estamos animados e em paz; e nos entregamos individualmente à proteção e à guarda do nosso querido Pai celestial". O reverendo anglicano John Venn, que chegou com um grupo de socorro em Savanna La Mar no sábado, 31 de maio, descreveu o caos absoluto: "Encontrei as mulheres e as crianças a bordo de navios, os homens amontoados em Savanna La Mar, na maior confusão, todos os homens brancos vindos da parte de barlavento do distrito".[49] A essa altura, parecia que Westmoreland cairia nas mãos dos africanos.

No rescaldo da derrocada, uma nova intensidade tomou conta da contrainsurgência. "Esse último problema deixa as pessoas muito sérias", notou um homem quando a notícia chegou a Spanish Town e a Kingston.[50] Os militares britânicos já estavam se reunindo e redirecionando forças. Uma companhia do 74º Regimento aquartelada em Savanna La Mar juntou-se à milícia de Westmoreland e a dois destacamentos das povoações maroons. Mais milicianos chegaram do vizinho distrito de St. Elizabeth, onde brancos apavorados nervosamente "faziam buscas em todas as casas de pretos, onde pegavam todas as armas de fogo e quaisquer armas de guerra" que encontrassem.[51] Duas companhias do 49º Regimento, que tinham sido aquarteladas em Lucea e na baía Montego, se juntaram às companhias milicianas de Hanover e St. James, do outro lado das montanhas Hanover.[52] Para sufocar a rebelião, unidades do Exército britânico se posicionaram em Lacovia, no vizinho distrito de St. Elizabeth. Ao ouvir a notícia de que as "grandes destruições" cometidas pelos rebeldes tinham lançado "toda aquela parte do país na mais absoluta confusão", o vice-governador Moore voltou a decretar a lei marcial.[53] Em seguida, solicitou ao almirante Holmes o envio imediato de um navio com armas e munição, seguido de três navios transportando "forças tão numerosas quanto for necessário para, juntamente com a milícia daquelas partes, pôr fim a essa insurreição rapidamente".[54] Agora, com os militares inteiramente mobilizados para sotavento, a guerra era do próprio Império Britânico.

MAIS AJUDA CHEGAVA diariamente por mar. A Marinha Real desempenhou um papel mais substancial na contrainsurgência de Westmoreland do que na revolta de St. Mary, movimentando-se com mais rapidez, levando mais homens para a luta e distribuindo provisões em maior quantidade. A Marinha de fato utilizou todos os recursos do Império transatlântico para fazer face aos rebeldes, articulando o conflito local à guerra mais ampla. A mobilidade superior das forças navais permitia desdobramentos mais rápidos em áreas mais vastas. Delimitando alguns territórios e ligando outros, dependendo de onde as forças estavam posicionadas, esses desdobramentos ajudaram a determinar acesso a rotas de manobra territorial. Além disso, a Marinha coordenou o aprovisionamento de tropas e colonos, libertando-os da dependência de terras de plantation em disputa. E como a riqueza da Jamaica dependia do comércio marítimo, que por sua vez dependia do sistema de comboios de guerra, o envolvimento da Marinha Real fez com que os esforços da contrainsurgência se difundissem pelo mundo atlântico.

O capitânia do almirante Charles Holmes, o *HMS Cambridge*, era o centro nervoso do esforço de guerra nas Antilhas. Da ponte de comando do *Cambridge*, ou do *Marlborough* antes disso, o almirante do posto da Jamaica dirigia o mais poderoso esquadrão na América britânica. Mas, embora o capitânia ostentasse oitenta canhões e um complemento de setecentos homens, seu poder não estava primariamente na força física, mas na capacidade logística. O capitânia dirigia a distribuição regional de soldados, provisões e outros recursos materiais para a frota. Não menos importante, ele era o principal canalizador de responsabilidade e disciplina para o posto, alocando tarefas e instalando cortes marciais. A embarcação também desempenhava função central no sistema de informes e contabilidade que dava consistência ao planejamento e às operações regionais. Assim sendo, em junho de 1760 o *Cambridge* comandou a guerra britânica contra os rebeldes escravos, tendo Port Royal como seu quartel-general imperial.

O almirante Holmes tinha chegado ao porto em 13 de maio, após desembarcar tropas em Guadalupe e escoltar com segurança um comboio de dezessete navios mercantes da Europa para o posto.[55] Anunciando sua entrada, o *Cambridge* disparou uma salva de quinze tiros de canhão para o almirante Cotes, que ele trazia de volta do *Marlborough*. Ao longo da semana seguinte, Cotes pôs Holmes a par da situação na Jamaica e o preparou para assumir o comando do esquadrão quando Cotes deixasse o porto em 22 de maio, um dia após o fim da lei marcial.[56] Dias mais tarde, logo que recebeu a ajuda solicitada ao vice-governador Moore, Holmes enviou um navio com armas e munição a Westmoreland, para uso da milícia. Em seguida, ordenou que duas corvetas, *HMS Port Royal* e *HMS Viper*, levassem soldados e suprimentos a Westmoreland.[57] Na segunda-feira, 2 de junho, marujos transferiram provisões do *Cambridge* para a *Viper*. Então, na manhã de terça-feira, Holmes "recebeu uma mensagem expressa do vice-governador dizendo que os pretos rebeldes se reuniram num total de 1200" — era essa a mensagem de pavor enviada depois do fiasco na Barricada dos Rebeldes.[58]

Sem demora, Holmes enviou um barco a Forte Charles para buscar quase sessenta soldados do 49º Regimento de Infantaria e encheu outro barco com 58 fuzileiros navais do *Cambridge*.[59] Mais de metade dos fuzileiros navais já tinha participado de combates em Guadalupe.[60] Todos os soldados subiram a bordo do *HMS Harwich*, de cinquenta canhões, que partiu em 4 de junho para a breve viagem até o distrito de Westmoreland.[61] Ordenando o desembarque de todos os marujos que os capitães de navio pudessem ceder para acompanhar os soldados, Holmes calculou ter acrescentado quatrocentos combatentes à zona de guerra de sotavento, completamente abastecidos de provisões, pólvora e munição. Ele ainda dispunha de mais recursos humanos nos homens que poderiam ser fornecidos por navios comerciais. Como explicou um comerciante a um colega: "Numerosos navios da América do Norte com bandeiras de trégua ultimamente trazidos para este porto por nossos navios de guerra foram acrescentados às forças que o país precisou empregar contra os pretos rebeldes".[62] Nos dias seguintes, Holmes enviou recrutadores para dar mais ânimo à sua tripulação e ler em voz alta os Artigos de Guerra a fim de renovar seu empenho e sua lealdade.[63] Finalmente, mandou os oficiais "darem as melhores acomodações a bordo dos navios a todas as mulheres e a todos os feridos que estejam precisando de proteção e socorro".[64] Para os "cavalheiros do distrito" ele enviou uma nota de tranquilização, dizendo-lhes que, se julgassem necessário, ele "escolheria os melhores homens de toda a frota para levá-los [no] *Cambridge*, e os chefiaria pessoalmente para mantê-los em ordem e sob comando". Thistlewood achou que essa promessa era "muito bonita mesmo" e notou que ela deu "grande satisfação" aos proprietários locais.[65]

Outro destacamento de 25 homens seguiu por mar para St. Elizabeth, onde os senhores estavam "muito apreensivos porque os escravos de várias propriedades naquele distrito tinham a intenção de rebelar-se e juntar-se aos do vizinho distrito de Westmoreland". Depois do caos e da confusão da semana anterior, Holmes achava que esses reforços tinham "controlado os ânimos do governo e das pessoas".[66] Os colonos não precisavam temer que a Marinha Real fosse incapaz de garantir o sistema de plantations. Em 8 de julho, "chegou aqui um homem da Guiné com escravos", notou o primeiro-tenente do *Cambridge*, sem mais comentários.[67] Eram apenas alguns dos quase mil africanos escravizados levados aquele ano a uma colônia em guerra contra eles.[68]

Na semana anterior, reforços britânicos tinham se reunido na propriedade de Moreland para planejar um assalto coordenado contra o acampamento rebelde em 2 de junho. A corveta *HMS Port Royal*, a mais leve e mais rápida do esquadrão, foi o primeiro navio da Marinha a chegar a Westmoreland, entrando na baía Bluefields em 31 de maio. Ouvindo dizer que os colonos se preparavam para um segundo assalto à Barricada dos Rebeldes, o navio seguiu para oeste até St. John's Point, perto da estrada das montanhas, e desembarcou cerca de oitenta homens, com pães e balas de mosquete, no domingo, 1º de junho. Sob chuva forte, os soldados e marujos marcharam até Moreland para o ataque do dia seguinte.[69]

Nas primeiras horas da manhã clara e fresca, o Exército regular marchou na vanguarda montanha acima, com a milícia na retaguarda, enquanto os maroons tomavam posição nas florestas para se proteger de uma possível emboscada. De trás de suas fortificações, os rebeldes entrincheirados sustentaram um fogo constante, ferindo alguns atacantes, mas sem matar nenhum. Os soldados mantiveram fogo cerrado até chegarem ao bastião, depois despejaram uma formidável saraivada de tiros, matando muitos rebeldes e obrigando outros a fugir para lugares ainda mais altos. As tropas invadiram o acampamento e começaram a saquear provisões das cabanas dos rebeldes. Os senhores de escravos ficaram pasmos com o que os rebeldes tinham levado das propriedades. Além de mais de setenta barris de pólvora, havia finos baús de mogno entupidos de roupas, camisas com babados, chapéus de renda, sapatos, meias e echarpes — muito mais do que precisavam para o sustento.[70] Enquanto os britânicos contemplavam essa nova aldeia africana, os rebeldes disparavam, por pouco não atingindo vários oficiais. Os maroons de Kojo se espalharam e chegaram, por dentro da floresta, à encosta do lado oposto, para atacar o flanco rebelde. Essa ação foi decisiva; o acampamento foi tomado. As forças britânicas empurraram incontáveis homens, mulheres e crianças para um precipício, de onde caíram, morrendo no cânion lá embaixo. Dezenas, talvez centenas, de outros africanos foram mortos a tiros ou levados como cativos.[71]

Os senhores de escravos vibraram quando a notícia chegou à planície. Um homem ferido no ataque esteve na casa de Thistlewood naquela noite para se gabar do combate "esperto", "as provisões e a aldeia deles tomadas, assim como quase toda a pólvora".[72] Os colonos insistiram na vitória com uma fúria sanguinária, expulsando os rebeldes "com precipitação e perda dos seus alojamentos".[73] Um grupo informou ter capturado trinta ou quarenta prisioneiros, "que eles executavam assim que os pegavam".[74] Um comerciante de Lucea que participou do ataque gabou-se de que as forças britânicas tinham matado os africanos "numa grande chacina, e os prisioneiros que capturaram foram enforcados sem cerimônia, juiz ou júri". Calculava que não mais de quatrocentos rebeldes tinham sobrevivido à batalha.[75]

Os colonos agora esperavam esmagar a rebelião rapidamente e supunham que o massacre "deixaria um terror na mente de todos os outros pretos, no futuro".[76] Mas o levante estava longe de acabar. Expulsos da Barricada dos Rebeldes, os insurgentes se prepararam para uma longa campanha de guerrilha nas montanhas arborizadas. Ali, os colonos continuaram a caçá-los com 3 mil armamentos fornecidos por Kingston e uns mil homens reunidos em toda a ilha.[77]

O fluxo de forças aumentou nos dias seguintes. Tendo recebido cinquenta sacos de pão, além de "carne bovina e suína, ervilha, manteiga, rum etc." dos estoques do *HMS Cambridge*, a *HMS Viper* desembarcou provisões, soldados e marujos em Savanna La Mar na quarta-feira e na quinta-feira, 4 e 5 de junho.[78] Na quarta-feira, uma companhia do 49º Regimento chefiada pelo tenente Hugh Forsyth chegou depois de ter "sufocado a rebelião" em St. Mary. Eles pararam na propriedade Egypt, de Thistlewood, para beber à noite, depois marcharam para as montanhas, com um cativo de nome Abraham servindo de guia. Não muito longe dali, na estrada, alguns rebeldes atiraram neles de dentro da mata, e a unidade de Forsyth devolveu o fogo, mas sem nenhum resultado aparente.[79] No mesmo dia, o *Port Royal* também desembarcou mais novecentos quilos de pão para os soldados. Em 5 de junho, os marinheiros do *Port Royal* voltaram para o navio entusiasmados com sua recente vitória contra os rebeldes.[80] Se tivessem encontrado a companhia do tenente Forsyth na estrada para a baía, talvez tivessem sido alertados pelas notícias de St. Mary de que nenhuma batalha campal isolada poria fim à insurreição.

Acompanhado por um navio mercante menor, o pesado navio de guerra *HMS Harwich* atracou na baía Bluefields junto à fonte de abastecimento de água em 4 de junho. De manhã cedo, o capitão Marsh mandou todos os soldados subirem a bordo do navio mercante para serem levados até Savanna La Mar.[81] A maioria dos marujos e fuzileiros navais do *Harwich* tinha vívidas lembranças de combates contra africanos ocidentais. Apenas dois anos haviam decorrido desde sua frustrada tentativa de tomar o forte francês em Albreda, no rio Gâmbia, quando quase duzentos marujos e fuzileiros navais foram rechaçados por forças nativas.[82] Os fuzileiros do *Harwich* agora se juntaram aos do *Cambridge*, dos quais mais de trinta tinham lutado contra soldados negros em Guadalupe. Os Fuzileiros Navais Reais, recentemente reorganizados para a Guerra dos Sete Anos, haviam adquirido boa parte de suas primeiras experiências de combate enfrentando africanos, tanto escravizados como livres.[83] Se os coromantis se utilizavam de suas experiências de guerra na África, os soldados e os marinheiros do *Harwich* faziam o mesmo. Todos os dias o *Harwich* mandou seu barco à cidade repleto de sacos de pão para as tropas, que novamente entrariam no mato para ir à guerra contra negros — dessa vez na Jamaica, por força das circunstâncias. Certamente, ao ouvirem histórias de homens que tinham tomado parte no ataque à Barricada dos Rebeldes eles também passavam adiante as lições aprendidas com sua derrota no Gâmbia ou com sua vitória em Guadalupe, esperando ter êxito na Jamaica.

Durante um mês, o *Harwich* permaneceu ao lado da *Viper* em Bluefields, dando apoio à campanha em terra e supervisionando a preparação do comboio mercante para a América do Norte e o Reino Unido.[84] A saída do comboio tinha sido muito retardada. Depois do embargo inicial ao transporte marítimo em abril, o comboio foi programado para sair da Jamaica em 25 de maio, mas, como explicou o almirante Cotes a seus superiores em Londres, a insurreição "tinha paralisado tão completamente os negócios por mais de um mês que foi impossível para o comboio ficar pronto para navegar" até aquela data. Por intermédio do Conselho do Governador, os comerciantes e donos de plantations da Jamaica tinham feito um apelo ao almirante Holmes, que sucedeu a Cotes no posto, para adiar a partida até 10 de junho. Agora, no entanto, a colônia precisava de toda a força da Marinha, e o vice-governador Moore convenceu Holmes a reprogramar uma primeira partida para 22 de junho de Port Royal e uma segunda da baía Bluefields.[85] Durante todo esse tempo, enquanto navios mercantes se acumulavam na baía, marinheiros eram recrutados à força para servir contra os africanos, notícias imediatas da revolta continuavam se disseminando e as pessoas se indagavam sobre suas consequências para o destino do empreendimento colonial. Tratava-se verdadeiramente de uma questão transatlântica.

Era também, ao mesmo tempo, um conflito decididamente local. Os rebeldes não seriam derrotados só por um plano ou uma organização superior, mas pelo sórdido e tedioso trabalho de rastrear, lutar e matar nos morros e nas florestas da ilha. No começo de junho, depois da vitória contra muitos africanos na Barricada dos Rebeldes, Holmes pôde afirmar, em tom confiante: "Nossa expectativa diária é reduzir todos à obediência". Semanas depois, no entanto, ele tinha adquirido a fugaz sabedoria redescoberta vezes sem conta por chefes militares imperiais ao longo da história: "A experiência desde então tem mostrado que é muito mais fácil vencê-los e desbaratá-los no campo, ou num corpo coletivo entrincheirado, do que agarrá-los nas florestas". Em consequência, sua presença era "absolutamente necessária" em Port Royal para ajudar a dirigir a contrainsurgência. Não poderia partir da Jamaica a bordo do *Cambridge* no fim de junho, como estava programado, "enquanto houver razão para apreender inovações em outras partes da ilha". Holmes decidiu, portanto, transferir seu comando para o *HMS Edinburgh*. O *Cambridge*, em vez de esperar por ele, deveria seguir em seu cruzeiro com outros navios de guerra. Às quatro da madrugada de 22 de junho, o *Cambridge* "arriou a bandeira do almirante Holmes, que foi içada a bordo do *Edinburgh*", e o comandante-chefe da Grã-Bretanha no teatro de batalha caribenho permaneceu na Jamaica para lutar na Guerra Coromanti, com plena consciência de que "a insurreição daria trabalho por muito tempo".[86]

A GUERRA SE ALASTROU pelo oeste da Jamaica durante todo o mês de julho. Soldados, marujos, milicianos e maroons executaram missões de busca e destruição nas florestas e nas montanhas, reagindo a ataques esporádicos contra propriedades específicas. Eles adotaram uma política de terra arrasada, tentando tornar o ambiente inóspito para os rebeldes, enquanto davam continuidade a uma campanha de terror público para impressionar os escravizados. No entanto, a contrainsurgência era um empreendimento contencioso, difícil de controlar. Como os africanos, os britânicos enfrentavam problemas próprios de guerra diaspórica. A coalizão de senhores era complexa, abrangendo grupos diferentes, cujos interesses às vezes eram contraditórios. Alianças marciais envolvendo grandes distâncias e muito tempo tinham que ser forjadas através da prática militar e da disciplina do medo. Disputas entre colonos davam, portanto, alguma margem de manobra para a insurreição, que continuou a sobreviver ao persistente esforço de repressão.

Os rebeldes respondiam ao contra-ataque britânico dispersando-se e aglutinando-se à maneira clássica da insurgência guerrilheira. Se os revoltosos nunca sustentavam mais de uma saraivada de balas antes de fugir para o mato, como os colonos se queixavam, era porque os africanos adotavam táticas já testadas.[87] Durante a longa campanha de escaramuças dos meses de verão, os rebeldes fustigaram plantations à borda de refúgios nas montanhas, ravinas e florestas, onde pequenos bandos podiam tirar proveito da geografia. Eles invadiam propriedades menores, em busca de recrutas e de suprimentos, quando ataques maiores eram impossíveis. Os rebeldes se juntavam e dispersavam dependendo da estimativa que faziam do equilíbrio de poder, das oportunidades de associação e do proveito militar do momento em determinado território. Alternando entre força e persuasão, coerção e consentimento, continuavam tentando convencer cativos de que tinham mais a perder permanecendo escravizados do que se rebelando. Dessa forma, nas circunstâncias corretas, qualquer plantation visitada pelos rebeldes poderia se tornar um nodo da rebelião.

O comando da campanha britânica coube ao brigadeiro-general Norwood Witter, escudeiro, que organizou os esforços da milícia, e ao tenente-coronel Robert Spragge, do 49º Regimento de Infantaria. Natural da ilha e filho de soldado, Witter pertencia ao escalão superior dos grandes proprietários. Antes membro do Conselho do Governador, era dono de mais de 2600 hectares nos distritos de Westmoreland, St. James e St. Elizabeth.[88] Spragge era soldado de carreira, também ele descendente de uma família com tradição de serviço militar. Nascido na cidade muralhada de Chester,

Inglaterra, em 1715, tinha sido capitão do forte Charles, em Port Royal, já em 1751, e promovido por merecimento de major a tenente-coronel em 1753.[89] Embora também possuísse uma propriedade considerável (Chester, que recebeu esse nome em homenagem à sua terra natal) no rio Martha Brae, em St. James, não era nem de longe rico como Witter.[90] Com 45 anos, Spragge era um respeitado oficial superior, mas não um aristocrata local.

Ambos chegaram a Westmoreland depois das batalhas na Barricada dos Rebeldes. Com suas tropas já enviadas para sotavento a bordo do *Harwich* no dia anterior, Spragge embarcou no *HMS Renown* com dois outros "oficiais de terra" em 5 de junho. Os três homens desembarcaram em Bluefields no dia seguinte, assumiram o comando das tropas e seguiram para o acampamento na propriedade de Moreland.[91] Nas montanhas, Spragge descobriu que depois da derrota do acampamento rebelde só os maroons pareciam ter conseguido algum progresso na luta contra os insurgentes. Os capitães Furry e Quashy tinham matado mais de uma dezena e capturado quase sessenta, que foram levados para Moreland em 6 de junho. No dia anterior, rebeldes haviam atirado e matado Daniel Lawder, miliciano que ficou para trás do seu grupo e se perdeu no mato.[92]

Na verdade, os rebeldes tinham recuperado a ofensiva. Em 7 de junho, surpreenderam numa emboscada um grupo de milicianos de Hanover, ferindo gravemente um branco.[93] Ao mesmo tempo, segundo os colonos ouviram dizer, os escravizados tinham coletivamente se recusado a trabalhar na propriedade de Salt Spring, não muito longe de Fish River e de Campbelton, onde levantes coincidiram com a eclosão em Masemure. No dia seguinte, dizia-se, "os pretos rebeldes tomaram a propriedade de Jerusalem", numa montanha acima do vale King, que protegia a estreita passagem entre Hanover e Westmoreland.[94] Depois de perder seus estoques de pólvora e munição na Barricada dos Rebeldes, os coromantis precisavam desesperadamente de armamentos. Segundo uma versão, "sua munição tendo praticamente toda sido gasta", eles "já eram obrigados a fazer bala com dólares e moedas de prata para atirar". Os brancos tinham evacuado Jerusalem, e os rebeldes não encontraram armas nem munição entre os escravizados de lá, que se recusaram a participar da rebelião. Os insurgentes derrubaram a casa de moradia, supostamente para impedir que colonos voltassem a ocupar a área; depois atravessaram o vale para a propriedade de nome Glasgow.[95] Muito provavelmente esperavam controlar a passagem para Hanover, pelo menos por tempo suficiente para que suas forças se juntassem, vindas dos dois distritos. Os africanos saquearam uma casa, mas Glasgow era um alvo difícil. Situada em terreno elevado, outra casa contava com uma bateria de defesa guarnecida por empregados e marujos brancos, que juntamente com escravos leais rechaçaram os atacantes, expulsando-os da plantation.[96] Perto de Glasgow, os maroons do capitão Furry tocaiaram os rebeldes que rumavam para o leste, matando vários, mas a maioria escapou.[97]

Preocupados com "o quanto todas as operações da milícia foram mal conduzidas", importantes proprietários de Westmoreland suplicaram a Norwood Witter que assumisse o comando das operações. "Ele não pôde deixar de ver como a nossa situação era ruim" e aceitou a tarefa, disse um dos suplicantes. Em 11 de junho, Witter teve um encontro com Spragge para "consultar sobre o melhor método para atormentar os rebeldes".[98] Concluíram que deveriam instalar sua base em Moreland, enviando dali vários grupos para matar e capturar rebeldes sempre que dispusessem de informações secretas sobre seu paradeiro. Àquela altura, o tempo tinha piorado, com vendavais e rajadas de vento. Chuvas fortes e trovoadas persistiram por várias semanas, transformando o campo em Moreland num "lugar miserável".[99] Apesar disso, a partir dali, durante dois meses ou mais, as forças britânicas combinadas vasculharam o distrito à procura de insurrectos.

Segundo um relatório oficial, os vários grupos de contrainsurgentes mataram quase cem e capturaram uns duzentos negros em junho. Mas a confusão da guerra tornava impossível uma contagem precisa. Dezenas morreram nas florestas, em consequência de ferimentos, enquanto colonos empurraram inúmeros deles para precipícios e doenças levaram outros. Muitos definharam em grutas lamacentas. Sem provisões estocadas, os rebeldes tinham que sobreviver da terra. Assim sendo, os britânicos destruíam plantações. No fim do mês, informou um colono, "existem agora cerca de duzentos soltos, mas nas piores condições de fome, sem qualquer meio de subsistência, pois as pessoas cortaram suas bananeiras, sendo a banana-da-terra o único alimento que os pretos têm neste país".[100] Outro afirmou que as provisões eram "tão escassas entre eles que descobrimos que assam nossos brancos quando os matam".[101] Não se sabe se isso era verdade ou mentira, mas o fato é que os rebeldes só mataram três ou quatro brancos em junho, e isso não bastava para alimentar um exército.

Tendo feito juramentos de lutar ou morrer, muitos rebeldes agora pensavam na possibilidade de suicídio em massa. "Eles não estão tombando diariamente só por falta de sustento", informou um relatório, "mas a perspectiva das misérias que seus irmãos sofrem leva muitos a dar fim a si mesmos".[102] Eles não poupavam os jovens, que deveriam ser o futuro da nova aldeia. Em vez de vê-los retornar à escravidão das plantations, os rebeldes viram um "grande número de crianças destruídas nas florestas".[103] Em suas excursões diárias contra os insurgentes, os colonos depararam com dezenas de homens, mulheres e crianças pendurados nas árvores, os corpos se contorcendo na chuva açoitada pelo vento.[104] No fim de junho, um colono pôde afirmar que os senhores de escravos tinham "pegado e destruído quase setecentos pretos".[105] Da propriedade de Thistlewood, perto da costa, ele podia sentir o cheiro "dos pretos mortos nas florestas", o que o fazia pensar em óleo fétido.[106] Muitos insurgentes desistiram da rebelião e se esgueiraram de volta para suas plantations, fingindo inocência e alegando lealdade aos seus senhores.

Dos capturados, alguns foram mortos no ato por senhores vingativos, alguns foram executados nas propriedades dos seus donos e outros foram enviados a Savanna La Mar para tortura, julgamento e condenação. "Nosso grupo tinha capturado e matado cerca de duzentos, que queimaram vivos, e alguns penduramos em forcas", anunciou um proprietário em meados de junho.[107] Os captores geralmente passavam com seus prisioneiros pela propriedade Egypt a caminho da cidade, e Thistlewood assistiu a muitas execuções em suas frequentes idas à baía. Segundo o costume, ele ouvia e trocava notícias da insurreição extraídas dos condenados ou sobre eles. Um rebelde foi queimado vivo "aos poucos, com um fogo lento aceso a certa distância dele". Mas "nunca demonstrou medo, moveu um pé, gemeu ou gritou um 'oh'". Esse homem aparentemente continuou a tramar até o momento da execução, prometendo a um guarda branco dar-lhe todas as suas moedas e fazer dele um capataz na propriedade de Midgeham, perto de Masemure, se ele o deixasse escapar. Em 19 de junho, Thistlewood foi a Savanna La Mar para informar aos militares sobre o possível envolvimento de escravizados de Egypt na insurreição. Na cidade, viu Goliath, do capitão Forrest, ser enforcado. Tinha sido acusado de "cortar a coxa do sr. Rutherford e arrancar seus olhos quando ele ainda estava vivo", no primeiro ataque frustrado à Barricada dos Rebeldes.[108]

Esses contos sobre insensibilidade e crueldade dos rebeldes tinham uma função social útil. Os colonos não só esperavam descobrir quem se envolvera na insurreição e o que fizera, mas também queriam diferenciar sua própria brutalidade da violência dos africanos. Quanto mais descreviam a violência negra — dirigida contra brancos, o que era mais chocante, mas também contra outros negros —, mais fácil era suprimir a revolta sem se preocupar com as vidas negras. No entanto, os contrainsurgentes não estavam perfeitamente de acordo quanto à dose de brutalidade necessária para acabar com a rebelião. Nos relatos militares dos "rebeldes capturados e mortos" refletia-se uma tensão entre as preocupações imediatas de segurança e os interesses financeiros dos senhores. Apesar de baseadas em relatórios regulares de Norwood Witter, as narrativas "não poderiam ser vistas como particularmente exatas e justas", explicou o vice-governador Moore, "pois apesar de todos os meios apropriados terem sido usados e de mandados terem sido emitidos para obrigar as várias propriedades a informar devidamente as pessoas ausentes e o número das que retornaram, a maioria se negou a fazer da forma adequada, com vistas a ocultar os ausentes".[109] Em outras palavras, alguns senhores estavam mais interessados em evitar perdas de propriedades humanas do que em derramar sangue.

O atrito entre esses impulsos se revelou nas táticas contraditórias de Norwood Witter e Robert Spragge. Thistlewood ficou muito impressionado com as ações do 49º Regimento. "O coronel Spragge corta fora, de imediato, as cabeças dos rebeldes que caem em suas mãos", comentou o capataz em tom de aprovação: "Ele diz que foi mandado para destruir os rebeldes, e destruí-los é o que vai fazer, usando todo o poder que tem", embora aparentemente Spragge abrisse algumas exceções para mulheres e crianças.[110] Nem todos os senhores pensavam assim. Depois que os rebeldes foram expulsos de sua base nas montanhas Hanover, Witter esperava convencê-los a voltar para as plantations. Deu garantias aos que se renderam, concedendo-lhes anistia se voltassem imediatamente para seus donos. Para muitos proprietários, isso era inaceitavelmente tolerante. Desconfiado das intenções de Witter, Thistlewood queixou-se com amargura ao saber que o brigadeiro-general tinha dado garantias a Fortune, do capitão Forrest, "um dos principais criminosos", e a vários outros que tinham voltado por conta própria para propriedades atingidas pela rebelião. "Isso é uma política ou outra coisa?", questionava-se ele.[111]

Thistlewood tinha razão de suspeitar de interesses particulares. Witter talvez até tenha reconhecido isso quando jantou com Thistlewood e outros proprietários em meados de agosto.[112] Na verdade, muitos donos de escravizados rebeldes haviam procurado Witter para fazer apelos em nome de suas propriedades. "Havia uma tendência generalizada entre os rebeldes para voltar", disseram os senhores, "desde que sua vida e seus membros fossem poupados; quanto a qualquer outro castigo eles seriam colocados à mercê do vice-governador". Embora "muitos dos pretos rebeldes tivessem voltado para seus senhores", disse um defensor dessa política, "estes hesitavam em apresentá-los, com medo de que fossem mortos". Depois de consultas com os proprietários mais influentes — aquelas pessoas que ele considerava "de melhor discernimento" —, Witter começou a conceder as garantias, depois pediu permissão ao vice-governador Moore para adotar essa estratégia. Assassinos condenados deveriam ser excluídos do indulto, mas ficou combinado que "não deveriam ser mortos mediante tortura" se fossem condenados. Claro, os rebeldes que tinham matado brancos não contariam com qualquer tipo de misericórdia.[113] Logo que Moore aprovou essa política, as autoridades se apoderaram dos suspeitos de assassinato.[114] Thistlewood aplaudiu quando John Cope Jr. e vários outros soldados capturaram alguns africanos "de surpresa" e os conduziram, passando por

Egypt, para o forte em Savanna La Mar.[115] Ali permaneceram confinados por até seis meses, aguardando seu fim.

Muitos proprietários de escravos esperavam, como Thistlewood, que esses rebeldes fossem todos executados.[116] No fim de outubro, a Câmara da Assembleia formalmente pediu a Moore que ordenasse

> que os vários pretos ou outros escravos na rebelião de sotavento, que foram julgados e condenados à morte, sejam respectivamente executados, de acordo com suas diversas sentenças, exceto os que receberam promessas de vida por servirem ao público, [mas] matando ou obrigando a voltar para casa outros rebeldes; e que o senhor possa dar ordens para levar a julgamento todos aqueles que cometeram ou possam ser acusados de ter cometido assassinato, ou de pegar em armas nas rebeliões dos distritos de St. Mary e Westmoreland, que se renderam, e não foram julgados, para que possam ser punidos de acordo com seus vários delitos.[117]

O coronel Barclay, vizinho de Thistlewood, foi a Spanish Town fazer um apelo especial pela execução de Fortune e Pluto, considerados cabecilhas.[118] O sr. Stone, outro proprietário em Westmoreland, pediu ao vice-governador que mandasse executar quinze homens. Para atenuar as preocupações dos donos de escravos, a Assembleia reafirmou em 18 de novembro que eles receberiam até quarenta libras esterlinas a título de indenização para cada rebelde que o governo mandasse matar.[119]

Membros da Assembleia convocaram uma sessão especial para investigar a conduta de Witter, mas ele tinha todo o apoio de Moore.[120] Pelo menos quinze rebeldes — Blackberry, Peter, Primus, Davy, Bristol, Leicester, Prince, Jonathan, Robin, Adjaquao, Isaac, Tackey, Quamina (também conhecido como Gubbee), Jack e Boatswain — receberam perdão oficial do vice-governador, que ordenou que fossem expulsos da ilha em vez de mortos.[121] A Assembleia decidiu que as "tratativas [de Witter] com os rebeldes, enquanto estavam em rebelião e armados, foram uma medida pouco política, mas que parece à câmara que ele agiu com boa-fé".[122] Uma opinião contrária sustentava que a decisão de Witter fora uma atitude "humana e política", que resultou na rendição de mais de 250 insurgentes. Ao oferecer aqueles termos aos rebeldes, atestou John Venn na audiência sobre o assunto, "não só a vida daqueles miseráveis foi salva, e torturas foram evitadas, mas também a de muitos brancos e outros que teriam sido assassinados, ou morreriam de fadiga na perseguição deles".[123] Isso não convenceu Thistlewood, que considerava Witter responsável por um "relaxamento total" do governo civil e militar.[124]

Thistlewood identificava-se mais com Robert Spragge. Spragge era inglês como ele, e não crioulo como Witter, que pertencia a uma das famílias mais ilustres de Westmoreland. E, embora fosse um fantástico proprietário, Spragge estava mais perto da condição social da gente branca comum do que Witter e os grandes senhores seus colegas. É possível também que houvesse uma acentuada diferença de sentimentos para com os negros. Como a maioria dos patriarcas jamaicanos, Witter tinha vários parentes mestiços. Diferentemente da maioria dos brancos, no entanto, ele os reconhecia como sua gente. Um ano depois da insurreição, quando a Assembleia da Jamaica aprovou uma lei impedindo que negros herdassem propriedades significativas de brancos, Witter foi uma das poucas vozes discordantes.[125] A animosidade racial poderia vir de ingleses sem raízes sociais na ilha tão facilmente como de brancos nativos, com sua longa tradição de hierarquia racial negociada. Mas o conflito sobre garantias e indultos indicava mais do que atitudes conflitantes sobre a supressão dos rebeldes ou diferenças entre dois tipos de militar; ele ressaltava a frágil complexidade da coalizão contrainsurgente.

Witter e Spragge supervisionavam uma grande variedade de forças públicas e privadas. Os relatos de suas operações de junho mencionam grupos milicianos dos distritos de Westmoreland e Hanover, bem como grupos privados de várias plantations, escravos armados e maroons, ao lado de soldados e marujos das Forças Armadas imperiais.[126] A coesão militar era tudo, menos automática. Esses grupos muitas vezes tinham interesses divergentes, condicionados por classe, raça, política e o puro e simples desejo de sobreviver numa situação de perigo mortal. Ao demonstrar receio de que os grandes proprietários sacrificassem a segurança pública só para poderem voltar ao dia a dia dos seus negócios, Thistlewood estava admitindo que as prioridades daqueles homens nem sempre coincidiam com as dos senhores de escravos mais comuns. Na verdade, havia prioridades divergentes em toda parte.

Pertencimento racial era outro racha possível na aliança dos senhores. Os colonos eram quase tão dependentes dos negros para a segurança doméstica como para a produção nas plantations.[127] Quase sempre, eram os cativos que denunciavam conspirações aos proprietários antes que eles as descobrissem por conta própria. E os escravizados eram muito ativos na luta, como membros de bandos encabeçados por proprietários ou como assistentes individuais. Jemmy, escravo pertencente a John Smith, o

FIGURA 5.3. *Granadeiro negro do 49º Regimento de Infantaria, 1751.* Pintura de um granadeiro, com um tocador de pífano e outro de tambor, de David Morier (1705-70). Cortesia da Collection Trust/© Her Majesty Queen Elizabeth II, 2018.

administrador morto em Masemure, guiou os soldados até posições rebeldes, ele próprio atirando num insurgente.[128] Um grupo dos "pretos do
rei" era muito atuante na contrainsurgência. Mesmo o 49º Regimento,
formado basicamente na Jamaica, combinava negros, brancos e intermediários. Embora a frágil independência dos maroons, a duras penas conquistada, estivesse em jogo numa alteração do equilíbrio de poder, eles
eram atores semiautônomos, obrigados por acordo mas devendo pouca
coisa aos colonos. A lealdade de quaisquer desses negros jamais poderia
ser dada por certa e definitiva.

Nem todos os brancos estavam igualmente ansiosos para combater nos
termos militares. O pacifismo dos morávios era visto com desprezo por
chefes milicianos locais. No distrito de St. Elizabeth, mais de dez homens
armados prenderam um missionário, Carl Schultz, "colocando-o entre seis
homens com floretes" enquanto o escoltavam até a presença do capitão da
companhia na propriedade de Barton Isles. Após um severo interrogatório,
o capitão da milícia exigiu que Schultz "ficasse lá e se tornasse soldado".
Schultz respondeu que "não desejava esgrimir" e informou o capitão de
que uma lei do Parlamento havia isentado os irmãos do serviço militar.
O capitão zombou dessas palavras, dizendo a Schultz que "se ele não quisesse esgrimir podia ficar por lá e ajudá-los com suas preces", mas acabou
por deixá-lo voltar para sua missão. A milícia continuou a desconfiar dos
morávios, exigindo reiteradamente que demonstrassem sua lealdade aos
senhores de escravos.[129]

A disciplina militar era um problema também para os soldados regulares. Eles se aborreciam com a autoridade presunçosa dos comandantes, e muitas vezes preferiam cuidar de seus interesses particulares. Boa
parte desses interesses consistia em sobreviver. Quando administradores
de plantations não ofereciam provisões de modo voluntário, os soldados
comuns sobreviviam apreendendo alimentos para consumo próprio. No
lado norte da ilha, em setembro, o tenente Hollingberry e dois grupos de
soldados ocuparam as propriedades de Iter Boreale e Gibraltar, no distrito
de St. George. O capataz de Iter Boreale, ao chegar do campo, encontrou
os soldados dentro da casa-grande, depois de arrombarem as portas. Hol-

lingberry lhe disse que "se não desse aos soldados o suficiente para atender a suas necessidades, ele arrombaria qualquer casa e pegaria". Para evitar maiores danos, o capataz "foi obrigado a dar-lhes rum, carne bovina, banana-da-terra etc.". Soldados também "arrombaram os estoques" de Gibraltar, uma plantation administrada por Zachary Bayly.[130] Com a lei marcial em vigor, o único recurso que restava aos proprietários era apelar à Câmara da Assembleia em Spanish Town.

Os oficiais que eram proprietários costumavam dar prioridade à defesa dos seus próprios bens. O tenente Jeremiah Gardner, do 49º Regimento, foi duas vezes submetido à corte marcial durante seu tempo de serviço. Em 1759, num julgamento presidido por Robert Spragge, Gardner foi acusado de surrar um homem a quem devia vinte xelins. O homem tinha ido embora para a Inglaterra na época do julgamento e o tribunal absolveu Gardner de "comportamento indigno de um oficial e de um cavalheiro".[131] Então, durante a revolta dos escravizados, Gardner abandonou sua unidade sem pedir licença. Quando Spragge foi juntar-se ao seu destacamento em Westmoreland, deixou alguns oficiais, incluindo Gardner, de plantão em Port Royal. Gardner escafedeu-se para sua própria plantation, no distrito de St. Elizabeth, provavelmente para defender sua propriedade da insurreição. Alegou ter recebido permissão do vice-governador Moore, mas deixou de comunicar a seu comandante, apesar, segundo Spragge, "de ter se escondido no distrito ao lado" de onde sua unidade travava combate. Meses depois da insurreição, Gardner ainda não tinha reassumido seus deveres, e dessa vez Spragge perdeu a paciência, declarando que, durante os seis ou sete anos que conviveu com ele, Gardner tinha adotado "todas as medidas para deixar de cumprir seu dever como oficial". Considerando-o culpado, o exército o expulsou por "ausentar-se do seu regimento e dos seus deveres, sem licença, e não se comportar como oficial".[132]

Mesmo na Marinha Real, lendariamente disciplinada, a insubordinação de alguns marinheiros refletia uma indiferença à missão, bem como a consciência de que ela colocava sua vida em perigo. Embriaguez, desobediência e deserção eram características regulares da vida naval. Mas esses problemas exacerbavam-se nos portos, onde o comando dos homens operava sem a ajuda da severa disciplina do oceano. A insubordinação crescia quando um navio atracava, especialmente se os marinheiros detestassem a tarefa do momento. Sufocar a insurreição era trabalho desagradável e arriscado, que se tornava ainda mais perigoso à medida que a tarefa ia se arrastando.[133] Assim que o *HMS Port Royal* chegou à baía Bluefields no começo de junho, o capitão castigou dois marujos por "embriaguez e expressões rebeldes". Um dia depois, puniu dois homens por "motim em terra".[134] Duas semanas depois do início das operações em Westmoreland, o fuzileiro naval John Lavis abandonou o *Harwich*.[135]

Chuvas torrenciais desabaram durante a maior parte de junho. As estradas costeiras, "fundas e sórdidas" mesmo nos melhores períodos, tornavam-se "quase intransitáveis".[136] O esgoto escorria livremente por Savanna La Mar, contaminando a água e os suprimentos de comida. Mosquitos se multiplicavam rapidamente em barris, baldes e vasos espalhados pelas plantations, nos barris de água de navios perto do porto e nos sulcos lamacentos e poças rasas espalhados por toda a terra. Logo "houve uma doença quase universal no distrito".[137] Em 2 de julho, os fuzileiros navais da *Viper* voltaram para o navio, quase certamente levando uma epidemia para bordo. Dois dias mais tarde, dois homens, incluindo o fuzileiro Richard Hutchinson, receberam 36 chicotadas cada um no passadiço por "negligência no cumprimento do dever e desobediência". Não muito tempo depois, um marinheiro experiente "partiu desta vida". Os oficiais castigaram outro homem por "insubordinação e embriaguez" em 8 de julho, e outro marinheiro morreu no dia 9. Quando Richard Hutchinson faleceu, em 13 de julho, a tripulação lavou o navio com vinagre, na tentativa de impedir o contágio. Outro fuzileiro naval foi a óbito no dia seguinte; a tripulação voltou a desinfetar o navio, e depois carregou vasos de madeira e piche fumegantes pelos conveses, achando que a fumigação acabaria com a infecção no madeirame do casco.[138] Se a Marinha ignorava a epidemiologia moderna, os marujos comuns certamente culpavam aquela guerra infeliz pela doença.

Com a campanha se arrastando, ficava difícil continuar reforçando a milícia. Um capitão queixou-se de que não conseguia, apesar dos seus "máximos esforços, recrutar um terço dos homens aptos para servir" nas propriedades sob sua jurisdição.[139] Não eram só as doenças que dificultaram o recrutamento; era também um repúdio generalizado à lei marcial. Entre a "morte de um número tão grande de pretos, a detenção da frota e a paralisação quase absoluta dos negócios", os proprietários e comerciantes estavam loucos para cuidar da própria vida e remediar suas perdas.[140] O vice-governador disse à junta comercial que não podia suspender a lei marcial em agosto, como tinha planejado, porque "a obstinação e a obsessão das pessoas nessa parte do país eram tão grandes que, apesar de muitas terem sofrido extremamente, e de o perigo ainda rondá-las, não havia possibilidade de convencê-las a cumprir o seu dever, e no momento em que deixasse de existir o poder que as obrigava a andar armadas, elas as deporiam". Ele tinha que continuar impondo o governo militar "até que a rebelião seja cortada pelas raízes".[141]

As raízes do conflito eram profundas nas senzalas, e ali o terror era a arma mais afiada do arsenal britânico. Para impedir que os escravizados aderissem à rebelião, a contrainsurgência continuou a organizar execuções macabras, a intimidar e ameaçar qualquer pessoa negra encontrada fora do seu lugar e a fazer grandes demonstrações de beligerância coletiva, com milicianos passando de propriedade em propriedade. Medo e ansiedade talvez fossem a melhor explicação para a recusa de cativos a participar da insurreição.

Os escravizados sem dúvida tinham mais a temer do que os brancos, pois se preocupavam, também, com as perdas de suas provisões, de seus jardins e de suas pequenas posses.[142] Por pequenas que fossem, elas tinham grande valor para eles, e o caos da guerra ameaçava sua preservação. Com a agricultura bagunçada e os britânicos destruindo a safra de produtos básicos, a fome ameaçava o distrito de Westmoreland. No começo de julho, um convertido morávio escravizado em Mesopotamia falou aos irmãos sobre "a grande situação de emergência de fome entre os pretos". Eles perguntaram ao administrador da propriedade "por que alguns deles tinham que morrer de fome e se ele não poderia ajudá-los", mas isso serviu apenas para fazer o administrador desconfiar dos peticionários. Uma semana depois, mandou prender vinte dentro da paliçada, "porque eles tinham se queixado de fome etc. e o administrador ficou com medo de que, se saíssem à noite, fossem roubar".[143] Os cativos estavam presos entre a tirania e a escassez.

No entanto, os escravizados eram propensos a pôr a culpa de sua situação imediata tanto na rebelião quanto nos proprietários. A opressão coletiva não resolveu diferenças políticas entre os escravizados, e os rebeldes, em seu desespero, podiam ser tão desalmados quanto os senhores. Alguns cativos capturaram um rebelde em Mesopotamia quando ele estava "afiando sua faca de matar" e o prenderam embaixo das tábuas do assoalho de uma casa até o capitão da milícia local ir buscá-lo. Um julgamento feito às pressas considerou o rebelde culpado pela morte de duas crianças negras poucos dias antes e imediatamente o condenou à morte na fogueira. Os morávios reconheceram que esses escravizados tinham "se legitimado na região", conquistando a confiança temporária dos senhores.[144] Os próprios missionários se sentiram aliviados quando souberam que muitos cativos aos quais ensinavam diziam que, depois de escutar o Evangelho, "preferiam ser cortados em pedaços a ter qualquer coisa a ver com os assassinos rebeldes".[145] A violência da linguagem dos escravizados não era apenas metafórica; o terror e o contraterror entravam em todos os cálculos políticos.

O medo era, de fato, a cola que sustentava a coalizão contrainsurgente. Superiores faziam ameaças externas de perseguição, castigo e morte aos rebeldes e ameaças internas aos subordinados. O temor era uma grande ferramenta de disciplina, mantendo soldados na linha, contendo marujos insubordinados e estimulando milicianos hesitantes. Histórias de atrocidades africanas uniam as forças coloniais até com mais vigor do que as ameaças dos líderes. Sempre que os rebeldes matavam um escravizado, e especialmente quando atingiam um branco, as notícias logo chegavam aos ouvidos de todos. Ainda que eximissem a contrainsurgência de seus excessos, esses relatos a mantinham em pé, juntamente com apreensões pelo que poderia acontecer se o esforço de guerra fracassasse. Por mais que se incomodassem com a lei marcial, os colonos desejavam a presença de soldados britânicos. Por mais que desprezassem o pacifismo dos morávios, os senhores valorizavam sua parceria como brancos. Cercado de escravizados negros, mesmo um grande proprietário abria sua casa para um humilde missionário, como quando Caleb Dickinson, "estando um pouco com medo", insistiu com um morávio para "passar a noite".[146] Como Dickinson, Thomas Thistlewood e Norwood Witter, Charles Holmes e Richard Hutchinson, o capitão de milícia que conhecemos apenas como Richard e o irmão Nicolaus Gandrup, até mesmo Kojo e o leal Jemmy — todos temiam uma colônia coromanti mais do que odiavam a guerra.

O FIM DE JUNHO TROUXE boas notícias para os senhores. Depois de múltiplos atrasos, o primeiro comboio finalmente partiu no dia 22, com 112 navios mercantes escoltados pelo HMS Dreadnought.[147] Mais auspiciosamente, os colonos frustraram uma nova e "formidável" conspiração no distrito de St. James, quando um escravizado por nome Will denunciou um plano para "se rebelarem e juntarem aos que já participam da rebelião". Os senhores capturaram mais de sessenta homens, a maioria dos quais rapidamente executaram, "alguns queimados, outros enforcados, outros pendurados vivos em gaiolas" — embora muitos outros escapassem e se juntassem a fugitivos da área de Hanover e a rebeldes nas montanhas.[148] Apesar disso, a estratégia adotada por Witter e Spragge estava dando resultado em Westmoreland. Os contrainsurgentes tiraram a maioria dos rebeldes do entorno de Moreland e depois os expulsaram das montanhas Hanover.

Bandos dispersos de rebeldes seguiram para leste ao longo da base das montanhas, tentando ficar entre os maroons e os proprietários. Sua passagem foi difícil, nas chuvas fortes, mas para os senhores a perseguição também não foi fácil. De Mesopotamia, na metade do distrito, perto das montanhas e do pântano Black, missionários morávios notaram o movimento dos rebeldes para leste. Os revoltosos atuavam naquela área desde a terceira semana do levante. Alguns ameaçaram abertamente um homem branco ali perto, dizendo-lhe que "queriam lhe fazer uma visita à noite". Ele imediatamente mandou a esposa buscar refúgio em Mesopotamia, "com seus filhos, pretos e os melhores objetos da casa", e depois partiu com a milícia. Em meados de junho, colonos armados passavam frequentemente por Mesopotamia rumo às montanhas, ou voltando com prisioneiros para a baía. Os missionários ouviram dizer que depois de um confronto os rebeldes perderam seus fuzis e fugiram, retirando-se para "as montanhas mais altas a fim de se armar com pedras da melhor maneira possível". Todos os brancos de Mesopotamia foram atrás, com escravizados transportando provisões. No fim do mês, o capataz da propriedade, Daniel Macfarlane, cansado de lutar, disse aos irmãos que grupos "tinham capturado rebeldes todos os dias", comentando que os pés deles estavam "miseravelmente feridos e rasgados".[149] Não parecia possível que resistissem por muito tempo.

No começo de julho, os senhores capturaram Wager. Ele permanecera no lado oeste do distrito, tendo sido ferido algum tempo antes. Os rebeldes se dispersaram, atacando propriedades esporadicamente, enquanto tenta-

FIGURA 5.4. As montanhas em torno da propriedade Mesopotamia. *View of Fort William Estate, Westmoreland, 1778.* Gravada por Thomas Vivares a partir de uma pintura de George Robertson. Cortesia de The British Library.

vam escapar de grupos de contrainsurgentes. No fim de junho, voltaram a
aparecer perto de Moreland, matando um homem branco que tinha sido
funcionário do falecido sr. Rutherford. Outro grupo de rebeldes se reunira
perto da propriedade de Jacobfield, na parte baixa das montanhas, não
muito longe de Masemure. Um destacamento de milicianos partiu atrás,
seguido de perto por um oficial e doze marinheiros do *HMS Harwich*, que
voltaram para o navio poucos dias depois, "os pretos tendo se dispersado".
Thistlewood foi avisado de que outros rebeldes tinham sido expulsos das
montanhas e atravessado a planície, a apenas três quilômetros de Egypt;
corria um boato de que estavam perto de Paul Island na noite de 30 de
junho. Os milicianos capturaram Davie, de Masemure, num abrigo de
sentinela e o levaram para a cidade, passando por Egypt.[150] Não se sabe
ao certo por que esses rebeldes voltaram para tão perto da costa. Provavelmente, tendo ouvido dizer que a frota enfim partira, alguns acabaram
concordando em seguir o trajeto de Wager, rumando à baía para um assalto desesperado contra Savanna La Mar. Ou talvez tenham descido para
se render, como acreditavam os colonos quando informaram que "oitenta
dos rebeldes se entregaram voluntariamente; e, para alcançar seu perdão,
trouxeram como prisioneiros Wager, seu comandante-chefe coromanti,
e outros três que os seduziram, os cabecilhas".[151] Fosse como fosse, os
líderes foram capturados bem depois que suas esperanças de rebelião se
frustraram.

Em 3 de julho, Thistlewood viu "Wager, ou Apongo, ser levado como
prisioneiro, essa noite; era o rei dos rebeldes, mas desprezado ultimamente,
desde que foi ferido". Os colonos de Westmoreland mais uma vez estavam
confiantes na vitória, certos de que, "à exceção de uns poucos vilões desesperados", os rebeldes restantes "logo chegariam, estando muito exaustos
de fadiga, fome e discórdia entre eles". Calculavam que os remanescentes
não passavam de setenta. Tendo recuperado seus fuzileiros navais, o *Harwich* levantou âncora e voltou para Port Royal. Em Spanish Town, Henry
Moore logo recebeu "notícia de que grande número de escravos se rendeu
em Westmoreland e de que um grupo tinha trazido Wager, o chefe dos
insurgentes, antes disso a pessoa principal na propriedade do capitão For-

rest". Em poucos dias, Thistlewood "tinha apenas dois pretos de sentinela", voltando à sua rotina de sempre.[152]

Os britânicos obtiveram êxito parecido em outros lugares da ilha. Na semana da captura de Wager em Westmoreland, as autoridades executaram dezenove rebeldes em St. Thomas in the East. Um grupo de maroons matou Pompey, líder do levante no rio Plantain Garden, e levou sua cabeça para a baía Morant. Outro comandante da revolta, Akim, enforcou-se antes que o capturassem. Vários desdobramentos militares na ilha mantinham um clima de tolerável sossego, apesar de indícios de conspiração nos distritos de St. John e St. Dorothy, onde suspeitos foram rapidamente presos e/ou executados, ou banidos da Jamaica.[153] A ilha exibia uma "aparência de tranquilidade", segundo informou o almirante Holmes no fim de julho. No entanto, a segurança da colônia exigia vigilância contínua: a lei marcial continuava em vigor, com o segundo comboio para a Grã-Bretanha tendo sido adiado para 1º de setembro, apesar da insatisfação de comerciantes de Kingston. A "verdadeira têmpera dos escravos só será conhecida com segurança" algum tempo depois que o governo revogar a lei marcial, disse Holmes, portanto ainda não havia chegado o momento de colocá-la de lado.[154]

De volta a Savanna La Mar, senhores de escravos cercaram os prisioneiros, insultando-os e querendo saber os planos dos rebeldes e quais dos seus próprios escravizados haviam se aliado aos insurrectos. Não arrancaram muita coisa de Davie, que ficou uma semana pendurado dentro de uma "roupa" de ferro e não se dobrou até morrer. Até manteve o senso de humor, divertindo-se com uma discussão entre dois homens brancos e rindo "com vontade" quando um macaco pulou em cima de um balde na cabeça de uma mulher negra. Aquele macaco "não valia nada", disse ele sufocando o riso.[155] Wager deu mais informações em seus últimos dias. Os colonos ficaram sabendo que ele tinha brigado com a esposa no dia da revolta, e que ela, com raiva, ameaçou denunciar a conspiração. Ele confessou que os rebeldes queriam que o ataque coincidisse com a saída do comboio, mas acabaram lançando a insurreição de imediato, com medo de serem descobertos. De qualquer maneira, com a partida originariamente marcada para 25 de maio, um pequeno atraso não teria

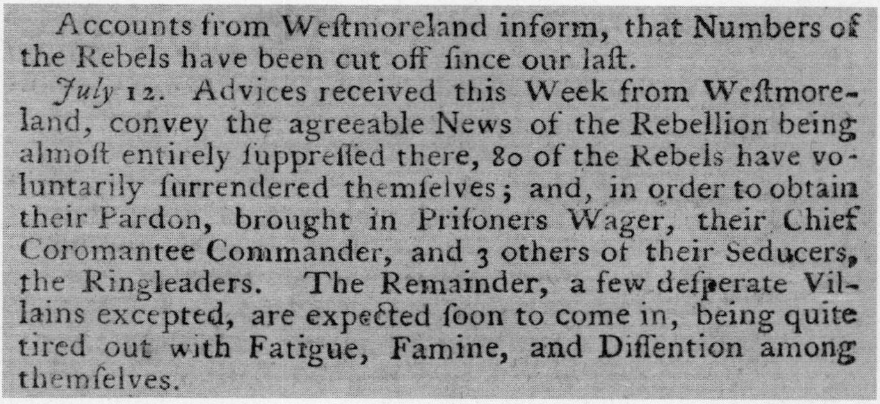

> Accounts from Weſtmoreland inform, that Numbers of
> the Rebels have been cut off ſince our laſt.
>   *July* 12. Advices received this Week from Weſtmore-
> land, convey the agreeable News of the Rebellion being
> almoſt entirely ſuppreſſed there, 80 of the Rebels have vo-
> luntarily ſurrendered themſelves; and, in order to obtain
> their Pardon, brought in Priſoners Wager, their Chief
> Coromantee Commander, and 3 others of their Seducers,
> the Ringleaders. The Remainder, a few deſperate Vil-
> lains excepted, are expected ſoon to come in, being quite
> tired out with Fatigue, Famine, and Diſſention among
> themſelves.

FIGURA 5.5. Notícia da captura de Wager em julho dada pelo
Pennsylvania Gazette em 4 de setembro de 1760.

custado aos conspiradores a oportunidade do feriado de Pentecostes. Wager também admitiu que tinha aconselhado levar a rebelião diretamente
para a baía, "mas os outros estavam com medo demais". Quando os senhores terminaram o interrogatório, Wager recebeu sua sentença: seria
acorrentado e pendurado por três dias, depois posto no chão e queimado
vivo. Thistlewood foi à cidade ver a execução em 29 de julho e pergun-
tou-lhe se conhecia algum escravo de Egypt. "Ele disse que conhecia
Lewie e mandou-lhe um adeus." Em 3 de agosto, Thistlewood registrou
que "Apongo morreu antes de terminar seus três dias", suspenso diante
da multidão hostil.[156] Mas ainda não era o fim da insurreição. Vários
bandos rebeldes continuaram se reunindo nas florestas e nos morros, e
fugindo das patrulhas de colonos.

ENTRE OS QUE AINDA RESISTIAM, um homem por nome Simon, às vezes chamado de Damon, assumiu a liderança — pelo menos segundo os colonos.
Eles achavam que Simon é que tinha matado a tiros o administrador de
Masemure, John Smith, nos primeiros momentos da rebelião. Na África,
na versão dos colonos, Simon tinha sido capitão do seu rei. Reencontrara-se

na Jamaica com Aguy, um caçador do mesmo governante, que se juntou a ele como chefe rebelde. Dizia-se que Simon costumava repreendê-lo por seu "gosto imoderado por mulheres", sugerindo que o primeiro continuava ocupando uma posição superior na hierarquia rebelde, como na África. No começo de agosto, Thistlewood ouviu dizer que Aguy tinha sido baleado, mas também que os demais rebeldes estavam anunciando seus objetivos de guerra: "matariam todos os pretos que pudessem" e quando as chuvas parassem iam tocar fogo no maior número possível de plantações, numa tentativa de obrigar os brancos a "lhes dar liberdade como os pretos de Cudjoe".[157] A declaração se espalhou rapidamente entre os senhores de sotavento, pois Simon "disse que se viver até a estação seca nenhuma usina vai funcionar na próxima safra, pois ele tocará fogo em tudo".[158] Os rebeldes pretendiam paralisar a economia da Jamaica até conquistarem sua autonomia.

O bando de Simon era uma força ligeira e móvel. Pelas estimativas de proprietários, tinha uns cinquenta homens e mulheres, provavelmente armados com uma dúzia de fuzis. Durante todo o mês de agosto, eles continuaram se esquivando nas montanhas de Westmoreland, "sem que ninguém os encontrasse embora houvesse sempre grupos atrás deles". Várias companhias de soldados se aquartelaram em postos ao longo da base das montanhas e em propriedades selecionadas "para evitar que roubassem e conseguissem mais munição". Concentrando sua tática em recrutar e rearmar-se, os rebeldes continuaram a contar com simpatizantes em partes do distrito. Em Savanna La Mar, os senhores de escravos apreenderam três ataúdes repletos de fuzis, pistolas e sabres contrabandeados "a pretexto de enterrarem pretos mortos", e outros senhores julgavam ter localizado membros do bando rebelde em vários lugares. Mas em setembro a maior parte dos revoltosos remanescentes moveu-se decisivamente para leste.[159]

A Marcha de Simon consistiu numa manobra perigosa entre os maroons que viviam nas montanhas e as forças dos proprietários nas planícies e nos vales, passando através de Westmoreland e entrando em St. Elizabeth e, por fim, no distrito de Clarendon. Thistlewood ouviu dizer em 21 de setembro que os rebeldes tinham ido para "barlavento", ao longo da divisa entre os distritos de Westmoreland e St. James.[160] Sua trajetória os levou por uma plantação de banana-da-terra pertencente a Norwood Witter. Se nem todas as plantas tivessem sido destruídas na parte leste de Westmoreland, os rebeldes poderiam aprovisionar-se logo antes da passagem para o distrito seguinte. St. Elizabeth oferecia muitos esconderijos. Abrangia parte da região cárstica, onde buracos de paredes íngremes, morros cônicos e cumes aguçados tinham oferecido vantagens estratégicas aos maroons desde o fim do século XVII até os anos 1730. Os rios YS e Black, os maiores da Jamaica, nasciam nas altas ravinas e traçavam cursos de encharcados até

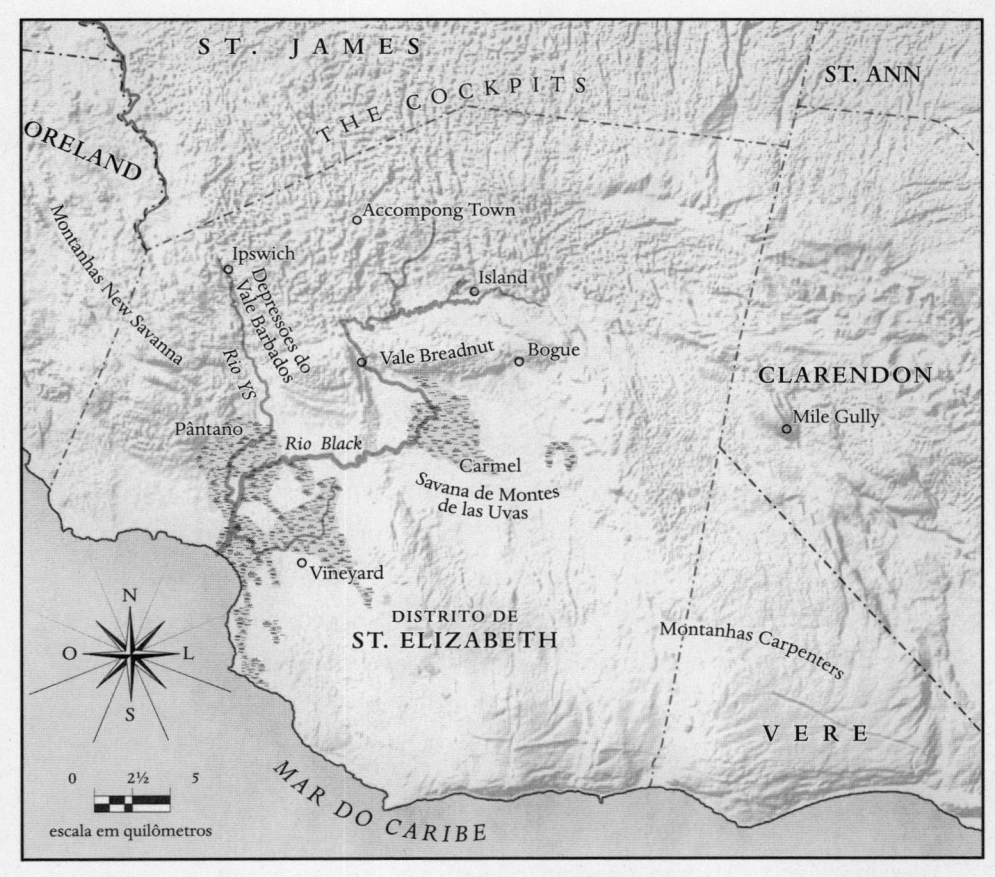

MAPA 10. Distrito de St. Elizabeth.
Desenhado por Molly Roy.

o mar, dando aos rebeldes lugares para se esconder nos grandes pântanos de planície perto de propriedades vulneráveis.

No fim de setembro, os morávios registraram, ouvindo do capataz Macfarlane a "notícia desoladora", que "os pretos rebeldes tinham começado novamente a matar pessoas hediondamente e que não estavam muito longe daqui, na sua viagem para St. Elizabeth".[161] Os morávios tinham missões em cinco propriedades do distrito, incluindo as de Carmel e Bogue, dos dois lados de um grande charco a leste do rio Black. Em Bogue, na primeira semana de outubro, o irmão Joseph Powell observou que muitos estavam "com grande medo e todos armados por causa dos relatos recentes de rebeldes vindo para este distrito".[162] Simon tinha ocupado as depressões e sumidouros do vale Barbados ao longo do rio YS. Situada perto das cabeceiras do rio, Ipswich, propriedade de cana-de-açúcar, ficava muito isolada. Os rebeldes atacaram e incendiaram a plantation em 21 de outubro, destruindo "tudo, exceto a casa das caldeiras, da qual, por ter alicerce de tijolo e pedra, só conseguiram queimar a porta".[163] Em rápida sucessão, atacaram uma propriedade perto das cabeceiras do rio, a menos de dez quilômetros da missão morávia na propriedade de Island, e "arruinaram total e absolutamente" outra plantation.[164] Mas os rebeldes também sofreram um revés naquela área. Logo depois do ataque a essas plantations, grupos que partiriam de Island "mataram alguns rebeldes, cortaram fora suas cabeças e as espetaram em postes. Capturaram um vivo e o enforcaram no dia seguinte".[165] Os morávios lamentaram que a companhia despachada para lutar contra os rebeldes tivesse matado escravos inocentes, mas isso era, afinal de contas, uma ocorrência corriqueira em guerras de contrainsurgência, nas quais as linhas que dividiam combatentes de não combatentes eram muito tênues.[166] Em Mesopotamia, os morávios temiam por seus irmãos do distrito vizinho, tendo recebido notícias de "assassinatos e incinerações". No entanto, ainda havia suficiente atividade rebelde na área para chamar a atenção dos moradores de Westmoreland. O irmão Gandrup chegou a comprar um revólver, apesar do juramento contra o serviço militar.[167]

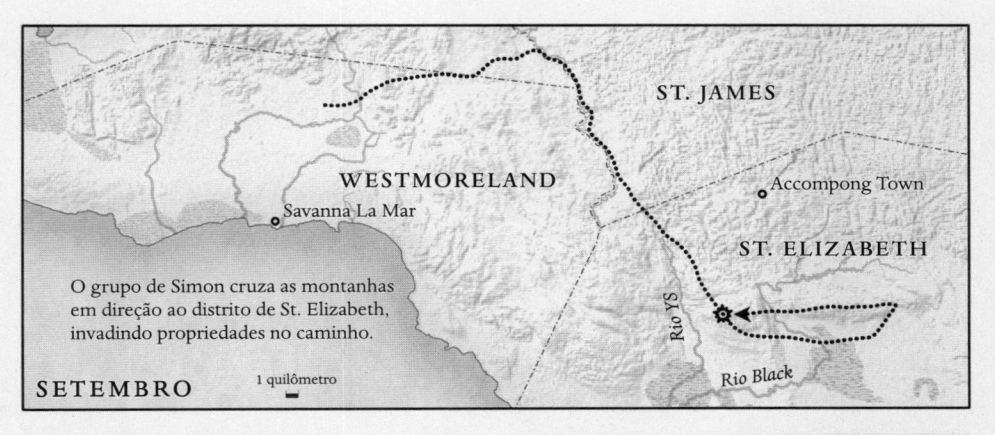

ST. JAMES

WESTMORELAND

Savanna La Mar

Accompong Town

ST. ELIZABETH

O grupo de Simon cruza as montanhas em direção ao distrito de St. Elizabeth, invadindo propriedades no caminho.

Rio YS

Rio Black

SETEMBRO — 1 quilômetro

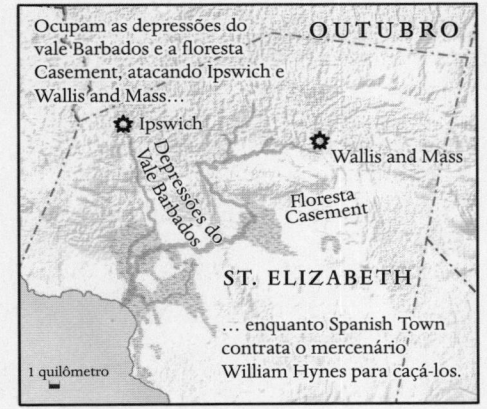

Ocupam as depressões do vale Barbados e a floresta Casement, atacando Ipswich e Wallis and Mass…

OUTUBRO

Ipswich

Wallis and Mass

Depressões do vale Barbados

Floresta Casement

ST. ELIZABETH

… enquanto Spanish Town contrata o mercenário William Hynes para caçá-los.

1 quilômetro

NOVEMBRO

Rebeldes ocupam Montes de las Uvas enquanto a milícia mata vários deles perto da propriedade de Island e os persegue perto das propriedades de Carmel.

Island

ST. ELIZABETH

Montes de las Uvas

Carmel

1 quilômetro

DEZEMBRO

Rebeldes atacam a casa de Thomas Durrant e matam um homem branco.

ST. ELIZABETH

Casa de Thomas Durrant

Montes de las Uvas

1 quilômetro

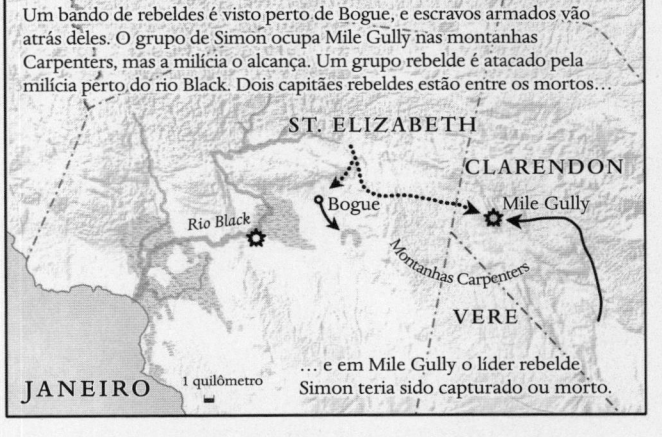

Um bando de rebeldes é visto perto de Bogue, e escravos armados vão atrás deles. O grupo de Simon ocupa Mile Gully nas montanhas Carpenters, mas a milícia o alcança. Um grupo rebelde é atacado pela milícia perto do rio Black. Dois capitães rebeldes estão entre os mortos…

ST. ELIZABETH

CLARENDON

Mile Gully

Rio Black

Bogue

Montanhas Carpenters

VERE

… e em Mile Gully o líder rebelde Simon teria sido capturado ou morto.

JANEIRO — 1 quilômetro

MAPA 11. Marcha de Simon, setembro de 1760 a janeiro de 1761. Desenhado por Molly Roy.

WILLIAM HYNES, que tivera êxito impressionante contra os rebeldes em St. Mary usando grupos de cativos armados, conhecia bem o novo teatro de batalha. Sua família era dona de várias propriedades no leste de Westmoreland, divisa com o distrito de St. Elizabeth, abaixo das montanhas de New Savanna na estrada para Palmeto Point.[168] Ele propôs à Assembleia jamaicana que lhe pagasse para formar uma companhia de "cem atiradores entre mulatos e pretos livres", financiada e armada pelo Estado para perseguir os rebeldes restantes. Queria uma recompensa de "vinte libras para cada preto morto, capturado ou empurrado para cá", a ser dividida entre seus homens da forma que eles decidissem. Para a "satisfação do público", todos os rebeldes mortos pelo grupo de Hynes teriam a cabeça decepada e levada para a povoação mais próxima.[169] Em outubro, a Assembleia aprovou o plano de Hynes, além de outro para formar sete companhias de patrulheiros negros e brancos com base nas milícias existentes, mais de trezentos homens armados e prontos para "entrar no mato em busca dos rebeldes, logo que souberem que estão por perto".[170] Com essas políticas em vigor, o *HMS Port Royal* partiu novamente para Savanna La Mar, onde marujos desembarcaram vinte barris de pão para o grupo de Hynes em meados de novembro, voltando para Port Royal com oitenta soldados regulares, que estavam abandonando suas próprias operações contra os escravizados.[171] A campanha não foi isenta de tensão. Quando vinte patrulheiros negros e pardos chegaram a Egypt juntamente com alguns carregadores negros, Thistlewood queixou-se de que eles se embriagavam, saíam das senzalas e tentavam se aproximar das mulheres. Em seu diário o capataz descreve a si mesmo como o protetor das mulheres — uma ironia, levando em conta suas incansáveis atividades de predador sexual —, até mesmo menosprezando os soldados negros: "Fui obrigado a me levantar da cama, pegar meus revólveres e ir lá sossegá-los, o que logo aconteceu, mas eles brigaram depois, uns contra os outros, até perto da meia-noite".[172] O capataz de Bogue fez uma séria advertência aos patrulheiros que ali se aquartelaram no fim de novembro. Decretou que "perturbar os pretos em suas casas" seria punível com chicotadas severas e um tempo na prisão militar.[173] No que dizia respeito aos capatazes, os soldados negros, mesmo necessários durante a crise, continuavam representando uma ameaça à ordem social, e tratá-los tanto quanto possível como escravizados era a melhor maneira de contê-la.

Escaramuças-relâmpago continuaram a ocorrer em St. Elizabeth até o fim do ano. No começo de novembro, os rebeldes ocuparam o pântano que se sobrepunha à propriedade de Carmel e dispararam contra os cativos enviados para capturá-los. Ficaram por um tempo numa cavidade de penhasco na periferia do território de Carmel, mas seguiram em frente antes que os senhores pudessem organizar uma operação de perseguição.[174] Soldados se aquartelaram em várias propriedades da área, reagindo quando viam rebeldes ou quando eram atacados.[175] Na noite de Natal, os missionários de Carmel souberam que os rebeldes estavam poucos quilômetros ao sul, na savana de Montes de las Uvas, onde reduziram uma casa a cinzas e balearam um homem branco. Um vizinho alertou os irmãos para ficarem atentos, porque os rebeldes tinham acampado num matagal próximo.[176] Muito provavelmente, os rebeldes seguiam novamente para o leste, para as terras altas despovoadas do distrito de Clarendon, paras as montanhas de Carpenter e para Mile Gully, onde Simon finalmente encontraria o seu fim.

No começo de 1761, os colonos começaram a ouvir boatos sobre a captura de Simon. "Um relato de que Simon foi levado vivo para barlavento", comentou Thistlewood em seu diário em 24 de janeiro de 1761. "Soube hoje que Simon, o capitão dos rebeldes, foi feito cativo, e muita gente se alegrou", anotou um missionário morávio em Mesopotamia dois dias depois.[177] No dia 28, houve uma informação de que dois capitães rebeldes tinham sido baleados e mortos perto do rio Black.[178] Relatos contraditórios das atividades de Simon ou de sua captura apareceram até o verão. Ele supostamente deveria voltar à propriedade de Moreland no começo de junho, e então Thistlewood ficou sabendo que o rebelde tinha sido capturado em 18 de junho de 1761.[179] Talvez o nome de Simon fosse lendário para a população escravizada, sinônimo de insurreição, como Espártaco entre os europeus.

Em 1774, Edward Long publicou um relato descrevendo a morte de Simon numa batalha vital, para a qual não forneceu data:

Damon, um dos chefes de Westmoreland, com um pequeno bando, tendo se colocado num lugar de nome Mile Gully em Clarendon, um grupo voluntário sob comando do sr. Scot e do sr. Grieg, com mais três ou quatro, saiu à sua procura. Eles tiveram que percorrer um longo caminho à noite, passando por florestas e terrenos difíceis; mas, contando com um guia confiável, chegaram ao refúgio à meia-noite, atacaram os rebeldes sem perda de tempo, mataram o chefe e um dos seus homens, feriram outro e fizeram dois prisioneiros.[180]

Pode ter sido esse o fim de Simon, e o fim definitivo do levante que tinha começado em 25 de maio em Masemure — ou em Forte Haldane em 7 de abril — do ano anterior. Bandos espalhados de rebeldes ficaram nas montanhas, e a violência esporádica continuou, resultando até na morte de um colono branco em Westmoreland em meados de outubro de 1761. Apesar disso, as ambições territoriais dos rebeldes tinham encolhido.

PENSAR NESSAS AMBIÇÕES, e na árdua trajetória de Simon, de Masemure a Mile Gully, ressalta várias questões em aberto sobre a geografia social da insurgência coromanti. Ao longo de sua jornada, Simon demonstrou notável capacidade de deslocar-se no território físico e social da Jamaica, sugerindo um fino conhecimento local e a probabilidade de uma experiência anterior em guerra nas montanhas. Três características de sua marcha ajudam a formar uma imagem mais clara da insurreição.

A primeira diz respeito às excepcionais habilidades de andarilho do bando de Simon, provavelmente oriundas de experiência africana. Se for esse o caso, é improvável que Simon, Aguy e talvez outros viessem de Estados fântis costeiros, e sim de entidades políticas dos planaltos do norte e do leste da Costa do Ouro. Essa divisão territorial na África Ocidental manifestou-se novamente na América. Aprofundando a conjectura, talvez Simon e Aguy é que tenham resistido ao audacioso plano de Apongo de tomar Savanna La Mar e manter a Jamaica como Estado marítimo. Talvez Simon, que matou o administrador de Masemure, estivesse hierarquicamente acima de Wager o tempo todo. De qualquer maneira, fica claro que só parte da autoridade de Simon para comandar vinha de suas origens na Costa do Ouro. Mais importante era sua capacidade de passar a perna nos inimigos. Se a língua e a prática cultural comuns ofereciam uma oportunidade de afiliação com outros coromantis, só proezas já demonstradas poderiam despertar lealdade com o passar do tempo. Até mesmo os senhores de escravos reconheciam as aptidões de Simon, impressionados com tudo que ele conseguiu com um número limitado de seguidores: "Pelos prejuízos que os poucos malfeitores sob o comando de Simon causaram podemos deduzir o que poderia ter sido feito por um grupo muito mais numeroso", comentou o proprietário de uma plantation.[181] A capacidade de liderança de Simon, que se estendeu à celebridade do seu nome, vinha não da etnicidade, mas das avaliações diretas dos seguidores sobre seu talento para se adaptar às circunstâncias, sua capacidade de lidar com o ambiente onde estava e seu breve êxito material. Da mesma forma, a Guerra Coromanti foi mais do que uma expressão de herança africana; foi o resultado do intelecto militar negro na Jamaica.

A segunda característica é a trajetória da movimentação do bando, que sugere um conhecimento da paisagem política. O fato de a marcha passar por uma plantation pertencente a Norwood Witter terá sido mero acaso?[182] Ou será que os insurgentes suspeitavam que o brigadeiro-general, tão preocupado com seus interesses comerciais, provavelmente não destruiria suas plantações, como tantos outros colonos destruíram? Quando os rebeldes entraram em St. Elizabeth, talvez também esperassem inspirar um levante entre os demais escravizados de Arthur Forrest nesse distrito, onde ele possuía uma grande fazenda de cana-de-açúcar no vale Breadnut, entre as propriedades de Ipswich e Island, e outra em Vineyard, perto da foz do rio Black.[183] Até certo ponto, as conexões entre africanos falantes de acã superpunham-se a padrões de propriedade de terras. Por causa do necessário intercâmbio entre as plantations de Forrest, muitos trabalhadores de Masemure teriam conhecido africanos em St. Elizabeth. Conspiradores teriam tido inúmeras oportunidades de forjar coalizões e coordenar suas atividades. É fácil imaginar uma possível conspiração, apesar de um levante dos escravizados de Forrest no distrito jamais ter ocorrido.

Por último, a caminhada sugere que os maroons discordavam entre si quanto a apoiarem ou não a insurreição. A rota de Simon para St. Elizabeth levou seu bando a passar perigosamente perto de Accompong Town, um risco imenso — a não ser que os maroons tivessem dado permissão. Na verdade, a ausência de maroons de Accompong entre as forças de contrainsurgência é notável. Kojo e o capitão Furry foram atuantes na supressão dos rebeldes. Seus grupos muitas vezes eram mais eficientes do que os do Exército regular, e certamente bem mais do que as forças da milícia colonial. É possível que Kojo tenha se preparado de antemão para a revolta. Em junho, Thistlewood comentou que "o coronel Cudjoe escreveu para o coronel Barclay e para os senhores deste distrito um bom tempo atrás a fim de alertá-los sobre o que tinha acontecido".[184] Talvez Kojo tivesse ouvido rumores entre os escravizados quando viajavam de plantation em plantation, ou iam a mercados, durante os preparativos para as festividades de Pentecostes. Ou talvez ele até conhecesse maroons envolvidos na conspiração.

Tenha-se em mente que um maroon por nome Accompong fora acusado em 1755 de tramar uma "revolta geral de escravos e era para ser seu rei". Um dos insurgentes de Crawford Town, ele continuara solto por mais de um ano antes que outros maroons o matassem e levassem sua cabeça para Spanish Town em outubro de 1755.[185] Se os colonos estivessem certos quando diziam que Accompong fomentara uma insurreição na ilha inteira, então ele certamente visitou outros maroons, assim como escravizados. Possivelmente, numa das suas visitas a conterrâneos em Accompong Town, convenceu os maroons de lá da justiça de sua causa, ou pelo menos convenceu-os a manter a neutralidade, aguardando o desfecho da guerra.

Ou pode ser que os rebeldes tenham simplesmente subornado os maroons. Em outubro de 1761, três escravizados da propriedade Retrieve capturaram um homem que descia das montanhas para comprar pólvora e suprimentos. Descobriu-se que o homem era um "tesoureiro dos rebeldes", levando consigo setenta dobrões em depósitos, dois dos quais ofereceu aos escravizados numa tentativa frustrada de comprar sua liberdade. O valor das moedas totalizava 323 libras esterlinas, um "belo troféu" capturado pelos colonos.[186] Durante os tumultos do ano anterior, com os brancos abandonando suas propriedades e fugitivos pegando o que podiam para levar às montanhas, a insurgência deve ter sido muito rica. Pagando para ir de um lugar a outro e observando com a maior atenção contingências políticas, os rebeldes teriam encontrado margem de manobra no espaço entre diferentes grupos de maroons, entre os maroons e os brancos e entre várias facções da contrainsurgência.

A geografia da Guerra Coromanti ilumina os contornos e as rachaduras de pertencimento marcial no espaço. Fossem quais fossem os vínculos de língua, religião e prática comum que uniam os militantes africanos, suas ações estratégicas e táticas na paisagem trançavam, testavam e desgastavam essas conexões. Do mesmo modo, as forças conglomeradas da Marinha Real, do Exército britânico e das milícias dos senhores de escravos enfrentavam o desafio da guerra diaspórica não menos do que os maroons, que sopesavam considerações parecidas de lealdade, disciplina e desenvolvimento de coalizões em todos os territórios. O medo do inimigo era um forte adesivo dentro dos acampamentos dos militantes, mas a demarcação de adversários tinha que ser determinada por coerção interna também. Se os insurgentes coromantis quisessem formar sua própria sociedade maroon, não tinham como saber com certeza quais das comunidades maroons existentes poderiam ser aliadas e quais ficariam do lado dos colonos. Se os senhores tinham certeza de sua inimizade com os rebeldes africanos, nem sempre concordavam sobre como combatê-los e até que ponto distinguir escravizados sediciosos dos leais. Cativos sem vínculos com redes sociais coromantis temiam sua dominação, mas tinham muito a perder se escolhessem o lado errado. Acontecimentos imediatos moldavam esses dilemas, mesmo quando eles emergiam de histórias mais longas de associação numa variedade de espaços.

O curso da guerra fluía através de relações de dispersão e atração que serpenteavam numa paisagem de impérios, confederações e coalizões, ligando a África e a Europa ao terreno acidentado da Jamaica. Ali podemos vislumbrar a Revolta de Tacky, o levante de Westmoreland e a Marcha de Simon como picos de um arquipélago, estendendo-se desde as mudanças tectônicas da formação de Estados na Costa do Ouro e atravessando as lutas vulcânicas da sociedade de plantations de cana-de-açúcar. Essa é a imagem que surge quando África e América são vistas como parte da mesma história. As raízes africanas da revolta de escravizados mostram apenas o ponto de partida de uma jornada, não suas rotas e seus caminhos através da geografia da guerra. Nem a genealogia da militância africana nos mostra todas as suas consequências. Afinal, a história da Guerra Coromanti não termina com a pacificação de 1761. As reverberações econômicas, políticas e culturais se espalharam pelo Atlântico, penetrando profundamente no futuro.

6. Rotas de reverberação

Não muito tempo depois de voltar à Jamaica no começo de 1761, Arthur Forrest fez uma visita a Thistlewood na propriedade Egypt. Junto com um pequeno grupo que incluía John Cope Jr., filho do ex-agente-chefe do castelo de Cape Coast, Forrest ficou sabendo da calamidade que atingira os senhores.[1] Ele provavelmente conhecia a história em linhas gerais, mas naquele dia deve ter ouvido os lúgubres detalhes sobre a morte de brancos em sua propriedade e em terras vizinhas. Mesmo com o perigo persistindo — dois rebeldes acabavam de ser capturados e levados para a cidade —, Forrest pôde lamentar o custo de construções incendiadas e de safras perdidas e o desperdício de escravizados sumariamente executados ou massacrados na briga.[2] Talvez também lamentasse pessoalmente a perda de alguns favoritos seus, incluindo Wager.

Quando o almirante Holmes morreu, em 21 de novembro, Forrest assumiu sem perda de tempo o comando do posto naval como comodoro e comandante-chefe, içando sua flâmula no capitânia *Cambridge* — prematuramente, como se veria. Ele foi destituído em abril de 1762, pouco antes de o Esquadrão da Jamaica participar da conquista de Cuba. Chamado de volta pelo almirantado, fez um retorno humilhante, como passageiro de um navio mercante, para Londres, onde foi repreendido por promover a si mesmo, conduta considerada "muito irregular e injustificável".[3] Muita gente deve ter se perguntado se não teriam sido as perdas financeiras sofridas na Jamaica que levaram Forrest a cometer essa quebra de protocolo.[4] De qualquer maneira, a humilhação encerrou para o capitão Forrest tanto o front imperial como o front interno da Guerra dos Sete Anos.

Forrest tinha sido uma força formidável contra os inimigos europeus da Grã-Bretanha e um vigoroso defensor de sua colônia mais valiosa. Havia enriquecido com os frutos da guerra, da escravidão e do comércio, e, apesar disso, o edifício do seu poder foi abalado pelos seus mais humildes súditos. Sua experiência como guerreiro célebre e como proprietário acuado ressalta as dificuldades do Império Britânico no século XVII, voltado para a expansão e para a escravidão. Seu sucesso aparente criava crises internas, gerando consequências imprevistas em todo um teatro de acontecimentos interligados. A insurreição de escravos de 1760-1 fora um dos episódios mais árduos e complexos da Guerra dos Sete Anos. A Guerra Coromanti foi ao mesmo tempo uma extensão dos conflitos africanos que alimentavam o comércio de escravos, uma guerra racial entre escravizados negros e escravistas brancos, uma conquista imperial e uma luta interna entre negros por controle de território e pelo estabelecimento de um legado político. As consequências econômicas, políticas e culturais dessa guerra dentro de guerras repercutiram da Jamaica para outras colônias, através do oceano para o Reino Unido e de volta para a ilha, onde a revolta deu nova forma à vida pública e se instalou profundamente na memória coletiva.

Mas as explicações para o tumulto de violenta expropriação tendiam a identificar alguma causa simples capaz de esclarecer tudo. A falta de uma presença suficiente de tropas, a liberdade de movimento concedida a escravizados e a pessoas negras livres e a presença de uma perigosa categoria de indivíduos foram, num ou noutro momento, apontadas como responsáveis. Os proprietários de terras e os funcionários coloniais contabilizaram suas perdas e introduziram o que, do seu ponto de vista, eram reformas adequadas. Respondiam às notícias de morte e sofrimento com empatia, com repulsa ou com indiferença, dependendo de suas predisposições. Entrelaçadas a metáforas racistas e a simpatias abolicionistas, as revoltas coromantis passaram a significar problemas gerais, fosse na administração da escravidão colonial, fosse no perigo representado por negros. Dessa maneira, os acontecimentos na Jamaica repercutiram em toda a bacia atlântica e levaram a guerra para muito além do seu teatro insular.

Mesmo antes de a insurreição ter sido completamente sufocada, centenas de suspeitos condenados à deportação levaram as notícias do conflito para fora da Jamaica. Mais uma vez arrancados de quaisquer intimidades, amizades e círculos sociais que tivessem conseguido criar, esses exilados teriam que recomeçar em outra parte. Onde quer que fossem parar, seu conhecimento da guerra contra a escravização também ia com eles. Na verdade, a natureza da sua deportação a bordo de navios mercantes escoltados pela Marinha Real garantia que os deportados viajassem como prisioneiros de guerra juntos, da mesma forma que muitos deles tinham emigrado da África Ocidental.

Muitos desses exilados partiram da ilha nos navios mercantes cuja viagem tinha sido retardada pela insurreição. A Revolta de Tacky em St. Mary tinha "atrasado muito os negócios e impediu que o açúcar estivesse no estado de prontidão que, sem isso, se poderia esperar", obrigando os donos de plantations a solicitar a postergação, explicou o contra-almirante Charles Holmes.[5] Os levantes subsequentes agravaram os atrasos, provocando "a paralisação tão completa dos negócios por mais de um mês que foi impossível para o comboio se preparar para partir".[6] Uma primeira frota de 112 navios, originariamente programada para sair em meados de maio, só partiu de Port Royal no fim de junho.[7] Um segundo comboio, que sairia da baía Bluefields, seria retardado até setembro pela insurreição em Westmoreland.

Com a confusão que tomou conta das plantations e a Marinha tendo que ficar disponível para suprimir a revolta, navios mercantes carregados de produtos comerciais se deterioravam nos portos. Entre esses bens havia passageiros condenados, sentenciados em julgamentos conduzidos às pressas em Kingston, Spanish Town e Savanna La Mar. Quando o comboio de 55 navios finalmente partiu de Bluefields sob escolta do *HMS Edinburgh*, um deles, o *Norfolk*, relacionou apenas "pretos" como carga.[8] Tratava-se, certamente, de condenados, mas seu destino final é incerto. De propriedade de Thomas Harper, da Jamaica, o navio trabalhava no comércio de escravizados entre a colônia insular e a Virgínia. Mais ou menos a 29 graus de latitude e já dando para ver a Flórida, o *Norfolk*, com mais nove navios que iam para as colônias sulistas da América do Norte, separou-se do comboio e continuou seguindo para o norte, chegando ao porto de Hampton em 26 de outubro.[9] Para os funcionários da alfândega o comandante do navio declarou rum, melaço, açúcar, café, dez sacos de gengibre e dois sacos de pimentão, mas nenhum escravizado.[10]

Notícias da revolta haviam chegado na frente do *Norfolk*, e funcionários coloniais não tinham muito interesse em importar rebeldes condenados. Como a maioria das jurisdições da América do Norte, a Virgínia cobrava taxas proibitivas à importação de cativos "experientes" de outras colônias justamente por essa razão.[11] Em outubro, as más notícias da Jamaica tinham se espalhado. Três navios do comboio anterior chegaram em 14 de julho, levando entre eles 27 marinheiros com relatos de primeira mão da rebelião e da cruenta represália.[12] Outro navio com oito homens a bordo viera da Jamaica em 29 de agosto com notícias frescas.[13] Com os senhores de escravos da Virgínia temendo o contágio do Caribe, é muito provável que o *Norfolk* tenha vendido sub-repticiamente a carga de perigosos exilados antes de declarar sua chegada. Talvez os "pretos" tivessem desembarcado na Geórgia ou na Carolina do Sul, que aceitaram pelo menos nove cativos da Jamaica no fim de agosto, se é que não foram contrabandeados para os franceses.[14]

Apreensivos senhores de escravos em outras colônias tinham motivos para se preocupar, pois os senhores da Jamaica estavam ansiosos para transferir indivíduos problemáticos. O desejo de remover escravizados intratáveis não se limitava a rebeldes condenados. Em julho de 1760, por exemplo, o comerciante de Kingston Robert Graham pôs uma lavadeira escravizada por nome Mary à venda na Costa do Mosquito das Honduras Britânicas (hoje Belize), chamada por seu superintendente de um dos "mais perigosos postos das Antilhas".[15] Como as Honduras Britânicas ficavam convenientemente perto, e sob jurisdição da Jamaica, era, em geral, mais fácil transferir os desobedientes para lá do que para a América do Norte. Na verdade, muitos das centenas de negros transportados por envolvimento na rebelião foram para as Honduras Britânicas cortar pau-campeche, usado na fabricação de vivos corantes para tecido, então em alta demanda. Era improvável, no entanto, que esse fosse o trabalho de Mary. Graham usava-a para seu prazer sexual, coisa que ele fez questão de sugerir ao louvar suas "outras qualificações que o comprador logo poderá descobrir". Mas Mary era "dotada de uma facilidade para falar tão surpreendente" que o comerciante "achava impossível aguentar por mais tempo". No contexto de uma rebelião violenta, uma escrava eloquente e astuta em casa era um perigo imediato. "Apesar de estarmos diariamente queimando, enforcando e pendurando em correntes os prisioneiros que fazemos", Graham sabia que ele e os outros senhores de escravos não "conseguiriam tão cedo recuperar nossa antiga tranquilidade". Assim como podia convencer seu libidinoso senhor a trocar sua aquiescência por favores especiais, Mary também seria capaz de transmitir notícias minuciosas da insurreição para os empregados da casa e, caso ela mesma não se encarregasse disso, convenceria outra pessoa a cortar a garganta do seu estuprador quando ele estivesse dormindo.[16]

Em pelo menos um caso alarmante, uma mulher rebelde voltou do exílio no meio da revolta. No começo de dezembro de 1760, membros da Câmara da Assembleia da Jamaica ficaram sabendo que uma mulher coromanti apelidada de "Rainha de Kingston" tinha retornado para a Jamaica proveniente da Cuba espanhola, outro destino comum para exilados. De alguma forma ela convencera um capitão de navio a deixá-la no distrito de Hanover, na enseada Cousines, nas montanhas, não muito longe da Barricada dos Rebeldes. Essa localização pode muito bem ter sido coincidência, apenas uma enseada isolada, fora da vigilância dó Estado. É inteiramente possível também que ela soubesse da intenção dos seus camaradas coromantis de ocupar os morros entre Hanover e Westmoreland — sem saber que os esforços tinham fracassado — e que esperasse voltar à batalha. De qualquer maneira, conseguiu fugir durante semanas antes de ser capturada e levada de volta a Kingston para ser provavelmente condenada à morte. A Assembleia agiu com rapidez para eliminar a ameaça representada por seu exemplo, aprovando uma lei "para impedir qualquer capitão, mestre ou comissário de qualquer navio de trazer de volta escravos deportados da ilha". Estavam decididos a garantir um espaço seguro para a escravidão dentro das fronteiras, expulsando o perigo para o exterior.[17]

O que quer que Cubah (a "Rainha de Kingston"), Mary ou os deportados a bordo do *Norfolk* tenham contado a outros escravizados sobre a insurreição, o fato é que levavam notícias de luta negra e vulnerabilidade branca, de fraturas no regime escravista bem como de sua brutalidade. Eles representavam a possibilidade de revolta como inspiração e como advertência. Em termos mais práticos, o que aprenderam na Jamaica podia ser ensinado a outros, assegurando a extensão das repercussões da Guerra Coromanti para além dos seus participantes originais.

Essa lição não deixou de ser aprendida por governos escravistas ou administradores imperiais. Mas as preocupações de segurança levantadas por esses exilados não eram nada em comparação com o desafio representado pela inquieta população escravizada que continuou na ilha. Essa era uma preocupação urgente até mesmo para as partes interessadas na Jamaica e no Reino Unido, onde foram realizadas reuniões de emergência para discutir o destino da ilha. Em outubro, um folheto anunciou no condado de Somerset, Inglaterra, que "todos os donos de plantations e comerciantes interessados na ilha da Jamaica são convocados a se reunir na quinta-feira, 16 do corrente, às seis da tarde no Kings Arms em Cornhill, para analisar que medidas é preciso tomar para a segurança e a preservação daquela ilha, no momento em grande aflição e risco iminente devido às frequentes insurreições dos pretos".[18] Nessa reunião, membros do grupo das Índias Ocidentais decidiram solicitar tropas adicionais para a guarnição da Jamaica, na esperança de elevar para 2 mil o número de soldados regulares. "Sem essa força", disseram, "tememos que a ilha não esteja suficientemente protegida contra esses tumultos internos que eles lamentavelmente têm vivido nos últimos tempos."[19] A Assembleia da Jamaica logo votaria pela construção de quartéis para receber e alojar as tropas adicionais, e pela obtenção de somas vultosas para reforçar as fortificações internas da ilha, estoques para os fortes e um novo depósito de pólvora em Spanish Town. Convencidos de que a ilha continuava não só vulnerável a ataques externos, mas também "em constante perigo de devastação e destruição a partir de dentro", os colonos da Jamaica insistiriam em pedir e acolher bem a presença de tropas imperiais pelo tempo que fosse necessário.[20]

A Marinha Real rejeitou de imediato alguns pedidos dos colonos. Tendo notado a eficácia de marujos e fuzileiros navais na supressão da insurreição, um grupo de comerciantes e proprietários da Jamaica implorou à Marinha que restabelecesse um posto permanente em Port Antonio, com pelo menos um navio cruzando nos lados leste e norte da ilha o tempo todo para deter possíveis rebeldes. O almirante Holmes discordou, afirmando que "os rápidos e audaciosos ataques de marujos deveriam ficar confinados ao seu elemento próprio", salvo em casos extremos. Mesmo então, pensava ele, os colonos poderiam reforçar melhor sua segurança "dispondo apropriadamente das tropas regulares" e aumentando as fortificações da ilha.[21] Os colonos aprovaram a construção de quartéis em todos os distritos "para garantir a tranquilidade do país", mas agiram ainda mais rápido para regular a população escravizada.[22]

Em 18 de dezembro de 1760, depois de examinar cuidadosamente as revelações constantes de relatórios, boatos e confissões sob tortura sobre a trama e o desenrolar da revolta, a Assembleia aprovou uma importante reforma das leis que governavam os escravizados e sua posse.[23] O governo colonial desejava impedir que eles adquirissem armas e munição, uma vez que muitos cativos de confiança tinham usado suas armas contra os senhores e muitos arsenais mal protegidos em plantations haviam "motivado os escravos a executar suas sangrentas intenções". Para os escravizados, seria crime passível de pena de morte possuir "bacamarte, pistola, pólvora, baioneta, sabre, lança ou qualquer outra arma militar ofensiva" na ausência de supervisão direta de um homem branco. A nova lei também criminalizava a prática da obeah, notando que curandeiros e curandeiras tinham sido importantíssimos para a organização e para o moral dos rebeldes, ao oferecerem a promessa de proteção sobrenatural. Qualquer "preto ou outro escravo" condenado pela prática de obeah ou feitiçaria "a fim de iludir e impor-se à mente de outros" seria castigado com morte ou exílio. Restringir armas e ideias servia ao objetivo mais amplo de assegurar espaço para ter escravizados com menos risco.

Antes de mais nada, a nova legislação representou uma tentativa de

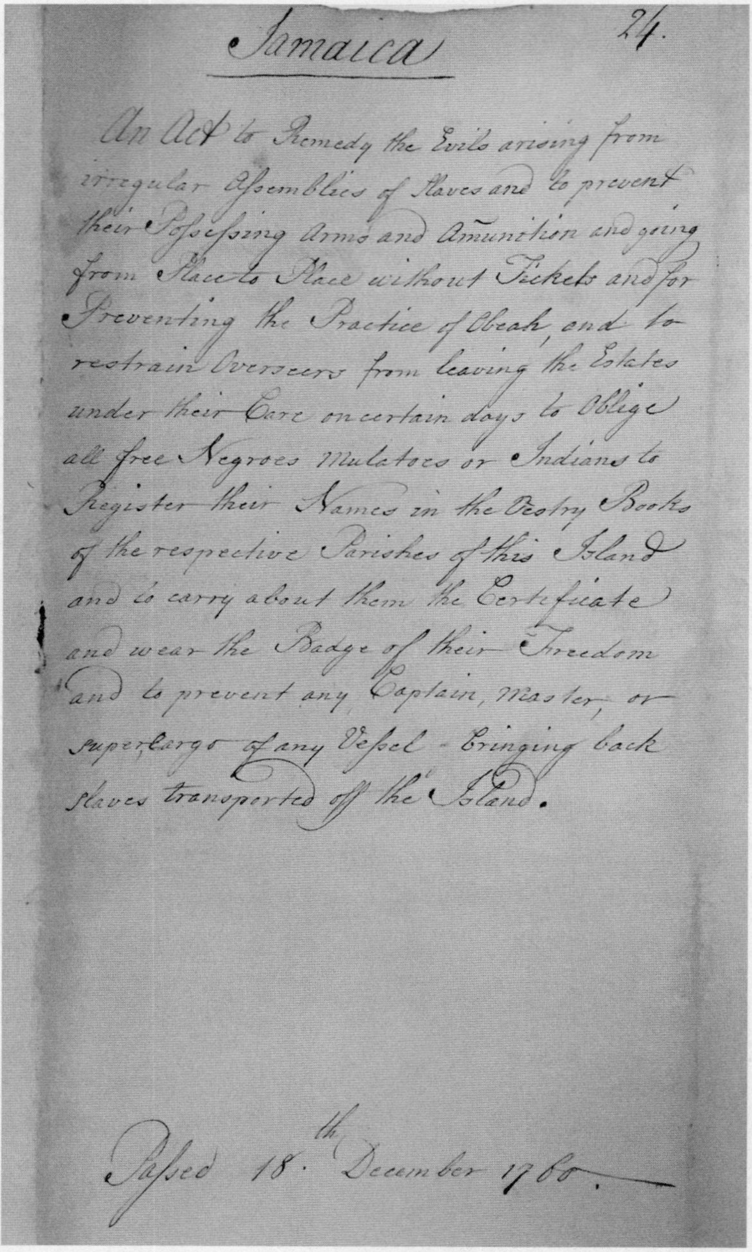

Jamaica   24.

*An Act to Remedy the Evils arising from
irregular Assemblies of Slaves and to prevent
their Possessing Arms and Amunition and going
from Place to Place without Tickets and for
Preventing the Practice of Obeah, and to
restrain Overseers from leaving the Estates
under their Care on certain days to Oblige
all free Negroes Mulatoes or Indians to
Register their Names in the Vestry Books
of the respective Parishes of this Island
and to carry about them the Certificate
and wear the Badge of their Freedom
and to prevent any Captain, Master, or
Supercargo of any Vessel - bringing back
Slaves transported off the Island.*

Passed 18th December 1760.

FIGURA 6.1. Lei de Escravos da Jamaica, 1760. "Uma lei para remediar os males causados por assembleias irregulares de escravos", Jamaica, 1760. TNA, CO 139/21, 24. Cortesia de UK National Archives.

controlar o território da Jamaica limitando, regulando e vigiando a movimentação de negros. Para "remediar os males" resultantes de reuniões, movimentos e comunicações não autorizados, a lei buscava impedir escravizados de viajar sem comprovantes de autorização dos senhores. Esses tíquetes precisavam declarar exatamente quando e de que lugar um "escravo preto, mulato ou índio" tinha saído, para onde ia e quando deveria retornar. A lei exigia que os senhores impedissem os cativos de se reunir para tocar "tambores, cabaças, tábuas, barris ou qualquer outro instrumento de produzir barulho" que pudesse divulgar sua força coletiva ou convocar outros. Ao descobrir essas reuniões, os senhores eram obrigados a chamar imediatamente o magistrado ou o miliciano mais próximo que pudesse empregar uma força para dispersar. Policiais deveriam comparecer a feiras dominicais e ficar em estado de alerta contra qualquer atividade suspeita. Os legisladores estavam preocupados com o papel desempenhado pelos feriados de Páscoa e Pentecostes no momento escolhido para a revolta, mas não podiam simplesmente abolir o calendário agrícola. Estipularam, portanto, que dois feriados sucessivos não seriam permitidos, limitando o número de dias disponíveis para organizações clandestinas. Essas medidas destinavam-se a manter os escravizados em seu lugar, mas pressupunham uma aplicação vigorosa, e essa era a responsabilidade das pessoas livres.

A legislação significava a opressão draconiana dos escravizados, sem dúvida, mas a maioria dos castigos era, na verdade, dirigida às pessoas livres. Os cativos já eram rotineiramente sujeitos à violação física, tanto legal como extralegal; os brancos não necessitavam de novas licenças para tratar brutal e impunemente os escravizados. Na verdade, as reformas pretendiam disciplinar os hábitos de supervisão dos senhores, para conformar seu comportamento privado às necessidades públicas de uma sociedade escravista. A lei permitia a crueldade arbitrária, mas tentava restringir a inconstância em questões de segurança pública. Fossem senhores, proprietários, patrões ou capatazes, os donos de escravos teriam que pagar quarenta xelins toda vez que um escravizado tivesse permissão de viajar para fora de sua propriedade sem um tíquete. Um capataz que saísse da propriedade num domingo, quando os escravizados se reuniam

para suas atividades sociais, seria multado em cinco libras e os senhores pagariam cinquenta libras por conceder feriados não autorizados. A
multa por permitir que escravizados portassem qualquer "arma militar
ofensiva" era de cem libras. Donos e administradores de propriedades
seriam multados em cem libras e capatazes e contadores poderiam ser
presos por até seis meses por deixarem escravizados se reunirem com
tambores e chifres. Em todos esses casos, a plantocracia concordava —
em tese; a aplicação da lei contra senhores era outra coisa — em ter suas
prerrogativas reduzidas em nome da segurança comum. Como sempre,
a guerra exigia o sacrifício da liberdade.

Esse sacrifício não seria feito igualitariamente por todos, claro. As
restrições mais severas se aplicavam a negros e pardos livres. Os senhores de escravos temiam que muitos deles estivessem viajando a pretexto
de ser livres. A solução era limitar a mobilidade de todas as pessoas não
brancas. Atualizando uma regulamentação estabelecida nos anos 1720
e 1730, a lei pedia aos funcionários de cada distrito da ilha que fizessem
um recenseamento de "pretos, mulatos ou índios de condição livre" e
convocassem todos eles à próxima reunião distrital para informar como
obtiveram a liberdade. Depois de oficialmente registrados, eles receberiam certidões de liberdade sujeitas a renovação anual. Qualquer um que
deixasse de obter uma certidão oficial ou de renovar seu documento a
cada ano correria o risco de passar seis meses na cadeia. Todos os não
brancos livres deveriam usar continuamente "distintivos de liberdade"
— uma cruz azul no ombro direito.[24] Liberdade sem reservas era sinônimo de brancura; todos os não brancos eram politicamente suspeitos,
e os brancos tinham uma obrigação social e legal de policiar, intimidar
e conter todas as pessoas negras e pardas.

Assim como esperavam controlar a movimentação de não brancos, os
senhores de escravos buscaram regular a ascensão social de negros e pardos. Alguns deles eram descendentes de proprietários de terra que reconheceram uma responsabilidade filial, mas os brancos desconfiavam de negros
e pardos livres com bens e conexões sociais. Em 1761, a Assembleia tomou
providências para limitar o crescimento dessa população, impedindo que

qualquer cidadão distante de um ancestral "preto" por menos de quatro gerações adquirisse os "direitos e privilégios de brancos" e restringindo a transmissão de propriedade por herança para filhos mestiços nascidos "fora do casamento legal" de senhores de escravos. Norwood Witter — que reconhecia a existência de não brancos na sua linhagem — discordou vigorosamente, mas a sua opinião era minoritária. Esses aspectos da lei representavam um repúdio dramático à visão do ex-governador Trelawny de um Império que incorporava súditos leais de todas as cores, embora em níveis sociais claramente diferenciados. A colônia acabara de ser salva por uma coalizão multirracial, mas a elite de proprietários da Jamaica determinou que a solidariedade branca era essencial para a sua segurança. A raça deveria suplantar todos os outros eixos de diferença e pertencimento.[25]

DEPOIS DE FAZER O MÁXIMO POSSÍVEL para endurecer o regime jurídico, os proprietários brancos passaram a calcular o custo financeiro da rebelião. O ano de tumulto tinha atrapalhado a produção, retardado o transporte marítimo e feito definhar os mercados. No começo da revolta, comerciantes só se preocupavam com a interrupção temporária no pagamento de dívidas da parte de senhores, que em geral se recusavam a "fazer qualquer pagamento enquanto não pudessem avaliar melhor a situação", como informou um comerciante de Kingston em junho. Apesar de temer que "o crédito no país possa ser prejudicado pelas frequentes rebeliões que têm acontecido nestes últimos meses", ele esperava que os "problemas atuais sejam o meio de garantir a paz futura do país, pois as pessoas vão prestar mais atenção em seus escravos, e cuidar para que estejam sempre totalmente ocupados".[26] Em outubro, no entanto, com os negócios ainda paralisados e as colônias concorrentes tomando o lugar da Jamaica na cadeia de suprimentos, o mercado era ruim para tudo, menos para os açúcares de mais alta qualidade.[27]

No Reino Unido, comerciantes estavam menos preocupados com a economia geral da ilha do que com a sua própria. Como os lucros das Antilhas justificavam a extensão de grandes volumes de crédito para os proprietários de plantations, os comerciantes monitoravam com atenção as tabelas de transporte marítimo, não só pela entrega de produtos agrícolas mas também pela amortização das dívidas dos proprietários. O momento dessas chegadas era vital para o fluxo de caixa dos comerciantes e para sua capacidade de manter o capital circulando através das oportunidades de investimento mais promissoras. Eles festejavam solenemente os capitães da Marinha Real que organizaram os comboios em tempo de guerra, tanto para lhes oferecer os incentivos adequados como para expressar sua gratidão.[28]

A rebelião de escravos formou gargalos. Ao longo de 1760, um agente lutou para receber o que era devido a um investidor escocês. "Eu me julgava capaz de poder lhe enviar uma bela remessa por essa frota, mas a situação neste país é tão grave com a lei marcial, a insurreição de escravos etc., que os negócios têm sido muito negligenciados há alguns meses", escreveu ele em agosto. Quando esse agente tentava cobrar milhares de libras em nome do investidor, os senhores "sempre apelavam para o momento atual como desculpa para não pagar, sabendo muito bem que durante a lei marcial eu não podia tomar nenhuma providência para pressioná-los". No caso de donos de grandes propriedades, no entanto, o agente achava aconselhável não insistir muito, para não comprometer o relacionamento com eles: "Não há como afligir numa ocasião como essa um homem de honra que tem uma grande propriedade e pode pagar noutro momento". Os comerciantes estavam cientes de que a Jamaica se recuperaria, e os que tinham condições de arcar com prejuízos temporários voltariam a obter lucros com a supressão da revolta dos escravizados.[29]

O bando de Simon ainda atormentava propriedades no distrito de St. Elizabeth quando a Assembleia da Jamaica se reuniu no fim de 1760 para ouvir demandas por gastos públicos. Eles destinaram 10 mil libras para pagar pelo apoio e suprimento de grupos de guerra, e mais dinheiro para indenizar proprietários por escravos mortos na luta contra os rebeldes.[30] Edward Long estimaria o total de perdas em pelo menos 100 mil libras esterlinas "em construções arruinadas, canaviais, gado, escravos e desembolsos" e um montante similar adicional pelo custo de construir novas casernas e fortificações em toda a ilha.[31]

Para compensar alguns custos públicos, a Assembleia aprovou novas capitações e novos impostos comerciais, e dobrou as taxas de deficiência pagas por proprietários com um número insuficiente de homens brancos em suas propriedades. A alta de impostos concedia isenções especiais para proprietários residentes, de modo que o aumento afetou mais pesadamente os ausentes. As devastações da guerra de escravizados tinham deixado muitos residentes na ilha ressentidos com os proprietários no Reino Unido que, como escreveu Long, "deixaram seus escravos sem o devido controle e [sem] a influência pessoal de um senhor, e a defesa de suas propriedades entregue ao serviço e às privações pessoais de outros homens, enquanto eles próprios repousavam na vida fácil e na riqueza, fora do alcance do perigo".[32] Colonos não toleravam críticas de decisões locais feitas pelos ausentes, que, não por acaso, muitas vezes eram credores: "Seja o que for que esses senhores pensem de si mesmos, não lhes damos de forma alguma o direito de serem juízes competentes da utilidade de leis aprovadas pela legislatura".[33] Senhores residentes tinham aguentado quase um ano de pânico, pelo que buscavam algum tipo de compensação da parte dos membros mais ricos de sua classe.

O governo colonial também aplicou um imposto mais regressivo a "velino, pergaminho e papel, identificado por selos", coisa que reformadores imperiais tentariam poucos anos depois para toda a América. A Lei do Selo de 1760 na Jamaica destinava-se explicitamente a tratar a questão dos custos da revolta. Na prática, era em essência um imposto sobre ações judiciais — por causa da grande quantidade de papéis envolvida —, uma das características dominantes da vida comercial jamaicana. O imposto continuou em vigor até dezembro de 1763, quando foi revogado como um fardo pesado demais para os colonos, exceto os mais ricos. Como modelo para a bem mais controvertida Lei do Selo de 1765, que enervaria os colonos na América do Norte, o imposto de 1760 foi um primeiro exemplo local do esforço reformista muito maior estimulado pela Guerra dos Sete Anos.[34]

Enquanto comemoravam vitórias militares na América do Norte, na África e no Caribe, líderes políticos imperiais contemplavam a ameaça a uma de suas colônias mais importantes. Em 7 de novembro, duas semanas após a morte do rei Jorge II, a junta comercial examinou relatos oficiais da insurreição. Leram a carta de 19 de abril do vice-governador Moore e as atas do Conselho da Jamaica de 10 e 17 de abril sobre a Revolta de Tacky no distrito de St. Mary. Em seguida, leram o "Relato de uma segunda e terceira insurreições de pretos", redigido por Moore em 9 de junho, sua carta de 24 de julho e as atas do Conselho detalhando a crise em andamento e "providências tomadas para a segurança da ilha". Finalmente, a carta de Moore de 20 de agosto assegurando-lhes que "não estava apreensivo quanto a mais perigos da parte dos pretos rebeldes". Embora a situação de emergência tivesse passado, a rebelião ainda levantava a questão de saber como um Império em expansão poderia conter seus antagonistas internos.[35]

Nesse momento de transição para a administração imperial, uma nova política tomaria forma. Estadistas britânicos vinham se preocupando com a governança da América por mais de uma década, desde o encerramento da guerra anterior com a França e a Espanha em 1748. O valor demográfico, econômico e estratégico das colônias tinha aumentado de modo espetacular na primeira metade do século XVII, e a complexidade de sua administração também. Os Lordes do Comércio tentavam fortalecer o controle metropolitano das colônias desde pelo menos 1752, quando a junta ficou sendo a autoridade exclusiva para nomeação e supervisão de governadores, conselheiros, procuradores-gerais e secretários. Os esforços da junta para afirmar sua autoridade tinham em grande parte fracassado, salvo no caso importante da Jamaica, quando vetou a tentativa da Assembleia de transferir a capital de Spanish Town para Kingston e censurou os legisladores coloniais em 1757 por fazerem extravagantes reivindicações constitucionais.[36] Com essa ação, membros do Parlamento queriam estabelecer um precedente, que o comportamento de colonos norte-americanos durante a Guerra dos Sete Anos havia tornado urgente. No meio do conflito, assembleias coloniais desrespeitaram a autoridade de governadores, funcionários eleitos permitiram flagrantes violações das Leis de Navegação contra comércio com o inimigo e colonos muitas vezes deixaram de fornecer tropas e recursos locais suficientes para o esforço de guerra. Como explica o historiador Jack P. Greene, isso coincidiu com a "mudança dramática de uma filosofia de administração colonial essencialmente permissiva para uma fundamentalmente restritiva" em Londres, ampliando a "convicção generalizada de que as colônias tinham privilégios demais e de que esses privilégios precisavam ser reduzidos".[37] As notícias da guerra de escravizados na mais lucrativa colônia da Grã-Bretanha fortaleceram a determinação dos líderes políticos.

A Jamaica tinha sido agitada e independente também, mas a insurreição tornou seus senhores mais conscientes dos benefícios do Império. Eles logo transmitiram sua gratidão — juntamente com um pedido de mais soldados — para o novo rei, Jorge III, e para os Lordes do Comércio. Se não fossem as forças de Sua Majestade, disse o governo colonial ao rei, "a vida e as propriedades de vossos súditos leais, com toda a probabilidade, teriam sido vítimas dos seus escravos".[38] Os senhores da Jamaica se ressentiam da influência dos ausentes e da intervenção metropolitana, bem como da aplicação de novos impostos. No entanto, diferentemente de muitos na América do Norte, eles acabavam de ser ameaçados por revoltas escravas e continuavam devidamente sujeitos ao comando imperial, até mesmo aprovando uma Lei do Selo para ajudar a financiar sua própria segurança.[39] De modo geral, aceitavam até mesmo as reformas imperiais com as quais não concordavam. Depois da Guerra dos Sete Anos, com a Jamaica servindo de modelo de afirmação do controle imperial, os líderes políticos imperiais apresentaram uma saraivada de novas leis para suas colônias norte-americanas. Apesar disso, diferentemente da submissão colonial jamaicana, essas políticas inspiraram o conhecido ricochete que acabaria dividindo o Império Britânico em 1776.[40]

O OTIMISMO DOS PROPRIETÁRIOS JAMAICANOS se justificava. Logo depois da Guerra dos Sete Anos, a prosperidade da colônia aumentou, e com ela o comércio de escravos e a agricultura de *plantations*. A produtividade deu um salto. O produto per capita na Jamaica passou de oito libras em 1750 para 13,2 libras em 1770, quando era de apenas dez libras na Inglaterra e no País de Gales. A riqueza dos jamaicanos donos de terras continuou a crescer, com o valor médio das propriedades mais de 30% maior no período de 1750-84 do que durante o segundo quartel do século XVIII. A Jamaica continuava sendo a parte mais lucrativa do Império Britânico.[41]

Os senhores de escravos prosperavam como nunca quando Arthur Forrest voltou à ilha em 1769, dessa vez legitimamente nomeado comodoro e comandante-chefe do posto. Seu serviço ao Reino Unido foi reconhecido no ano seguinte com uma promoção à patente de almirante e uma elevação ao pariato como lorde visconde Forrest — mas ele morreu em 1770, antes de receber a notícia. Se, no fim da vida, Forrest pôde se orgulhar de sua carreira naval, pôde também se alegrar com o avanço da escravidão.[42] Nas duas décadas seguintes, a Jamaica importaria 190 mil cativos africanos, mais de um terço deles da Costa do Ouro.[43]

Enquanto isso, a guerra de escravizados na ilha prosseguia. A rebelião de 1760-1 tinha sido sufocada, mas as pessoas continuaram a rebelar-se, com os coromantis ainda na liderança. Em setembro de 1760, colonos jamaicanos tinham queimado na fogueira um homem chamado Cardiff. John Cope Jr. assistiu à execução. Cardiff disse a Cope e a outros espectadores que "multidões de pretos juraram que, caso fracassem nesta rebelião, se levantarão de novo no mesmo dia" dois anos depois, e aconselhou os brancos "a ficarem atentos".[44] Poucas semanas depois, a lembrança e a nova voga de um velho provérbio lembraram aos apreensivos senhores de escravos que a supressão de uma insurreição não significava paz: "Mil setecentos e sessenta e três virá, a Jamaica uma ilha não mais será". "Não para os brancos", anotou Thomas Thistlewood em seu diário.[45]

Em abril de 1763, o governador William Henry Lyttelton teve que abortar uma viagem ao norte da Jamaica quando recebeu relatos de que "duas plantations nos distritos de Westmoreland e Hanover tinham sido atacadas e três ou quatro brancos mortos por grupos de pretos remanescentes daqueles que participaram da rebelião durante a administração do vice-governador Moore".[46] As milícias distritais e os maroons sufocaram rapidamente a revolta, mas pouco depois, em dezembro de 1764, houve outro susto quando moradores de Spanish Town detectaram uma "horrível conspiração para massacrar todos os habitantes brancos e tomar posse de suas propriedades". Dizia-se que escravos tinham acumulado um grande estoque de armas nos arredores da cidade, mas foram descobertos antes de "começarem suas operações", marcadas para o Natal.[47]

A ameaça de guerra também repercutiu através de episódios menos dramáticos. Em outubro de 1765, vários senhores de St. Elizabeth ficaram muito preocupados por causa de uma questão não violenta, mas muito reveladora. Na propriedade de Appleton, na base das montanhas Nassau, no caminho por onde Simon passara cruzando o oeste da Jamaica, um grupo de coromantis substituiu um capataz impopular por outro mais do seu agrado. De acordo com Charles Hiern, administrador da propriedade, os trabalhadores de Appleton tinham desfrutado da tolerância de um capataz chamado John Thomason, que distribuía "sal, carne bovina, manteiga, sopas, velas, rum, açúcar etc. entre suas mulheres e outros favoritos com uma liberalidade ilimitada". Hiern afastou Thomason, substituindo-o por um homem muito sovina chamado Roger Denis. Este tirou uma "excelente senhora da casa para trabalhar no campo e castigou e humilhou um feitor", a quem acusou de roubo. Sem querer aceitar a mudança de situação, "para recuperar o antigo capataz e com isso sua condição de luxo e tolerância", vinte coromantis se ofereceram, ou foram escolhidos, para cuidar da expulsão de Denis. Marcharam vários quilômetros pelas montanhas até a propriedade de Elim para apresentar uma queixa a Hiern e, não o encontrando ali, voltaram a Appleton, para onde nesse meio-tempo Hiern tinha ido. O que aconteceu em seguida ilustra a capacidade de negociação dos coromantis. Hiern achou que a "queixa de severidade exercida contra eles" era infundada, no entanto "preferiu afastar Denis a ser perturbado por seus resmungos e insatisfações".[48]

O fato de os coromantis terem protestado com sucesso é significativo, sem dúvida, porém não é mais importante do que o lugar de sua atividade. Eles atravessaram uma área que esteve no caminho dos saques de Simon e que bordejava montanhas onde os rebeldes tinham se reunido para fazer planos. Mesmo que não tenham participado da insurreição, essas pessoas certamente sabiam muita coisa sobre suas estratégias e táticas. Sabiam

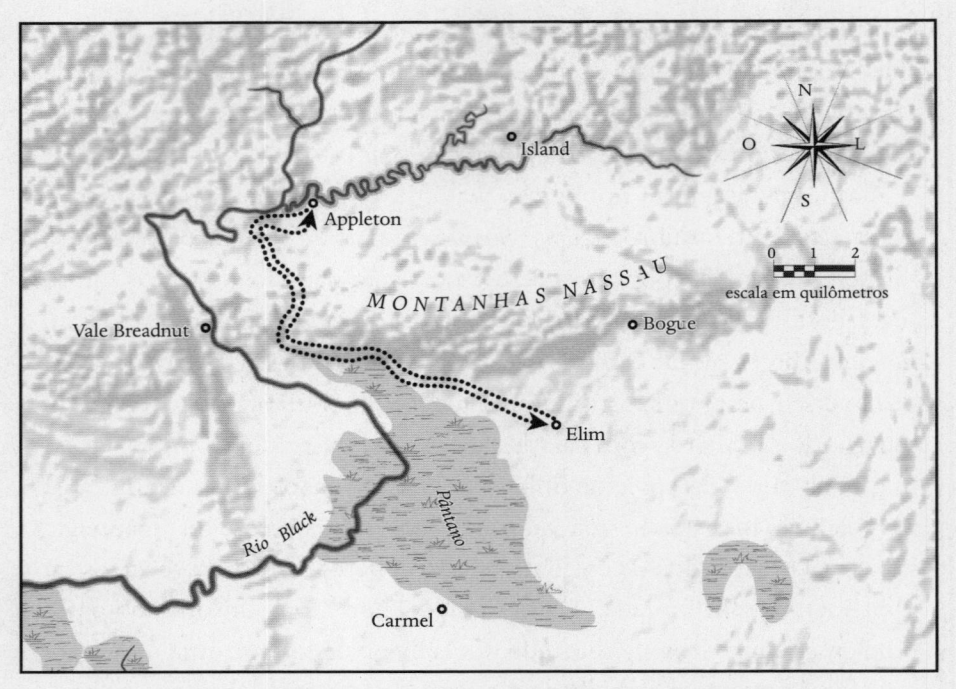

MAPA 12. Marcha de protesto coromanti, outubro de 1765.
Desenhado por Molly Roy.

que Hiern respeitaria tanto a sua reputação quanto a sua capacidade de arruinar as plantations se quisessem. Os rebeldes já tinham plantado as sementes da guerra nas montanhas Nassau, e elas poderiam brotar rapidamente, nas condições adequadas.

As hostilidades tinham voltado a aumentar rapidamente no distrito de St. Mary quando outra revolta mostrou que os coromantis continuariam a agitar a política da escravidão ainda por muito tempo, dentro e fora da Jamaica. Eram duas horas da manhã, com a lua quase cheia, quando Zachary Bayly acordou e descobriu que os engenhos da propriedade de Whitehall tinham pegado fogo, que os escravizados estavam em "verdadeira rebelião" e que Matthew Byndloss, com quem Bayly jantara na véspera, tinha sido morto. Exatamente como fizera em 1780, Bayly reuniu os brancos de suas propriedades em Nonsuch e Unity e soou o alarme em toda a região.[49]

Na estrada de Whitehall, seu grupo soube que os rebeldes tinham ido para Ballard's Valley, mas os brancos preferiram seguir em frente. Encontraram Byndloss morto no chão da casa-grande de Whitehall, e descobriram que sua irmã tinha fugido para os canaviais com a ajuda de um criado. Outro homem, o capataz da propriedade de Llanrumney, tendo ouvido uma bomba explodir e visto o brilho das chamas, partiu a cavalo para Whitehall e encontrou os rebeldes, que atiraram nele e o decapitaram — o grupo de Bayly deparou com seu corpo sem cabeça de manhã, quando seguia para Ballard's Valley,[50] onde, bem equipados com armas capturadas em Whitehall, os rebeldes entoavam seus cantos de guerra. Bayly descreveu o coro como "um uivo medonho" e aquilo aterrorizou os brancos, que se reagruparam na casa do capataz. Os rebeldes tentaram incendiá-la, mas um dos líderes foi morto no ataque. Rechaçados, os insurgentes atearam fogo nas casas de bagaceira, cheias de restos combustíveis de fibra de cana. Em seguida marcharam de volta para Whitehall, e de lá para o mato, perseguidos por grupos de milicianos. No mato, os colonos mataram vários rebeldes e descobriram que muitos outros tinham cometido suicídio.[51]

Bayly e outros, com lembranças da Revolta de Tacky muito vivas na memória, começaram uma investigação imediata, dando atenção aos escravos de propriedades vizinhas e comandando uma série de interrogatórios que consolidariam as impressões dos brancos sobre as insurreições imediatas e anteriores, os coromantis e seu caráter essencial, e as expectativas sobre o futuro da escravidão.[52]

Confissões arrancadas sob tortura mais uma vez lançaram as bases para a interpretação dos acontecimentos pelos senhores de escravos. Reunidos em Whitehall, eles discutiram a contínua urgência da ameaça. Muitos, incluindo Bayly, achavam que essa insurreição tinha sido "apenas coisa de bêbado, da parte de alguns pretos" e que "as coisas já tinham voltado ao normal". Outros duvidavam da "possibilidade de uns poucos pretos novos irem tão longe sem a ajuda e o conhecimento dos velhos pretos do distrito; daqueles pretos das propriedades e da região que tinham se envolvido tão profundamente, poucos anos atrás, em rebelião e assassinato".[53] Bayly, o mais alto magistrado do distrito, interrogou um homem chamado Cambridge dias depois do levante. O depoimento foi inconsistente e Bayly continuou duvidando que houvesse "qualquer trama profunda".[54] Mas Cambridge seguiu falando e outros senhores não tiveram tantas dúvidas. Ele disse aos inquisidores que três semanas antes do incêndio em Whitehall cerca de vinte africanos de propriedades vizinhas tinham "feito um acordo" num jogo ou festival. Deu nomes. Muitos haviam jurado rebelar-se sob a liderança de Abruco, conhecido dos senhores como Blackwall, "um velho coromanti", caldeireiro-chefe em Whitehall.[55] Blackwall tinha sido julgado durante a Revolta de Tacky em 1760 e solto por falta de provas.[56] Agora foi condenado à fogueira, enquanto vários outros foram enforcados ou encaminhados para deportação.[57]

Detenções, interrogatórios, julgamentos e castigos continuaram por duas semanas, enquanto os que tinham sido citados acusavam outros também.[58] Os plantadores logo passaram a acreditar que a "conspiração era geral entre os pretos coromantis", com um plano de rebelar-se no Natal, não só em Whitehall e Ballard's Valley, mas também em muitas outras propriedades, incluindo Trinity, Frontier e Esher, onde a Revolta de Tacky começara.[59] Um jovem coromanti por nome Cuffee, um dos informantes mais impacientes, disse a seu dono o que os senhores decerto mais temiam: que os colonos tinham pela frente outra conspiração para entregar o distrito aos coromantis — e dessa vez, provavelmente, até os maroons ficariam do lado dos escravizados.[60]

Esse acontecimento coincidiu com um forte susto no distrito de Westmoreland, quando se descobriu que escravos tinham conspirado para se rebelar em várias das propriedades onde a insurreição começara em 1760. Um ferreiro escravizado tinha até "feito vários ferros pontudos para fixar na extremidade de lanças para um dos pretos do capitão Forrest". Durante os repetidos alarmes ocasionados por trabalhadores de Masemure, pertencente a Forrest, o magistrado distrital "usou de todas as precauções necessárias para induzir o terror na mente dos escravos", mantendo a milícia armada e marchando "com seus tambores batendo por toda parte" do distrito.[61] A ilha ficou em estado de alerta máximo — embora sem lei marcial — até o fim do ano, mas não houve novas eclosões.

Poucos meses depois, a Assembleia designou um comitê de cinco senhores de escravos, que incluía Edward Long e Bryan Edwards, sobrinho de Bayly, para investigar e relatar o "início e o avanço, e os meios usados para suprimi-la, da recente insurreição de escravos, no distrito de St. Mary".[62] Seus achados acabaram com qualquer dúvida de que eles enfrentavam uma consequência direta da Revolta de Tacky. Uma das testemunhas confirmou que "a primeira causa e fonte das recentes insurreições reais ou planejadas dos pretos coromantis, no distrito de St. Mary, foram a influência e a persuasão dos pretos de diferentes propriedades que tinham se envolvido na rebelião naquele distrito no ano de 1760".[63] Lendo o relatório para a Assembleia em agosto, Long, presidente do comitê, disse com todas as letras: "A maioria dos coromantis nesse distrito estava a par do plano, e envolvida em dar-lhe apoio". Apesar de muitos terem sido apreendidos, e prestado contas, e de a rebelião ter sido esmagada, "ainda há justo motivo de apreensão, pois a chama foi apenas abafada, e os coromantis, que religiosamente se apegam ao juramento feito quando participam dessas associações sangrentas, muito provavelmente aproveitarão a primeira ocasião favorável para retomar suas tentativas".[64] Como precaução, o comitê propôs um imposto adicional "sobre todos os escravos fântis, akyens e axântis e sobre todos os demais escravos chamados comumente de coromantis" importados e vendidos na ilha. Para desgosto de Long, seus colegas proprietários rejeitaram a medida.[65]

Long denunciou publicamente a negligência daqueles que deixaram de levar devidamente a sério as provas de uma conspiração. Muitos estavam ansiosos demais para executar os cabecilhas e retomar o curso normal dos seus negócios sem fazer uma investigação, e isso teria impedido que se descobrisse a conspiração maior. Supostamente, esse último grupo incluía Bayly, de quem o relatório do comitê não incluiu nenhum depoimento. Long chegou a acusar o governador Lyttelton de "negligência no cumprimento do seu dever" por não ter despachado companhias de soldados regulares ou não ter mandado um navio de guerra para ajudar os residentes no distrito, como Moore tinha feito em 1760.[66] A disputa sobre a natureza e a extensão dos acontecimentos tinha persistido; Long tentou encerrar a discussão.

Provas da ameaça representada pelos coromantis pareciam estar em toda parte. Havia notícias de uma gigantesca revolta na colônia holandesa de Berbice em 1763, envolvendo africanos da Costa do Ouro.[67] Em 1764, o longo poema rural *The Sugar Cane*, do dr. James Grainger, bastante lido, alertava o leitor: "Não compres um coromanti [...]./ Eles, nascidos para a liberdade em sua terra,/ Preferem a morte à escravidão desonrosa:/ Ou, inflamados pela vingança, à meia-noite,/ De repente aproveitam o teu confiante descuido,/ E teu próprio punhal enterram em teu peito".[68] Não muito antes da eclosão em St. Mary, um bando de rebeldes deportados da Jamaica para as Honduras Britânicas tinha assassinado e roubado seu senhor, fugido para a floresta e interrompido o tráfego na principal rota fluvial da colônia. Mataram dezesseis colonos enquanto estiveram soltos.[69] Apenas dois meses depois que o comitê da Jamaica submeteu seu relatório, em meados de 1766, houve outra revolta no distrito de Westmoreland, com mais de trinta coromantis, que teriam chegado juntos no mesmo navio dois anos antes. Fugiram na noite de 5 de outubro, matando todo mundo que encontravam, antes de se reunir em Cross Path, onde convocaram todos para a guerra tocando uma corneta feita de casca de árvore. Mais de vinte colonos pereceram antes que o distrito soasse o alarme com tiros de canhão disparados duas vezes a cada quarto de hora em Savanna La Mar. A milícia caçou os rebeldes durante semanas.[70] No começo de novembro ainda queimavam africanos na fogueira.[71]

Mais tarde Long citaria essa última revolta como "os primeiros frutos" da oposição aos impostos que propôs sobre cativos importados da Costa do Ouro. Era loucura suicida, em sua opinião, ignorar o perigo que eles representavam.[72] Sua campanha contra os coromantis intensificou-se em sua *História da Jamaica*, de 1774, na qual apresentou uma influente e dura-doura resposta racista às ameaças antiescravistas de cima e de baixo.

Long chegou ao cargo de presidente da Assembleia da Jamaica em 1768, mas estava mal de saúde e foi embora para a Inglaterra no ano seguinte. Em Londres, a metrópole imperial, ele se estabeleceu como vigoroso defensor da classe dos proprietários de plantations das Antilhas. Sua reputação como autor emergiu na esteira do caso Somerset, em 1772, quando o Tribunal Superior do Rei decidiu que a escravidão não tinha sido estabelecida pelo direito comum na Inglaterra e no País de Gales e que, portanto, os senhores de escravos não podiam tirar cativos da Inglaterra contra a sua vontade. Os senhores viram a decisão, corretamente, como um desgaste dos seus irrestritos direitos de propriedade em seres humanos, e como um primeiro tiro contra a própria instituição da escravidão.[73]

FIGURA 6.2. Edward Long. Gravura de William Sharp, no estilo de W. Denton, publicada em 1789. © National Portrait Gallery, Londres.

Long partiu imediatamente para o contra-ataque. Imprimiu às pressas suas *Sinceras reflexões sobre o julgamento recentemente proferido pelo Tribunal Superior do Rei em Westminster-Hall sobre o que é comumente conhecido como a causa preta*, que criticava vigorosamente a decisão como incompatível com "o espírito do comércio inglês". Ao "proteger todo preto renegado contra as prerrogativas do seu senhor", acusava ele, os defensores da liberdade dos fugitivos causavam à Inglaterra "dano e desgraça, e o desânimo de suas colônias, onde uma propriedade a serviço delas é inequivocamente necessária". Acusou esses defensores de não ter "outro desígnio que não seja o de aviltar os senhores, e deixar solta neste reino uma ralé imprestável de clientes seus". Na opinião de Long, esse "bando de pretos" na Inglaterra era "uma tropa dissoluta, ociosa degenerada", que ameaçaria a identidade do país se a deixassem crescer.[74]

O medo de perder o lugar impregnava seus argumentos, produto de ansiedade masculina tanto quanto de qualquer confiança na superioridade branca. "A classe mais baixa de mulheres na Inglaterra é notavelmente chegada aos negros", disse ele, preocupado, "por razões brutas demais para serem mencionadas; elas se uniriam a cavalos e asnos, se as leis permitissem". No venenoso coquetel de preconceitos de classe, misoginia e xenofobia de Long, os negros eram ao mesmo tempo subumanos e super-humanos, comparáveis a animais, porém capazes de suplantar os homens brancos na competição sexual. Como resultado disso, em poucas gerações, declarou ele, "o sangue inglês estará contaminado" a ponto de aviltar toda a nação. Denunciou a presença negra na Inglaterra como "úlcera tóxica e perigosa, que ameaça disseminar sua malignidade por toda parte, até que toda família seja infectada".[75] Em outras palavras, advertia seus leitores de que, com o tempo, eles seriam engolfados.

A virulência de linguagem de Long vinha diretamente de sua experiência com a guerra dos escravizados na década anterior. Já trabalhando nos três volumes da sua *História da Jamaica* quando produziu as *Sinceras reflexões*, Long pretendia refutar a alegação generalizada de que rebeliões de escravos resultavam de maus-tratos e da má administração de escravos. Sustentava que, em vez disso, a revolta de escravizados era um traço

criminoso do povo coromanti. "Sempre os primeiros a conspirar e a enca-
beçar motins", na sua opinião eram invariáveis em relação ao caráter: "o
mais desobediente, insolente, teimoso e desleal bando de trabalhadores
que seria possível introduzir em nossas plantations".[76] Nenhuma bran-
dura de tratamento seria capaz de atenuar sua "ingratidão" e sua "raiva
implacável". O medroso ódio de Long contra os coromantis alimentava
seu desprezo por africanos em geral. Coletivamente, a seu ver, eles eram
"um povo abrutalhado, ignorante, ocioso, ladino, traiçoeiro, sanguinário,
ladrão, desconfiado e supersticioso, mesmo nas situações nas quais era de
esperar que fossem mais polidos, humanos, dóceis e esforçados".[77] Sabendo
o que sabia das divisões intratáveis entre os escravizados, Long não fazia
vista grossa às distinções entre os negros, como o faziam tantos escritores
racistas. Não se dava a esse luxo: reconhecer uma série de diferenças era essencial para a sobrevivência da classe senhorial, que empregava africanos,
negros nascidos na ilha e mestiços "para conter uns aos outros dentro dos
limites da condição que lhes é atribuída". Como Trelawny antes dele, Long
sugeria o cultivo de uma população nativa de escravizados para reduzir a
necessidade do comércio transatlântico de escravos.[78]

Apesar disso, através de uma cadeia de associações que juntava traços
indesejáveis, a negritude em geral veio a significar o potencial geral de perigo que Long atribuía mais especificamente aos coromantis.[79] No fim das
contas, apesar das diferenças, ele conjecturava que os negros só podiam,
de fato, constituir uma espécie diferente de humanidade. Por causa dessa
opinião, Long tem sido chamado de um dos primeiros proponentes do
racismo científico, que esteve em voga no século XVIII, quando escritores
tentavam classificar e hierarquizar os povos do mundo.[80] Mais imediatamente, porém, o racismo de Long era tanto uma reação específica ao
esforço político negro quanto uma teoria geral das diferenças humanas.
Mesmo sua aversão à minúscula, e geralmente pobre, população negra que
vivia na Inglaterra projetava sua experiência da fragilidade da dominação
branca nas Antilhas, onde senhores de escravos tinham sido frustrados,
às vezes até humilhados, em suas tentativas de pacificar os cativos. O racismo era a sua defesa ideológica contra os perigos internos da Jamaica,

que agora chegavam também ao Reino Unido. Embora a escravidão fosse "inequivocamente necessária" para o crescimento do comércio inglês, a presença africana era um mal absoluto.

Nas notas escritas à mão para a *História da Jamaica*, Long cogitou o genocídio. A própria existência de africanos "deformava a beleza deste globo" de tal maneira, deixou escapar, que eles "merecem ser exterminados da [...] Terra".[81] Esta era e continua sendo a lógica final do colonialismo de ocupação: "Exterminar todos os brutos!", como diria Joseph Conrad mais tarde memoravelmente.[82] Um dos mitos mais persistentes da fantasia racial é que os brancos são vítimas, sitiadas por negros hipermásculos e ultraviolentos. As revoltas de cativos deram origem a essa metáfora. Em sua reação à guerra dos escravizados da Jamaica nos anos 1760, Long se tornou um dos mais eruditos e destacados propagandistas do pânico racial, alimentando uma linhagem virulenta de discurso nacionalista que contamina a imaginação política dos brancos até hoje.[83]

Se as insurreições jamaicanas ajudaram a influenciar a política imperial com relação às colônias e inspiraram uma reação racista, o fato é que também ofereceram uma base lógica para a reforma da escravidão colonial. Temendo novas rebeliões, britânicos interessados formularam planos pragmáticos para aumentar a segurança das colônias, limitando sua dependência do comércio de escravos e melhorando as condições dos escravizados. Ironicamente, talvez perversamente, a obra de Edward Long teve significativo impacto num incipiente discurso antiescravista.

Ao sustentar que a principal ameaça à escravidão colonial eram os insurgentes africanos — em especial os coromantis —, Long promovia a ideia de que uma população escrava nativa seria mais maleável. Tendo visto os crioulos muitas vezes denunciarem conspirações africanas e lutarem bravamente contra os rebeldes, ele passou a acreditar que a crioulização era a única saída. Se os senhores pudessem evitar matar os escravizados de trabalho, prendê-los a propriedades em vez de espalhá-los pondo-os à venda, estabelecer melhores condições para a criação de filhos e incentivar o avanço do cristianismo, então talvez ficassem mais seguros em suas propriedades. Poderiam também economizar dinheiro deixando de pagar preços cada vez mais altos por trabalhadores importados da África. Aumentar as populações escravizadas nativas facilitaria também o que os reformistas costumavam chamar de "melhoria" das plantations, resultando numa escravidão mais amável e dócil — e menos ameaçadora. Durante os primeiros anos do século XIX, as pessoas que faziam campanha contra o comércio de escravos invocavam o texto de Long para argumentar que o fim do tráfico fortaleceria a segurança interna do Império Britânico. Dessa maneira, a turbulência na Jamaica ajudou indiretamente a desenvolver um emergente movimento antiescravista.[84]

O medo dos africanos tinha de fato inspirado os primeiros esforços para restringir o comércio de escravos. Respondendo ao levante dos coromantis em 1712 na cidade de Nova York, a assembleia da Pensilvânia aplicou um imposto proibitivo de vinte libras esterlinas às importações de escravos, citando "diversas tramas e insurreições [...] não só nas ilhas, mas na América continental" como justificativa para essa medida.[85] Depois de uma revolta perto do rio Stono, na Carolina do Sul, em 1739, a colônia pôs em vigor uma moratória de dez anos na importação de africanos, mas os proprietários logo descobriram que não podiam ficar sem eles nas plantations.[86] Em meio a notícias de desordens na Jamaica nos anos 1760, outras colônias fizeram novas tentativas. Os senhores de escravos da Virgínia se dividiam entre proprietários em larga escala, que esperavam aumentar o valor financeiro de seus escravos limitando a oferta, e os que tinham menos recursos e queriam adquirir trabalhadores ao preço mais baixo possível. Mas no fim dos anos 1760, os dois lados chegaram a um acordo sobre o perigo das insurreições de escravizados. Os legisladores tentaram aplicar impostos cada vez mais altos sobre os cativos importados em 1767, 1769 e 1772. Como explicou o governador da Virgínia a funcionários britânicos, os colonos "tinham bons motivos para temer a mais perigosa consequência" da importação de africanos e precisavam encontrar meios "não só de impedir o seu aumento, mas também de diminuir o seu número". Acreditava que "o interesse do país exigiria obviamente a total expulsão deles". Influenciada mais por interesses mercantis do que por preocupações coloniais, Londres rejeitou essas três leis tributárias da Virgínia.[87]

Restrições ao comércio de cativos tiveram mais êxito na Pensilvânia. Em 1761, com notícias da guerra dos escravizados na Jamaica aparecendo regularmente no *Pennsylvania Gazette*, a Assembleia da colônia fez um comentário sobre as "consequências perniciosas inerentes à prática de importar escravos para esta província". Com a segurança em jogo, muitos esperavam proibir inteiramente o comércio. Em 1761, a colônia aprovou uma lei para aumentar os impostos sobre importação de escravizados e estender sua aplicação para sempre. Em 1773, a Pensilvânia dobrou o valor do imposto, e finalmente, em 1780, aprovou a Lei para Abolição Gradual da Escravidão. Por mais que essas leis expressassem uma oposição cada vez mais forte à prática da posse de cativos, seu objetivo era desencorajar a chegada de africanos potencialmente insurgentes.[88]

Se a maioria das pessoas temia a presença deles, muitas outras se solidarizavam com as dificuldades que enfrentavam. Bem no início do movimento abolicionista, rebeldes africanos muitas vezes provocavam respostas benévolas, em especial em lugares que mantinham menos escravizados do que o Caribe. Muitos leitores britânicos e norte-americanos ficavam mais horrorizados com a brutalidade dos seus compatriotas britânicos do que com a violência dos rebeldes.[89] Relatos das execuções circulavam mais amplamente, com a crescente popularidade da literatura sentimental e do martirológio cristão, que ajudavam os britânicos a imaginar sua nação como uma comunidade moral fundada na perseguição, na morte e na virtude religiosa. Para alguns, essa comunidade imaginada ampliava-se para incluir os escravizados, anda que brevemente, e os rebeldes africanos passaram a ser vistos como vítimas sacrificadas à cruel tirania dos senhores de escravos.[90]

Um panfleto que circulou durante a revolta de 1760, *Dois diálogos sobre o comércio de homens*, de J. Philmore, afirmava que, diante dos terrores da escravização, a mais alta "lei da natureza" autorizava até o assassinato de senhores:

Todos os homens negros que agora em nossas plantations são por força injusta privados de sua liberdade e escravizados, como não têm ninguém na terra a quem apelar, podem legalmente repelir essa força com a força, e recuperar sua liberdade, destruir seus opressores: e não só isso, mas é dever de outros, tanto brancos como negros, ajudar essas criaturas miseráveis, se puderem, em suas tentativas de se livrar da escravidão, e resgatá-las das mãos dos seus cruéis tiranos.[91]

Não havia muitos outros que estivessem dispostos a ir tão longe, não com firmeza. Mas o panfleto influenciou Anthony Benezet, o quacre da Pensilvânia que lançou os fundamentos intelectuais para a abolição do comércio de escravizados no Império Britânico. Apesar de evitar o assunto das revoltas, ele invocava com frequência a doutrina da "lei mais alta" contra o comércio de seres humanos. Entre seus colegas quacres, uma ardente oposição à guerra os induzia a ver a violência estimulada pelo comércio de escravizados como um mal indefensável. Sua convicção de que esse comércio era uma fonte constante de guerras foi uma linha ortodoxa de raciocínio durante todo o início do século XIX.[92]

Mesmo quem era contra a revolta de escravizados às vezes condenava a tirania dos senhores. Em 1764, um escritor de Boston afirmou que os proprietários de plantations nas Antilhas estavam "acostumados a um jeito arbitrário e cruel de governar escravos", tendo por tanto tempo "saboreado as doçuras de oprimir seus semelhantes".[93] Esse sentimento reverberava vigorosamente em *Os direitos das colônias britânicas afirmados e comprovados*, de James Otis, publicado naquele ano. Sua defesa dos direitos dos colonos americanos contra a intimidação da administração imperial declarava que "os colonos são por lei da natureza nascidos livres, como na verdade todos os homens, brancos ou negros".[94] Na Inglaterra, as pessoas zombavam das pretensões dos colonos americanos de serem oprimidos invocando a brutalidade com que tratavam seus cativos. A retórica antiescravista figurou com destaque na campanha parlamentar londrina de 1768 contra o senhor jamaicano William Beckford, um defensor das prerrogativas coloniais, que antes tinha recebido uma carta aberta do ativista anticomércio de escravizados Granville Sharp — o principal "defensor dos pretos" no caso Somerset — implorando a Beckford que não fosse atrás de um escravo fugido.[95] Nos primeiros anos da Revolução Americana, Samuel Johnson, celebridade literária, propôs, num jantar em Oxford, um brinde que ficou famoso: à próxima rebelião de escravizados nas Antilhas. A propósito da morte de um senhor jamaicano, Johnson certa vez comentara: "Ele não vai notar muita diferença onde está agora, acho eu, nem no clima nem na companhia".[96] Pelo fim do século, histórias de revoltas contra senhores e as horrendas execuções de cativos rebeldes tinham ajudado a formar um emergente consenso contra a escravidão.

O dono de escravizados Bryan Edwards não fazia parte desse consenso, porém tinha mais pretensões sentimentais do que a maioria de seus camaradas proprietários. Havia chegado à Jamaica a tempo de assistir às insurreições dos anos 1760, e foi colega de Long no comitê para investigar a insurreição de St. Mary em 1765. Aspirante a escritor, Edwards seguia as convenções literárias da sua época, que incentivavam a identificação empática com mártires sofredores como símbolos de Cristo moribundo. Um dos seus primeiros poemas publicados, "Estrofes provocadas pela morte de Alico, escravo africano, condenado por rebelião na Jamaica em 1760", aplaudia o rebelde Abruco, também conhecido como Blackwall, como representante da luta pela liberdade. A data no título evocava a Revolta de Tacky, ainda que a similaridade entre os nomes do cabecilha da revolta de 1765 e o personagem de Edwards sugira que o poema se referia diretamente a esta última rebelião — uma fusão que fazia a peça representar todo o intervalo. "Firme e sereno estou", exclama o poema, assumindo a voz do africano na fogueira. "Pela causa da liberdade desnudei meu peito — pela causa da liberdade eu morro." O rebelde aceitava a morte e prometia uma insurreição para todo o sempre: "Chego à hora de júbilo/ Mas saibas, ó pálido tirano, não é para travar a tua guerra eterna/ A morte que tu dás serve apenas para juntar forças/ Para zombar da tua raiva perplexa".[97]

Em sua "Ode, ao ver um funeral negro", de 1773, Edwards celebra a vida africana depois da morte "em solo coromanti coberto de palmeiras" onde "feitos heroicos e labuta marcial devem preencher cada dia de glória".[98]

Edwards renunciou ao seu entusiasmo juvenil.[99] Tornou-se um ardente defensor da escravidão, mas apesar disso conservava alguma simpatia pelos coromantis. Sua *História das Antilhas*, publicada pela primeira vez em 1793, descrevia o caráter coromanti muito mais favoravelmente do que a *História da Jamaica*, de Long, embora o retrato de Edwards não fosse menos exagerado. Ele tomou por base todos os velhos estereótipos predominantes do *Oroonoko*, de Behns, até os anos 1760. "Em suas guerras são cruéis e sangrentos, mais do que qualquer nação que já existiu", afirmou, ao descrever a "feroz" disposição e os "modos selvagens". Tendo observado diretamente execuções públicas, ele ficara maravilhado com o estoicismo dos condenados, que enfrentavam a morte "na sua forma mais horrenda com fortaleza de ânimo e indiferença". Como a maioria dos escritores, Edwards atribuía essa qualidade aos "modos nacionais, guerras e superstições [dos coromantis], que são todos, no mais alto grau, selvagens e sanguinários". Mas, diferentemente de Long, ele acreditava que esses traços refletiam virtudes remediáveis. "Robustez de físico e vigor de mente", "coragem" e uma "elevação de alma" os tornavam heroicos. "Estou convencido", declarou, "de que eles possuem qualidades capazes e merecedoras de cultivo e aprimoramento". Até lamentou que "sua vitalidade seja abatida pelo jugo da escravidão". Não era de admirar, disse, que os coromantis tivessem lançado a insurreição de 1760 "para recuperar a liberdade da qual tinham sido privados". Podiam ser selvagens, mas eram do tipo mais nobre possível.[100]

Há várias explicações para a diferença entre os retratos de Long e de Edwards. Long tinha obtido a maior parte de suas informações nas confissões sob tortura de suspeitos de rebelião e nos relatos de viajantes sobre comerciantes na África. Escrevendo décadas depois dos anos 1760, Edwards entrevistou escravos que estavam sob pressões menos imediatas. Mais diretamente, sua descrição dos coromantis e sua narrativa dos acontecimentos dos anos 1760 davam continuidade a uma discussão com Long sobre a revolta de 1765 e a natureza da ameaça que representava. O texto de Edwards era, em parte, uma tentativa de defender Zachary Bayly da acusação de não ter reconhecido a extensão da ameaça coromanti.

Edwards empobrecera na adolescência quando o pai morreu, e foi levado para morar com Bayly, irmão de sua mãe. Quando Bayly morreu, em 1769, deixou de herança para ele a casa onde, mais tarde, Edwards

FIGURA 6.3. Bryan Edwards. Gravura de Thomas Holloway à maneira de Lemuel Francis Abbot, publicada em 1800. © National Portrait Gallery, Londres.

compôs sua história, além de várias propriedades açucareiras e centenas de escravizados. Edwards redigiu a inscrição na lápide de Bayly, na igreja do distrito onde ele foi sepultado, enaltecendo o patrono como "sábio sem a ajuda de sabedoria escrita, e eloquente além dos preceitos da retórica escolástica". O grande senhor de escravos tinha "adquirido riqueza com honra, e parecia possuí-la apenas para ser liberal". Em 1766, o jovem Edwards certamente ficou aborrecido quando Long acusou seu amado tio de vacilar diante do perigo.[101]

A disputa com Long se estendeu por suas diferentes descrições dos coromantis e seus divergentes relatos da insurreição de 1760. Long atribuiu a seu cunhado Henry Moore, a quem servira como secretário particular, a ação decisiva na supressão daquela revolta, contrastando-a com a "negligência no cumprimento do dever" demonstrada por Lyttelton, que atuou sob orientação de Bayly em 1765. Já a narrativa de Edwards aplaudia as ações de Bayly, "a cuja sabedoria, atividade e coragem nessa ocasião se deve o fato de a revolta não ser tão geral e destruidora como a que agora arruína Saint-Domingue (1791)".[102]

A referência a Saint-Domingue ressalta uma distinção fundamental: Edwards escreveu sua narrativa das insurreições jamaicanas durante a Revolução Haitiana. Ele esteve na vizinha Saint-Domingue não muito tempo depois da grande revolta de escravos de agosto de 1791 na planície setentrional da colônia, e redigiria o primeiro relato publicado em língua inglesa daqueles acontecimentos. Sua descrição dos "horrores de Saint-Domingue" influenciou narrativas subsequentes até o começo do século xx.[103] Em 1774, Long tinha identificado os coromantis como a maior fonte de perigo. Espantosamente, à luz dos acontecimentos subsequentes, ele via em Saint-Domingue um exemplo de sociedade segura onde os escravizados eram mantidos em "pacífica submissão".[104] Para Long, os acontecimentos dos anos 1760 representavam a possibilidade dos seus maiores temores; Edwards viu esses temores materializados na colônia francesa vizinha, onde a presença coromanti não foi decisiva. Ao testemunhar aquela rebelião, vislumbrou que o perigo era a própria escravidão, sustentada pelo terror dos senhores de escravos, e poderia muito bem resultar em contraterrorismo dos escravizados.[105]

A *História das Antilhas Britânicas*, de Edwards, passou por várias revisões e edições de 1793 a 1819, tornando-se um dos relatos do Caribe britânico mais influentes, lido por gerações. Juntos, Long e Edwards estabeleceram uma história canônica das insurreições dos anos 1760 na Jamaica. Apesar das diferenças, eles concordavam que entender os coromantis era essencial para compreender a política da escravidão. Estavam parcialmente corretos: seus estereótipos dos coromantis de fato iluminam tanto a história da revolta dos escravizados como uma história de reação racista. Essas caricaturas jamais foram reflexos transparentes da existência real dos africanos da Costa do Ouro nas Américas, mas também não estavam desgarradas da história política dos escravizados. Na verdade, os rebeldes inspiraram aspectos fundamentais dos escritos de Long e Edwards, influenciando, com isso, a história do conhecimento da escravidão racial e da geografia da luta contra ela.

Por intermédio de Long e Edwards, as guerras coromantis foram entrelaçadas a metáforas racistas e simpatias abolicionistas. A demonização de Long e o martirológio de Edwards eram dois lados da mesma moeda. Tanto o medo como a admiração dos coromantis surgiram da mesma ideia: alguma essência cultural intrínseca definia os africanos da Costa do Ouro, e essa essência talvez distinguisse alguma coisa de fundamental nos negros em geral. Na verdade, Edwards achava que dos coromantis "talvez se possa dizer que constituem o preto genuíno e original, sem misturas, tanto em pessoa como em caráter".[106] Notáveis pela virilidade marcial, pelo orgulho altivo e pela ousadia inexorável, os coromantis no século XVIII definiam um tipo que tem emocionado e assustado os brancos desde então.

Long e Edwards também concordavam em outra questão, que apontava para longe dos traços essenciais do comportamento da Costa do Ouro e na direção da história e da memória de paisagem e dos caminhos da política dos escravizados. Estavam de acordo sobre o epicentro geográfico das revoltas dos anos 1760: o distrito de St. Mary. Continuando um debate sobre a interpretação do levante de 1765, Long e Edwards fizeram a narrativa de todo o período girar em torno dos principais acontecimentos naquele distrito, relegando as outras regiões da ilha, como a Westmoreland de Forrest e Apongo, a subenredos. O resultado disso é que hoje conhecemos a Guerra Coromanti como Revolta de Tacky. Tacky tornou-se símbolo do caráter coromanti e ícone principal da guerra. As histórias de Bayly,

Long e Edwards causaram as primeiras e mais duradouras impressões na memória pública, que deram a um estereótipo étnico uma base firme no distrito de St. Mary.[107]

NA ÉPOCA DA REVOLUÇÃO HAITIANA, os coromantis já não representavam a mesma ameaça. Edwards e Long não teriam sabido das razões disso, que tinham menos a ver com caráter étnico do que com história africana, especificamente mudanças nas condições políticas da Costa do Ouro. Em meados dos anos 1760, Axânti havia estabelecido seu domínio em toda a região de florestas do sul, sendo contido apenas por Oió a leste e pela Confederação Fânti ao longo da costa. Axânti agora voltava suas conquistas para o norte, para entidades políticas sem a mesma experiência de revolução militar e de guerra que havia marcado a história da costa. À medida que a região se acomodava num tenso impasse, e especialmente após a conquista de Dagomba por Axânti nos anos 1770, cativos de guerra vinham cada vez mais de povos que não falavam as línguas acãs compartilhadas pelos coromantis. Esses últimos recém-chegados também tinham menos treinamento nas artes da guerra e na evasão de potências expansionistas. Com seu número crescendo depois de 1765, os comerciantes costumavam vendê-los como coromantis, para senhores que continuavam apreciando o rótulo. Mas não se tratava do mesmo povo.[108]

A etnicidade dos coromantis foi produto de várias lutas históricas: de africanos ao longo da Costa do Ouro, de comerciantes de escravos e proprietários que acrescentavam valor à sua compra e à sua venda, de pessoas escravizadas forjando novos coletivos contra a ameaça de aniquilação social e de senhores de escravos esforçando-se para tentar lidar com as reações à sua tirania. Nesse sentido, a etnicidade era uma realidade mítica — experiências históricas reais transmudadas em matéria de lenda. A famosa bravura militar dos coromantis não era um traço cultural essencial, mas as histórias da África e da América de fato se juntaram para fazer dela um fenômeno observável.[109] Um dos informantes idosos de Bryan Edwards recordava-se do reinado de Opoku Ware, que tanto fizera para expandir o reino de Axânti no segundo quartel do século XVIII, confirmando que "as guerras são muito frequentes; que todos os homens válidos são obrigados a pegar em armas".[110] Na época dessa conversa, no fim do século XVIII, esse homem se lembrava da Costa do Ouro como ela havia sido, mas o que Edwards ouviu foi uma descrição de como os coromantis sempre foram e continuariam sendo.

Comerciantes de escravos continuaram anunciando e proprietários continuaram comprando coromantis na Jamaica, na esteira das insurreições dos anos 1760. Incorporados aos regimentos antilhanos criados em 1792, africanos da Costa do Ouro recorriam à reputação dos coromantis para melhorar sua posição dentro das Forças Armadas britânicas.[111] Escritores ingleses publicaram romances sobre nobres africanos da Costa do Ouro, como *The Koromantyn Slaves, or West Indian Sketches*, em 1832.[112] Até hoje, os rituais ancestrais mais sagrados dos maroons jamaicanos se baseiam no poder coromanti, manifestado em danças e falas rituais.[113] O nome era significativo muito depois das condições que lhe deram vida, justamente porque os coromantis tinham exercido enorme influência por muito tempo.

Relatos das guerras coromantis dos anos 1760 na Jamaica corriam o mundo com os exilados deportados da ilha, que levavam conhecimento vital para novas localidades. Sua presença física nas Honduras Britânicas, na Carolina do Sul, na Virgínia, em Cuba e no restante da América espanhola era também uma presença política e militar. De que forma esses vetores de rebelião espalhavam as notícias e organizavam seus compatriotas em outras regiões, e quais eram as implicações disso para outros regimes escravistas, é coisa que não se sabe, mas mesmo essas questões nos lembram que os escravizados tinham uma história que divergia da dos seus captores. Senhores de escravos tinham consciência disso e tentavam bloquear rotas de autonomia sempre que possível.

As campanhas custaram caro aos colonos e investidores da Jamaica, obrigando-os a fazer significativas mudanças políticas que alteraram os mecanismos do Império Britânico. Se Tacky, Apongo e Simon não prefiguraram a insurreição iminente nas colônias norte-americanas da Grã-Bretanha em 1776, sua revolta no coração comercial e estratégico da América inglesa fortaleceu a determinação dos líderes políticos metropolitanos, para os quais a Guerra dos Sete Anos tinha no geral comprovado a necessidade de uma política colonial mais centralizada e mais extrativa — uma política que ajudou a provocar a Revolução Americana. Igualmente importante, a rebelião levou o Parlamento a considerar a melhoria das condições da escravidão nas Antilhas durante as últimas décadas do século XVIII — num processo que começou a corroer as prerrogativas da plutocracia —, o que por sua vez iniciou uma série em cascata de intervenções metropolitanas na administração da escravidão colonial, conduzindo em última análise à abolição do comércio de escravos e à emancipação dos escravizados.

As insurreições repercutiram culturalmente no significado, na narrativa e na memória dos acontecimentos. Para brancos, a ambivalente representação das guerras decorreu da dependência dos senhores em relação aos cativos, que eles temiam, e de sua necessidade de conhecer e controlar uma fonte de crise. A guerra de escravizados — campanhas para escravizar, revoltas contra a escravidão e lutas para mantê-la — estava na raiz da antinegritude que impregnou tanto o discurso pró como o discurso antiescravidão. Os coromantis significavam uma presença ameaçadora, e esse alarmante arquétipo ficou ligado à resistência negra em geral. A violência da escravização ou a supressão das revoltas de cativos chocaram muitos britânicos, que não gostavam do que essa violência dizia sobre eles, ainda que historiadores proprietários de escravos convencessem muita gente de que os africanos é que eram intrinsecamente perigosos. O emergente movimento contra o comércio de cativos foi, portanto, ensombrado pelo desejo de limitar a ameaça representada pela migração africana. Isso significava que a luta contra a escravidão nem sempre seria uma luta a favor dos negros, pois um arraigado estereótipo étnico se fundiu com, e acabou suplantado por, um medo racial mais generalizado.

Mesmo quando os coromantis desapareceram de cena, as forças que geraram a guerra de escravizados não tiveram um fim definitivo. Como categoria de pertencimento, "coromanti" foi um artefato dos séculos XVII e XVIII, e o destaque da identificação dissipou-se no século XIX. O termo foi apenas um rebento particular dos processos mais profundos de império, guerra, desterro, escravidão e conflito político que o criaram e que se estenderiam para além do século XVIII. A Guerra Coromanti tinha acabado, mas a guerra de escravizados continuou.

Epílogo: A era da guerra dos escravizados

EM 1776, a mais importante colônia americana da Grã-Bretanha estava a um passo da insurreição. Os colonos entendiam que o governo britânico conspirava contra os direitos dos súditos imperiais. Temiam um complô contra as liberdades inglesas de que há muito desfrutavam. À mesa do jantar conversavam animadamente sobre os méritos da sedição declarada. Em discussões a respeito da injustiça da ocupação da colônia da baía de Massachusetts pelo Exército britânico, podia-se ouvir "a obrigação de um súdito para com o seu senhor tratada com desprezo — o sangue derramado pelos rebeldes enaltecido como gotas preciosas dignas de registro". Os insatisfeitos com o governo imperial insistiam na "questão da rebelião americana", lisonjeando os rebeldes "com traços de virtuoso heroísmo". Enquanto os colonos jamaicanos debatiam a liberdade, seus escravos enxergaram uma oportunidade.[1]

A ilha estava novamente numa encruzilhada, com a entrada dos britânicos em mais uma guerra imperial. Os colonos trocavam histórias exageradas de uma concentração militar francesa e espanhola no Caribe

---

* Em tradução livre: "Até que os direitos humanos básicos/ Sejam igualmente garantidos para todos/ Independentemente de raça/ É guerra". (N. T.)

e calculavam que havia trinta escravos para cada pessoa branca, "prontos para se juntarem às tentativas de qualquer inimigo num massacre geral". Em 3 de julho, um regimento deixou o distrito de Hanover para um encontro em Port Royal, com partida da ilha para a Inglaterra e a América do Norte prevista para o fim do mês.[2] Em todo o distrito, escravizados se reuniam frequentemente em casas, terrenos e campos para "conversas muito sérias", interrompidas de imediato à aproximação de qualquer pessoa em quem não confiassem. Estavam muito provavelmente traçando estratégias. "Agora ou nunca, eles pensaram, era o momento de se tornarem senhores deste país." O momento parecia favorável a um levante bem-sucedido, mas essa revolução americana jamais aconteceu. Como tantas vezes sucedia com rebeliões de escravizados, a trama foi denunciada e a conspiração fracassou.[3]

Dessa vez, no entanto, depois de tanto tempo concentrados na ameaça representada pelos africanos, os senhores tiveram a surpresa de descobrir que o plano havia sido idealizado por uma combinação de coromantis, ibos da enseada de Biafra e crioulos nativos — com os crioulos se encarregando da organização. Os proprietários tinham confiado sua segurança em parte às diferenças entre africanos e crioulos, "em cuja lealdade sempre confiamos firmemente", segundo o governador da Jamaica.[4] Nessa conspiração, no entanto, "mesmo os pretos crioulos, que foram os salvadores de seus senhores e senhoras na rebelião de 1760, agora estavam contra eles", como escreveu outro observador. O complô contou também com a participação de criados domésticos, e os proprietários temiam que "os inimigos mais perigosos estivessem dentro de casa com eles".[5] Os conspiradores haviam formado uma confederação, segundo descobriram, com os coromantis, os ibos e os crioulos, cada grupo escolhendo "um chefe ou rei". Embora os coromantis fossem apenas uma fração das forças rebeldes, os escravos continuavam sua guerra contra a classe dominante.

O susto dado pela insurreição de 1776 fora visto como um ponto de mudança da rebelião ao estilo africano para a rebelião ao estilo crioulo. Na opinião do historiador Eugene Genovese, as guerras coromantis dos anos 1760 foram tidas como a culminação de uma fase passageira de atividade política dos escravizados, assinalando a transição de uma política africana "voltada para o passado", com a intenção de recriar Estados africanos, para tentativas mais universalistas de "revolução social e liberdade para todos", que alcançaram sua expressão mais plena na rebelião de Saint-Domingue. Dessa perspectiva, os africanos se rebelavam com frequência simplesmente porque eram africanos, cujas ações eram definidas por suas experiências no continente, ou porque, a partir do fim do século XVIII, a circulação de ideais iluministas e uma consciência política reconhecidamente moderna inspirou novos tipos de insurreição. Decerto a confederação de coromantis, ibos e crioulos que tramou o levante de 1776 expôs como fantasia a convicção de que só africanos escravizados representavam uma ameaça à escravidão — e haveria muitas outras revoltas crioulas no futuro. Apesar disso, os cronistas de então e os historiadores subsequentes em geral ignoraram a maneira como a paisagem da Jamaica canalizou as revoltas durante gerações. A ênfase na natureza inconstante dos participantes rebeldes obscurece uma importante continuidade: a reprodução da memória política local que definiu a geografia da militância negra ao longo do tempo.[6]

Durante toda a Era das Revoluções, negros na Jamaica buscaram inspiração na história do seu cenário político para os ajudar a traçar uma rota na turbulência do mundo atlântico. Em 1760, já tinha havido relatos de atividade revolucionária no distrito de Hanover, onde em 1776 a investigação dos senhores descobriu que os conspiradores talvez tivessem atingido quarenta propriedades, as quais mantinham um total de aproximadamente 8500 escravizados, mais da metade no distrito, e que estavam ligados a uma rede de comunicação estendendo-se por quarenta quilômetros através de uma "linha ininterrupta ou cadeia".[7] Os conspiradores atribuíram responsabilidades para a disseminação dos planos nos distritos de St. James e Westmoreland, especialmente a região montanhosa em torno da propriedade Glasgow, cenário de várias batalhas em 1760.[8] Nas montanhas, de acordo com uma testemunha, os maroons de Trelawny Town pensaram na possibilidade de juntar-se ao levante. Para frustração deles, os senhores usavam cada vez mais seus próprios patrulheiros para recapturar fugitivos, privando os maroons de uma renda importantíssima. Um dos patrulheiros declarou que, quando os "pretos da propriedade" estivessem prontos, os "pretos de Cudjoe os levariam para dentro do território e que quando os brancos fossem atrás deles na floresta, os pretos de Cudjoe e os pretos da propriedade sairiam e atacariam os lugares mais fracos primeiro, para queimar todos os canaviais de todas as propriedades".[9] Tenha isso de fato chegado a ser um plano ou sido apenas uma esperança acalentada pelos escravizados, o fato é que representava uma cuidadosa avaliação da coalizão que seria necessária para superar as derrotas dos anos 1760, indicando que a rota para um movimento mais amplo alargaria alguns dos mesmos caminhos demarcados pelas primeiras guerras coromantis.

Quinze anos depois, Saint-Domingue — a colônia europeia mais lucrativa do mundo — explodiu numa rebelião que se estenderia por mais de uma década e culminaria na criação do Haiti, o segundo Estado-nação pós-colonial independente nas Américas, e o primeiro a abolir a escravidão. Em vez de ser de espécie diferente, a revolta coromanti de 1760-1, como o maior levante no Caribe antes da Revolução Haitiana, talvez tenha influenciado os primórdios dessa revolução. O apetite da colônia francesa pela mão de obra escravizada era insaciável, e os senhores de Saint-Domingue importaram muitos desterrados da Jamaica nas décadas anteriores aos anos 1790. Entre outros, consta que o homem chamado Boukman, oráculo e instigador do levante de agosto de 1791 que lançou a revolução, era proveniente da Jamaica. A conexão sugere a possibilidade de que insurgentes de Saint-Domingue tenham sido influenciados pelas campanhas anteriores de seus vizinhos: suas histórias de guerras de escravizados, suas táticas e suas ambições territoriais. Escritores franceses, por sua vez, tinham visto na história da Jamaica um mau presságio, advertindo, com presciência, que "a vingança e a carnificina" poderiam em breve visitar suas próprias colônias.[10]

Ao mesmo tempo, na Jamaica, outra série de perturbações percorria trajetórias localmente estabelecidas. Os concorrentes britânicos talvez tenham ficado eufóricos com a destruição dos inimigos franceses, mas sabiam, por experiência própria, que estavam sujeitos ao mesmo destino.

Obsessivamente temerosos de contágio, senhores de escravos acompanhavam as notícias e os boatos com redobrada atenção, examinando cuidadosamente seus cativos em busca de sinais de sedição. Uma reclamação indevida ou o menor gesto de impertinência bastavam para dar início a uma histérica série de interrogatórios da parte das autoridades brancas, que formavam comissões em caráter de urgência para coletar informações secretas sobre atividades políticas negras.[11]

O "Comitê de sigilo e segurança" no distrito de St. James descobriu que todo mundo, incluindo os maroons em seus redutos de montanha, estava perfeitamente a par da insurreição de Saint-Domingue. Boatos sugeriam que os "pretos de Hispaniola agora estão livres e têm todos os direitos dos brancos, e que o rei da Inglaterra quer que todos os escravos desta ilha estejam na mesma situação, mas seus donos são contra".[12] Isso significava que os escravos da Jamaica podiam seguir o exemplo dos vizinhos. Um homem coromanti escravizado, por nome Duncan, deu uma explicação sem rodeios: "Com certeza, quando um país luta contra outro país todo mundo tem que lutar pelo seu". Um funcionário esclareceu melhor o aforismo: "Quando dois países ou povos estão em guerra um contra o outro, todos os homens têm que lutar por, ou defender, aquilo que é seu".[13] Essa sabedoria genérica definia um princípio político, embora a luta para determinar os parâmetros de "aquilo que é seu" em escravidão chamasse a atenção das pessoas de volta para território familiar.

Ao formular seus planos para a libertação da Jamaica, os escravizados interpretaram acontecimentos mais genéricos no contexto da história local. "Saint-Domingue se rebelou, matou os boccaras [os brancos] e tomou conta do país", diziam as pessoas, mas projetando a história interna sobre a notícia: "eles [os rebeldes] tinham começado em St. Mary matando capatazes e contadores e incendiando propriedades [...], deveriam se rebelar em seguida em Westmoreland".[14] Não se tratava de mero anacronismo. Os escravizados reordenaram a cronologia, dobraram os mapas e lhes adicionaram camadas de acordo com sua maneira de ver a relevância dos acontecimentos.[15] O levante em Saint-Domingue repetiu e intensificou o que tinha acontecido em St. Mary e Westmoreland, porém com um desfecho mais esperançoso. Se o mesmo tipo de revolta acontecia na colônia vizinha, essa interpretação sugeria que devia estar ocorrendo também na Jamaica, o mesmo tipo de lugar.

Entre as primeiras ameaças investigadas pelo comitê estava um relatório informando que escravizados em algumas propriedades tradicionalmente problemáticas em Westmoreland — como Masemure, Delve e Paul's Island — estavam "pedindo aos pretos de Moreland que se juntassem a eles contra os brancos". O feitor de Moreland informou a seu administrador que dois homens haviam se oferecido para pagar um preço extra por sabres como parte dos preparativos para um levante, mas eles apresentaram um álibi que os livrou de julgamento, dizendo que "se pretos se levantaram em rebelião, eles devem vir saquear seu suprimento e querer boas armas para defender seus campos".[16] Se isso era verdade ou se não passava de um estratagema inteligente, o fato é que ilustra como o conhecimento da história local pode definir uma perspectiva política revolucionária.

No entanto, nessa era de revoluções, os negros procuravam rachaduras no cenário do poder imperial onde pudessem viver como bem entendessem. Um homem chamado Brutus, condenado a passar o resto da vida internado por um crime qualquer, fugiu e fundou uma nova aldeia com outros fugitivos nos montes arborizados acima da propriedade de Brampton Bryan, pertencente a Bryan Edwards. O fugitivo costumava visitar as senzalas ali e "era muito conhecido de todos os pretos da área". Senhores de escravos descobriram que o "capitão Brutus" e seu grupo de fugitivos planejavam um levante que coincidisse com a retomada da guerra da Grã-Bretanha contra os espanhóis e franceses. Os conspiradores procuraram contactar outros conspiradores num grande baile em Brampton Bryan, um festival tão grande que havia diversas "pistas de dança para dar conta do grande número de pretos reunidos naquela ocasião". Pelo menos uma pessoa na reunião protestou dizendo que o levante não poderia ter êxito "enquanto os brancos dispusessem de comunicação com o mar", porém Brutus alimentava a esperança de uma fuga permanente da escravidão. Disse-lhes que havia "uma grande quantidade de pretos, mulatos e quadruns" em sua aldeia, e que o local era inexpugnável para os senhores de escravos, que ficava situado no topo de uma alta montanha cercada por penhascos e o único caminho até lá era muito difícil, estreito e tortuoso, e que do outro lado eles poderiam descer por cordas; e que ficava numa parte da floresta que nenhum branco jamais poderia descobrir, ou alcançar, e que havia tantos pretos lá que se todos os brancos do país conseguissem chegar lá não adiantaria nada.[17]

O levante nunca aconteceu, mas o caso revelou um mapeamento muito sagaz do território político. Mesmo sem uma revolução que se alastrasse por toda a ilha, poderia haver mais um enclave autônomo.

A autonomia numa sociedade escravista era sempre precária, como os acontecimentos em Trelawny Town logo demonstraram. Os maroons interagiam constantemente com as plantations, socializando e negociando com escravizados, capturando fugitivos para os senhores e muitas vezes roubando artigos básicos quando não havia outro jeito de consegui-los. Em 1795, um feitor açoitou dois homens de Trelawny Town por roubarem porcos. Vários maroons que se queixaram às autoridades britânicas foram presos sob suspeita de incentivar uma revolta. Veio a guerra. Os maroons de Accompong Town, que haviam se recusado a apoiar os senhores de escravos durante a revolta de 1760-1 em Westmoreland, agora ficaram do lado dos britânicos e contra Trelawny Town. O conflito rapidamente atingiu um impasse sangrento, que os britânicos romperam importando cães de caça de Cuba para localizar os refúgios dos maroons. Os beligerantes assinaram um novo acordo de paz, mas o governador da Jamaica viu uma oportunidade para livrar a colônia de um velho problema. Contra a vontade do major-general que tinha assinado o armistício, o governador ordenou que toda a população da cidade de Nova Scotia fosse deportada. Depois de alguns anos miseráveis no Canadá, a maioria migrou para Serra Leoa, a nova colônia britânica na África Ocidental. O povo que tinha sido removido da África para a América pela guerra diaspórica vivia então uma nova diáspora, agora na terra de suas origens ancestrais.[18]

A Segunda Guerra Maroon, de 1795-6, mostrou que nenhum acordo territorial com os senhores era seguro. No entanto os rebeldes africanos tinham implantado uma história política perene. O que acontecia nas plantations continuava demonstrando que a subjugação dos escravizados jamais poderia ser dada como certa, conforme descobriu o proprietário Simon Taylor no distrito de St. Mary. "Acho que estamos às vésperas de uma nova rebelião", escreveu ele em 1807, enquanto os britânicos discutiam o fim do comércio transatlântico de escravizados. Vários africanos recém-chegados à plantation de Taylor tinham tentado esfaquear o feitor. Ao interrogá-los, Taylor fez uma descoberta espantosa. Tinha havido "alguma comunicação indevida" entre seus cativos e os da propriedade de Frontier, onde as revoltas de Tacky e de Abruco tinham começado. Taylor, cujo próprio capataz fora morto pelos rebeldes em 1765, lembrava que os escravizados de Frontier tinham "sempre se destacado em todas as insurreições dos anos 1760, 1765 e 1767". O mais alarmante, porém, era que eles estavam ensinando a história dos anos 1760 aos recém-chegados. "Todos os novos pretos sabiam da insurreição de quarenta anos atrás", comentou Taylor, admirado. "Se não havia nada em andamento, por que razão eles contariam aos novos pretos, que não tinham nem quatro meses na ilha, o que aconteceu antes de qualquer dos pretos mandados para cá ter nascido?"[19] Por que, perguntava-se Taylor, os recém-chegados estavam aprendendo a história dos africanos na Jamaica?

O que estava acontecendo, fosse lá o que fosse, não era apenas resultado de os cativos serem africanos — da Costa do Ouro ou de qualquer outro lugar. Long e os outros que pensavam que a escravidão poderia ser mantida limitando-se a importação de africanos estavam errados; a maior insurreição de cativos na sociedade escravista jamaicana seria a Guerra Batista de 1831, encabeçada por nativos convertidos ao cristianismo. Nem os acontecimentos de St. Mary poderiam ser explicados apenas pela escravidão, que pode ter sido a razão fundamental de todos os levantes porém jamais poderia explicar o momento escolhido ou o avanço deles. E, embora o fermento revolucionário e a circulação de ideias abolicionistas possam ter oferecido uma abertura, foi a recordação das guerras coromantis que serviu de inspiração imediata. Uma história política de oposição ensinada e aprendida nas plantations jamaicanas — uma pedagogia radical dos escravizados — definiu os objetivos, as estratégias e as táticas dos cativos, à

Epílogo   325

medida que eles recapitulavam batalhas antigas e examinavam possibilidades futuras. Em última análise, essa tradição contínua desvia nosso foco das origens étnicas dos insurgentes africanos e nos faz pôr nossa atenção na geografia de sua imaginação coletiva.

QUEM PODERIA EXERCER sua vontade num determinado lugar? Que pontos de referência e caminhos separavam a segurança do perigo? Onde encontrar justiça e viver com dignidade? Para os africanos e seus descendentes, como para outros grupos nas populações poliglotas da sociedade colonial, arranjos espaciais eram produto de lutas violentas para resolver essas questões elementares. A guerra remapeava e redefinia territórios enquanto colonos, cativos e residentes temporários do mundo atlântico traçavam um atlas de terrores: medo de conquista e captura, de diferença e desconhecimento, de exploração e perda, de desterro e erradicação. Surgindo de campos de batalha semeados de ambição, medo e sangue, o Império e a diáspora colocavam em movimento um processo de criação de lugares.

Na África Ocidental do século XVIII, especialmente na militarizada Costa do Ouro, Estados em guerra mapeavam seu domínio sobre povos subjugados, disputando rotas comerciais que se estendiam do interior profundo até a costa, onde europeus colhiam os frutos da guerra na forma de cativos destinados à América. Povos vulneráveis aprendiam a escapar de ataques e incursões criando espaços nos interstícios do poder expansionista, e a defender enclaves com pequenos bandos de combatentes dedicados. Continuavam suas lutas em navios negreiros atlânticos e em sociedades escravistas americanas. Contra a rapacidade mercantil e sexual de comerciantes, proprietários e pequenos administradores, os escravizados buscavam espaços de comunhão e assistência. Insurgentes estabeleceram áreas de autonomia dentro do território patrulhado pelas forças combinadas do Império. Fugitivos e rebeldes tiravam partido de terrenos difíceis; florestas, montanhas, colinas, pântanos, rios e oceanos definiam os contornos da rebelião e bloqueavam as opções da contrainsurgência, enquanto a militância negra criava o sentido político do meio ambiente.

Escravizados que passavam a vida inteira em fileiras de plantações e cabanas aglomeradas sabiam que as plantations eram máquinas de esmagar a alma, mas também centros de vida social, onde era possível encontrar camaradagem, ou colaboradores potenciais entre pessoas que, na maioria, simplesmente tentavam sobreviver. O mato e as montanhas apresentavam perigos naturais perenes que, uma vez superados, poderiam ser usados contra os inimigos que os perseguiam. Um porto era mais do que um posto comercial ou uma peça na engrenagem do poderio naval; era um canal para o mundo mais vasto de informações, exílio ou, em raros casos, evasão permanente. Essas associações gerais podiam prevalecer em todo o mundo da escravidão atlântica, mas tinham conotações históricas específicas num lugar como a Jamaica, colônia criada por um Império europeu, operada por veteranos e refugiados de guerras do Velho Mundo, fortificada para batalhas contra inimigos externos e internos, e continuamente borbulhando de violência insurrecional.

As guerras coromantis da Jamaica nos anos 1760 representaram um divisor de águas no curso da história atlântica. Mapas políticos regionais tinham sido traçados pelas guerras que abriram novos territórios de cultivo, estimularam o comércio de escravos e fortaleceram o poder do Estado — mas as rebeliões de escravos inscreveram outro registro de movimento histórico. Canalizaram pessoas para novas solidariedades e deram sentido a categorias de pertencimento, apartaram amigos de inimigos e espectadores, e redirecionaram as prioridades das autoridades governantes. Como a Jamaica era o centro comercial e militar do império britânico no ultramar, seu assentamento mais lucrativo e sua fortaleza americana mais potente, o que ali acontecia inevitavelmente tinha ampla repercussão. Mas o legado dos anos 1760 é ambíguo. Terminada a Guerra dos Sete Anos, o Reino Unido manteve sua colônia mais valiosa, apesar de a insurreição de 1760-1 ter ajudado a estimular um esforço de reforma que provocou um desafio muito maior no continente norte-americano. Se as revoltas jamaicanas em certo sentido anteciparam a Revolução Haitiana, oferecendo um fanal de esperança para os escravizados, também deixaram divididos maroons, negros livres e africanos. Os coromantis aumentaram sua reputação de combatentes temíveis, ajudando a lançar dúvidas sobre o bom senso em continuar o comércio transatlântico de escravos, ao mesmo tempo que fortaleciam a associação entre negritude e perigo social. Mesmo nos Estados Unidos, ainda no século xix, senhores de escravos apreensivos se referiam a encrenqueiros potenciais como "os Tackeys entre nós".[20]

Provavelmente a natureza ambígua desses legados ajuda a explicar por que a impressão que causam é tão débil na imaginação atual. As guerras coromantis que moldaram a era não se encaixam perfeitamente na narrativa predominante do surgimento e do avanço da liberdade liberal. São obscurecidas pelas consequências muito maiores das revoluções americana e haitiana, que parecem falar mais diretamente à história ocidental da liberdade. Pelo que sabemos, os coromantis não se basearam em ideias iluministas que animaram revolucionários britânicos e franceses, nem criaram um Estado internacionalmente reconhecido. Por essa razão, mesmo os mais bem documentados participantes das guerras de escravizados da Jamaica continuam pouco conhecidos. O vice-governador Henry Moore, que suprimiu a revolta de 1760-1, tornou-se governador de Nova York, onde administrou a crise da lei do selo e as tensas relações da colônia com indígenas americanos.[21] Mas ele morreu antes que a revolução atingisse seu momento culminante, e é uma figura marginal na historiografia daquela época. Nem Tacky nem Wager se tornaram governadores da Jamaica, como Toussaint Louverture e Dessalines vieram a governar o Haiti. Mesmo na Jamaica, onde Tacky é quase herói nacional, Wager e Simon são desconhecidos da grande maioria.

A relativa obscuridade das guerras coromantis na historiografia dos primórdios da América e do mundo atlântico também se deve à relutância em reconhecer as revoltas de escravos como atos de guerra. Poucas coisas deixavam os ricos e poderosos mais apavorados do que a perspectiva de serem derrotados pelos pobres e fracos, o que significaria desonra e um mundo virado de pernas para o ar. Povos e Estados-nação dominantes desenvolveram complicadas convenções para legitimar a violência, manter sua honra na vitória e na derrota e ver a violência como uma característica normal, apesar de lamentável, da luta política. Mas, em relação àqueles povos que eles dominam por hábito diário, não há limite para as medidas que os poderosos estão prontos a tomar para manter a supremacia. Cometem atrocidades e massacres, sem dúvida, mas negam qualquer responsabilidade, também. Recusam-se a admitir que seus combatentes são inimigos legítimos, e escarnecem das lutas passadas e presentes de povos menos poderosos. Edward Long e Bryan Edwards estavam dispostos a reconhecer a ameaça representada por negros, mas não queriam admitir que estes fossem atores políticos genuínos. Como os senhores de escravos é que escreveram o primeiro esboço de história, a historiografia subsequente tem se esforçado para escapar de seu ponto de vista.

No entanto, das margens as guerras coromantis incentivam uma nova perspectiva do cenário político do período e uma diferente compreensão da política dos escravizados. No estudo da escravidão, a questão da emancipação tem sido quase sinônimo da questão da liberdade, que por sua vez integrou a era pós-revolucionária na história atlântica. O século XIX, quando o processo de emancipação convulsionou Estados do Haiti ao Brasil, passou a ser visto como uma época distinta, que pôs em nítido relevo a liberdade como força estimuladora de mudanças históricas. Embora as emancipações daquela época decerto representassem uma transformação histórica mundial, esse pensamento icônico em geral nos tenta, como adverte o historiador Frederick Cooper, a "supor uma coerência que as interações complexas raramente produzem" em vez de "avaliar a mudança em qualquer dimensão que ela ocorra e analisar o significado e as limitações de conjunturas quando a mudança multidimensional se torna possível".[22] A emancipação, como o principal sinal de liberdade, vincula os supremos objetivos e estratégias de séculos de luta contra a escravidão ao século XIX, quando esses esforços atingiram sua apoteose.

Em todo o mundo atlântico, os anos de esperança imediatamente posteriores à emancipação foram seguidos na maioria dos casos pela reafirmação do domínio de antigos senhores de escravos. Os antagonismos sociais estabelecidos na escravidão governaram as tensões que definiram liberdades muito tênues. Legados da escravidão persistiram através do reinado do poder branco nos séculos XIX e XX, com contínuas manifestações no presente. As lutas contra o poder branco também foram contínuas, durante a escravidão e depois. Escravizados e seus descendentes se revoltavam não apenas contra o poder dos senhores e seus sucessores, mas *em defesa de* uma multidão de objetivos historicamente específicos que incluíam a liberdade mas a transcendiam de maneiras que ainda não identificamos com clareza. Sem dúvida queriam se libertar dos senhores, mas raramente como súditos liberais — ou seja, como indivíduos autônomos e autossuficientes. Em vez disso, lutavam pelo espaço para desenvolver noções próprias de pertencimento, status e equidade, para além do alcance dos senhores.[23]

Narradas como acontecimentos distintos, todas as insurreições de escravizados dos anos 1760 na Jamaica são histórias de heroísmo e derrota. A maioria dos rebeldes foi morta, exilada ou devolvida ao cativeiro. A lembrança de suas proezas inspirou gerações futuras, que também combateriam os senhores contra todas as probabilidades. Em sua coragem e inventividade, no entanto, esses insurgentes mapearam o cenário de força e suas limitações que os mapas dos poderosos jamais pretenderam mostrar. Esse contramapeamento revela uma geografia de esperança e possibilidade, territórios fugidios estabelecidos através da luta política que eram difíceis de manter, paradoxais em suas alianças e, na maioria dos casos, ainda por conquistar.

Os inimigos dos escravizados esquematizaram essa história de outra maneira, em imagens de violência negra que atravessavam impérios atlânticos. Em toda a região, as pessoas estavam obcecadas por relatos e representações de rebeliões de escravos, indagando-se o que elas poderiam significar para o futuro dos empreendimentos coloniais. Podemos ver seus temores ilustrados em gravuras como *Soulèvement des nègres à la Jamaïque, en 1759*, publicada na *Histoire d'Angleterre*, de François-Anne David durante a Revolução Haitiana. Na representação, insurgentes negros invadiram uma sala de jantar e estão matando os homens enquanto as mulheres fogem. No primeiro plano, um negro musculoso levanta o sabre bem alto, pronto para desferir um golpe mortal contra um branco que implora por misericórdia. Atrás e à direita dele, um rebelde enfia uma lâmina no pescoço de outro homem branco. À esquerda, obscurecido por uma mesa de jantar, há um homem morto prostrado no chão. Só vemos seus pés, mas um assassino negro avulta ameaçadoramente sobre ele também. O fundo da cena está repleto de cativos brandindo espadas e lanças.

A imagem quase certamente se refere aos levantes de escravizados jamaicanos de 1760-1, em particular o ataque de 25 de maio à propriedade de Masemure. O fato de a imagem trazer a data errada — não houve nenhum importante distúrbio na Jamaica em 1759 — não altera em nada o seu significado. *Soulèvement des nègres* se refere não tanto a um episódio específico como a um medo geral da revolta negra, o que podia embaralhar distintas ocasiões na imaginação política branca. A gravura toca num assunto amplamente compartilhado no mundo atlântico, onde quer que as pessoas estivessem interessadas na manutenção da escravatura e sempre que a violência negra parecesse ameaçar o poder branco. A imagem falava simultaneamente ao seu presente imediato e ao antigo pavor de uma "guerra servil" que seus espectadores sentiam.

Guerras Servis foi o nome dado a três grandes sublevações de escravizados que convulsionaram os últimos tempos da República Romana entre 135 e 71 a.C., a terceira delas chefiada por Espártaco, o lendário gladiador e líder militar.[24] Narradas ao longo das gerações e dos séculos, essas revoltas clássicas se tornaram uma sinistra advertência para a classe dominante de que a violência sempre poderia se alastrar de baixo para cima. Como uma lição de vida sobre os perigos da escravização, elas transmitiam um horror visceral de hierarquia invertida, de intimidade violentamente contorcida, de espaços de paz e conforto metodicamente arranjados que se transformam em campos de batalha, e de brilhantes e confiáveis soldados como Espártaco ou Wager voltando suas armas contra os seus comandantes. No século XVIII, o espectro das guerras servis era um lembrete de que dentro da competição legítima entre Estados-nação e impérios havia outra guerra, fervendo em fogo lento em todos os territórios dos quais os europeus dependiam para sua fortuna, seu poder e seu sentimento de orgulho no palco do mundo. A ameaça representada pela revolução de escravizados

FIGURA 7.1. *Soulèvement des nègres à la Jamaïque, en 1759.*
Gravura de François-Anne David publicada na *Histoire d'Angleterre*
(Paris, 1800), 3. Cortesia de The John Carter Brown Library.

significava não só uma perturbação para a propriedade e para a ordem, mas também a horripilante visão de um estilo de vida, tão cuidadosamente calibrado e conquistado a duras penas, estatelado atrás da mesa de jantar.

Os senhores de escravos organizavam suas sociedades para se tornarem invulneráveis: sua pessoa física deveria ser inviolável. Nas Américas, isso exigia que os brancos inspirassem um perpétuo temor reverencial. Bryan

Edwards sabia que o terror era a regra fundamental do governo de sociedades escravistas, reconhecendo, em consonância com o filósofo francês
Montesquieu, que "em países onde a escravidão é estabelecida, o princípio sobre o qual o governo se apoia fundamentalmente é o medo, ou um
sentimento dessa necessidade absolutamente coercitiva que, sem deixar
escolha de ação, supera todas as questões de direito".[25] Isso poderia muito
bem ter sido uma ordem judicial ou uma declaração de guerra sem fim.

Por hábito, tratamos a guerra como uma interrupção do curso normal
dos afazeres humanos. Ela é uma anomalia na ordem regular, um distúrbio,
uma ruptura, uma aberração. É vista também como um deslocamento da
violência de um lugar para outro, com forças militares formais buscando a
conquista de território. Costumamos supor que as linhas de batalha entre
Estados em guerra constituem os teatros mais importantes de engajamento
militar, e que os tratados de paz podem marcar o fim definitivo de uma
guerra, antes que outra comece com novas causas e em diferentes fronts.
Por contraste, quando as guerras se tornam um modo de vida, como na
abundante violência da guerra de escravizados, não há fronteira nem resultado final. A guerra de escravizados é abrangente e infindável, consequência
natural da própria escravidão. As guerras servis não surgem de propriedades
peculiares dos povos envolvidos — os ingleses, os crioulos ou os coromantis,
conforme afirmavam escritores do tipo Edward Long e Bryan Edwards —,
mas como produtos dos processos mais amplos que tinham produzido seus
antagonismos.

O estado de guerra que permitiu o florescimento dos impérios atlânticos
parecia ilimitado, e no entanto seguia um curso detectável, percorrendo
sinuosamente as artérias que conectavam Europa, África e Américas. A
violência da criação de Estados, da aquisição territorial e da competição
estratégica desaguava na brutalidade do dia a dia que caracterizava as relações sociais da escravidão, em que a projeção da vontade e o exercício do
poder eram mais nus e absolutos. A agressividade corrediça juntava terras
distantes e espaços mais íntimos.

As pessoas submetidas a essa agressividade mudavam de lugar, forjando
novas identidades e testando lealdades incertas. Pode-se dizer isso dos bri-

tânicos, forjados na guerra civil e no combate contra seus rivais europeus, ou dos coromantis, moldados pelo comércio de escravizados e por uma tradição de insurreição, bem como de quaisquer outros povos que emergiram do mesmo cadinho. Em 1760 na Jamaica esses adversários travaram uma guerra que teve seus começos em outros lugares, em outros tempos, e não terminou na paz. Essa guerra de escravizados era parte de um vasto fenômeno transatlântico, abrangendo as jornadas épicas de seus combatentes, de quem os antecedera na luta e daqueles para quem eles foram inspiração. Mas é difícil ver onde a história terminava. Todas as características essenciais da guerra de escravizados — a exploração predatória, a subjugação racial e a proliferação de guerras dentro de guerras — continuariam.

Os dispersados e oprimidos não podiam vencer essas guerras contra impérios e seus apaniguados. Mesmo os poderosos haitianos, emergindo vitoriosos e independentes depois de mais de uma década de sangue e fogo, mal puderam desfrutar de sua soberania, sofrendo invasões, distúrbios locais e insultos internacionais até os dias de hoje.[26] Mas a vitória militar não é o único objetivo da luta. O abolicionista Frederick Douglass certa vez escreveu: "Um homem sem força está sem a dignidade essencial de humanidade".[27] Como sobrevivente da escravidão americana e da Guerra Civil dos Estados Unidos, Douglass sabia que a rebelião de escravizados era uma guerra e que, por mais degradante que a guerra pudesse ser, homens e mulheres escravizados lutavam por dignidade tanto quanto por território. Na ausência de conquista, reivindicaram espaços onde pudessem defender o respeito a si mesmos e construíram lugares onde seus corpos recebessem tratamento justo.[28]

Em 1792, alguns brancos jamaicanos cavalgando por uma estrada lamacenta obrigaram um escravizado por nome Montezuma a sair do caminho, sujando-o de lama. Foi uma afronta banal do tipo que os senhores faziam aos escravos muitas vezes por dia, mas Montezuma não aguentou calado. Ele havia sido "homem de posição em seu próprio país" e tinha propriedade na Jamaica, mesmo sendo escravizado. Fosse qual fosse o nome que recebeu ao nascer, e por mais apelidos que tenha recebido depois disso, os brancos reclamavam que Montezuma era "notável por ter um espírito arrogante". Conspurcado e furioso, ele alertou os agressores: "Vocês tiraram o preto do caminho agora, mas logo os pretos vão tirar vocês". Um comitê que investigava sedições prestou atenção naquilo, com receio de que a resposta malcriada anunciasse um levante iminente. Talvez anunciasse, embora os membros do comitê não tenham encontrado qualquer prova de um complô coordenado.[29] Em vez disso, redescobriram a infinita luta para seguir seu caminho sem ser molestado por inimigos. Em última análise, Montezuma poderia ter dito, todos acabariam aprendendo: enquanto os africanos escravizados e seus descendentes continuassem lutando, jamais seriam vencidos.

Agradecimentos

Olhando para trás acho que o fato de ter sido criado em San Diego, Califórnia, me mostrou o caminho do estudo das guerras imperiais. Ainda que San Diego nunca tenha sido um lugar tão central na imaginação popular como Nova York, Washington, Los Angeles ou mesmo Atlanta, seu papel como uma das mais poderosas guarnições militares na história do mundo a tornava fundamental para a geopolítica dos Estados Unidos na segunda metade do século XX. Da minha cidade natal, soldados, marinheiros e pilotos saíam para assegurar nossa liberdade — ou nosso direito de consumir mercadorias tropicais, petróleo do Oriente Médio ou qualquer outra coisa. Nascido no auge da Guerra do Vietnã e criado durante a guerra fria, testemunhei o florescimento do militarismo americano perto do coração do seu poderio, mas longe dos seus campos de batalha. Amigos ingressavam na Marinha ou nos Fuzileiros Navais, voltando dos seus períodos de serviço com descrições de bordéis no Pacífico ou com fotografias de soldados inimigos mortos no Golfo Pérsico. Embora tivessem estado lá, suas histórias sempre me pareceram deslocadas; suas experiências continuavam remotas e quase irrelevantes no abrigo do lar. Só em 11 de setembro de 2001 é que a barreira entre lá e cá desmoronou para muitos americanos, que de repente se viram face a face com uma longa história interligada de conduta imprópria, colaborações clandestinas e homicídios sub-reptícios no mundo inteiro, e que desde então tentam furiosamente recuperar a antiga distância. Talvez este livro represente meu desejo de manter essa distância pequena e de ter sempre em mente essa história oculta, para dissipar os mitos de desligamento geográfico — e as diferenças de classe, raça, cultura e gênero neles mapeadas — que permitem às pessoas se entredevorarem sem a menor hesitação.

Este relato de impérios e insurgentes não é uma alegoria, mas os leitores perceberão que foi escrito durante um período de conflito global amorfo e aparentemente interminável. Outro livro sobre rebelião de escravizados poderia ter dado ênfase a outros temas e destacado outros detalhes. Se a erudição de uma geração anterior sobre revoltas de escravos foi marcada por seu envolvimento com lutas por direitos civis, nacionalismo anticolonial ou liberalismo ressurgente, este estudo precisa apresentar os efeitos das Guerras contra o Terror do século XXI.

No entanto, essa não é a fonte mais imediata deste livro. Enquanto pesquisava e escrevia a história, eu tomei por base, mais diretamente, a parceria, o companheirismo e a generosidade de outros, muitos deles estranhos. Talvez seja irônico, mas ao mesmo tempo motivo de grande esperança, que um livro sobre guerra surja de incontáveis atos de amor e bondade. Tantos atos, na verdade, que a tentativa de contá-los ou relacioná-los é quixotesca, apesar de necessária.

Dos meus professores, o que teve maior impacto na minha abordagem do assunto foi David Barry Gaspar. Seu seminário sobre "Escravidão, guerra e revolução", oferecido em meados dos anos 1990 na Duke University, foi uma experiência formativa. O exemplo de sua erudição, somado aos seus conselhos pacientes e sábios, orientou-me ao longo de toda a minha carreira de historiador. Mais recentemente, tive o privilégio de estudar princípios de análise geográfica e cartográfica com Peter Bol e Kirk Goldsberry no Centro de Análise Geográfica da Universidade Harvard, e com Tim Stallmann e Pavithra Vasudevan no contexto do Countermapping Collective na Universidade da Carolina do Norte em Chapel Hill. Minha introdução à cartografia levou-me a procurar Molly Roy, que produziu os mapas que servem de apoio à minha narrativa.

Juntar as peças dessa história hemisférica representou um difícil desafio em relação a arquivos, o que me colocou nas mãos de arquivistas heroicamente dedicados em muitas coleções. Sou grato, em especial, aos de National Archives do Reino Unido, National Maritime Museum, The Keep, Bristol Archives, Somerset Record Office, National Library of Scotland, National Records of Scotland, Beinecke Library e Sterling Library na Universidade Yale, Houghton Library na Universidade Harvard, John Carter Brown Library, Huntington Library, UCSD Special Collections Library, William L. Clements Library na Universidade de Michigan, Unitätsarchiv em Herrnhut, Alemanha e The Jamaica Archives em Spanish Town, Jamaica.

Além disso recebi nas pesquisas a crucial assistência de Trevor Burnard, que generosamente me forneceu suas transcrições do diário de Thomas Thistlewood relativas aos anos de 1760 e 1761; Grace Gerrish, que organizou pastas e transcrições de documentos; Katharine Gerbner, que transcreveu e traduziu importantes fontes de diários morávios; Jovonna Jones, que ajudou na coleta de imagens; e Nicholas Crawford, Ryan Fontanilla, Julia Gaffield e Laleh Khalili, que fizeram o possível para me mandar material pedido em cima da hora. Muitos outros responderam a minhas perguntas erráticas e fizeram introduções importantes, quase sempre me conduzindo em direções ainda mais promissoras do que eu havia imaginado. Especialmente prestativos foram Emmanuel Akyeampong, Andrew Apter, Manuel Barcia, Maria Allesandra Bollettino, Christopher L. Brown, Charles Foy, Courtney Hodell, Walter Johnson, Kelley Baker Josephs, Wayne Lee, Philip Morgan, Susan O'Donovan, Miles Ogborn, Peter Pellizzari, Richard Price, Ty Reese, James Robertson, Randy Sparks e John Thornton.

O projeto contou com o suporte financeiro fundamental de Mellon New Directions Fellowship, John Simon Guggenheim Fellowship, National Humanities Center

Fellowship, David Rockefeller Center for Latin American Studies Research Grant e Harvard Academy Junior Faculty Development Grant.

Durante toda a redação do manuscrito, com seus muitos falsos começos e suas guinadas súbitas, dependi da crítica positiva de um círculo de escritores que inclui Glenda Carpio, Rachel St. John e Ajantha Subramanian. Trata-se de um grupo tão fabuloso que minha obra melhorava a cada rodada de discussões. Sou grato também a muitos outros que ofereceram generosas interpretações, comentários e críticas sobre as conversas, os artigos e os capítulos que resultaram nesta publicação. Esses muitos incluem os membros da Atlantic History Graduate Workshop na Universidade de Harvard, além de George Reid Andrews, Edward Baptist, Naor Ben-Yehoyada, Sarah Balakrishnan, Jonathan Booth, Kathleen Brown, Elizabeth Maddock Dillon, Dwayne Dixon, Richard S. Dunn, Anne Eller, Roquinaldo Ferreira, Malick Ghachem, Ruth Wilson Gilmore, Steven Hahn, Catherine Hall, Marjoleine Kars, Jessica A. Krug, David Kruger, Christian Lentz, Lisa Lindsay, Simon Newman, Miles Ogborn, Diana Paton, Marcus Rediker, Erik Redling, Nicholas Rinehart, Ed Rugemer, Claudio Saunt, Matthew Specter, John Wood Sweet, Mark Thompson, Sonia Tycko, David Wells, Natalie Zacek e Nuala Zahedieh.

O público convidado para várias palestras fez perguntas difíceis e ofereceu precioso feedback. Nesse sentido, agradeço aos que compareceram à apresentação nas seguintes instituições (em ordem inversa de ocorrência): Universidade de Chicago; Centro Muhlenberg para Estudos Americanos, Martin-Luther-Universität Halle-Wittenberg; Universidade Yale; Universidade da Pensilvânia; Universidade Duke; Instituto Eisenberg para Estudos Históricos, Universidade de Michigan; Faculty Humanities Seminar, Universidade Richmond; Centro John L. Warfield para Estudos Africanos e Afro-Americanos, Universidade do Texas em Austin; Sociedade Histórica de Massachusetts; Centro Escocês para Estudos de Diáspora, Universidade de Edimburgo; Mellon Sawyer Seminar in Comparative Global Humanities, Universidade Tufts; Universidade do Colorado, Boulder; Instituto W. E. B. Dubois, Centro Hutchins para Pesquisa Africana e Afro-Americana, Universidade Harvard; Escola do Museu de Belas Artes de Boston; Universidade de Pittsburgh; Universidade Brown; Faculdade de Dartmouth; Universidade Rutgers; Universidade de Nova York; Instituto de Tecnologia de Massachusetts; Universidade de Washington; Triangle Early America History Seminar, Centro Nacional de Humanidades; Instituto Internacional de História Social; e Universidade da Virgínia.

Tive o privilégio de colaborar com dezenas de colegas que muito contribuíram para este projeto, quer eles saibam disso ou não. Alguns que me ocorrem de imediato são os membros do Watershed Collective (Kelly Baker Josephs, Alex Gil, Laurent Dubois e Kaiama Glover), a equipe de Axis Maps (David Heyman, Ben Sheesley e Andrew Woodruff) e Amy Alemu, Lori Allen, Jeff Caldwell, Raoul Daruwala, Alejandro de la Fuente, Anthony Farley, Adrienne Fitzgerald, Graham Judd, Rebecca Ladbury, Mary Lewis, Robin McDowell, Cory Paulsen, Yezid Sayigh, Tommie Shelby, Katherine Stevens, Deborah Thomas, Mechel Thompson, Raechel Tiffe, Benjamin Weber e J. T. White.

Nas fases finais da redação, pós-graduandos do meu curso "Black Ops: Militias, Small Wars, and Insurrections in Africa and its Diaspora" ofereceram feedback crucial sobre o manuscrito. Mafaz Al-Suwaidan, Camden Elliott, Ryan Fontanilla, Nathan Grau, Chelsea Green, Kirin Gupta, Luis Malik, Franco Paz, Hannah Pinkman e Caroline Filice Smith me inspiraram com seus insights e fizeram com que eu me sentisse um homem de sorte por ser seu colega de trabalho. Também recebi sugestões extraordinariamente úteis na revisão do manuscrito da parte de Randy Sparks e Laurent Dubois, dois historiadores que admiro imensamente. Espero que este livro retribua a generosidade de suas críticas.

Finalmente, sou grato pelos olhos sagazes de editores que ajudaram a impedir que as palavras atrapalhassem o que eu pretendia dizer. Beth Rashbaum, Carina Schorske e especialmente Ursula DeYoung contribuíram para dar mais clareza ao livro. Na Harvard University Press, Kathleen Drummy e Robin Bellinger me ajudaram a pôr tudo em pé, e Julia Kirby cuidou do processo de publicação. Joyce Seltzer, figura essencial na historiografia da América Negra, conduziu este projeto desde o começo. Espero que o produto final honre o legado de sua magnífica carreira.

Algumas ideias e frases deste livro têm por base publicações anteriores minhas, sendo as mais relevantes as seguintes: "Narrative Interface for New Media History: Slave Revolt in Jamaica, 1760-1761", *American Historical Review*, 121, 1 (fev. 2016), pp. 176-86; "Mapping a Slave Revolt: Visualizing Spatial History through the Archives of Slavery", *Social Text*, 33, 4(125) (dez. 2015), pp. 134-41; "The Eighteenth Century: Growth, Crisis, and Revolution", em Joseph C. Miller (Org.) e Vincent Brown, Jorge Cañizares-Esguerra, Laurent Dubois, Karen Kupperman (Orgs. associados), *The Princeton Companion to Atlantic History* (Princeton: Princeton University Press, 2015), pp. 36-45; e "A Vapor of Dread: Observations on Racial Terror and Vengeance in the Age of Revolution", em Thomas Bender e Laurent Dubois (Orgs.), *Revolution! The Atlantic World Reborn* (Nova York: New York Historical Society, 2011), pp. 178-98.

Minha família tem sido meu esteio mais constante e minha maior inspiração. Agradeço a Willie Brown, Manuelita Brown, V. Vasanthi Devi e K. S. Subramanian. Venho acalentando este livro por quase todo o tempo de vida das minhas filhas Zareen e Anisa. Elas me pediram para escrever uma história feliz da próxima vez. Não posso prometer, mas garanto que o tempo que passei com elas foi a mais feliz das histórias que eu seria capaz de imaginar. Sobre a mãe delas: até aqui tudo bem, minha querida Ajantha. Seu companheirismo durante esta odisseia foi a minha maior alegria.

Notas

Abreviaturas

Add. Ms. Additional Manuscripts
ADM Admiralty Series
BL The British Library, Londres, Reino Unido
BA Bristol Archives, Bristol, Reino Unido
BT Board of Trade Series
C Chancery Series
CO Colonial Office Series
JAJ Journals of the Assembly of Jamaica (St. Jago de la Vega e Kingston, 1663-1826)
NMM National Maritime Museum, Greenwich, Londres, Reino Unido
NLS National Library of Scotland
SAS-RF Fuller Family Papers, East Sussex Record Office, Lewes, Reino Unido
SRO Somerset Record Office, Taunton, Reino Unido
TNA The National Archives, Kew, Londres, Reino Unido
T Treasury Series
UA Unitätsarchiv, Herrnhut, Alemanha

Prólogo: Antecedentes da Barricada dos Rebeldes [pp. 9-28]

1. Diário de Thomas Thistlewood, 4 dez. 1760, Thomas Thistlewood Papers, James Marshall e Marie-Louise Osborn Collection, Beinecke Rare Book and Manuscript Library, Yale University. Sou grato a Trevor Burnard por oferecer generosamente uma cópia de suas transcrições referentes aos anos 1760 e 1761. Para a biografia de Thistlewood, ver Burnard, *Mastery, Tyranny and Desire: Thomas Thistlewood and His Slaves in the Anglo-Jamaican World* (Chapel Hill: University of North Carolina Press, 2004).

2. Para a história da guerra do século XVIII e suas consequências, ver John Swinton et al., *The Modern Part of an Universal History, from the Earliest Account of Time Compiled from Original Writers*, 65 vols. (Londres: S. Richardson, 1764), 41, pp. 455-8; Edward Long, *History of Jamaica*, 3 vols. (Londres: T. Lowndes, 1774), 2, pp. 447-72, 462; Bryan Edwards, *The History, Civil and Commercial, of the British Colonies in the West Indies: In Two Volumes* (Londres: John Stockdale, 1793), 2, pp. 75-9. Relatos mais recentes incluem Vincent Brown, *Slave Revolt in Jamaica, 1760-1761: A Cartographic*

Narrative, <http://revolt.axismaps.com>; Trevor Burnard e John Garrigus, *The Plantation Machine: Atlantic Capitalism in French Saint-Domingue and British Jamaica* (Filadélfia: University of Pennsylvania Press, 2016), pp. 122-36; Maria Allessandra Bollettino, "Slavery, War, and Britain's Atlantic Empire: Black Soldiers, Sailors, and Rebels in the Seven Years' War" (tese de doutorado, University of Texas, Austin, 2009), pp. 191-256; Vincent Brown, *The Reaper's Garden: Death and Power in the World of Atlantic Slavery* (Cambridge, MA: Harvard University Press, 2008), pp. 129-56; Verene A. Shepherd, "'Groundings' with Tacky (Takyi) on History, Heritage and Activism", em *I Want to Disturb My Neighbour: Lectures on Slavery, Emancipation and Postcolonial Jamaica* (Kingston: Ian Randle, 2007), pp. 73-80; Burnard, *Mastery, Tyranny, and Desire*, pp. 170-4; Richard Hart, *Slaves Who Abolished Slavery: Blacks in Rebellion* (Kingston: University of the West Indies Press, 2002 [1985]), pp. 130-56; Michael Craton, *Testing the Chains: Resistance to Slavery in the British West Indies* (Ithaca: Cornell University Press, 2009 [1982]), pp. 125-39; C. Roy Reynolds, "Tacky and the Great Slave Revolt of 1760", *Jamaica Journal* 6 (jun. 1972), pp. 5-8; Monica Schuler, "Ethnic Slave Rebellions in the Caribbean and the Guianas", *Journal of Social History* 3 (verão de 1970), pp. 374-85.

3. Michael Craton, *Testing the Chains;* Randy J. Sparks, *Africans in the Old South: Mapping Exceptional Lives across the Atlantic World* (Cambridge, MA: Harvard University Press, 2016) e *The Two Princes of Calabar: An Eighteenth-Century Odyssey* (Cambridge, MA: Harvard University Press, 2004).

4. Para um modelo dessa abordagem, ver Engseng Ho, "Empire through Diasporic Eyes: A View from the Other Boat", *Comparative Studies in Society and History* (abr. 2004), pp. 210-46.

5. Minha abordagem é inspirada na instrução de Paul E. Lovejoy, "para examinar a condição dos africanos escravizados nas Américas uma vez que suas experiências passadas na África afetaram essas condições". Ver Paul E. Lovejoy, "Biography as Source Material: Towards a Biographical Archive of Enslaved Africans", em Robin Law (Org.), *Source Material for Studying the Slave Trade and the African Diaspora: Papers from a Conference of Commonwealth Studies, University of Stirling, April 1996* (Stirling, Reino Unido: University of Stirling, 1997), pp. 119-40. Ver também Lisa Lindsay, *Atlantic Bonds: A Nineteenth-Century Odyssey from America to Africa* (Chapel Hill: University of North Carolina Press, 2017); Nathan Irvin Huggins, *Black Odyssey: The African-American Ordeal in Slavery* (Nova York: Pantheon, 1990 [1977]).

6. Ver especialmente J. Lorand Matory, "The 'New World' Surrounds an Ocean: On the Live Dialogues between African and African American Cultures", em Kevin Yelvington (Org.), *Afro-Atlantic Dialogues* (Santa Fé, NM: School for Advanced Research Press, 2006), pp. 151-92; Joseph C. Miller, "Retention, Reinvention, and Remembering: Restoring Identities Through Enslavement in Africa and Under Slavery in Brazil", em José C. Curto e Paul E. Lovejoy (Orgs.), *Enslaving Connections: Changing Cultures of Africa and Brazil during the Era of Slavery* (Amherst, NY: Humanity, 2004), pp. 81-121.

7. Uma amostra dessas revoltas e conspirações incluiria o seguinte: Barbados em 1675, 1683, 1686 e 1692; Nova York em 1712; Cartagena de Índias nos séculos XVII e XVIII; St. John [parte das ilhas Virgens] em 1733-4; Antígua em 1701 e 1736; Suriname em 1690 e durante os anos 1740 e 1750, 1762 e os anos 1770; e Jamaica em 1673, 1685, os anos 1690 e 1730, 1742 e 1760.

8. John Thornton, *Warfare in Atlantic Africa, 1500-1800* (Londres: UCL Press, 1999), pp. 127-47, citação em p. 140; John Thornton, *Africa and Africans in the Making of the Atlantic World, 1400-1800*, 2. ed. (Cambridge, Reino Unido: Cambridge University Press, 1998).

9. Olaudah Equiano, *The Interesting Narrative and Other Writings*, org. Vincent Carretta (Nova York: Penguin, 1995 [1789]), pp. 111-2, 171-2.

10. John Locke, *Second Treatise of Government*, editado com uma introdução por C. B. Macpherson (Indianápolis: Hackett, 1980 [1690]), p. 17; Mary Nyquist, *Arbitrary Rule: Slavery, Tyranny, and the Power of Life and Death* (Chicago: University of Chicago Press, 2013), pp. 326-61.

11. David Armitage, "John Locke, Carolina, and the Two Treatises of Government", *Political Theory*, 32, 5 (out. 2004): pp. 602-27. Defensores da escravidão costumavam recorrer a ideias de Locke quando a instituição começou a ser atacada um século depois, afirmando que africanos capturados em guerra não tinham alternativa à escravidão a não ser a morte.

12. Anon *The Truest and Largest Account of the Late Earthquake in Jamaica, June the 7th, 1692, written by a reverend divine there to his friend in London* (Londres: Tho. Parkhurst, 1693), pp. 11-2.

13. Olaudah Equiano, *The Interesting Narrative and Other Writings*, org. Vincent Carretta (Nova York: Penguin, 1995 [1789]), pp. 111-2, 171-2. Ver também Ira Berlin, *Many Thousands Gone*, p. 100, onde ele descreve a disputa entre senhor e escravo como uma "guerra interminável na qual o terreno muda com frequência, mas os combatentes são sempre os mesmos", e Thavolia Glymph, *Out of the House of Bondage: The Transformation of the Plantation Household* (Nova York: Cambridge University Press, 2008), pp. 97-136, onde ela descreve a escravidão na casa de família como "a guerra interior".

14. Ada Ferrer, *Freedom's Mirror: Cuba and Haiti in the Age of Revolution* (Nova York: Cambridge University Press, 2014), p. 234.

15. Essa reavaliação incentivaria historiadores a explorar não só como os negros vieram a servir em unidades militares formais, mas como a dispersão, a recombinação e a adaptação de africanos escravizados definiram a natureza da própria guerra transatlântica. Ver especialmente Manuel Barcia, *West African Warfare in Bahia and Cuba: Soldier Slaves in the Atlantic World, 1807-1844* (Oxford: Oxford University Press, 2014); e *Seeds of Insurrection: Domination and Resistance on Western Cuban Plantations, 1808-1848* (Baton Rouge: LSU Press, 2008). Ver também Peter M. Voelz, *Slave and Soldier: The Military Impact of Blacks in the Colonial Empire* (Nova York: Routledge, 1993); Ben Vinson III, *Bearing Arms for His Majesty:*

The Free-Colored Militia in Colonial Mexico (Stanford: Stanford University Press, 2001); Christopher Leslie Brown e Philip D. Morgan (Orgs.), *Arming Slaves: From Classical Times to the Modern Age* (New Haven: Yale University Press, 2006); Ben Vinson III e Stewart R. King (Orgs.), *Journal of Colonialism and Colonial History*, número especial intitulado "The New African Diasporic Military History in Latin America", 5, 2 (outono de 2004).

16. Como afirma David Barry Gaspar, examinar uma conspiração de escravos é uma forma de analisar os mecanismos de uma sociedade mais ampla, suas preocupações, suas ambições, sua dinâmica interna. Na mesma linha de raciocínio, a guerra de escravizados ressalta a dinâmica interligada em todo o espaço de império. David Barry Gaspar, *Bondmen and Rebels: A Study of Master-Slave Relations in Antigua* (Baltimore, MD: Johns Hopkins University Press, 1985). Ver também Gregory Childs, "Conspiracies, Seditions, Rebellions: Concepts and Categories in the Study of Slave Resistance", em Keisha N. Blain, Christopher Cameron e Ashley Farmer (Orgs.), *New Perspectives on the Black Intellectual Tradition* (Evanston, IL: Northwestern University Press, 2018), pp. 217-31; John Harpham, "'Tumult and Silence' in the Study of the American Slave Revolts", *Slavery & Abolition*, 36, 2 (2015), pp. 257-74.

17. Ver especialmente David Kilcullen, *The Accidental Guerilla: Fighting Small Wars in the Midst of a Big One* (Oxford: Oxford University Press, 2009); Robert Taber, *The War of the Flea: The Classic Study of Guerilla Warfare* (Washington, D.C.: Potomac Books, 2002 [1965]); William S. Lind, coronel Keith Nightengale (USA), capitão John F. Schmitt (USMC), coronel Joseph W. Sutton (USA) e tenente-coronel Gary I. Wilson (USMCR), "The Changing Face of War: Into the Fourth Generation", *Marine Corps Gazette* (out. 1989), pp. 22-6; United States, Dept. of the Army, *The U.S. Army/Marine Corps Counterinsurgency Field Manual* (Chicago: University of Chicago Press, 2007).

18. Para uma perspectiva parecida, ver Verene A. Shepherd, *I Want to Disturb My Neighbour: Lectures on Slavery, Emancipation and Postcolonial Jamaica* (Kingston: Ian Randle, 2007), cap. 6; e Barcia, *West African Warfare*.

19. Peter Linebaugh e Marcus Rediker, *The Many-Headed Hydra: Sailors, Slaves, Commoners and the Hidden History of the Revolutionary Atlantic* (Boston: Beacon Press, 2000); Katherine McKittrick, *Demonic Grounds: Black Women and the Cartographies of Struggle* (Minneapolis: University Of Minnesota Press, 2006), pp. ix-xxxi; Lara Putnam, "To Study the Fragments/Whole: Microhistory and the Atlantic World", *Journal of Social History*, 39, 3 (primavera de 2006), pp. 615-30; Sarah Knott, "Narrating the Age of Revolution", *WMQ* (jan. 2016), pp. 3-36, 20.

20. D. W. Meinig, *The Shaping of America: A Geographical Perspective on 500 Years of History, Volume 1: Atlantic America, 1492-1800* (New Haven: Yale University Press, 1986), pp. 64-76.

21. Antoinette Burton e Tony Ballantyne (Orgs.), *World Histories from Below: Disruption and Dissent, 1750 to the Present* (Londres: Bloomsbury, 2016).

22. Nikhil Pal Singh, *Race and America's Long War* (Oakland: University of California Press, 2017), pp. 74-97; Edward B. Rugemer, *Slave Law and the Politics of Resistance in the Early Atlantic World* (Cambridge, MA: Harvard University Press, 2018).

23. Sobre a universalidade de medos de conspiração e sua distinção de rebeliões reais, ver Jason Sharples, "Discovering Slave Conspiracies: New Fears of Rebellion and Old Paradigms of Plotting in Seventeenth-Century Barbados", *American Historical Review*, 120, 3 (jun. 2015), pp. 811-43; e "The Flames of Insurrection: Fearing Slave Conspiracy in Early America, 1670-1780" (tese de doutorado, Princeton University, 2010).

24. Ruth Wilson Gilmore, "Fatal Couplings of Power and Difference: Notes on Racism and Geography", *The Professional Geographer*, 54, 1 (fev. 2002), pp. 15-24.

25. George Lipsitz, *How Racism Takes Place* (Filadélfia: Temple University Press, 2011), pp. 53-4.

26. W. E. B. Du Bois, *The World and Africa: An Inquiry into the Part Which Africa Has Played in World History* (Nova York: Viking, 1947), p. 22; Karl Marx, *Capital, Volume I: The Process of Production of Capital* (Nova York: International Publishers, 1967 [1867]), p. 915.

27. W. E. B. Du Bois, *The Suppression of the African Slave-Trade to the United States of America, 1638-1870* (Nova York: Longmans, Green, 1896); C. L. R. James, *Black Jacobins: Toussaint L'Ouverture and the San Domingo Revolution* (Nova York: Vintage, 1989 [1938]); Eric Williams, *Capitalism and Slavery* (Chapel Hill: University of North Carolina Press, 1994 [1944]); Walter Rodney, *How Europe Underdeveloped Africa* (Londres: Bogle-L'Ouverture, 1972) e *A History of the Upper Guinea Coast, 1545 to 1800* (Nova York: Oxford University Press, 1970); Cedric Robinson, *Black Marxism: The Making of the Black Radical Tradition* (Chapel Hill: University of North Carolina Press, 2000 [1983]).

28. O historiador Sven Beckert caracterizou apropriadamente essa relação com o termo "capitalismo de guerra". Beckert, *The Empire of Cotton* (Nova York: Knopf, 2014), pp. xv-xvi, 29-82; Joseph C. Miller, *The Problem of Slavery as History: A Global Approach* (New Haven: Yale University Press, 2012); W. E. B. Du Bois, "The African Roots of War", *The Atlantic*, 115, 5 (maio 1915), pp. 707-14.

29. Monica Schuler, "Akan Slave Rebellions in the British Caribbean", *Savacou*, 1, 1 (jun. 1970), reimpresso em Hilary Beckles e Verene Shepherd (Orgs.), *Caribbean Slave Society and Economy* (Nova York: New Press, 1991), pp. 373-86, citação em p. 373.

30. Colin A. Palmer, "Defining and Studying the Modern African Diaspora", *Journal of Negro History*, 85, 1/2 (inverno-primavera de 2000), pp. 27-32; Kristen Mann, "Shifting Paradigms in the Study of the African Diaspora and of Atlantic History and Culture", *Slavery and Abolition*, 22, 1 (2001), pp. 3-21; Michael Gomez, *Exchanging Our Country Marks: The Transformation of African Identities in the Colonial and Antebellum South* (Chapel Hill: University of North Carolina Press, 1998); Michael Gomez, *Reversing Sail: A History of the African Diaspora* (Nova York: Cambridge University Press, 2005); Ana Lucia Araujo, Mariana P. Candido e Paul E. Lovejoy

(Orgs.), *Crossing Memories: Slavery and African Diaspora* (Trenton, NJ: Africa World Press, 2011); John K. Thornton, *A Cultural History of the Atlantic World, 1250-1820* (Nova York: Cambridge University Press, 2012); Walter C. Rucker, *Gold Coast Diasporas: Identity, Culture, and Power* (Bloomington: Indiana University Press, 2015); Ray A. Kea, *A Cultural and Social History of Ghana from the Seventeenth to the Nineteenth Century: The Gold Coast in the Age of Trans-Atlantic Slave Trade*, 2 vols. (Lewiston, NY: Edwin Mellen, 2012).

31. James Sidbury e Jorge Cañizares-Esguerra, "Mapping Ethnogenesis in the Early Modern Atlantic", *William e Mary Quarterly*, 68, 2 (abr. 2011), pp. 181-208.

32. Stephanie M. H. Camp, *Closer to Freedom: Enslaved Women and Everyday Resistance in the Plantation South* (Chapel Hill: University of North Carolina Press, 2004).

33. Glymph, *Out of the House of Bondage*, pp. 33-7. Ver também Katherine McKittrick, *Demonic Grounds: Black Women and the Cartographies of Struggle* (Minneapolis: University of Minnesota Press, 2006), p. xix; Aisha Finch, *Rethinking Slave Rebellion in Cuba: La Escalera and the Insurgencies of 1841-1844* (Chapel Hill: University of North Carolina Press, 2015); Yuko Miki, "Fleeing into Slavery: The Insurgent Geographies of Brazilian Quilombolas (Maroons), 1880-1881", *The Americas*, 68, 4 (2012), pp. 495-528.

34. Richard Pares, *War and Trade in the West Indies, 1739-1763* (Londres: Routledge, 1963 [1936]); Daniel Baugh, *The Global Seven Years War, 1754-1763* (Nova York: Routledge, 2014), pp. 377-420.

35. Fred Anderson, *Crucible of War: The Seven Years' War and the Fate of Empire in British North America, 1754-1766* (Nova York: Alfred A. Knopf, 2000).

36. Stephen Brumwell, *Redcoats: The British Soldier and War in the Americas, 1755-1763* (Nova York: Cambridge University Press, 2002), p. 197.

37. Wayne E. Lee, *Barbarians and Brothers: Anglo-American Warfare, 1500-1865* (Nova York: Oxford University Press, 2011) e "Early American Ways of War: A New Reconnaissance, 1600-1815", *The Historical Journal*, 44, 1 (2001), pp. 269-89; John Grenier, *The First Way of War: American War Making on the Frontier* (Nova York: Cambridge University Press, 2005). Para uma correção importante, ver Alan Taylor, *The Internal Enemy: Slavery and War in Virginia, 1772-1832* (Nova York: W. W. Norton, 2013).

38. Marshal Smelser, *The Campaign for the Sugar Islands, 1759: A Study of Amphibious Warfare* (Chapel Hill: University of North Carolina Press, 1955); Anderson, *Crucible of War*, pp. 308, 312-6.

39. N. A. M. Rodger, *The Command of the Ocean: A Naval History of Britain, 1649-1815* (Nova York: W. W. Norton, 2004); Jeremy Black, *Combined Operations: A Global History of Amphibious and Airborne Warfare* (Lanham, MD: Rowman & Littlefield, 2018), pp. 39-62; e *Warfare in the Eighteenth Century* (Smithsonian Books, 2006). Mas ver J. W. Fortescue, *A History of the British Army*, 19 vols. (Londres: Macmillan, 1899), 2, pp. 39-40, 300, 372; e, mais recentemente, Maria Allessandra Bollettino, "Slavery, War, and Britain's Atlantic Empire: Black Soldiers, Sailors, and Rebels in the Seven

Years' War" (tese de doutorado, University of Texas, Austin, 2009); Trevor Burnard e John Garrigus, *The Plantation Machine: Atlantic Capitalism in French Saint-Domingue and British Jamaica* (Filadélfia: University of Pennsylvania Press, 2016), pp. 82-136. Há uma literatura mais extensa sobre esforços militares durante a Revolução Haitiana, especialmente durante a ocupação britânica da colônia de 1793 a 1798. Ver especialmente David Patrick Geggus, *Slavery, War, and Revolution: The British Occupation of Saint Domingue, 1793-1798* (Oxford: Clarendon Press, 1982); Michael Duffy, *Soldiers, Sugar, and Seapower: The British Expeditions to the West Indies and the War against Revolutionary France* (Nova York: Oxford University Press, 1987).

40. Vincent Brown, "Mapping a Slave Revolt: Visualizing Spatial History through the Archives of Slavery", *Social Text*, 125 (dez. 2015), pp. 134-41; Jeremy Black, *Insurgency and Counterinsurgency: A Global History* (Lanham, MD: Rowman & Littlefield, 2016), pp. 57-86; e *Maps of War: Mapping Conflict through the Centuries* (Nova York: Conway, 2016); Beatrice Heuser, "Introduction: Exploring the Jungle of Terminology", *Small Wars and Insurgencies, Special Issue: The Origins of Small Wars from Special Operations to Ideological Insurgencies*, 25, 4 (2014); Stan Goff, *Hideous Dream: A Soldier's Memoir of the U.S. Invasion of Haiti* (Nova York: Soft Skull Press, 2000). Para exames recentes da interseção de raça com escravidão e militarização imperial, ver Peter Way, "Militarizing the Atlantic World: Army Discipline, Coerced Labor, and Britain's Commercial Empire", em Michael A. McDonnell, *Rethinking the Age of Revolution* (Londres: Routledge, 2017); Shalini Puri e Lara Putnam (Orgs.), *Caribbean Military Encounters: A Multidisciplinary Anthology from the Humanities* (Nova York: Palgrave Macmillan, 2017).

41. Michel-Rolph Trouillot, *Silencing the Past: Power and the Production of History* (Boston: Beacon Press, 1995), p. 26. Mas para uma correção recente, ver Edward B. Rugemer, *Slave Law and the Politics of Resistance in the Early Atlantic World* (Cambridge, MA: Harvard University Press, 2018).

42. Ann Laura Stoler, *Along the Archival Grain: Epistemic Anxieties and Colonial Common Sense* (Princeton, NJ: Princeton University Press, 2010); Marisa J. Fuentes, *Dispossessed Lives: Enslaved Women, Violence, and the Archive* (Filadélfia: University of Pennsylvania Press, 2016); Natalie Zemon Davis, *Fiction in the Archives: Pardon Tales and their Tellers in Sixteenth-Century France* (Stanford: Stanford University Press, 1987); James Sidbury, "Plausible Stories and Varnished Truths", *William and Mary Quarterly*, 59, 1 (jan. 2002), pp. 179-84.

43. Kenneth Morgan, *Materials on the History of Jamaica in the Edward Long Papers* (Wakefield, West Yorkshire, 2006), <https://microform.digital/map/guides/R50027.pdf>; Trevor Burnard, *Planters, Merchants, and Slaves*, pp. 162-6; Elsa V. Goveia, *A Study on the Historiography of the British West Indies to the Nineteenth Century* (Washington, D.C.: Howard University Press, 1956), pp. 33-96; Devin Leigh, "The Origins of a Source: Edward Long, Coromantee Slave Revolts, and The History of Jamaica", *Slavery and Abolition* (out. 2018), DOI: 10.1080/0144039X.2018.1533670; Catherine Hall, "Whose Memories? Edward Long and the Work of Re-Remembering",

em *Britain's History and Memory of Transatlantic Slavery*, org. Katie Donington, Ryan Hanley e Jessica Moody (Liverpool: Liverpool University Press, 2016), pp. 129--48; Samuel Conrad Scott, "The Enlightenment of Bryan Edwards: Slavery, Fear, and Historical Writing in the Eighteenth-Century Atlantic" (History Department Senior Thesis, Harvard University, 2008).

44. Diário de Thistlewood, 4 de dezembro de 1760; Trevor Burnard, *Mastery, Tyranny, and Desire*, pp. 103, 151, 170-4; Douglas Hall, *In Miserable Slavery: Thomas Thistlewood in Jamaica, 1750-86* (Kingston: University of the West Indies Press, 1986), pp. 92--114; Heather Vermuelen, "Queer Kin-Aesthetics: Thomas Thistlewood and the Plantation Grotesque" (tese de doutorado, Yale University, 2017).

1. Império de guerras [pp. 29-64]

1. Ver especialmente John K. Thornton, *A Cultural History of the Atlantic World, 1250--1820* (Cambridge, Reino Unido: Cambridge University Press, 2012).

2. Lisa A. Lindsay e John Wood Sweet (Orgs.), *Biography and the Black Atlantic* (Filadélfia: University of Pennsylvania Press, 2013), pp. 1-16.

3. Lisa Lowe, *The Intimacies of Four Continents* (Durham, NC: Duke University Press, 2015), p. 21. Ver também Miles Ogborn, *Global Lives: Britain and the World, 1550--1800* (Nova York: Cambridge University Press, 2008); James H. Sweet, *Domingos Álvares, African Healing, and the Intellectual History of the Atlantic World* (Chapel Hill: University of North Carolina Press, 2011); Henry B. Lovejoy, *Prieto: Yorùbá Kingship in Colonial Cuba during the Age of Revolutions* (Chapel Hill: University of North Carolina Press, 2018); Roquinaldo Ferreira, *Cross-Cultural Exchange in the Atlantic World: Angola and Brazil during the Era of the Slave Trade* (Nova York: Cambridge University Press, 2012) para excelentes ilustrações do que Ferreira chama de "micro-histórias do ordinário", que juntam acontecimentos e padrões transatlânticos.

4. Vincent Brown, "The Eighteenth Century: Growth, Crisis, and Revolution", em Joseph C. Miller (Org.), Vincent Brown, Jorge Cañizares-Esguerra, Laurent Dubois, Karen Kupperman (Orgs. associados), *The Princeton Companion to Atlantic History* (Princeton: Princeton University Press, 2015), pp. 36-45.

5. Walter Rodney, *How Europe Underdeveloped Africa* (Washington, D.C.: Bogle L'Ouverture, 1982 [1972]), p. 95. Como observa o historiador Robin Blackburn, o sistema atlântico "atrelou a coerção à produção". Robin Blackburn, *The Making of New World Slavery: From the Baroque to the Modern, 1492-1800* (Londres: Verso, 2010), p. 10.

6. Marcus Rediker, *The Slave Ship: A Human History* (Nova York: Viking, 2007), pp. 291-301. Ver também Sowande Mustakeem, *Slavery at Sea: Terror, Sex, and Sickness in the Middle Passage* (Champaign-Urbana: University of Illinois Press, 2016), cap. 4.

7. Jane Burbank e Frederick Cooper, *Empires in World History: Power and the Politics of Difference* (Princeton: Princeton University Press, 2010), p. 178.

8. Paul E. Lovejoy, *Transformations in Slavery: A History of Slavery in Africa*, 3. ed. (Nova York: Cambridge University Press, 2012), pp. 66, 77-87, 95-9.

9. Rosa Luxemburgo, "Militarism as a Province of Accumulation", em W. Stark (Org.), *The Accumulation of Capital* (Londres: Routledge, 1951 [1913]), cap. 32; Eric R. Wolf, *Europe and the People Without History* (Berkeley: University of California Press, 2010 [1982]), pp. 195-231.

10. Simon P. Newman, *A New World of Labor: The Development of Plantation Slavery in the British Atlantic* (Filadélfia: University of Pennsylvania Press, 2013), pp. 54-107. Ver também Hilary McD. Beckles, "A 'Riotous and Unruly Lot': Irish Indentured Servants and Freemen in the English West Indies, 1644-1713", *The William and Mary Quarterly*, 47, 4 (1990), pp. 503-22; e *White Servitude and Black Slavery in Barbados* (Knoxville: University of Tennessee Press, 1989).

11. John Brewer, *The Sinews of Power: War, Money, and the English State, 1688-1783* (Nova York: Knopf, 1988).

12. William A. Pettigrew, *Freedom's Debt: The Royal African Company and the Politics of the Atlantic Slave Trade, 1672-1752* (Chapel Hill: University of North Carolina Press, 2013).

13. N. A. M. Rodger, "The West Indies in Eighteenth-Century British Naval Strategy", em Paul Butel e Barnard Lavelle (Orgs.), *L'Espace Caraibe: theatre et enjeu des luttes imperials, XVIe-XIXe siecle* (Bordéus: Maison de Pays Iberiques, 1996), pp. 38-60.

14. Richard J. Reid, *Warfare in African History* (Cambridge, Reino Unido: Cambridge University Press, 2012), p. 79; Rebecca Shumway, *The Fante and the Transatlantic Slave Trade* (Rochester: University of Rochester Press, 2011), pp. 100-1.

15. Akosua Adoma Perbi, *A History of Indigenous Slavery in Ghana from the 15th to the 19th Century* (Acra: Sub-Saharan Publishers, 2004), pp. 28-68, citações às pp. 28, 29.

16. Willem Bosman, *A New and Accurate Description of the Coast of Guinea: Divided into the Gold, Slave, and Ivory Coasts* (Londres: GALE, 1705), p. 183.

17. Ver também Randy J. Sparks, *Where the Negroes Are Masters: An African Port in the Era of the Slave Trade* (Cambridge, MA: Harvard University Press, 2014), pp. 122-61.

18. David Eltis e Lawrence C. Jennings, "Trade Between Western Africa and the Atlantic World in the Pre-Colonial Era", *American Historical Review*, 93, 4 (out. 1988), pp. 936-59.

19. Shumway, *The Fante*, 62; Albert Van Dantzig, *Forts and Castles of Ghana* (Acra: Sub-Saharan Publishers, 1980); Andrew Apter, "History in the Dungeon: Atlantic Slavery and the Spirit of Capitalism in Cape Coast Castle, Ghana", *American Historical Review*, 122, 1 (fev. 2017), pp. 23-54.

20. Para uma estimativa ponderada da importância do comércio de escravos nos cálculos de governantes da Costa do Ouro e da enseada do Benim, ver Thornton, *Warfare in Atlantic Africa*, pp. 131-5.

21. W. A. Richards, "The Import of Firearms into West Africa in the Eighteenth Century", *Journal of African History*, 21, 1 (1980), pp. 43-59.

22. Reid, *Warfare in African History*, pp. 80-2.

23. Robin Law, "The Politics of Commercial Transition: Factional Conflict in Dahomey in the Context of the Ending of the Transatlantic Slave Trade", *Journal of African History*, 38, 2 (1997), pp. 213-33, esp. p. 215; Robin Law, *Ouidah: The Social History of a West African Slaving 'Port' 1727-1892* (Athens, OH: Ohio University Press, 2004).

24. Perbi, *A History of Indigenous Slavery in Ghana*, pp. 25-6; Ray A. Kea, *Settlements, Trade, and Polities in the Seventeenth-Century Gold Coast* (Baltimore: Johns Hopkins University Press, 1982).

25. Lovejoy, *Transformations in Slavery*, pp. 80-1; Sean Stillwell, *Slavery and Slaving in African History* (Nova York: Cambridge University Press, 2014), pp. 149-51; Ludewig Ferdinand Rømer, *A Reliable Account of the Coast of Guinea (1760)*, tradução de Selena Axelrod Winsnes (Nova York: British Academy, 2000), citação em p. 201.

26. Richard Pares, *War and Trade in the West Indies, 1739-1763* (Londres: Routledge, 1963), pp. 517-33.

27. Michael Duffy, "The Establishment of the Western Squadron as the Linchpin of British Naval Strategy", em Michael Duffy (Org.), *Parameters of British Naval Power, 1650-1850* (Exeter, Reino Unido: University of Exeter Press, 1992), pp. 60-81; Rodger, "The West Indies in Eighteenth-Century British Naval Strategy".

28. O historiador Eric Williams chama o Caribe, com razão, de "o centro do Império Britânico". Eric Williams, *Capitalism and Slavery* (Chapel Hill: University of North Carolina Press, 1994 [1944]), p. 52; J. R. Ward, "The British West Indies, 1748-1815", em P. J. Marshall (Org.), *The Oxford History of the British Empire; Volume II: The Eighteenth Century* (Oxford, Reino Unido: Oxford University Press, 2001), pp. 415-39.

29. Richard B. Sheridan, *Sugar and Slavery: An Economic History of the British West Indies, 1623-1775* (Kingston: Canoe Press, 2012 [1974]), p. 489.

30. Brewer, *The Sinews of Power*, pp. 175-89.

31. Lordes Comissários do Tesouro de Sua Majestade, *Journal of the Commissioners for Trade and Plantations from January 1749-1750 to December 1753* (Londres: His Majesty's Stationery Office, 1932), p. 7.

32. David Richardson, "The British Empire and the Atlantic Slave Trade, 1660-1807", em P. J. Marshall (Org.), *The Oxford History of the British Empire; Volume II: The Eighteenth Century* (Oxford, Reino Unido: Oxford University Press, 2001), p. 462; Ward, "The British West Indies, 1748-1815", p. 433.

33. Peter Linebaugh e Marcus Rediker, *The Many-Headed Hydra: Sailors, Slaves, Commoners and the Hidden History of the Revolutionary Atlantic* (Boston: Beacon Press, 2000).

34. Sobre geografias rivais, ver Stephanie M. H. Camp, *Closer to Freedom: Enslaved Women and Everyday Resistance in the Plantation South* (Chapel Hill: University of North Carolina Press, 2004).

35. Timothy Ingold, *The Perception of the Environment: Essays on Livelihood, Dwelling and Skill* (Londres: Routledge, 2000), pp. 219-42.

36. Lauren Benton, *A Search for Sovereignty: Law and Geography in European Empires, 1400--1900* (Cambridge, Reino Unido: Cambridge University Press, 2009), pp. 2-3; Frederick Copper, "States, Empires, and the Political Imagination", em *Colonialism in Question: Theory, Knowledge, History* (Berkeley: University of California Press, 2005), pp. 153-203. Ver também J. B. Harley, *The New Nature of Maps: Essays in the History of Cartography* (Baltimore: Johns Hopkins Press, 2002) e Harley, *Maps and the Columbian Encounter: An Interpretive Guide* (Milwaukee: University of Wisconsin Press, 1990); Denis Wood, *Rethinking the Power of Maps* (Nova York: Guilford Press, 2010).

37. Philip Wright, *Monumental Inscriptions of Jamaica* (Londres: Society of Genealogists, 1966), p. 190; List of Mariners belonging to the Royal African Company's Snow the Phenix, for Cape Coast cleared at Gravesend September 25, 1736, TNA, T70/1439, p. 138; *Voyages: The Transatlantic Slave Trade Database*, <http://www.slavevoyages.org>; Tinker, Esson, and Cope to RAC, January 10, 1737, TNA, T70/1193, p. 58.

38. J. K. Fynn, *Asante and its Neighbors, 1700-1807* (Londres: Longman, 1971), pp. 57-83; Randy J. Sparks, *Where the Negroes Are Masters*, pp. 17, 21-2.

39. John Cope, John Castres & Charles Bladwell to RAC, February 6, 1741, TNA, T70/4, fols. 125-6.

40. Cape Coast Castle Journals, October 12, 1741, TNA, T70/415, fol. 18; Cape Coast Castle Journals, November/December 1740, TNA, T70/413, fol. 46.

41. Tinker, Esson, and Cope to RAC, January. 10, 1737, TNA, T70/1193, fol. 58.

42. RAC to Tinker, Esson, and Cope, May 19, 1737, TNA, T70/54, fols. 99-100; Williams Fort Accounts, 1736, TNA, T70/1452, fols. 189, 231-2.

43. Law, *Ouidah*, p. 57; RAC to Charles Whitaker, August 1, 1734, TNA, T70/54, fol. 80; RAC to Tinker and Cope, November 24, 1737, TNA, T70/54, fols. 106-7; RAC to Charles Whitaker, August 18, 1737, TNA, T70/48, fol. 16; William's Fort Rents and Dashes, January 1 to April 22, 1735, TNA, T70/1452, fols. 69-70.

44. Lordes Comissários do Tesouro de Sua Majestade, *Journal of the Commissioners for Trade and Plantations from January 1749-1750 to December 1753*, fol. 21.

45. An Act of Council Made at Cape Coast Castle, November 1, 1737, TNA, T70/4, 105; John Cope to RAC, February 22, 1737, TNA, T70/4.

46. James Hope to RAC, February 13, 1737, TNA, T70/4, fol. 104; RAC to Tinker and Cope, November 24, 1737, TNA, T70/54, fol. 103; Cape Coast Castle Journals, January 1737, TNA, T70/407, fol. 44; Cape Coast Castle Journals, January 1737, TNA, T70/406, fols. 7, 49; Instructions for Africa Agents, November 23, 1737, TNA, T70/67; RAC to Tinker and Cope, November 24, 1737, TNA, T70/54, fols. 102-4.

47. John Cope to RAC, December 6, 1738, TNA, T70/4, fols. 95-6; Cape Coast Castle Journals, Presents and Dashees, December 1737, TNA, T70/407, fol. 92; January 1738, TNA, T70/408, June 1738, fols. 10, 80; Cape Coast Castle Journals, Presents and Dashees, February 8, 1737, TNA, T70/408, fol. 23. Sobre John Currantee, ver Randy Sparks, *Where the Negroes Are Masters*, pp. 35-67.

48. RAC to James Hope, William Lea, and John Cope, November 28, 1738, TNA, T70/54, fol. 112.

49. RAC to William Lea, November 15, 1739, TNA, T70/54; Cape Coast Journals, October 1739, TNA, T70/411, fol. 34.

50. Hope to RAC, December 20, 1738, TNA, T70/4, fols. 100-1; RAC to James Hope, William Lea, and John Cope, November 28, 1738, TNA, T70/54, fol. 111. Para mais informações sobre a sra. Phipps, ver Sparks, *Where the Negroes Are Masters*, pp. 84-5. Para relações familiares entre comerciantes de escravos europeus e moradores da Costa do Ouro, ver Pernille Ipsen, *Daughters of the Trade: Atlantic Slavers and Interracial Marriage on the Gold Coast* (Filadélfia: University of Pennsylvania Press, 2015).

51. Cape Coast Castle Journals, May 1738, TNA, T70/403, fol. 75; Cape Coast Castle Journals, July/August 1738, TNA, T70/409, fol. 9; Hope to RAC, December 20, 1738, TNA, T70/4, fols. 99-100; Governor Boris et al. to the Directors of the Dutch West India and Guinea Company, November 28, 1738, X.23, em Ole Justesen, *Danish Sources of the History of Ghana, 1657-1754*, tradução de James Manley, 2 (Copenhague: Kgl. Danske Videnskabernes Selskab, 2005), p. 550; RAC to Lea, Cope, and Hope, August 2, 1739, TNA, T70/4, fol. 107; Cope, Tynewell, and Drybutter to RAC, November 30, 1739, TNA, T70/4, fol. 109.

52. RAC to Cope, April 3, 1740, TNA, T70/54, fol. 124; Cope to Spence, September 16, 1741, TNA, T70/4, fol. 126; Cape Coast Castle Journals, May/June 1742, TNA, T70/416, fol. 48; RAC to Lea, Hope, and Cope, October 4, 1739, T70/54, fol. 117; *Voyages: The Transatlantic Slave Trade Database*, <http://www.slavevoyages.org>.

53. Diário de Thistlewood, 4 dez. 1760.

54. Wylie Sypher, *Guinea's Captive Kings: British Anti-Slavery Literature of the* XVIIIth *Century* (Chapel Hill, NC: University of North Carolina Press, 1942), p. 9; Barry Weller, "The Royal Slave and the Prestige of Origins", *Kenyon Review*, 14, 3 (verão de 1992), pp. 65-78; Laura Brown, *Fables of Modernity: Literature and Culture in the English Eighteenth Century* (Ithaca: Cornell University Press, 2001), cap. 5; Srinivas Aravamudan, *Tropicopolitans: Colonialism and Agency, 1688-1804* (Durham, NC: Duke University Press, 1999), pp. 250-2. Para uma exploração mais exaustiva da relação entre essas fábulas e a história africana, ver especialmente Randy J. Sparks, *Two Princes of Calabar: An Eighteenth Century Atlantic Odyssey* (Cambridge, MA: Harvard University Press, 2009).

55. The Gentlemen's Magazine, 19 (fev. 1749), pp. 89-90; Wylie Sypher, "The African Prince in London", *Journal of the History of Ideas*, II (1941), pp. 237-47.

56. Walter C. Rucker, *Gold Coast Diasporas: Identity, Culture, and Power* (Bloomington: Indiana University Press, 2015), pp. 172-3.

57. Sobre a importância de aplicar a especulação crítica em fontes sobre indivíduos escravizados, ver especialmente Marisa J. Fuentes, *Dispossessed Lives: Enslaved Women, Violence, and the Archive* (Filadélfia: University of Pennsylvania Press, 2016) e Saidiya Hartman, "Venus in Two Acts", *Small Axe*, 12, 2 (jun. 2008), pp. 1-14.

58. Douglas Hall, *In Miserable Slavery: Thomas Thistlewood in Jamaica, 1750-86* (Kingston: University of the West Indies Press, 1999 [1989]), p. 106; Burnard, *Mastery, Tyranny,*

and Desire, pp. 176, 297-8n; Audra A. Diptee, *From Africa to Jamaica: The Making of an Atlantic Slave Society, 1775-1807* (Gainesville: University Press of Florida, 2010), pp. 15-6.

59. Robin Law, *The Slave Coast of West Africa: The Impact of the Slave Trade on an African Society, 1550-1750* (Oxford, Reino Unido: Oxford University Press, 1991), pp. 316-7; Albert Van Dantzig, *The Dutch and the Guinea Coast, 1674-1742: A Collection of Documents from the General State Archive at the Hague* (Acra: Sub-Saharan Publishers, 1978), 390: Diary of D-G Des Bordes's Journey to Accra, e 393, Declaration of the Soldier Johan Joost Steirmark, Elmina, pp. 322, 326-32; Fynn, *Asante and its Neighbors*, p. 73; Justesen, *Danish Sources*, X.13: Boris to Directors of the Danish West India and Guinea Company, July 12, 1737, X.14: Recommendation and Resolution of the *Sekret* Council re a Lodge at Keta, August 17 and 26, 1737, and X.15: Boris to Directors of the Danish West India and Guinea Company, September 30, 1737, pp. 528-32.

60. Law, *The Slave Coast*, pp. 315-24; Law, *Ouidah: The Social History of a West African Slaving 'Port', 1727-1892* (Oxford: Oxford University Press, 2004), pp. 59-66, citação em p. 63; Robert Norris, *Memoirs of the Reign of Bossa Ahádee, King of Dahomey an Inland Country of Guiney* (Londres: W. Lowndes, 1789), pp. 55-6; Thornton, *Warfare in Atlantic Africa*, pp. 83-4; Hall, *In Miserable Slavery*, p. 106; *Voyages: Trans-Atlantic Slave Trade Database*.

61. Cape Coast Castle Journals, Presents and Dashees, Nov/Dec, 1740, TNA, T70/413, fols. 47-8.

62. Bosman, *A New and Accurate Description of the Coast of Guinea*, pp. 22-3.

63. "A Map of the Gold Coast from Isini to Alampi by M. D'Anville, April 1729", em *New General Collection of Voyages and Travels* (Londres: Thomas Astley, 1745-1747), 2, ilustração 60, entre pp. 564 e 565; Robin Law, "The Komenda Wars, 1694-1700: A Revised Narrative", *History in Africa*, 34 (2007), pp. 134-68.

64. Commenda, Charges on Palavers, January/February 1745, TNA, T70/421, fol. 91; Commenda, Presents & Dashees, May/June 1745, TNA, T70/421, fol. 117.

65. *HMS Wager* Musters, 1746-1747, TNA, ADM 36/4459, fols. 72, 101.

66. Paul E. Lovejoy, "The African Background of Venture Smith", em James Brewer Stewart (Org.), *Venture Smith and the Business of Freedom* (Amherst: University of Massachusetts Press, 2010), pp. 35-55; Van Dantzig, *The Dutch*, 389: Minutes of Elmina Council, May 27, 1737, fol. 320; J. K. Fynn, *Asante and Its Neighbors* (Londres: Longman, 1971), p. 73; James Sanders, "The Expansion of the Fante and the Emergence of Asante in the Eighteenth Century", *Journal of African History*, 20, 3 (1979), pp. 349-64.

67. Cape Coast Castle Journals, Presents and Dashees, September/October 1738, TNA, T70/409, fol. 26.

68. Cape Coast Castle Journals, May 1739, TNA, T70/410, fol. 53; Cape Coast Castle Journals, July 1739, TNA, T70/411, fol. 6; Cape Coast Castle Journals, March 23, 1741, TNA, T70/414, fol. 22.

69. Cape Coast Castle Journals, March 1740, TNA, T70/412, fol. 32.

70. Cape Coast Castle Journals, June 1740, TNA, T70/412, fol. 70; Cape Coast Castle Journals, July/Aug. 1740, TNA, T70/413, fols. 7, 19.

71. Van Dantzig, *The Dutch*, 413: Chief Merchant Barovius to Assembly of X, April 30, 1740, fol. 347; Cape Coast Castle Journals, Sundry Accounts to John Cope, November/December 1740, TNA, T70/413, fol. 50.

72. Van Dantzig, *The Dutch*, 400: Des Bordes to Assembly of X, September 17, 1738, fol. 337.

73. Van Dantzig, *The Dutch*, 409: Raams, Chama, to Assembly of X, November 3, 1739, fol. 343.

74. Van Dantzig, *The Dutch*, 409, fols. 343-4; Justesen, *Danish Sources*, X.27: Boris to Danish West India and Guinea Company, September 10, 1739, fol. 553.

75. Van Dantzig, *The Dutch*, 407: Johan Hessing, Pastor at Elmina, to Assembly Of X, September 18, 1739, fol. 343; Van Dantzig, *The Dutch*: Raams, Chama, to Assembly of X, November 3, 1739, fols. 343-4; Van Dantzig, *The Dutch*, 411: WIC 122: "Contracts with Natives", September 2, 1739, fols. 345-6.

76. Van Dantzig, *The Dutch*, 416: D. Hobroek, Annomaboe, to Barovious, April 24, 1740, fol. 351.

77. Van Dantzig, *The Dutch*, 414: Journal containing the most remarkable incidents occurring within this Government between 16th March and 15th April, extracted by J. Elzevier, fols. 349-50.

78. Van Dantzig, *The Dutch*, 412: Commies Schaik to Assembly of X, April 29, 1740, fol. 346.

79. Van Dantzig, *The Dutch*, 414, fols. 349-50.

80. Governor Boris, Christiansborg, to the Directors of the Dutch West India and Guinea Company, February 15, 1740, X.31, em Ole Justesen, *Danish Sources of the History of Ghana, 1657-1754*, tradução de James Manley, 2 (Copenhague: Historisk--Filosofiske Skrifter, 2005), p. 562.

81. Van Dantzig, *The Dutch*, 414, fol. 349, e *The Dutch*, 413, fols. 348-9.

82. Van Dantzig, *The Dutch*, 413, fol. 348; Ludwig Ferdinand Romer, citado em Shumway, *The Fante and the Transatlantic Slave Trade*, p. 75; Justesen, *Danish Sources*, X.31: Boris to Directors of the Danish West India and Guinea Company, February 15, 1740, fol. 561.

83. Van Dantzig, *The Dutch*, 413, fol. 348; Cape Coast Castle Journals, August 1740, TNA, T70/413, fol. 32; Cape Coast Castle Journals, March 23. 1741, TNA, T70/414, fol. 22; Cape Coast Castle Journals, May/June 1741, TNA, T70/414, fol. 35; Cape Coast Castle Journals, October 12, 1741, TNA, T70/415, fol. 18. Sobre as relações entre Kurentsi e os ingleses nos anos 1750, ver Shumway, *The Fante and the Transatlantic Slave Trade*, pp. 75-81, e Sparks, *Where the Negroes Are Masters*, pp. 35-67. Ver também Ty Reese, "'Eating' Luxury: Fante Middlemen, British Goods, and Changing Dependencies on the Gold Coast, 1750-1821", *William and Mary Quarterly*, 66, 4 (out. 2009), pp. 851-72.

84. Fynn, *Asante and its Neighbors*, pp. 64-6.

85. Van Dantzig, *The Dutch*, 418: "Informations about the troubles between the English Negroes of Sacconde and the Antase", 12 ago. 1740, fol. 352.

86. Van Dantzig, *The Dutch*, 407, fol. 344, e 410: Verschueren to Assembly of X, November 24 1739, fol. 345.

87. Van Dantzig, *The Dutch*, 418, fol. 352.

88. Van Dantzig, *The Dutch*, 413, fol. 347.

89. Van Dantzig, *The Dutch*, 418, fols. 351-2.

90. Cape Coast Castle Journals, Cape Coast Castle Presents and Dashees, August 1740, TNA, T70/413, fol. 19; Cape Coast Castle Journals, Dixcove Presents and Dashees, September/October, 1740, November/December, 1740, Succondee Presents and Dashees and Charges on Palavers, September/October, 1740, Cape Coast Castle Presents and Dashees, November/December, 1740, TNA, T70/414, fols. 34, 36, 47-8, 51; Cape Coast Castle Journals, Charges on Palavers, January/February, 1742, TNA, T70/417, fol. 105.

91. Para discussões especialmente delicadas dos desafios especiais da biografia histórica para escravizados individuais, ver James H. Sweet, "Mistaken Identities? Olaudah Equiano, Domingos Álvares, and the Methodological Challenges of Studying the African Diaspora", *American Historical Review*, 114, 2 (abr. 2009), pp. 279-306; e Annette Gordon-Reed, "Writing Early American Lives as Biography", *William and Mary Quarterly*, 71, 4 (out. 2014), pp. 491-516.

2. A guarnição da Jamaica [pp. 65-118]

1. Deborah A. Thomas, *Exceptional Violence: Embodied Citizenship in Transnational Jamaica* (Durham, NC: Duke University Press, 2011), pp. 87-124; Rachel Woodward, "Military Landscapes: Agendas and Approaches for Future Research", *Progress in Human Geography*, 38, 1 (2014), pp. 40-61.

2. Carl Bridenbaugh e Roberta Bridenbaugh, *No Peace Beyond the Line: The British in the Caribbean, 1624-1690* (Nova York: Oxford University Press, 1972); Eliga H. Gould, "Zones of Law, Zones of Violence: The Legal Geography of the British Atlantic, circa 1772", *WMQ*, 60, 3 (2003), pp. 471-510.

3. Stephen Saunders Webb, "Army and Empire: English Garrison Government in Britain and America, 1569-1763", *WMQ*, 3ª série, 34, 1 (1977), pp. 1-31, citações às pp. 6, 24.

4. Trevor Burnard, *Planters, Merchants, and Slaves: Plantation Societies in British America, 1650-1820* (Chicago: University of Chicago Press, 2015), p. 78.

5. Jennifer L. Morgan, *Laboring Women: Reproduction and Gender in New World Slavery* (Filadélfia: University of Pennsylvania Press, 2004); Aisha K. Finch, *Rethinking Slave Rebellion in Cuba: La Escalera and the Insurgencies of 1841-1844* (Chapel Hill: University of North Carolina Press, 2015); Marisa J. Fuentes, *Dispossessed Lives: Enslaved Women, Violence, and the Archive* (Filadélfia: University of Pennsylvania

Press, 2016); Stan Goff, *Borderline: Reflections on War, Sex, and Church* (Eugene, OR: Cascade, 2015), pp. 71-6, 86-91.

6. James Knight, *The Natural, Moral, and Political History of Jamaica and the Territories thereon Depending; From the Earliest Account of Time to the Year 1742*, 3 vols., partes 5-7, manuscrito inédito, British Library, C. E. Long Papers, Add. Ms. 12 420, 3, fols. 27, 26. Mais informações sobre Knight, ver Jack P. Greene, *Settler Jamaica in the 1750s: A Social Portrait* (Charlottesville: University of Virginia Press, 2016), p. 4.

7. Richard S. Dunn, *Sugar and Slaves: The Rise of the Planter Class in the English West Indies, 1624-1713* (Chapel Hill: University of North Carolina Press, 2000 [1972]), p. 181; Michael Pawson e David Buisseret, *Port Royal, Jamaica* (Kingston: University of the West Indies Press, 2000). Ver também Mark G. Hannah, *Pirate Nests and the Rise of the British Empire, 1570-1740* (Chapel Hill: University of North Carolina Press, 2017).

8. Dunn, *Sugar and Slaves*, pp. 154, 170.

9. Ibid., p. 156.

10. John White et al. to Board of Trade, June 20 1692, TNA, CO 137/2, fol. 192; John Bourden et al. to Board of Trade, August 26 1692, TNA, CO 137/2, fol. 206.

11. Burnard, *Planters, Merchants, and Slaves*, pp. 69-70, 78. Ver também Burnard, "'The Country Continues Sickly': White Mortality in Jamaica, 1655-1780", *Social History of Medicine*, 12, 1 (1999), pp. 45-72.

12. "Abstract of Beeston's Letter to the Committee", March 23 1694, TNA, CO 137/3, fols. 15-9.

13. Dunn, *Sugar and Slaves*, p. 163.

14. Council and Assembly of Jamaica Appeal, including William Beeston's report, October 29, 1694, TNA, CO 137/1, citação em fol. 195.

15. Knight, *The Natural, Moral, and Political History of Jamaica*, fols. 9, 21.

16. John Bourden et al. to Board of Trade; Dunn, *Sugar and Slaves*, p. 170; Burnard, *Planters, Merchants, and Slaves*, pp. 68-9.

17. Burnard, *Planters, Merchants, and Slaves*, p. 76.

18. John Bourden et al. to Board of Trade.

19. Burnard, *Planters, Merchants, and Slaves*, pp. 63-4.

20. Mavis Campbell, *The Maroons of Jamaica, 1655-1796: A History of Resistance, Collaboration, and Betrayal* (Trenton, NJ: Bergin & Garvey, 1988), pp. 14-87; Dunn, *Sugar and Slaves*, pp. 259-62; Burnard, *Planters, Merchants, and Slaves*, pp. 65-6; David Buisseret (Org.), *Jamaica in 1687: The Taylor Manuscripts at the National Library of Jamaica* (Kingston: University of the West Indies Press, 2009), pp. 274-79; Knight, *The Natural, Moral, and Political History of Jamaica*, fols. 92-5.

21. James A. Delle, *The Colonial Caribbean: Landscapes of Power in the Plantation System* (Cambridge, Reino Unido: Cambridge University Press, 2014), pp. 39-45.

22. Stephen J. Hornsby, *British Atlantic, American Frontier: Spaces of Power in Early Modern British America* (Lebanon, NH: University Press of New England, 2005), p. 192.

23. Knight, *The Natural, Moral, and Political History of Jamaica*, fol. 29.

24. James A. Delle, *The Colonial Caribbean*, p. 108; Delle, "Power and Landscape: Spatial Dynamics in Early Nineteenth-Century Jamaica", em Maria O'Donovan (Org.), *The Dynamics of Power* (2002), pp. 341-61, esp. 342, 351.

25. Knight, *The Natural, Moral, and Political History of Jamaica*, fol. 77.

26. Burnard, *Planters, Merchants, and Slaves*, pp. 92-7.

27. Patrick Browne, *The Civil and Natural History of Jamaica in Three Parts* (Londres: Browne, 1756), p. 9. Para uma análise minuciosa da vida econômica jamaicana em meados do século XVIII, ver Jack P. Greene, *Settler Jamaica in the 1750s*; e B. W. Higman, *Plantation Jamaica, 1750-1850: Capital and Control in a Colonial Economy* (Kingston: University of the West Indies Press, 2008).

28. Browne, *Civil and Natural History of Jamaica*, p. 24.

29. Burnard, *Planters, Merchants, and Slaves*, pp. 180-202.

30. Ver material em <http://www.slavevoyages.org/assessment/estimates>. Sobre o comércio entre a Jamaica e a Espanha continental, ver especialmente Adrian Finucane, *The Temptations of Trade: Britain, Spain, and the Struggle for Empire* (Filadélfia: University of Pennsylvania Press, 2016).

31. Burnard, *Planters, Merchants, and Slaves*, pp. 205-6. Trevor Burnard, "Kingston, Jamaica: Crucible of Modernity", em *The Black Urban Atlantic in the Age of the Slave Trade* (Filadélfia: University of Pennsylvania Press, 2013), pp. 122-44.

32. Higman, *Plantation Jamaica*, p. 5.

33. Perry Gauci, *William Beckford: First Prime Minister of the London Empire* (New Haven, CT: Yale University Press, 2013), pp. 32-3; Burnard, *Planters, Merchants, and Slaves*, pp. 158, 160.

34. Burnard, *Planters, Merchants, and Slaves*, pp. 160, 174, 190-1.

35. Gauci, *William Beckford*, pp. 5, 11, 48, 51-106.

36. Sobre a riqueza de Zachary Bayly, ver Burnard, *Planters, Merchants, and Slaves*, pp. 95, 158, 160, 201. Sobre o papel dos "intermediários transatlânticos," ver Gauci, *William Beckford*, p. 16; e Burnard, *Planters, Merchants, and Slaves*, p. 118.

37. Burnard, *Planters, Merchants, and Slaves*, p. 18; Higman, *Plantation Jamaica*, citação em p. 4.

38. Vincent Brown, "Eating the Dead: Consumption and Regeneration in the History of Sugar", *Food and Foodways: History and Culture of Human Nourishment*, 16, 2 (2008), pp. 117-26; Richard S. Dunn, *A Tale of Two Plantations: Life and Labor in Jamaica and Virginia* (Cambridge, MA: Harvard University Press, 2014), pp. 34-5.

39. Burnard, *Planters, Merchants, and Slaves*, pp. 55-8; Dunn, *Tale of Two Plantations*, pp. 141-5; Philip D. Morgan, "Gang and Task and Gang Systems: The Organization of Labor on New World Plantations", em Stephen Innes (Org.), *Work and Labor in Early America* (Chapel Hill: University of North Carolina Press, 1988), pp. 189-220.

40. Keith Mason, "The Absentee Planter and the Key Slave: Privilege, Patriarchalism, and Exploitation in the Early Eighteenth-Century Caribbean", *WMQ* 3ª série, 70, 1 (jan. 2013), pp. 79-102; Robert L. Pacquette, "The Drivers Shall Lead Them: Image and Reality in Slave Resistance", em Robert L. Pacquette e Lou Ferleger (Orgs.),

Slavery, Secession, and Southern History (Charlottesville: University of Virginia Press, 2000), pp. 31-58.

41. Dunn, *Tale of Two Plantations*, pp. 141-4, 431-2.

42. Richard S. Dunn. "Sugar Production and Slave Women in Jamaica", in Ira Berlin and Philip D. Morgan (Orgs.), *Cultivation and Culture: Labor and the Shaping of Slave Life in the Americas* (Charlottesville: University of Virginia Press, 1993), pp. 49-72; Dunn, *Tale of Two Plantations*, pp. 141, 178, 431; Burnard, *Planters, Merchants, and Slaves*, p. 59. Ver também Justin Roberts, "The 'Better Sort' and the 'Poorer Sort': Wealth Inequalities, Family Formation, and the Economy of Energy on British Caribbean Sugar Plantations, 1750-1800", *Slavery & Abolition*, 35, 3 (2014), pp. 458-73.

43. Burnard, *Planters, Merchants, and Slaves*, pp. 6, 78-97.

44. Knight, *The Natural, Moral, and Political History of Jamaica*, fols. 77-8, 82.

45. Leslie, *A New and Exact Account of Jamaica*, pp. 41-2.

46. Edward Rugemer, "The Development of Mastery and Race in the Comprehensive Slave Codes of the Greater Caribbean during the Seventeenth Century", *WMQ*, 70, 3 (2013), pp. 429-58; Diana Paton, "Punishment, Crime, and the Bodies of Slaves in Eighteenth-Century Jamaica", *Journal of Social History*, 34, 4 (2001), pp. 923-54; Vincent Brown, "Spiritual Terror and Sacred Authority: Supernatural Power in Jamaican Slave Society", em Edward E. Baptist e Stephanie Camp (Orgs.), *New Studies in the History of American Slavery* (Athens, GA: University of Georgia Press, 2006), pp. 179--210; John Collins, "Military Law", em Joseph C. Miller (Org.), *The Princeton Companion to Atlantic History* (Princeton: Princeton University Press, 2015), pp. 285-7.

47. G. Duquesne to Newman, May 15, 1728, *Fulham Papers*, xvii, Lambeth Palace Library.

48. Philip D. Morgan, "Slaves and Livestock in Eighteenth-Century Jamaica: Vineyard Pen, 1750-1751", *WMQ*, 52, 1 (jan. 1995), pp. 47-76; Philip D. Morgan, "Three Planters and Their Slaves: Perspectives on Slavery in Virginia, South Carolina, and Jamaica, 1750-1790", em Winthrop D. Jordan e Sheila L. Skemp (Orgs.), *Race and Family in the Colonial South* (Jackson, MS: University Press of Mississippi, 1987), pp. 37-80; Burnard, *Planters, Merchants, and Slaves*, pp. 58-61; Dunn, *Tale of Two Plantations*, pp. 146-52. Para tratamentos biográficos, ver Douglas Hall, *In Miserable Slavery: Thomas Thistlewood in Jamaica, 1750-1786* (Kingston: University of the West Indies Press, 1989); e Trevor Burnard, *Mastery, Tyranny, and Desire: Thomas Thistlewood and His Slaves in the Anglo-Jamaican World* (Chapel Hill: University of North Carolina Press, 2004).

49. Thistlewood, citado em Trevor Burnard, "'Impatient of Subordination' and 'Liable to Sudden Transports of Anger': White Masculinity and Homosocial Relations with Black Men in Eighteenth-Century Jamaica", em Thomas A. Foster (Org.), *New Men: Manliness in Early America* (Nova York: Nova York University Press, 2011), pp. 134-52, 140.

50. Burnard, "'Impatient of Subordination'"; Diana Paton, "Gender, Language, Violence, and Slavery: Insult in Jamaica, 1800-1838", *Gender and History*, 18, 2 (ago.

2006), pp. 246-65; ver também Kenneth Morgan, "Slave Women and Reproduction in Jamaica, *c.* 1776-1834", *History* (2006), pp. 231-53; e Natalie A. Zacek, "'Banes of Society' and 'Gentlemen of Strong Natural Parts': Attacking and Defending West Indian Creole Masculinity", em Thomas A. Foster, *New Men*, pp. 116-33.

51. Burnard, *Mastery, Tyranny, and Desire*, p. 119.

52. Ibid., p. 144.

53. Knight, *The Natural, Moral, and Political History of Jamaica*, fol. 78.

54. Ibid., fols. 78-9; Robert Hunter to the Council of Trade and Plantations, July 4, 1730, em *Calendar of State Papers*, 37, 311 (Londres: His Majesty's Stationery Office, 1939); Burnard, *Mastery, Tyranny, and Desire*, pp. 144-5. A título de comparação, ver Sally E. Hadden, *Slave Patrols: Law and Violence in Virginia and the Carolinas* (Cambridge, MA: Harvard University Press, 2003).

55. Pierre Eugène du Simitière, "Remarks on Extracts from Works about Uprisings of Negroes against Whites in Jamaica", Library Company of Philadelphia, Pierre Eugène du Simitière Collection, Cx. 4, Pastas 20a-21, 177-89, citações à p. 183.

56. Du Simitière, "Remarks", p. 182.

57. Ibid., citação à p. 182.

58. Id. ibid.

59. Ibid., citação à p. 183; Recenseamento de St. Jago de la Vega [Spanish Town] realizado por Charles White, gent, em julho e agosto de 1754; Mordechai Arbell, *The Portuguese Jews of Jamaica* (Kingston: University of the West Indies Press, 2000); Daniel Livesay, *Children of Uncertain Fortune: Mixed-Race Jamaicans in Britain and the Atlantic Family, 1733-1833* (Chapel Hill: University of North Carolina Press, 2018), cap. 1.

60. Du Simitière, "Remarks," pp. 181-2.

61. Richard S. Dunn, *Moravian Missionaries at Work in a Jamaican Slave Community, 1754-1835* (Minneapolis: University of Minnesota Press, 1994); Dunn, *Two Plantations*, pp. 224-70; Great Britain, Moravian Church, Great Britain, Parliament, House of Commons, Committee to Whom the Petition of the Deputies of the Moravian Church was Referred, "An Act for Encouraging the People Known by the Name of Unitas Fratrum or United Brethren, to Settle in His Majesty's Colonies in America", em *Acta Fratrum Unitatis in Anglia* (Londres: Thomas Baskett, 1749), pp. 635-8; Katharine Gerbner, "'They Call Me Obea': German Moravian Missionaries and Afro-Caribbean Religion in Jamaica, 1754-1760", *Atlantic Studies*, 12, 2 (jun. 2015), pp. 160-78.

62. Katharine Gerbner, *Christian Slavery: Conversion and Race in the Protestant Atlantic World* (Filadélfia: University of Pennsylvania Press, 2018).

63. Browne, *Civil and Natural History of Jamaica*, p. 9.

64. Kenneth Morgan, "Robert Dinwiddie's Reports on the British American Colonies", *WMQ*, 65, 2 (abr. 2008), pp. 318, 340; Stephen Brumwell, *Redcoats: The British Soldier and War in the Americas, 1755-1763* (Cambridge, Reino Unido: Cambridge University

Press, 2002), pp. 55, 196-7; J. W. Fortesque, *A History of the British Army*, 13 vols. (Londres: Macmillan, 1899-1930), 2, pp. 39-40, 300, 372.

65. Sarah Kinkel, "The King's Pirates? Naval Enforcement of Imperial Authority, 1740-76", *WMQ*, 71, 1 (jan. 2014), pp. 3-34, esp. p. 6n6; Knight, *The Natural, Moral, and Political History of Jamaica*, fol. 77.

66. Richard Pares, *War and Trade in the West Indies, 1739-1763* (Londres: Routledge, 1963 [1936]), pp. 264-5.

67. Knight, *The Natural, Moral, and Political History of Jamaica*, fols. 15-6; Daniel Baugh, *British Naval Administration in the Age of Walpole* (Princeton: Princeton University Press, 1965), pp. 347-52.

68. Pares, *War and Trade*, pp. 266, 268; Present Disposal of His Majesty's Ships and Vessels, 1760, TNA, ADM 8/35.

69. Baugh, *British Naval Administration*, pp. 216-7; Pares, *War and Trade*, pp. 268, 273-4; J. R. McNeill, *Mosquito Empires: Ecology and War in the Greater Caribbean, 1620-1914* (Nova York: Cambridge University Press, 2010), pp. 32-40.

70. Britt Zerbe, *The Birth of the Royal Marines, 1664-1802* (Suffolk, Reino Unido: Boydell Press, 2013).

71. Thomas More Molyneux, *Conjunct Expeditions: or Expeditions that Have Been Carried on Jointly by the Fleet and Army with a Commentary on a Littoral War*, 2 vols. (Londres: R. and J. Dodsley, 1759), 2, pp. 5-7; Richard Harding, "Sailors and Gentlemen of Parade: Some Professional and Technical Problems Concerning the Conduct of Combined Operations in the Eighteenth Century", *The Historical Journal*, 32, 1 (mar. 1989), pp. 35-55.

72. Sobre a carreira de Thomas Cotes, ver James Stanier Clarke e John McArthur, *Naval Chronicle: Containing a General Biographical History of the Royal Navy of the United Kingdom*, 25 (jan.-jun. 1811), pp. 442-3.

73. Molyneux, *Conjunct expeditions*, 2, p. 201.

74. Sarah Kinkel, "Disorder, Discipline, and Naval Reform in Mid-Eighteenth--Century Britain", *English Historical Review*, 128, 535 (dez. 2013), pp. 1451-82; "An Act for Amending, Explaining and Reducing into One Act of Parliament, the Laws Relating to the Government of his Majesty's Ships, Vessels and Forces by Sea", em Nicholas A. M. Rodger, *Articles of War: The Statutes which Governed Our Fighting Navies, 1661, 1749, and 1886* (Hampshire, Reino Unido: Kenneth Mason, 1982), pp. 7-11, 21-34. Ver também John M. Collins, *Martial Law and English Laws, c. 1500-c. 1700* (Cambridge, Reino Unido: Cambridge University Press, 2016).

75. Rodger, *Articles of War*, citações às pp. 22, 29, 28.

76. Ibid., pp. 9-10.

77. Ibid., pp. 9-10, 21-4, citações às pp. 26, 24, 28; Nicholas A. M. Rodger, *The Wooden World: An Anatomy of the Georgian Navy* (Londres: Naval Institute Press, 1986), pp. 221-2; Marcus Rediker, *Between the Devil and the Deep Blue Sea: Merchant Seamen, Pirates, and the Anglo-American Maritime World, 1700-1750* (Cambridge, Reino Unido: Cambridge University Press, 1989); Sarah Kinkel, "The King's Pirates?", pp. 3-34.

Rodger argumenta que o peso dos Artigos de Guerra foi "bem menor do que o Almirantado queria", mas Sarah Kinkel é mais convincente em sua avaliação de que, somados a outras reformas, os Artigos de Guerra ajudaram a criar uma "nova cultura de serviço dentro da Marinha, com base na disciplina e na hierarquia, na qual a maior glória era concedida àqueles que cumpriam suas ordens de forma confiável e sem se preocupar com o custo pessoal". Ver também Kinkel, "The King's Pirates?", p. 17; e Kinkel, *Disciplining the Empire: Politics, Governance, and the Rise of the British Navy* (Cambridge, MA: Harvard University Press, 2018), cap. 3.

78. J. K. Laughton, rev. Ruddock Mackay, "Forrest, Arthur (d. 1770)", *Oxford Dictionary of National Biography*, edição on-line (jan. 2008), <http://www.oxforddnb.com/index/101009885/Arthur-Forrest>; Nicholas A. M. Rodger, *The Command of the Ocean: A Naval History of Britain, 1649-1815* (Nova York: Norton, 2004), p. 384.

79. Richard Harding, *Amphibious Warfare in the Eighteenth Century: The British Expedition to the West Indies, 1740-1742* (Londres: Boydell Press, 1991), p. 131; J. R. McNeil, *Mosquito Empires: Ecology and War in the Greater Caribbean, 1620-1914* (Cambridge, Reino Unido: Cambridge University Press, 2010), pp. 149-55.

80. McNeil, *Mosquito Empires*, pp. 155-64; James Stanier Clarke e John McArthur (Orgs.), *The Naval Chronicle*, 25 (jan.-jun. 1811), pp. 441-3. Para o exame mais completo da campanha de Cartagena, ver Richard Harding, *Amphibious Warfare in the Eighteenth Century*. Sobre a bateria de Baradero em particular, ver p. 96.

81. James Stanier Clarke e John McArthur (Orgs.), *The Naval Chronicle*, 25: (jan.-jun. 1811), p. 443.

82. Diário de Thomas Thistlewood, 20 de dezembro de 1760.

83. *HMS Wager* Ticket Book Commencing March 9, 1744/June, 5-8, 1748, NMM, ADM/L/W/3.

84. Trelawny to Lords of Admiralty, December 21, 1743, TNA, ADM 1/3917. Ver também Justin Pope, "Dangerous Spirit of Liberty: Slave Rebellion, Conspiracy, and the First Great Awakening, 1729-1746" (tese de doutorado, George Washington University, 2014), pp. 185, 206; Nicholas Rogers, "Archipelagic Encounters: War, Race, and Labor in American-Caribbean Waters", em Felicity Nussbaum (Org.), *The Global Eighteenth Century* (Baltimore: Johns Hopkins University Press, 2003), pp. 211-38.

85. *HMS Wager* Captain's Journal, April 9, 1746, TNA, ADM 51/1082; *HMS Wager* Captain's Journal, April 22-27, 1746, TNA, ADM 51/1082.

86. Daniel A. Baugh, *British Naval Administration in the Age of Walpole* (Princeton: Princeton University Press, 1965), pp. 216-7, 347-52, 364.

87. K. Laughton, "Forrest, Arthur (d. 1770)", *Oxford Dictionary of National Biography*, edição on-line, <https://doi-org.ezp-prod1.hul.harvard.edu/10.1093/ref:odnb/9885>.

88. *HMS Wager* Captain's Journal, April 27 to May 14, 1746, September 8, 1746, TNA, ADM 51/1082.

89. *HMS Wager* Captain's Journal, June 6, 1747, TNA, ADM 51/1082.

90. *HMS Wager* Musters, 1746-1747, TNA, ADM 36/4459, fols 72, 101, 91; Charles R. Foy, "The Royal Navy's Employment of Black Mariners and Maritime Workers, 1754--1783", *The International Journal of Maritime History*, 28, 1 (2016), pp. 6-35; *HMS Wager* Ticket Book; e comunicação pessoal com Charles R. Foy em 4 ago. 2015.

91. Charles R. Foy, "The Royal Navy's Employment of Black Mariners and Maritime Workers, 1754-1783"; *HMS Wager* Ticket Book; e comunicação pessoal com Charles R. Foy em 4 ago. 2015.

92. Admiral Arthur Forrest: Profile and Legacies Summary, UCL, Legacies of British Slave Ownership, <https://www.ucl.ac.uk/lbs/person/view/2146643075>; *Dictionary of National Biography*; Alfred Spencer (Org.), *Memoirs of William Hickey, 1749-1775* (Londres: Hurst & Blackett, 1913), p. 261; *Lists of Landholders, and Quantity of Land Occupied in Jamaica, about the year 1750*, British Library, C. E. Long Papers, Add. Ms. 12436, fols. 43, 45; Rodger, *The Wooden World*, pp. 159, 319; Foy, "Eighteenth--Century Prize Negroes: From Britain to America", *Slavery and Abolition*, 31, 3 (2010), pp. 379-93; Sarah Markham, *John Loveday of Caversham, 1711-1789*, pp. 379, 415; Rodger, *The Command of the Ocean*, p. 384.

93. *HMS Rye* Musters, March 10, 1756, TNA, ADM 36/6438.

94. Diário de Thomas Thistlewood, 20 dez. 1760.

95. Justesen, *Danish Sources*, X.27: Boris to Danish West India and Guinea Company, September 10, 1739, fol. 553.

96. Vincent Brown, "Social Death and Political Life in the Study of Slavery", *American Historical Review*, 114, 5 (dez. 2009), pp. 1231-49.

97. Daniel Baugh, *The Global Seven Years War, 1754-1763: Britain and France in a Great Power Contest* (Harlow: Pearson Education, 2011), p. 377; Frank McClynn, *1759: The Year Britain Became Master of the World* (Nova York: Atlantic Monthly Press, 2004), pp. 90-9; Richard Harding, "The War in the West Indies", em Mark H. Danley e Patrick J. Speelman (Orgs.), *The Seven Years' War: Global Views* (Boston: Brill, 2012), pp. 303-6.

98. Pares, *War and Trade*, p. 268; John Lee to Rose Fuller. Spanish Town, December 21, 1756, SAS-RF 21/90.

99. Citações de Rose Herring May to Rose Fuller, September 10, 1758, SAS-RF 21/não catalogado.

100. *Slave Voyages: Transatlantic Slave Trade – Estimates*, <http://www.slavevoyages.org/estimates/jeUhREVj>.

101. Pares, *War and Trade*, pp. 257-8.

102. Zachary Bayly to Rose Fuller, Greenwich Park, Jamaica, September 9, 1758, East Sussex Record Office, Fuller Papers, SAS-RF 21/não catalogado.

103. John Entick, *The General History of the Late War: Containing Its Rise, Progress, and Event, in Europe, Asia, Africa, and America*, 5 vols. (Londres: Edward and Charles Dilly, 1763-1764), 3, p. 64; James F. Searing, "The Seven Years' War in West Africa: The End of Company Rule and the Emergence of the Habitants", em Mark H. Danley e Patrick J. Speelman (Orgs.), *The Seven Years' War: Global Views* (Boston:

Brill, 2012), pp. 263-91, citação à p. 264; Marshall Smelser, *The Campaign for the Sugar Islands, 1759: A Study of Amphibious Warfare* (Chapel Hill: University of North Carolina Press, 1955), p. 73; Pares, *War and Trade*, p. 217; Frank McClynn, *1759*, p. 92. Ver também Julian S. Corbett, *England in the Seven Years War: A Study in Combined Strategy*, 1-2 (Londres: Longman, 1918).

104. William Beckford to William Pitt, November 6, 1756; e William Beckford to William Pitt, September 11, 1758, em William Stanhope Taylor e John Henry Pringle (Orgs.), *Correspondence of William Pitt* (Londres: John Murray, 1838), 1, pp. 185-6, 352-4; Gauci, *William Beckford*, pp. 93-5.

105. Harding, "The War in the West Indies", p. 306; Baugh, *The Global Seven Years' War*, p. 377; McClynn, *1759*, pp. 99-104.

106. J. K. Laughton, "Forrest, Arthur (d. 1770)"; Sarah Markham, *John Loveday of Caversham*, p. 379; *HMS Augusta* Musters, 1757-1758, ADM 36/4782, fol. 76.

107. J Rodger, *The Command of the Ocean*, p. 272.

108. William H. G. Kingston, *How Britannia Came to Rule the Waves, Updated to 1900* (Londres: Gall and Inglis, 1875), p. 189.

109. Clarke e McArthur (Orgs.), *The Naval Chronicle*, 25, pp. 445-7; Pares, *War and Trade*, pp. 280-1; Notice from Kingston, Jamaica, January 5, 1758, *Gentlemen's Magazine*, 27 (1758), p. 259; Forrest to ADM, January 10, 1758, TNA, ADM 1/1785.

110. *HMS Rye* Musters, 1755-1757, TNA, ADM 36/6438, fols. 150, 177; *HMS Augusta* Musters, 1757-1758, TNA, ADM 36/4782, fols. 76, 106, 360.

111. Alfred Spencer (Org.), *Memoirs of William Hickey, Volume 1, 1749-1775* (Londres: Hurst & Blackett, 1913), p. 263; Sarah Markham, *John Loveday of Caversham*, p. 415; Laughton, "Forrest, Arthur (d. 1770)". O *Centaur* tinha sido capturado na batalha de Lagos pelo almirante Edward Boscawen no comando do *Namur*, com Olaudah Equiano carregando pólvora para os canhões. Equiano, *The Interesting Narrative*, pp. 82-4.

112. Tobias Smollett, *The History of England, from the Revolution to the Death of George II*, 4 vols. (Filadélfia: Robert Campbell, 1810), 4, pp. 8-9; Entick, *The General History of the Late War*, pp. 63-6; John Lindsay, *A Voyage to the Coast of Africa, in 1758: Containing a Succinct Account of the Expedition To, and the Taking of the Island of Goree, by a Squadron Commanded by the Honourable Augustus Keppel* (Londres: S. Paterson, 1759).

113. Zerbe, *The Birth of the Royal Marines*, pp. 186-8.

114. Citado em Zerbe, *The Birth of the Royal Marines*, p. 186; Marsh to ADM, April 7, 1759, TNA, ADM 1/2111.

115. Marsh to ADM, May 7, 1758, em Zerbe, *Birth of the Royal Marines*, p. 186; Entick, *General History of the Late War*, pp. 64-5; William Toone, *The Chronological Historian, or a Record of Public Events*, 2 vols., 2 (1826), p. 93; Searing, "The Seven Years' War in West Africa", pp. 280-1.

116. Citações de *HMS Harwich* Master's Log, May 21-27, 1758, TNA, ADM 52/892; Zerbe, *Birth of the Royal Marines*, p. 187.

117. *HMS Harwich* Master's Log, May 30 to June 9, 1758, TNA, ADM 52/892.

118. *HMS Harwich* Master's Log, June 25 to July 30, 1758, TNA, ADM 52/892; William Marsh to ADM, March 21, 1759 and April 7, 1759, TNA, ADM 1/2111.

119. *HMS Harwich* Master's Log, November 11 to December 2, 1758, TNA, ADM 52/892; William Marsh to ADM, April 7, 1759, TNA, ADM1/2111.

120. McClynn, 1759.

121. Maria Allessandra Bollettino, "Slavery, War, and Britain's Atlantic Empire: Black Soldiers, Sailors, and Rebels in the Seven Years' War" (tese de doutorado, University of Texas, Austin, 2009), pp.102-3, citação à p. 103; Marshall Smelser, *The Campaign for the Sugar Islands, 1759: A Study of Amphibious Warfare* (Chapel Hill: University of North Carolina Press, 1955), pp. 77, 175.

122. Richard Gardiner, *An Account of the Expedition to the West Indies, against Martinico, with the Reduction of Guadelupe, and the other Leeward Islands; subject to the French King, 1759* (Londres: G. Steidel, 1762), p. 30; Pares, *War and Trade*, pp. 245-6; Smelser, *Campaign for the Sugar Islands*, pp. 22-3, 92-3.

123. Gardiner, *An Account of the Expedition to the West Indies*, pp. 28-37; Fred Anderson, *Crucible of War: The Seven Years' War and the Fate of the British Empire in North America, 1754-1766* (Nova York: Vintage, 2001), pp. 312-6.

124. A List of Governour Haldane and His Retinue Borne for Victuals Only, *HMS Renown* Musters, May 16, 1758 to February 3, 1761, TNA, ADM 36/6516, fol. 242; Smelser, *Campaign for the Sugar Islands*, p. 119; Gardiner, *Account of the Expedition*, p. 42.

125. Smelser, *Campaign for the Sugar Islands*, pp. 89, 140.

126. Marines, *HMS Cambridge* Musters, December 1, 1759 to August 31, 1760, TNA, ADM 36/5260, fols. 243-50.

127. Knight, *The Natural, Moral, and Political History of Jamaica*, fol. 77. Aqui e em outros lugares Knight faz eco a Charles Leslie, *A New and Exact Account of Jamaica*, 3. ed. (Edimburgo: R. Fleming, 1740), p. 327.

3. Território coromanti [pp. 119-75]

1. John Thornton, *A Cultural History of the Atlantic World* (Cambridge, Reino Unido: Cambridge University Press, 2012), p. 160.

2. Trevor Burnard, *Planters, Merchants, and Slaves* (Chicago: University of Chicago Press, 2015), p. 170.

3. Ibid., pp. 168-9; *Voyages: The Transatlantic Slave Trade Database*, <http://www.slave-voyages.org/estimates/oMP9bLon>.

4. Hans Sloane, *A voyage to the islands Madera, Barbados. Nieves, S. Christophers and Jamaica with the natural history of the herbs and trees, four-footed beasts, fishes, birds, insects, reptiles, &c. of the last of those islands; to which is prefix'd, an introduction, wherein is an account of the inhabitants, air, waters, diseases, trade, &c. of that place, with some relations concerning the neighbouring continent, and islands of America.*

Illustrated with figures of the things described, which have not been heretofore engraved. In large copper-plates as big as the life, 2 vols. (Londres: Sloane, 1707), 1, pp. l-li; Laurent Dubois, David Garner e Mary Cary Lingold, *Musical Passage: A Voyage to 1688 Jamaica*, <http://www.musicalpassage.org/#read>; Richard Cullen Rath, "African Music in Seventeenth-Century Jamaica: Cultural Transit and Transition", *William and Mary Quarterly*, 50, 4 (1993), pp. 700-26.

5. James Knight, "The Natural, Moral, and Political History of Jamaica and the Territories Thereon Depending", *C. E. Long Papers*, British Library, Add. Ms. 12420, fols. 78-9, 89. Para opiniões semelhantes, ver também "Some Remarks on the Trade from Africa to Barbados by Mr. John Ashley", *Papers relating to African Affairs*, c. 1725, Huntington Library, Stowe-Brydges Papers, Cx. 9, Pastas 44-5.

6. *Journal of the Commissioners of Trade and Plantations Preserved in the Public Record Office, from January 1749-1750 to December 1753*, 58 (Londres: His Majesty's Stationery Office, 1932), pp. 4-35, citações às pp. 6, 13, 7, 9; sobre o debate a respeito da liberalização e da regulamentação do comércio de escravos, ver William Pettigrew, *Freedom's Debt: The Royal African Company and the Politics of the Atlantic Slave Trade, 1672-1752* (Chapel Hill: University of North Carolina Press, 2013), caps. 5-6.

7. *Journal of the Commissioners of Trade and Plantations*, 58, p. 35.

8. Burnard, *Planters, Merchants, and Slaves*, p. 166; Jack P. Greene, *Settler Jamaica in the 1750s: A Social Portrait* (Charlottesville: University of Virginia Press, 2016), p. 34.

9. Richard S. Dunn, *A Tale of Two Plantations: Slave Life and Labor in Jamaica and Virginia* (Cambridge, MA: Harvard University Press, 2014), p. 62; A List of Landholders in Jamaica together with the Quantity of Acres of Land each one Possesses, & the Quantity Supposed to be Occupied & Planted, BL, Add. Ms. 12436; *Journal of the Commissioners of Trade and Plantations*, 58, pp. 20-1.

10. "Governor Codrington to the Council of Trade and Plantations, December 30, 1701", em *Calendar of State Papers, Colonial Series*, 19, 1132, pp. 720-2.

11. Knight, *The Natural, Moral, and Political History of Jamaica*, fol. 79. Ver também G. Duquesne to Newman, May 15, 1728, *Fulham Papers*, xvii: Bermuda and Jamaica, 1661-1739, Lambeth Palace Library, fol. 252.

12. Dunn, *Tale of Two Plantations*, pp. 141, 178-80, 324-8.

13. Edward Long, *History of Jamaica*, 2, p. 447; Rucker, *Gold Coast Diasporas*, p. 173.

14. John Thornton, "War, the State, and Religious Norms in 'Coromantee' Thought: The Ideology of an African-American Nation", em Robert Blair St. George (Orgs.), *Possible Pasts: Becoming Colonial in Early America* (Ithaca: Cornell University Press, 2000), pp. 181-200, citações à p. 183; John Thornton, "The Coromantees: An African Cultural Group in Colonial North America and the Caribbean", *Journal of Caribbean History*, 32, 1 & 2 (1998), pp. 161-78. Ver também Walter C. Rucker, *Gold Coast Diasporas: Identity, Culture, and Power* (Bloomington: Indiana University Press, 2015); Rucker, "'Only Draw in Your Countrymen': Akan Culture and Community in Colonial New York City", *Afro-Americans in New York Life and*

History, 34 (2010), pp. 76-118; Rucker, *The River Flows On: Black Resistance, Culture, and Identity Formation in Early America* (Baton Rouge: Louisiana State University Press, 2006), pp. 17-58; Kwasi Konadu, *The Akan Diaspora in the Americas* (Nova York: Oxford University Press, 2010); Jessica A. Krug, "Social Dismemberment, Social (Re)membering, Obeah Idioms, Kromanti Identities, and the Transatlantic Politics of Memory, *c.* 1675-Present", *Slavery & Abolition*, 35, 4 (2014), pp. 537-58; Michael A. Gomez, *Exchanging Our Country Marks: The Transformation of African Identities in the Colonial and Antebellum South* (Chapel Hill: University of North Carolina Press, 1998), pp. 88-113; Robert P. Stewart, "Akan Ethnicity in Jamaica: A Re-examination of Jamaica's Slave Imports from the Gold Coast, 1655-1807", *The Maryland Historian* (outono de 2003), pp. 69-107; Douglas B. Chambers, "Ethnicity in the Diaspora: The Slave Trade and the Creation of African 'Nations' in the Americas", *Slavery and Abolition*, 22, 3 (dez. 2001), pp. 25-39; Robert Hanserd, *Identity, Spirit, and Freedom in the Atlantic World: The Gold Coast and the African Diaspora* (Nova York: Routledge, 2019); Amy Marie Johnson, "Expectations of Slavery: African Captives, White Planters, and Slave Rebelliousness in Early Colonial Jamaica" (tese de doutorado, Duke University, 2007).

15. Rucker, *Gold Coast Diasporas*, pp. 83-4; David DeCamp, "African Day-Names in Jamaica", *Language*, 43 (1967), pp. 139-49; Jerome S. Handler e JoAnn Jacoby, "Slave Names and Naming in Barbados, 1650-1830", *William and Mary Quarterly*, 53, 4 (1996), pp. 685-728; Trevor Burnard, "Slave Naming Patterns: Onomastics and the Taxonomy of Race in Eighteenth-Century Jamaica", *Journal of Interdisciplinary History*, 31, 3 (2001), pp. 325-46; Margaret Williamson, "Africa or Old Rome? Jamaican Slave Naming Revisited", *Slavery and Abolition* (2017), pp. 1-18.

16. Douglas B. Chambers (Org.), *Runaway Slave Advertisements in Jamaica (I): Eighteenth Century* (fev. 2013), <http://ufdcimages.uflib.ufl.edu/AA/00/02/11/44/00001/JamaicaRunawaySlaves-18thCentury.pdf>.

17. Knight, *The Natural, Moral, and Political History of Jamaica*, fol. 79.

18. E. Kofi Agorsah, "Spiritual Vibrations of Historic Kormantse and the Search for African Diaspora Identity and Freedom", em Akinwumi Ogundiran e Paula Sanders (Orgs.), *Materialities of Ritual in the Black Atlantic* (Bloomington: Indiana University Press, 2014), pp. 87-107.

19. "Müller's Description of the Fetu Country, 1662-1669", em Adam Jones (Org.), *German Sources for West African History, 1599-1669* (Weisbaden: Steiner, 1983), citações às pp. 191, 192, 198; Robin Law (Org.), *The English in West Africa, 1691-1699: The Local Correspondence of the Royal Africa Company of England, 1681-1699*, parte 3 (Oxford: Oxford University Press, 2007), p. xiii; Ray A. Kea, *Settlements, Trade, and Polities in the Seventeenth-Century Gold Coast* (Baltimore: Johns Hopkins University Press, 1982).

20. "Müller's Description of the Fetu Country", p. 198.

21. Ibid., p. 197.

22. Willem Bosman, *A New and Accurate Description of the Coast of Guinea: Divided into the Gold, Slave, and Ivory Coasts* (Londres: J. Knapton, 1705), pp. 181-84, citações às pp. 184, 182; ver também John Thornton, *Warfare in Atlantic Africa, 1500-1800* (Nova York: Routledge, 1999), pp. 55-74. Sobre esses exercícios em outras partes da África Atlântica, ver especialmente T. J. Desh Obi, *Fighting for Honor: The History of African Martial Art Traditions in the Atlantic World* (Columbia, SC: University of South Carolina Press, 2008), pp. 17-76.

23. "Müller's Description of the Fetu Country", p. 196, citações à p. 198.

24. Ray A. Kea, *Settlements, Trade, and Polities in the Seventeenth-Century Gold Coast* (Baltimore: Johns Hopkins University Press, 1982), p. 164.

25. Ibid.; Paul E. Lovejoy, *Transformations in Slavery: A History of Slavery in Africa*, 2. ed. (Cambridge, Reino Unido: Cambridge University Press, 2000 [1983]), pp. 57-8, 80-5; Stephanie E. Smallwood, *Saltwater Slavery: A Middle Passage from Africa to American Diaspora* (Cambridge, MA: Harvard University Press, 2007), pp. 9-32; Kofi Affrifah, *The Akyem Factor in Ghana's History, 1700-1875* (Acra: Ghana Universities Press, 2000); K. Y. Daaku, *Trade and Politics on the Gold Coast, 1600-1720: A Study of the African Reaction to European Trade* (Oxford: Oxford University Press, 1970); J. K. Fynn, *Asante and Its Neighbors, 1700-1807* (Londres: Longman, 1971).

26. Bosman, *A New and Accurate Description of the Coast of Guinea*, p. 181.

27. Law, *English in West Africa*, parte 3, p. xiii; e "The Kommenda Wars, 1694-1700: A Revised Narrative", *History in Africa*, 34 (2007), pp. 133-68; David Henige, "John Kabes of Komenda: An Early African Entrepreneur and State Builder", *Journal of African History*, 18, 1 (1977), pp. 1-19.

28. "Müller's Description of the Fetu Country", p. 193.

29. Bosman, *A New and Accurate Description of the Coast of Guinea*, p. 184.

30. K. Y. Daaku e Albert van Dantzig, "Map of the Regions of the Gold Coast in Guinea", *Ghana Notes and Queries*, 9 (1966), pp. 14-5; "Map of the Gold Coast from Assini to Alampi, 1729", em John Green, *A New General Collection of Voyages and Travels*, 2 (Londres: Thomas Astley, 1745), ilustração 60, entre pp. 564 e 565; Map of the Gold Coast, TNA, Co West Africa 1744; Ray A. Kea, *Settlements, Trade, and Polities in the Seventeenth-Century Gold Coast* (Baltimore: Johns Hopkins University Press, 1982), p. 3.

31. Thornton, *Warfare in Atlantic Africa*, p. 56.

32. Bosman, *A New and Accurate Description of the Coast of Guinea*, p. 191, citações à p. 149; Rucker, *Gold Coast Diasporas*, pp. 90-1.

33. Rebecca Shumway, *The Fante and the Transatlantic Slave Trade* (Rochester: University of Rochester Press, 2011), p. 89; J. K. Fynn, *Asante and Its Neighbors* (Londres: Longman, 1971), pp. 87-8, 92-3; Thornton, *Warfare in Atlantic Africa*, p. 68; James Sanders, "The Expansion of the Fante and the Emergence of Asante in the Eighteenth Century", *Journal of African History*, 20, 3 (1979), pp. 349-64.

34. Rucker, *Gold Coast Diasporas*, pp. 69-93.

35. Ibid., p. 75; Smallwood, _Saltwater Slavery_, pp. 111-5.

36. Kea, _Settlements, Trade, and Polities_, pp. 31-2; e "'I Am Here to Plunder on the General Road': Bandits and Banditry in the Pre-Nineteenth Century Gold Coast", em Donald Crummey (Org.), _Banditry, Rebellion, and Social Protest in Africa_ (Londres: J. Currey, 1986), pp. 109-32.

37. Smallwood, _Saltwater Slavery_, pp. 36, 54, citação à p. 94.

38. _Voyages: The Transatlantic Slave Trade Database_, <http://www.slavevoyages.org/voyages/FfK8grvk>. Ver também Rucker, _Gold Coast Diasporas_, pp. 97-100.

39. _Voyages: The Transatlantic Slave Trade Database_, <http://www.slavevoyages.org/voyages/QmnEgJqI>. Ver também Rucker, _Gold Coast Diasporas_, 97-100; David Eltis, _The Rise of African Slavery in the Americas_ (Cambridge, Reino Unido: Cambridge University Press, 2000), pp. 245-6.

40. _Voyages: The Transatlantic Slave Trade Database_, <http://www.slavevoyages.org/estimates/P1xByeUh>.

41. A título de comparação, ver Manuel Barcia, _African Warfare in Bahia and Cuba: Soldier Slaves in the Atlantic World, 1807-1844_ (Oxford: Oxford University Press, 2014), cap. 2.

42. Joanna Lipking, "The New World of Slavery: An Introduction", em Joanna Lipking (Org.), Aphra Behn, _Oroonoko_ (Nova York: Norton, 1997), pp. 75-90; Thomas Southerne, _Oroonoko, a Tragedy_ (Londres: T. Johnson, 1695); Janet Todd, _Aphra Behn: A Secret Life_ (New Brunswick, NJ: Rutgers University Press, 1997); Wim Klooster, _The Dutch Moment: War, Trade, and Settlement in the Seventeenth Century Atlantic World_ (Ithaca: Cornell University Press, 2016), pp. 104-6; Ramesh Mallipeddi, "Spectacle, Spectatorship, and Sympathy in Aphra Behn's Oroonoko", _Eighteenth--Century Studies_, 5, 4 (verão de 2012), pp. 475-96.

43. A gente da Senegâmbia também tinha uma reputação de rebeldia. Os grandes quilombos rebeldes do Brasil, como Palmares, em Pernambuco, abrigavam uma mistura de povos. Africanos de Angola foram responsáveis pela Rebelião de Stono de 1739 na Carolina do Sul, e os escravizados acusados de provocar uma série de incêndios em Nova York em 1741 vinham de vários lugares, incluindo a Costa do Ouro. Ver Thornton, _Warfare in Atlantic Africa_, pp. 140-2; David Richardson, "Shipboard Revolts, African Authority and the Atlantic Slave Trade", _William and Mary Quarterly_, 58, 1 (jan. 2001), pp. 69-92, esp. pp. 76-7, 86, 89; Jane Landers, "Leadership and Authority in Maroon Settlements in Spanish America and Brazil", em José C. Curto e Reneé Soulodre-La France (Orgs.), _Africa and the Americas: Interconnections during the Slave Trade_ (Trenton, NJ: Africa World Press, 2005), pp. 173-84; John K. Thornton, "African Dimensions of the Stono Rebellion", _American Historical Review_, 96, 4 (out. 1991), pp. 1101-13; Lepore, _New York Burning: Liberty, Slavery, and Conspiracy in Eighteenth-Century Manhattan_ (Nova York: Knopf, 2005); Krug, _Fugitive Modernities_, pp. 146-63.

44. Jason T. Sharples, "Discovering Slave Conspiracies: New Fears of Rebellion and Old Paradigms of Plotting in Seventeenth-Century Barbados", _American Historical_

Review, 120, 3 (2015), pp. 811-43; e Sharples, "The Flames of Insurrection: Fearing Slave Conspiracy in Early America, 1670-1780" (tese de doutorado, Princeton University, 2010).

45. *Great Newes from the Barbadoes, or, a True and Faithful Account of the Grand Conspiracy of the Negroes against the English and the Happy Discovery of the Same with the Number of Those that Were Burned Alive, Beheaded, and Otherwise Executed for Their Horrid Crimes: With a Short Description of That Plantation* (Londres: L. Curtis, 1676); Craton, *Testing the Chains*, pp. 105-14; Gaspar, *Bondmen and Rebels*, pp. 173-83; E. B. O'Callaghan (Org.), *Documents Relative to the Colonial History of the State of New York* (Albany: Weed, Parsons, 1858), 5, p. 341; John Sharpe, "The Negro Plot of 1712", *The New York Genealogical and Biographical Record* 21 (1890), pp. 162-3; Walter C. Rucker, "'Only Draw in Your Countrymen': Akan Culture and Community in Colonial New York City", *Afro-Americans in New York Life and History* (2010), pp. 76-118, esp. pp. 94-7.

46. William Snelgrave, *A new account of some parts of Guinea: I. The history of the late conquest of Whidaw by the king of Dahomey. II. The manner how the negroes become slaves. III. A relation of the author's being taken by pirates* (Londres: P. Knapton, 1734), pp. 168--85, citações às pp. 170, 178, 185; Voyage 76398, *Henry (1722), Voyages: The Transatlantic Slave Trade Database*, <http://www.slavevoyages.org/voyage/76398/variables>.

47. David Barry Gaspar, "A Dangerous Spirit of Liberty: Slave Rebellion in the West Indies in the 1730s", em Laurent Dubois e Julius S. Scott (Orgs.), *Origins of the Black Atlantic* (Nova York: Routledge, 2010), pp. 11-25; Pierre J. Pannet, *Report on the Execrable Conspiracy Carried Out by the Amina Negroes on the Danish Island of St. Jan in America, 1733*, org. e trad. Aimery P. Caron e Arnold R. Highfield (Christansted: Antilles Press, 1984), pp. 1-23; Ray A. Kea, "'When I die, I shall return to my own land': An 'Amina' Slave Rebellion in the Danish West Indies, 1733-1734", em John Hunwick e Nancy Lawler (Orgs.), *The Cloth of Many Colored Silks: Papers on History and Society Ghanaian and Islamic in Honour of Ivor Wilks* (Evanston, IL: Northwestern University Press, 1996), pp. 159-93; Sandra E. Greene, "From Whence they Came: A Note on the Influence of West African Ethnic and Gender Relations on the Organizational Character of the 1733 St. John Slave Rebellion", em George F. Tyson e Arnold R. Highfield (Orgs.), *The Danish West Indian Slave Trade: Virgin Islands Perspectives* (St. Croix: Virgin Islands Humanities Council, 1994), pp. 47-67; Rucker, *Gold Coast Diasporas*, pp. 147-50. Sobre a origem dos "Aminas", ver Gwendolyn Midlo Hall, "African Ethnicities and the Meanings of 'Mina'" em Paul E. Lovejoy e David R. Trotman (Orgs.), *Trans-Atlantic Dimensions of Ethnicity in the African Diaspora* (Londres: Bloomsbury, 2003), pp. 65-81; Robin Law, "Ethnicities of Enslaved Africans in the Diaspora: On the Meanings of 'Mina' (Again)", *History in Africa*, 32 (2005), pp. 247-67.

48. David Barry Gaspar, *Bondmen and Rebels: A Study of Master-Slave Relations in Antigua* (Durham, NC: Duke University Press, 1985); Thornton, "The Coromantees", pp. 170-2; Rucker, *Gold Coast Diasporas*, pp. 108-11; Justin Pope, "Dangerous Spirit of Liberty: Slave Rebellion, Conspiracy, and the First Great Awakening, 1729-1746"

(tese de doutorado, The George Washington University, 2014); James F. Dator, "Search for a New Land: Imperial Power and Afro-Creole Resistance in the British Leeward Islands, 1624-1745" (tese de doutorado, University of Michigan, 2011), pp. 311-53; Sharples, "Hearing Whispers, Casting Shadows: Jailhouse Conversation and the Production of Knowledge during the Antigua Slave Conspiracy of 1736", em Michele Lise Tarter e Richard Bell (Orgs.), *Buried Lives: Incarcerated in Early America* (Athens, GA: University of Georgia Press, 2012), pp. 35-59.

49. Sobre o comércio de escravos da Jamaica para Cartagena, ver especialmente Colin A. Palmer, *Human Cargoes: The British Slave Trade to Spanish America, 1700-1739* (Urbana: University of Illinois Press, 1981); Jane Landers, "Cimarrón Ethnicity and Cultural Adaptation in the Spanish Domains of the Circum-Caribbean, 1503-1763", em Paul E. Lovejoy (Org.) *Identity in the Shadow of Slavery* (Londres: Continuum, 2000), pp. 30-54; Jane Landers, "Leadership and Authority in Maroon Settlements in Spanish America and Brazil", em José C. Curto e Reneé Soulodre La France (Orgs.), *Africa and the Americas: Interconnections during the Slave Trade* (Trenton, NJ: Africa World Press, 2005), pp. 173-84.

50. Richard Price, *To Slay the Hydra: Dutch Colonial Perspectives on the Saramaka Wars* (Ann Arbor, MI: Karoma, 1983); Wim S. M. Hoogenbergen, "Maroonage and Slave Rebellions in Suriname", em Wolfgang Binder (Org.), *Slavery in the Americas* (Würzburg, Alemanha: Konigshausen & Neumann, 1993), pp. 165-95.

51. Citações em Craton, *Testing the Chains*, pp. 99-100; e Rucker, *Gold Coast Diasporas*, pp. 13-7. Ver também Kwasi Konadu, *The Akan Diaspora in the Americas* (Nova York: Oxford University Press, 2010).

52. "Governor Codrington to the Council of Trade and Plantations, December 30, 1701", em *Calendar of State Papers, Colonial Series*, 19, 1132, fol. 720.

53. Aqui minha ênfase difere da importante análise recente do historiador Walter Bucker em *Gold Coast Diasporas*, esp. pp. 107, 114, 122-3.

54. Stephanie E. Smallwood, "African Guardians, European Slave Ships, and the Changing Dynamics of Power in the Early Modern Atlantic", *William and Mary Quarterly*, 64, 4 (out. 2007), pp. 679-716.

55. Aqui estou seguindo sugestão de Jessica Krug de que estratégias de juramento ancoraram uma lógica política de construção de comunidade. Ver Krug, "Social Dismemberment, Social (Re)membering".

56. Edward Long citado em *The Proceedings of the Governor and Assembly of Jamaica, in regard to the Maroon Negroes* [...] (Londres: J. Stockdale, 1796), p. xxvii; Robert Hanserd, "Okomfo Anokye Formed a Tree to Hide from the Akwamu: Priestly Power, Freedom, and Enslavement in the Afro-Atlantic", *Atlantic Studies* (mar. 2015), pp. 1-23.

57. Sobre juramento entre africanos e seus descendentes na Jamaica, ver Charles Leslie, *A New and Exact Account of Jamaica* (Edinburgo: R. Fleming, 1740), p. 324;

Edward Long, *History of Jamaica*, 2, pp. 422-3; Kenneth Bilby, "Swearing by the Past, Swearing to the Future: Sacred Oaths, Alliances, and Treaties among the Guianese and Jamaican Maroons", *Ethnohistory*, 44, 4 (outono de 1997), pp. 655-89; Rucker, *Gold Coast Diasporas*, pp. 90-2, 180-5; Krug, "Social Dismemberment, Social (Re)membering"; Mullin, *Africa in America*, pp. 62-75. A título de comparação com a prática britânica, ver Miles Ogborn, "The Power of Speech: Orality, Oaths, and Evidence in the British Atlantic World, 1650-1800", *Transactions of the Institute of British Geographers*, 36, 1 (2011), pp. 109-25.

58. David Eltis, David Richardson et al., *Atlas of the Transatlantic Slave Trade* (New Haven: Yale University Press, 2010), mapa 132, p. 190.

59. Michael Mullin, *Africa in America: Slave Acculturation and Resistance in the American South and the British Caribbean, 1736-1831* (Urbana: University of Illinois Press, 1992), pp. 289-91.

60. Knight, *The Natural, Moral, and Political History of Jamaica*, fols. 89-91. Ver também Bev Carey, *The Maroon Story: The Authentic and Original History of the Maroons in the History of Jamaica, 1490-1880* (Gordon Town, Jamaica: Agouti Press, 1997); e Helen McKee, "From Violence to Alliance: Maroons and White Settlers in Jamaica, 1739--1795", *Slavery and Abolition*, 39, 1 (2018), pp. 27-52.

61. Knight, *The Natural, Moral, and Political History of Jamaica*, fol. 91.

62. David Buisseret (Org.), *Jamaica in 1687: The Taylor Manuscript at the National Library of Jamaica* (Kingston: University of the West Indies Press, 2008), pp. 274-9; Craton, *Testing the Chains*, p. 76.

63. Knight, *The Natural, Moral, and Political History of Jamaica*, fol. 91.

64. Ibid., fols. 91, 93.

65. Ibid., fol. 92.

66. Id. ibid.

67. Citado em Orlando Patterson, "Slavery and Slave Revolts: A Sociohistorical Analysis of the First Maroon War, 1665-1740", em Richard Price (Org.), *Maroon Societies: Rebel Slave Communities in the Americas* (Baltimore: Johns Hopkins University Press, 1979), p. 234.

68. Robert C. Dallas, *The History of the Maroons from their Origin to the Establishment of Their Chief Tribe at Sierra Leone*, 2 vols. (Londres: Longman and Rees, 1803), 1, p. 83; Kenneth M. Bilby, *True-Born Maroons* (Gainesville, FL: Florida University Press, 2005), p. 99.

69. Knight, *The Natural, Moral, and Political History of Jamaica*, fol. 93. Ver também Werner Zips, *Black Rebels: African Caribbean Freedom Fighters in Jamaica* (Kingston: University of the West Indies Press, 1999); e Zips, "Obscured by Colonial Stories: An Alternative Historical Outline of Akan-Related Chieftaincy in Jamaican Maroon Societies", em E. Adriaan B. van Rouverory van Nieuwaal e Rijk Van Dijk (Orgs.), *African Chieftaincy in a New Socio-Political Landscape* (Hamburgo: Lit Verlag, 1999), pp. 207-39.

70. Mervyn Alleyne, *Roots of Jamaican Culture* (Londres: Pluto, 1989 [1988]), pp. 120-30.

71. Knight, *The Natural, Moral, and Political History of Jamaica*, fols. 93-4.

72. Bilby, *True-Born Maroons*, pp. 79-87.

73. I. Lewis to James Knight, Westmoreland, 20 Dec 1743, BL Add. Ms. 12431, fol. 99. Sou grato a Diana Paton por chamar minha atenção para esta referência.

74. Craton, *Testing the Chains*, pp. 81-2; Barbara Kopytoff, "The Development of Jamaican Maroon Ethnicity", *Caribbean Quarterly*, 22, 2-3 (1976), pp. 33-50; Philip Thicknesse, *Memoirs and Anecdotes of Philip Thicknesse Late Lieutenant Governor, Land Guard Fort, and Unfortunately Father to George Touchet, Baron Audley* (Dublin: William Jones, 1788), pp. 120-1; Bilby, *True-Born Maroons*, pp. 99, 182-213.

75. Kofi Agorsah, "Archaeology of Maroon Settlements in Jamaica", em Agorsah (Org.), *Maroon Heritage: Archaeological, Ethnographic, and Historical Perspectives* (Barbados: Canoe, 1994), pp. 163-87.

76. Knight, *The Natural, Moral, and Political History of Jamaica*, fols. 89-90.

77. Ibid., fol. 92.

78. Ibid., fol. 94.

79. Edward Trelawny citado em Barbara Klamon Kopytoff, "Guerilla Warfare in Eighteenth Century Jamaica", *Expedition*, 19, 2 (1977), p. 23.

80. Knight, *The Natural, Moral, and Political History of Jamaica*, fol. 94.

81. Id. ibid.

82. Kopytoff, *Guerilla Warfare*, p. 24; Rucker, *Gold Coast Diasporas*, p. 155.

83. Dallas, *The History of the Maroons*, pp. 1, 89.

84. Rucker, *Gold Coast Diasporas*, p. 155.

85. John Gabriel Stedman, em Richard Price and Sally Price (Orgs.) *Narrative of a Five Years Expedition against the Revolted Negroes of Surinam. Transcribed for the First Time from the Original 1790 Manuscript* (Baltimore: Johns Hopkins University Press, 2010 [1988]), pp. 397-8.

86. Citado em Patterson, "Slavery and Slave Revolts", p. 263.

87. Craton, *Testing the Chains*, p. 83, citado em Patterson, "Slavery and Slave Revolts", p. 265.

88. Pope, "Dangerous Spirit of Liberty", pp. 152-3, citado em Kopytoff, "Guerilla Warfare", pp. 21.

89. Pope, "Dangerous Spirit of Liberty", pp. 152-3, 156-7.

90. Craton, *Testing the Chains*, 85; Knight, *The Natural, Moral, and Political History of Jamaica*, fols. 94-5.

91. Knight, *The Natural, Moral, and Political History of Jamaica*, fol. 107.

92. George Metcalf, *Royal Government and Political Conflict in Jamaica, 1729-1783* (Londres: Longman, 1965), pp. 61-2; Craton, *Testing the Chains*, p. 87; Patterson, "Slavery and Slave Revolts", pp. 267-8; Bilby, *True-Born Maroons*, pp. 261-73.

93. Kenneth Morgan, "Trelawny, Edward (bap. 1699, d. 1754), Colonial Governor", *Oxford Dictionary of National Biography*, 2008, <http://www.oxforddnb.com/index/101027686/Edward-Trelawny>.

94. Beatrice Heuser, *The Strategy Makers: Thoughts on War and Society from Machiavelli to Clausewitz* (Santa Barbara, CA: Praeger, 2010), cap. 7. Sou grato a David Krueger por chamar minha atenção para esta referência.

95. Knight, *The Natural, Moral, and Political History of Jamaica*, fol. 96.

96. Craton, *Testing the Chains*, pp. 88-92; Zips, *Black Rebels*, cap. 4; Bilby, *True-Born Maroons*, cap. 8.

97. Dallas, *History of the Maroons*, pp. 1, 58-65, 75-7; Barbara Kopytoff, "Colonial Treaty as Sacred Charter of the Jamaican Maroons", *Ethnohistory*, 26, 1 (inverno de 1979), pp. 45-64; Kathleen Wilson, "The Performance of Freedom: Maroons and the Colonial Order in Eighteenth Century Jamaica and the Atlantic Sound", *William and Mary Quarterly*, 66, 1 (jan. 2009), pp. 45-86; Wilson, "Rethinking the Colonial State: Family, Gender, and Governmentality in Eighteenth-Century British Frontiers", *American Historical Review*, 116, 5 (dez. 2011); Craton, *Testing the Chains*, p. 91.

98. Knight, *The Natural, Moral, and Political History of Jamaica*, fol. 77.

99. JAJ, 3 (1º maio 1742), fol. 594; Krug, "Social Dismemberment, Social (Re)membering", pp. 546-7.

100. *Boston Evening Post*, 1º abr. 1745; *Pennsylvania Gazette*, 12 abr. 1745; Trelawny to Newcastle, December 20, 1744, TNA, CO 137/57, fol. 106; Justin Pope, "'Dangerous Spirit of Liberty': Slave Rebellion, Conspiracy, and the First Great Awakening, 1729-1746" (tese de doutorado, The George Washington University, 2014), pp. 160-2.

101. JAJ, 4 (23 abr. 1746), fol. 27.

102. Anônimo, *An Essay Concerning Slavery and the Danger Jamaica is Expos'd to from the Too Great Number of Slaves, and the Too Little Care that Is Taken to Manage Them, and a Proposal to Prevent the Further Importation of Negroes into that Island* (Londres: C. Corbett, 1746), p. 46.

103. JAJ, 3 (20 dez. 1744), fols. 673, 671.

104. Anônimo, *An Essay Concerning Slavery*, pp. 21, 46; "Extract of a Private Letter from a Gentleman in Jamaica, Dated in St. David's Parish, Nov. 18 1745", *American Weekly Mercury*, 21 jan. 1746; Map of the County of Surrey, 1763, TNA, CO700-JAMAICA 19.

105. "Extract of a Private Letter from a Gentleman in Jamaica [...]".

106. Zipps, *Black Rebels*, p. 242.

107. Lieutenant's logbook for *HMS Wager*, February 26, 1746, NMM, ADM/L/W/3.

108. J. W. Fortesque, *A History of the British Army* (Londres: Macmillan, 1899), 2, pp. 39-40, 300, 372; Edward Trelawny to Duke of Newcastle, December 20, 1744, TNA, CO 137/57, fol. 106.

109. Trelawny to Newcastle, December 20, 1744, TNA, CO 137/57, fols. 106-7.

110. Anônimo, *An Essay Concerning Slavery*, pp. i-ii. Para atribuição a Trelawny, ver Peter C. Hogg, *The African Slave Trade and its Suppression: A Classified and Annotated Bibliography of Books Pamphlets and Periodical Articles* (Londres: Frank Cass, 1973), p. 140.

111. Anônimo, *An Essay Concerning Slavery*, pp. iii, 10-5.

112. Ibid., p. vi.

113. Ibid., p. 18.

114. Ibid., pp. v-vi.

115. Ibid., p. 35.

116. Ibid., p. 45.

117. Ibid., pp. 18, iii.

118. Ibid., pp. 45-6.

119. Trevor Burnard, *Mastery, Tyranny, and Desire: Thomas Thistlewood and His Slaves in the Anglo-Jamaican World* (Chapel Hill: University of North Carolina Press, 2004), pp. 37-68.

120. Anônimo, *An Essay Concerning Slavery*, p. 44.

121. Ibid., p. 55.

122. *Journals of the Jamaica House of Assembly*, 4 (11 abr. 1746), fol. 15.

123. James Robertson, "An Essay Concerning Slavery: A Mid-Eighteenth Century Analysis from Jamaica", *Slavery and Abolition*, 33, 1 (2012), pp. 65-85; Trevor Burnard, "Slavery and the Causes of the American Revolution in Plantation British America", em Andrew Shankman (Org.), *The World of the Revolutionary American Republic: Land, Labor, and the Conflict for a Continent* (Abingdon: Routledge, 2014), pp. 54-76, esp. 58-9; Anônimo, *An Essay Concerning Slavery*.

124. Charles Knowles to Board of Trade, March 26, 1753, TNA, CO 137/25, fols. 312-3.

125. Campbell, *The Maroons of Jamaica*, p. 166.

126. Knowles to Board of Trade, March 12, 1754, TNA, CO 137/27, fols. 146-7; Campbell, *The Maroons of Jamaica*, p. 169; Metcalf, *Royal Government and Political Society*, p. 115.

127. Knowles to Board of Trade, March 12, 1754, TNA, CO 137/27, fols. 146-7. Ver também *The Gentlemen's Magazine*, 24 (jun. 1754), p. 290.

128. Mark Hall to Rose Fuller, October 21, 1755, SAS-RF 21/35.

129. Metcalf, *Royal Government and Political Society*, pp. 12-36; James Robertson, *Gone is the Ancient Glory: Spanish Town, Jamaica, 1534-2000* (Kingston: University of the West Indies Press, 2005), pp. 89-93; Jack P. Greene, "'Of Liberty and the Colonies': A Case Study of Constitutional Conflict in the Mid-Eighteenth-Century British American Empire", em *Creating the British Atlantic: Essays on Transplantation, Adaptation, and Continuity* (Charlottesville: University of Virginia Press, 2013), pp. 140-207.

130. Metcalf, *Royal Government and Political Society*, p. 134.

131. Robertson, *Gone is the Ancient Glory*, p. 93.

132. Diário da viagem do irmão Zacharias George Caries à Jamaica, 27 mar. 1755, Moravian Church Archive and Library, Londres, Reino Unido.

133. Campbell, *The Maroons of Jamaica*, pp. 251-2.

134. Thornton, *Warfare in Atlantic Africa*, p. 68.

135. Diário de Caries, 21 jun. e 9 jul. 1756.

136. *Voyages: The Transatlantic Slave Trade Database*, <http://www.slavevoyages.org/estimates/Vo8qdQk4>

4. A Revolta de Tacky [pp. 176-220]

1. Metcalf, *Royal Government and Political Society*, p. 148; Haldane to Board of Trade, June 2, 1759, TNA, CO 137/30.

2. Zachary Bayly to Rose Fuller, Kingston, July 23, 1759, Fuller Papers, SAS-RF, Pasta 21, não catalogado.

3. Edward Long, *The History of Jamaica: Reflections on its Settlements, Inhabitants, Climate, Products, Commerce, Laws, and Government*, 3 vols. (Londres: T. Lowndes, 1774), 2, pp. 75-6.

4. "Extract of a Letter from a Gentleman at St. Mary, April 14, 1760", *The Pennsylvania Gazette*, 5 jun. 1760; Long, *History of Jamaica*, 2, p. 448; *The Modern Part of an Universal History, from the Earliest Account of Time Compiled from Original Writers*, 65 vols. (Londres: T. Osborne, 1764), 41, p. 455.

5. "Extract of a Letter from a Gentleman at St. Mary". Essa carta provavelmente é um trecho de uma outra que Zachary Bayly escreveu para o irmão Nathaniel em Londres. Um colega registrou que Bayly "escapou e escreveu uma longuíssima carta para o irmão contando toda a história desse episódio em St. Mary". Ver também Francis Treble to Caleb Dickinson, June 2, 1760, Somerset Record Office, Caleb Dickinson Letters DD\DN/218.

6. Bryan Edwards, *The History, Civil and Commercial, of the British West Indies*, 5. ed., 5 vols. (Londres: G. and W. B. Whittaker, 1819 [1793]), 2, pp. 75-6; "Letter from a Gentleman at St. Mary".

7. Waldemar Westergaard, "Account of the Negro Rebellion on St. Croix, Danish West Indies, 1759", *Journal of Negro History*, 11 (jan. 1926), pp. 50-61.

8. Long, *History of Jamaica*, 2, p. 74.

9. Citações em Edwards, *History of the West Indies*, 2, pp. 76-7; ver também Long, *History of Jamaica*, 2, p. 448; Francis Treble to Caleb Dickinson, Kingston, June 2, 1760, SRO, Caleb Dickinson Letters DD\DN/218.

10. Pierre Eugène du Simitière, *Remarks on Extracts from Works about Uprisings of Negroes against Whites in Jamaica* (Library Company of Philadelphia, Pierre Eugène du Simitière Collection), Cx. 4, Pastas 20a-21, fol. 178.

11. Edwards, *History of the West Indies*, 2, p. 78.

12. Emmanuel Akyeampong, *Drink, Power, and Cultural Change: A Social History of Alcohol in Ghana, c. 1800 to Recent Times* (Portsmouth, NH: Heinemann, 1996), pp. 5, 10-4, 22-3, 28; Hugo Huber, *The Krobo: Traditional Social and Religious Life of a West African People* (St. Augustin, Alemanha: Anthropos Institute, 1963), p. 268; Michael Mullin, *Africa in America: Slave Acculturation and Resistance in the American South and the British Caribbean, 1736-1831* (Urbana: University of Illinois Press, 1992), pp. 67-8.

13. Long, *History of Jamaica*, 2, pp. 448-9; du Simitière, *Remarks on Uprisings of Negroes*, pp. 179-80.

14. Du Simitière, *Remarks on Uprisings of Negroes*, p. 179.

15. Ibid., pp. 179-80. Uma notícia publicada em agosto de 1760 diverge do relato aqui apresentado, para o qual me baseei sobretudo em Eugène du Simitière, que por sua vez se baseou no que Gordon se lembrava do ataque. Ver "Notice from Jamaica", May 8, *Cork Evening Post*, 11 ago. 1760.

16. Long, *History of Jamaica*, 2, citação à p. 449.

17. Du Simitière, *Remarks on Uprisings of Negroes*, p. 130; é provável que Edward Long tenha confundido Gordon com seu tio médico, descrito em Long, *History of Jamaica*, 2, p. 449.

18. Edwards, *History of the West Indies*, 2, pp. 75-6.

19. Ibid., p. 78.

20. Eugene Genovese, *From Rebellion to Revolution: Afro-American Slave Revolts and the Making of the Modern World* (Baton Rouge: Louisiana State University Press, 1979), p. 11.

21. Sheila Lambert (Org.), *House of Commons Sessional Papers of the Eighteenth Century*, 147 vols. (Wilmington, DE: Scholarly Resources, 1975), 82, p. 56; Long, *History of Jamaica*, 2, citação à p. 449. Sobre o estupro na guerra como método para criar coesão dentro de pequenos grupos, ver Dara Kay Cohen, *Rape During Civil War* (Ithaca: Cornell University Press, 2016).

22. "Letter from a Gentleman at St. Mary"; Long, *History of Jamaica*, 2, p. 449.

23. Id. ibid.; Edwards, *History of the West Indies*, 2, p. 77. A título de comparação, ver John Thornton, "African Dimensions of the Stono Rebellion", *The American Historical Review*, 96, 4 (out. 1991), pp. 1101-13.

24. Primeira citação em Lambert (Org.), *House of Commons Sessional Papers*, 69, fol. 217; segunda citação em Long, *History of Jamaica*, 2, p. 451. "Answers returned the 12th of April 1788 by Messrs. Fuller, Long, and Chisolme to the Questions Put to them by their Lordships Respecting the Practice of Obeah in the Island of Jamaica", TNA, BT 6/10, fols. 180-1; "Answer received from Mr. Fuller to the Question Sent to him by their Lordships Order on the 12th of April 1783", TNA, BT 6/10, fols. 524-6. Ver também Diana Paton, *The Cultural Politics of Obeah: Religion, Colonialism and Modernity in the Caribbean World* (Cambridge, Reino Unido: Cambridge University Press, 2015), pp. 17-42; Jerome S. Handler e Kenneth M. Bilby, *Enacting Power: The Criminalization of Obeah in the Anglophone Caribbean, 1760-2011* (Kingston: University of the West Indies Press, 2013).

25. A título de comparação, ver Thornton, *Warfare in Atlantic Africa*, pp. 69-73; Manuel Barcia, *West African Warfare in Bahia and Cuba: Soldier Slaves in the Atlantic World, 1807-1844* (Oxford: Oxford University Press, 2014), pp. 121-9.

26. Rucker, *Gold Coast Diasporas*, p. 95.

27. Ibid., p. 173, Long, *History of Jamaica*, 2, citação à p. 447.

28. Rucker, *Gold Coast Diasporas*, pp. 172-4.

29. Carta de Pemberton Valley, 2 jun. 1760, Ayrshire Record Office, Hamilton Papers, AA/DC/17/113.

30. Francis Treble to Caleb Dickinson, June 2, 1760, Somerset Record Office, Caleb Dickinson Letters, DD\DN/218.

31. "Letter from a Gentleman at St. Mary".

32. Jamaica House of Assembly, December 1760, TNA, CO 140/40, citação em fol. 232; Long, *History of Jamaica*, 2, citação à p. 449.

33. "Letter from a Gentleman at St. Mary"; Long, *History of Jamaica*, 2, p. 448; Edwards, *History of the West Indies*, 2, citação à p. 77.

34. Long, *History of Jamaica*, 2, pp. 449-50.

35. "Letter from a Gentleman at St. Mary".

36. Long, *History of Jamaica*, 2, p. 450; Jamaica House of Assembly, December 1760, TNA, CO 140/40, fol. 232.

37. Lambert (Org.), *House of Commons Sessional Papers*, 69, fols. 220-1.

38. Long, *History of Jamaica*, 2, p. 450.

39. Edwards, *History of the West Indies*, 2, p. 77.

40. Long, *History of Jamaica*, 2, p. 450; Jamaica House of Assembly, December 1760, TNA, CO 140/40, fol. 232; Long, *History of Jamaica*, 2, p. 232; Map of Jamaica, TNA, CO 700/16.

41. Jamaica Council, April 10, 1760, anexo a Henry Moore to BT, April 19, 1760, TNA, CO 137/60, fols. 296-7.

42. Jamaica Council, April 10, 1760, citação em fol. 296.

43. Id. ibid.

44. Id. ibid.

45. Francis Treble to Caleb Dickinson, Kingston, June 2, 1760, SRO, Caleb Dickinson Letters DD\DN/218.

46. Du Simitière, *Remarks on Uprisings of Negroes*, p. 188.

47. Robert Graham to Nicol Graham, June 16, 1760, National Library of Scotland, Robert Graham Papers, Acc. 11335/177.

48. Notice from Jamaica, May 8, *Cork Evening Post*, 11 ago. 1760.

49. Jamaica Council, April 10, 1760 e April 17, 1760, TNA, CO 137/60, fol. 297.

50. Jamaica Council, April 17, 1760.

51. Jamaica Council, April 17, 1760.

52. Lambert (Org.), *House of Commons Sessional Papers*, 69, fols. 217-21, citações às pp. 217, 221; Long, *History of Jamaica*, 2, p. 452; Answer Received from Mr. Fuller to the Question Sent to him by their Lordships Order on the 12th of April 1788, TNA, BT 6/10, fols. 525-8; Ray A. Kea, *A Cultural and Social History of Ghana from the Seventeenth to the Nineteenth Century: The Gold Coast in the Age of Trans-Atlantic Slave Trade*, 2 vols. (Lempeter: Edwin Mellen, 2012), 1, p. 277; Robin Law, "Fante 'Origins': The Problematic Evidence of 'Tradition'", em Toby Green e Benedetta Rossi (Orgs.), *Landscapes, Sources, and Intellectual Projects of the West African Past* (Boston: Brill, 2018), pp. 128-9; Rebecca Shumway, *The Fante and the Transatlantic Slave Trade* (Rochester: University of Rochester Press, 2011), pp. 138-41.

53. "Letter from a Gentleman at St. Mary".

54. Ibid.

55. É a região de uma descida conhecida como salto Tacky, ao qual se chega "apenas por um trecho muito inclinado, escorregadio e com muito mato". Diz a tradição oral que "na borda da ravina há cavernas sob as imensas rochas que levam a um lago subterrâneo claro e fresco [...] onde Tacky se escondeu dos britânicos" e de onde lançou seus ataques. *The Jamaica Gleaner*, 3 ago. 2014, <http://jamaica-gleaner.com/gleaner/20140803/arts/arts3.html>.

56. Patrick Browne, "A New Map of Jamaica, In which the Several Towns, Forts, and Settlements Are Accurately Laid Down as well as ye Situations & Depts. Of ye most Noted Harbours & Anchoring Places, with the Limits & Boundarys of the Different Parishes as they Have Been regulated by Laws or Settled by Custom; the Greatest Part Drawn or Corrected from Actual Surveys Made by Mr. Sheffield and Others, from the Year 1730 to the Year 1749" (Londres: s. ed., 1755). Enseada Downes, mais tarde chamada de enseada Forster quando descrita por um geólogo no começo do século XIX. H. T. De la Beche, "Remarks on the Geology of Jamaica", *Transactions of the Geological Society*, s2-2, 2 (1827), pp. 143-94, enseada Forster descrita às pp. 148-9.

57. "Letter from a Gentleman at St. Mary".

58. Long, *History of Jamaica*, 2, citações à p. 457; "Letter from a Gentleman at St. Mary, April 14, 1760"; du Simitière, *Remarks on Uprisings of Negroes*, p. 184.

59. "Letter from a Gentleman at St. Mary"; Long, *History of Jamaica*, 2, p. 451; Craton, *Testing the Chains*, p. 131; Edwards, *History of the West Indies*, 2, pp. 361-2.

60. "Letter from a Gentleman at St. Mary".

61. Ibid.; Long, *History of Jamaica*, 2, citação à p. 457.

62. "Letter from a Gentleman at St. Mary".

63. Ibid.

64. Notice from Jamaica, May 8, *Cork Evening Post*, 11 ago. 1760; Long, *History of Jamaica*, 2, pp. 457-8.

65. Du Simitière, *Remarks on Uprisings of Negroes*, p. 184; Long, *History of Jamaica*, 2, p. 458.

66. "Letter from a Gentleman at St. Mary".

67. Long, *History of Jamaica*, p. 458; inserção escrita à mão no exemplar pertencente ao próprio Long desta sua obra, BL, Add. Ms. 12405, fol. 365r, citado em Miles Ogborn, *Freedom of Speech: Talk and Slavery in Anglo-Caribbean World* (Chicago: University of Chicago Press, 2018), epílogo, nota 19.

68. Jamaica Council, April 17, 1760, TNA, CO 137/60, fols. 297-9, citações em fol. 298.

69. Jamaica Council, April 17, 1760, TNA, CO 137/60, fols. 297-9, citações em fols. 298, 299.

70. Cotes to Admiralty, April 19, 1760, TNA, ADM 1/235.

71. *HMS Marlborough* Lieutenant's Log, Thomas Hayward, April 10, 1760, NMM, ADM/L/M/48.

72. Master's Log for *HMS Marlborough,* Robert Thompson, Sunday, April 13, 1760, TNA, ADM 52/937; ver também Lt. John Leano, April 13, 1760, NMM, ADM/L/M/48; Thomas Hayward, April 13, 1760, NMM, ADM/L/M/48.

73. Jamaica Council, April 17, 1760, TNA, CO 137/60, fol. 298.

74 . *HMS Lively* Lieutenant's Log, Lt. Thomas Hicks, April 24-25, 1760, NMM, ADM/L/L/157.

75. *HMS Port Antonio* Captain's Log, April 24-26, 1760, TNA, ADM 51/717.

76. *HMS Lively* Lieutenant's Log, Lt. Thomas Hicks April 26, 1760, NMM, ADM/L/L/157; *HMS Port Antonio* Captain's Log, Capt. John Lewis Gidion, April 30, 1760, TNA, ADM 51/717.

77. *HMS Lively* Lieutenant's Log, Lt. Thomas Hicks, April 26, 1760, NMM, ADM/L/L/157.

78. *HMS Lively* Musters, April 1, 1760 to May 31, 1761, TNA, ADM 36/6003, fols. 30-1.

79. Para importantes revisões da opinião convencional sobre mulheres em revoltas de escravos, ver Thavolia Glymph, "Rose's War and the Gendered Politics of a Slave Insurgency in the Civil War", *The Journal of the Civil War Era*, 3, 4 (dez. 2013), pp. 501-33; Aisha K. Finch, *Slave Rebellion in Cuba: La Escalera and the Insurgencies of 1841-1844* (Chapel Hill: University of North Carolina Press, 2015); e Rucker, *Gold Coast Diasporas*, cap. 6.

80. Agradeço a consulta de Emmanuel Akyeampong na lista de nomes, comunicação pessoal, 25 maio 2016.

81. *HMS Lively* Musters, April 1, 1760 to May 31, 1761, TNA, ADM 36/6003, fols. 30-31; Trevor Burnard, "Slave Naming Patterns: Onomastics and the Taxonomy of Race in Eighteenth-Century Jamaica", *Journal of Interdisciplinary History*, XXXI, 3 (inverno de 2001), pp. 325-46.

82. *HMS Lively* Lieutenant's Log, Lt. Thomas Hicks, April 26, 1760, NMM, ADM/L/L/157; "A List of French Prisoners", *HMS Lively* Musters, April 1, 1760 to May 31, 1761, TNA, ADM 36/6003, fols. 29-30. Para especificação de *HMS Lively*, ver "The Present Disposal of His Majesty's Ships and Vessels in Sea Pay", TNA, ADM 8/35.

83. Notice from Kingston, Jamaica, April 19, *Pennsylvania Gazette*, 5 jun. 1760.

84. Du Simitière, *Remarks on Uprisings of Negroes*, pp. 183-4.

85. Rucker, *Gold Coast Diasporas*, pp. 39, 156.

86. Notice from Kingston, Jamaica, April 19, *The Pennsylvania Gazette*, 5 jun. 1760.

87. *HMS Marlborough* Lieutenant's Log, April 18, 1760, NMM, ADM/L/M/48.

88. *Diary of Mesopotamia*, April 19, 1760, UA R.15.C.b.1 (3); Diary of Bogue, April 19, 1760, UA R.15.C.b.2 (1).

89. Du Simitière, *Remarks on Uprisings of Negroes*, p. 184.

90. Notice from Jamaica, May 8, *Cork Evening Post*, 11 ago. 1760.

91. Citações em Notice from Jamaica, May 8, *Cork Evening Post*, 11 ago. 1760; ver também du Simitière, *Remarks on Uprisings of Negroes*, p. 184.

92. Du Simitière, *Remarks on Uprisings of Negroes*, p. 184; Notice from Jamaica, May 8, *Cork Evening Post*, 11 ago. 1760.

93. Du Simitière, *Remarks on Uprisings of Negroes*, p. 184.

94. Primeira citação, Francis Treble to Caleb Dickinson, Kingston, June 2, 1760, Somerset Record Office, Caleb Dickinson Letters DD\DN/218; segunda citação, Notice from Jamaica, May 21, *Cork Evening Post*, 11 ago. 1760.

95. Edwards, *History of the West Indies*, 2, p. 79.

96. Primeira citação, Francis Treble to Caleb Dickinson, Kingston, Jamaica, June 2, 1760, Somerset Record Office, Caleb Dickinson Letters DD\DN/218; segunda citação, Long, *History of Jamaica*, 2, p. 458n.

97. Du Simitière, *Remarks on Uprisings of Negroes*, p. 184.

98. Citado em Long, *History of Jamaica*, 2, p. 458n.

99. Edwards, *History of the West Indies*, 2, p. 79.

100. Richard Price, "Dialogical Encounters in a Space of Death", em John Smolenski e Thomas J. Humphrey (Orgs.), *New World Orders: Violence, Sanction, and Authority in the Colonial Americas* (Filadélfia: University of Pennsylvania Press, 2005), pp. 47-65.

101. Lambert (Org.), *House of Commons Sessional Papers of the Eighteenth Century*, 69, p. 219; Vincent Brown, "Spiritual Terror and Sacred Authority: Supernatural Power in Jamaican Slave Society", em Stephanie Camp e Edward E. Baptist (Orgs.), *New Studies in the History of American Slavery* (Athens, GA: University of Georgia Press, 2006), pp. 179-210.

102. Notice from April 22, *Gentleman's Magazine*, xxx (jun. 1760), p. 294.

103. Moore to Sec. of State, Duplicate of a Letter sent April 24, 1760, TNA, CO 137/60, fol. 300.

104. Notice from Jamaica, May 8, *Cork Evening Post*, 11 ago. 1760.

105. Francis Treble to Caleb Dickinson, Kingston, June 2, 1760, SRO, Caleb Dickinson Letters DD\DN/218.

106. Notice May 21, *Cork Evening Post*, August 11, 1760, citação em Long, *History of Jamaica*, 2, p. 457.

107. Long, *History of Jamaica*, 2, p. 455.

108. Notice from Jamaica, May 21, *Cork Evening Post*, 11 ago. 1760; Long, *History of Jamaica*, 2, p. 455; Henry Moore to Board of Trade, Spanish Town, June 9, 1760, TNA, CO 137/32, fols. 7-8; Minute of Council of the July 14, 1760, relating to the Rebellion of the Slaves, enclosed in Moore to BT, July 24, 1760, fols. 23-4; "Extract of a Letter from St. Thomas in the East, July 19", *Pennsylvania Gazette*, 4 set. 1760; Zachary Bayly to Caleb Dickinson, Kingston, June 1, 1760, Somerset Record Office, Caleb Dickinson Letters DD\DN/218.

109. Primeira citação, Henry Moore to BT, Spanish Town, June 9, 1760, TNA, CO 137/32, fols. 7-8; segunda citação, Zachary Bayly to Caleb Dickinson, Kingston, June 1, 1760, SRO, Caleb Dickinson Letters DD\DN/218; terceira citação, Francis Treble to Caleb Dickinson, Kingston, Jamaica, June 2, 1760, Somerset Record Office, Caleb Dickinson Letters DD\DN/218.

110. Henry Moore to Board of Trade, April 19, 1760 and April 24, 1760, TNA, CO 137/60, fol. 294; John Morse to Caleb Dickinson, April 24, 1760, Somerset Record Office, Caleb Dickinson Letters DD\DN/218; Francis Treble to Caleb Dickinson, Kingston, June 2, 1760, SRO, Caleb Dickinson Letters DD\DN/218.

111. Citações em Notices from Kingston, Jamaica, 7, June 14, 1760 and July 24, 1760, e Notices from St. Jago de la Vega, Jamaica, June 14, 1760, em *Pennsylvania Gazette*, 4 set. 1760.

112. Ver, por exemplo, Michael P. Johnson, "Denmark Vesey and his Co-conspirators", *William e Mary Quarterly*, 58, 4 (out. 2001), pp. 915-76.

113. Long, *History of Jamaica*, 2, pp. 455-6.

114. Ibid., p. 457. Michael Craton repete o erro de Long em *Testing the Chains*, p. 136. O primeiro relato histórico desses acontecimentos, publicado em 1764, também combina o subsequente levante na propriedade de Arthur Forrest em Westmoreland com a revolta em St. Mary, embora ele não altere a linha do tempo de maneira tão atroz como o relato de Long. Ver, de vários autores, *The Modern Part of an Universal History*, 41, p. 456.

115. Long, *History of Jamaica*, 2, p. 457.

116. Ver também Catherine Hall e Daniel Pick, "Thinking about Denial", *History Workshop Journal*, 84 (ago. 2017), pp. 1-23, esp. 2-8.

117. Notice from Jamaica, May 8, *Cork Evening Post*, 11 ago. 1760.

118. Vincent Brown, "A Vapor of Dread: Observations on Racial Terror and Vengeance in the Age of Revolution", em Thomas Bender e Laurent Dubois (Orgs.), *Revolution! The Atlantic World Reborn* (Nova York: Giles, 2011), pp. 178-210.

119. Long, *History of Jamaica*, 2, p. 455; Rucker, *Gold Coast Diasporas*, pp. 155, 212, 213-5.

120. Long, *History of Jamaica*, 2, p. 455; du Simitière, *Remarks on Uprisings of Negroes*, p. 187.

121. Minute of Council of July 14, 1760, relating to the Rebellion of the Slaves, enclosed in Moore to Board of Trade, July 24, 1760, TNA, CO 137/32, fols. 23-4.

122. Elsa V. Goveia, *A Study on the Historiography of the British West Indies to the End of the Nineteenth Century* (Washington, D.C.: Howard University Press, 1980), p. 62.

123. Maria Allesandra Bollettino sugere que escravizados respondiam às oportunidades imediatas apresentadas pela mobilização da Guerra dos Sete Anos e pela desordem das respostas dos plantadores a acontecimentos em St. Mary, levantando a perspectiva plausível de que as notícias da insurreição tenham inspirado rebeliões em série à medida que se propagavam pela ilha. Ver Maria Allesandra Bollettino, "Slavery, War, and Britain's Atlantic Empire: Black Soldiers, Sailors, and Rebels in the Seven Years' War" (tese de doutorado, University of Texas, Austin, 2009, p. 191).

124. Zachary Bayly to Caleb Dickinson, Kingston, June 1, 1760, Somerset Record Office, Caleb Dickinson Letters DD\DN/218.

5. Guerra Coromanti [pp. 221-78]

1. Long, *History of Jamaica*, 2, p. 193.

2. James Knight, *The Natural, Moral, and Political History of Jamaica, Long Papers*, Add. Ms. 12420, fol. 22, British Library.

3. Long, *History of Jamaica*, 2, p. 206.

4. Lists of Landholders, and Quantity of Land Occupied in Jamaica, about the year 1750, BL, C. E. Long Papers, Add. Ms. 12436, fols. 8, 23.

5. Knight, *The Natural, Moral, and Political History of Jamaica*, fol. 22; Long, *History of Jamaica*, 2, p. 192.

6. Long, *History of Jamaica*, 2, pp. 204-5.

7. Knight, *The Natural, Moral, and Political History of Jamaica*, fol. 22.

8. Long, *History of Jamaica*, 2, p. 204.

9. Diário de Thomas Thistlewood, 22, 25-26 maio 1760; Thomas Thistlewood Papers, James Marshall and Marie-Louise Osborn Collection, Beinecke Rare Book and Manuscript Library, Yale University; Weather, Thomas Thistlewood Papers, Cx. 7, Pastas 46, 18.

10. Leonard Stedman to William Vassall, June 7, 1760, Vassall Papers, Houghton Library, b Ms. Am 1250, Pasta 84; Francis Treble to Caleb Dickinson, June 2, 1760, Somerset Record Office, Caleb Dickinson Letters DD\DN/218; diário de Thistlewood, 26 maio 1760; JAJ, November 27, 1760, TNA, CO 140/40, 232.

11. *Journal of the Commissioners of Trade and Plantations*. 58, pp. 20-1; Copy of Moore to Holmes in his letter of June 27, 1760, enclosed in Holmes to Cleveland, July 25, 1760, TNA, ADM 1/236, fol. 60.

12. Francis Treble to Caleb Dickinson, June 2, 1760, Somerset Record Office, Caleb Dickinson Letters DD\DN/218.

13. Stedman to Vassall, June 7, 1760, Vassall Papers, Houghton Library, b Ms. Am 1250, Pasta 84; Rebels Kill'd and Taken, Holmes to Cleveland, July 25, 1760, TNA, ADM 1/236, fols. 60-1.

14. Long, *History of Jamaica*, 2, p. 453.

15. Stedman to Vassall, June 7, 1760, Vassall Papers, Houghton Library, b Ms. Am 1250, Pasta 84.

16. Francis Treble to Caleb Dickinson, Kingston, Jamaica, June 2, 1760, Somerset Record Office, Caleb Dickinson Letters DD\DN/218.

17. Holmes to Admiralty, June 11, 1760, TNA, ADM 1/236, fol. 41.

18. Francis Treble to Caleb Dickinson, Kingston, Jamaica, June 2, 1760, Somerset Record Office, Caleb Dickinson Letters DD\DN/218.

19. Leonard Stedman to William Vassall, June 17, 1760, Vassall Papers, Houghton Library, b Ms. Am 1250, Pasta 85.

20. Os escravos costumavam ter três dias de folga no Natal, dois na Páscoa e dois em Pentecostes. Long, *History of Jamaica*, 2, p. 491n. A lei de reforma aprovada no rescaldo da revolta estipulava que os escravos teriam as folgas costumeiras de Natal, Páscoa e Pentecostes, mas que "dois feriados sucessivos não seriam permitidos". CO 139/21, fol. 45. Ver também Nicholas M. Beasley, *Christian Ritual and the Creation of British Slave Societies, 1650-1780* (Athens, GA: University of Georgia Press, 2009), pp. 39, 44-5.

21. Diário de Thistlewood, 18 out. 1760; Burnard, *Mastery, Tyranny, & Desire*, p. 172. Willem Bosman notou que cabeça raspada era símbolo de luto entre africanos da Costa do Ouro. Ver Willem Bosman, *A New and Accurate Description of the Coast of Guinea: Divided into the Gold, Slave, and Ivory Coasts* (Londres: Alfred Jones, 1705), p. 229.

22. Nem a insurreição em St. Mary nem a insurreição em Westmoreland começara numa terça-feira, o tradicional sabá acã. Smallwood, *Saltwater Slavery*, p. 132.

23. Long, *History of Jamaica*, 2, p. 205.

24. Vincent Brown, "Narrative Interface for New Media History: Slave Revolt in Jamaica, 1760-1761", *AHR* (fev. 2016), pp. 176-86.

25. Diário de Thistlewood, 30 jul. 1760.

26. Long, *History of Jamaica*, 2, p. 460.

27. Ibid., p. 207.

28. Diário de Thistlewood, 26 maio 1760.

29. *Diary of Mesopotamia*, May 26, 1760, UA R.15.C.b.1 (3); Burnard, *Mastery, Tyranny, & Desire*, pp. 170-4.

30. Stedman to Vassall, June 7, 1760, Vassall Papers, Houghton Library, b Ms. Am 1250, Pasta 84; citação em Long, *History of Jamaica*, 2, p. 452.

31. Diário de Thistlewood, 26 maio 1760.

32. Rebels Kill'd and Taken, Holmes to Cleveland, July 25, 1760, TNA, ADM 1/236.

33. Diário de Thistlewood, 26 maio 1760.

34. *Diary of Mesopotamia*, May 27, 1760, June 3, 1760, UA R.15.C.b.1 (3). Ver também *Diary of Bogue*, May 31, 1760, UA R.15.C.b.2 (1); *Diary of Carmel*, June 2, 1760, UA R.15.C.b.2 (2).

35. *Diary of Mesopotamia*, May 28, 1760, UA R.15.C.b.1 (3).

36. Stedman to Vassall, June 7, 1760, Vassall Papers, Houghton Library, b Ms. Am 1250, Pasta 84.

37. Diário de Thistlewood, 26-27 maio 1760.

38. Diário de Thistlewood, 28 maio 1760.

39. Id. ibid., citado em Burnard, *Mastery, Tyranny, & Desire*, p. 172.

40. Lists of Landholders, and Quantity of Land Occupied in Jamaica, about the year 1750, British Library, C. E. Long Papers, Add. Ms. 12436, fols. 80-1; Holmes to Admiralty, June 11, 1760, TNA, ADM 1/236, fol. 41; Map of Cornwall County, Jamaica, 1763, TNA, CO700-JAMAICA17.

41. Long, *History of Jamaica*, 2, p. 453.

42. Francis Treble to Caleb Dickinson, June 12, 1760, Somerset Record Office, Caleb Dickinson Letters DD\DN/218.

43. Long, *History of Jamaica*, 2, pp. 453-4.

44. Francis Treble to Caleb Dickinson, Kingston, Jamaica, June 12, 1760, Somerset Record Office, Caleb Dickinson Letters DD\DN/218.

45. Diário de Thistlewood, 29 maio 1760.

46. Diário de Thistlewood, 30 maio 1760.

47. *Diary of Mesopotamia*, May 30, 1760, UA R.15.C.b.1 (3).

48. *Diary of Carmel*, June 6, 1760, UA R.15.C.b.2 (2).

49. Testemunho de John Venn, 3 dez. 1760, TNA, CO 140/43.

50. Francis Treble to Caleb Dickinson, Kingston, Jamaica, June 12, 1760, Somerset Record Office, Caleb Dickinson Letters DD\DN/218.

51. *Diary of Bogue*, May 30, 1760, UA R.15.C.b.2 (1).

52. Minutes of Council of July 14, 1760, relating to the Rebellion of the Slaves, enclosed in Moore to BT, July 24, 1760, TNA, CO 137/32, fol. 23.

53. Henry Moore to Board of Trade, Spanish Town, June 9, 1760, CO 137/32, fols. 7-8.

54. Henry Moore to Board of Trade, Spanish Town, June 9, 1760, CO 137/32, fols. 7-8.

55. Holmes to Admiralty, May 22, 1760, TNA, ADM 1/236; *HMS Marlborough* Lieutenant's Log, 1st Lt. John Leano, May 13, 1760, NMM, ADM/L/M/48.

56. *HMS Marlborough* Lieutenant's Log, 1st Lt. John Leano, May 22, 1760, NMM, ADM/L/M/48.

57. "Minutes of Council of July 14, 1760".

58. *HMS Cambridge* Lieutenant's Log, 3rd Lt. Nathaniel Davies, June 3, 1760, NMM, ADM/L/M/48.

59. *HMS Cambridge* Lieutenant's Log, 3rd Lt. Nathaniel Davies, June 3, 1760, NMM, ADM/L/M/48.

60. Marines Borne as Part of Complement, *HMS Cambridge* Musters, July 1, 1759 to February 28, 1760, TNA, ADM 36/5259, fols. 169-78; Marines, *HMS Cambridge* Musters, December 1, 1759 to August 31, 1760, TNA, ADM 36/5260, fols. 243-50; e A List of Marines belonging to *HMS Cambridge* sent to *HMS Harwich*, June 2, 1760, *HMS Harwich* Musters, March to December 1760, TNA, ADM 36/5809, fols. 256-8.

61. *HMS Harwich* Master's Log, June 3, 1760, TNA, ADM 52/892; *HMS Cambridge* Lieutenant's Log, 3rd Lt. Nathaniel Davies, June 3, 1760, NMM, ADM/L/M/48.

62. Foord & Delpratt to Samuel Munkley & Co, June 12, 1760, Bristol Record Office, AC/MU/1(11)h.

63. *HMS Cambridge* Lieutenant's Log, 1st Lt. Thomas Prescott, June 4-6, 1760, NMM, ADM/L/M/48.

64. Holmes to ADM, June 11, 1760, TNA, ADM 1/236, fol. 41

65. Diário de Thistlewood, 5 jun. 1760.

66. Holmes to ADM, June 11, 1760, TNA, ADM 1/236, fol. 41.

67. *HMS Cambridge* Lieutenant's Log, 1st Lt. Thomas Prescott, June 4-8, 1760, NMM, ADM/L/M/48.

68. *Voyages: Transatlantic Slave Trade Database*, <http://www.slavevoyages.org/estimates/lCDVnVHA>.

69. *HMS Port Royal* Lieutenant's Log, May 31 to June 1, 1760, NMM, ADM/LP/231; A List of Soldiers belonging to the 49th Regiment Bourne by Orders of Thomas Cotes,

Esq., Vice Admiral of the White, May 5, 1760, *HMS Port Royal* Musters, September 1, 1759 to April 30, 1761, TNA, ADM 36/6417, fols. 140-2.

70. Diário de Thistlewood, 2 jun. 1760.

71. Long, *History of Jamaica*, 2, p. 454; Holmes to Admiralty, June 11, 1760, TNA, ADM 1/236, fol. 41; Rebels Kill'd and Taken, Holmes to Cleveland, July 25, 1760, TNA, ADM 1/236, fol. 60.

72. Diário de Thistlewood, 2 jun. 1760.

73. Holmes to Admiralty, June 11, 1760, TNA, ADM 1/236, fol. 41.

74. Leonard Stedman to William Vassall, June 7, 1760, Vassall Papers, Houghton, b Ms. Am 1250, Pasta 84.

75. Letter to Robert Hamilton, Kingston, June 12, 1760, Ayrshire Record Office, AA/DC/17/113.

76. Id. ibid.

77. Leonard Stedman to William Vassall, June 7, 1760, Vassall Papers, Houghton Library, b Ms. Am 1250, Pasta 84.

78. *HMS Viper* Lieutenant's Log, June 2-5, 1760, NMM, ADM/L/V/77; *HMS Viper* Master's Log, June 2-5, 1760, TNA, ADM 52/1493.

79. A List of Soldiers Belonging to the 49th Regiment of Foot, *HMS Harwich* Musters, March to December 1760, TNA, ADM 36/5809, fols. 253-5; Diário de Thistlewood, 4 jun. 1760.

80. *HMS Port Royal* Lieutenant's Log, May 31 to June 5, 1760, NMM, ADM/L/P/231.

81. *HMS Harwich* Lieutenant's Log, June 4-5, 1760, NMM, ADM/L/H/61.

82. *HMS Harwich* Musters, 1758-1761, TNA, ADM 36/5809; *HMS Harwich* Master's Log, June 8-9, 1758, TNA, ADM 52/892.

83. A List of Marines Borne as Part of Complement, *HMS Harwich* Musters, 1757-1760, TNA, ADM 36/5809, fols. 79-82; Marines Borne as Part of Complement, *HMS Cambridge* Musters, July 1, 1759 to February 28, 1760, TNA, ADM 36/5259, fols. 169-78; Marines, *HMS Cambridge* Musters, December 1, 1759-August 31, 1760, TNA, ADM 36/5260, fols. 243-50; List of Marines belonging to *HMS Cambridge* sent to *HMS Harwich*, June 2, 1760, *HMS Harwich* Musters, March to December 1760, TNA, ADM 36/5809, fols. 256-8.

84. *HMS Harwich* Lieutenant's Log, June 4-July 3, 1760, NMM, ADM/L/H/61.

85. Cotes to Admiralty, July 21, 1760, TNA, ADM, 1/235; Holmes to Admiralty, May 22, 1760, TNA, ADM 1/236, fol. 37; Holmes to Admiralty, June 11, 1760, TNA, ADM 1/236, fol. 41.

86. Holmes to Admiralty, June 11, 1760, TNA, ADM 1/236, fol. 41; Holmes to Admiralty, July 25, 1760, TNA, ADM 1/236, fol. 53; *HMS Cambridge* Lieutenant's Log, 1st Lt. Thomas Prescott, June 22, 1760, NMM, ADM/L/M/48.

87. Letter from a Gentleman at Savanna-la-Mar, June 10, 1760, *Gentleman's Magazine*, XXX, ago. 1760.

88. List of Landholders in Jamaica, c. 1750, BL, C. E. Long Papers, Add. Ms. 12 436, fol. 68.

89. "Death of Lt Col Sprag at Richmond, Surrey 30 Dec 1766", *Gentleman's Magazine*, XXXVII (1766), p. 47.

90. List of Landholders in Jamaica, c. 1750, BL, C. E. Long Papers, Add. Ms. 12436, fol. 61.

91. *HMS Cambridge* Lieutenant's Log, Third Lt. Nathaniel Davies, June 5, 1760, NMM, ADM/L/ C15; *HMS Renown* Lieutenant's Log, Lt. Henry Clear, June 5-6, 1760, NMM, ADM/L/R/77.

92. Diário de Thistlewood, 6 jun. 1760; Rebels Kill'd and Taken, June 27, 1760, em Holmes to Cleveland, July 25, 1760, TNA, ADM 1/236, fol. 60.

93. List of White People Kill'd, June 27, 1760, in Holmes to Cleveland, July 25, 1760, TNA, ADM 1/236, fol. 60.

94. Diário de Thistlewood, 9 jun. 1760; Long, *History of Jamaica*, 2, p. 205.

95. Stedman to Vassall, June 17, 1760, Vassall Papers, Houghton Library, b Ms. Am 1250, Pasta 84.

96. Long, *History of Jamaica*, 2, p. 205; Stedman to Vassall, Jamaica, June 17, 1760, Vassall Papers, Houghton Library, b Ms. Am 1250, Pasta 84.

97. Diário de Thistlewood, 11 jun. 1760.

98. Jamaica Council, December 3, 1760, TNA, CO 140/43.

99. *HMS Harwich* Lieutenant's Log, June 5-July 3, 1760, NMM, ADM/L/H/61; Jamaica Council, December 3, 1760, TNA, CO 140/43.

100. Extracts of two letters from Montego-Bay in the Island of Jamaica, July 1, 1760, *Boston Evening Post*, 11 ago 1760.

101. Stedman to Vassall, Jamaica, June 17, 1760, Vassall Papers, Houghton Library, b Ms. Am 1250, Pasta 84; List of White People Kill'd, June 27, 1760, em Holmes to Cleveland, July 25, 1760, TNA, ADM 1/236, fol. 60.

102. *Gentleman's Magazine*, XXX (ago. 1760), p. 393.

103. Rebels Kill'd and Taken, June 27, 1760, em Holmes to Cleveland, July 25, 1760, TNA, ADM 1/236, fol. 60.

104. Stedman to Vassall, Jamaica, June 17, 1760, Vassall Papers, Houghton Library, b Ms. Am 1250, Pasta 84.

105. Extracts of two letters from Montego-Bay in the Island of Jamaica, July 1, 1760, *Boston Evening Post*, 11 de agosto de 1760.

106. Diário de Thistlewood, 20 jun. 1760.

107. Stedman to Vassall, Jamaica, June 17, 1760, Vassall Papers, Houghton Library, b Ms. Am 1250, Pasta 84.

108. Diário de Thistlewood, 4 e 19 jun. 1760; List of White People Kill'd, June 27, 1760, em Holmes to Cleveland, July 25, 1760, TNA, ADM 1/236, fol. 60.

109. Rebels Kill'd and Taken, June 27, 1760, em Holmes to Cleveland, July 25, 1760, TNA, ADM 1/236, fols. 60-1.

110. Diário de Thistlewood, 17 jul. 1760.

111. Id. ibid.

112. Ibid., 14 jul. 1760.

113. Consideration of the Conduct of Brigadier General Norwood Witter, Jamaica Council in Assembly, December 19, 1760, TNA, CO 140/43.

114. Consideration of the Conduct of Brigadier General Norwood Witter, Jamaica Council in Assembly, December 3, 1760, TNA, CO 140/43.

115. Diário de Thistlewood, 21 ago. 1760.

116. Ibid., 6 out. 1760.

117. *Journals of the Jamaica House of Assembly*, 5, October 24, 1760, TNA, CO 140/40, fol. 186.

118. Id. ibid.

119. *Journals of the Jamaica House of Assembly*, 5, November 19, 1760, TNA, CO 140/40.

120. Para as relações entre pedidos de indenização e resistência dos escravizados em outra sociedade escravista britânica caribenha, ver David Barry Gaspar, "'To Bring Their Offending Slaves to Justice': Compensation and Slave Resistance in Antigua, 1669-1763", *Caribbean Quarterly*, 30, 3-4 (1984), pp. 45-59.

121. *Journals of the Jamaica House of Assembly*, 5, December 5, 1760, TNA, CO 140/40, fols. 232-3.

122. JAJ, December 17, 1760, TNA, CO 140/40, fol. 246.

123. Consideration of the Conduct of Brigadier General Norwood Witter, Jamaica Council in Assembly, December 3, 1760, CO 140/43.

124. Diário de Thistlewood, 27 set. 1760.

125. Trevor Burnard e John Garrigus, *Plantation Machine: Atlantic Capitalism in French Saint-Domingue and British Jamaica* (Filadélfia: University of Pennsylvania Press, 2016), p. 151; para a dissensão de Norwood Witter, ver "Copy of eight points of dissent to the bill [in the Jamaica Assembly] signed by Norwood Witter, Edward Clarke and William Wynter", Rose Fuller Papers, The Keep, East Sussex Record Office, SF 20-1, 20/65.

126. Rebels Kill'd and Taken, June 27, 1760, em Holmes to Cleveland, July 25, 1760, TNA, ADM 1/236, fol. 60.

127. Maria Allessandra Bollettino, "Slavery, War, and Britain's Atlantic Empire: Black Soldiers, Sailors, and Rebels in the Seven Years' War" (tese de doutorado, University of Texas, Austin, 2009).

128. JAJ, December 10, 1760, TNA, CO 140/40, fol. 238.

129. *Diary of Carmel*, June 2 and 4, 1760, UA R.15.C.b.2 (2).

130. JAJ, September 1760, TNA, CO 140/40, fol. 173.

131. Court Martial of Jeremiah Gardner, September 7, 1759, TNA, WO 71/45, fols. 186-90.

132. Court Martial of Jeremiah Gardner, November 12, 1762, TNA, WO 71/48, fols. 285-90.

133. Markus Eder, *Crime and Punishment in the Royal Navy of the Seven Years' War, 1755-1763* (Burlington, VT: Ashgate, 2004).

134. *HMS Port Royal* Lieutenant's Log, James Ayscough, June 3-4, 1760, NMM, ADM/L/P/231.

135. *HMS Cambridge* Musters, December 1, 1759-August 31, 1760, TNA, ADM 36/5260, fol. 245.

136. Long, *History of Jamaica*, 2, p. 193.

137. Consideration of the Conduct of Brigadier General Norwood Witter, Jamaica Council in Assembly, December 3, 1760, CO 140/43. Sobre a propagação de mosquitos transmissores de doenças em ambiente de plantation, ver J. R. McNeill, *Mosquito Empires: Ecology and War in the Greater Caribbean, 1620-1914* (Nova York: Cambridge University Press, 2010), pp. 40-4, 48-60.

138. *HMS Viper* Lieutenant's Log, William Herne Younge, 2, 4, 8, 9, 13, and July 14, 1760, NMM, ADM/L/V/77; Sir Gilbert Blane, *A Short Account of the Most Effectual Means of Preserving the Health of Seamen* (Londres: editor desconhecido, 1780), p. 4.

139. Consideration of the Conduct of Brigadier General Norwood Witter, Jamaica Council in Assembly, December 3, 1760, CO 140/43.

140. Francis Treble to Caleb Dickinson, Kingston, Jamaica, June 12, 1760, Somerset Record Office, Caleb Dickinson Letters DD\DN/218.

141. Moore to Board of Trade, August 20, 1760, November 7, 1760, TNA, CO 137/32, fols. 25-6, 31-2.

142. Burnard, *Mastery, Tyranny, and Desire*, pp. 173-4.

143. *Diary of Mesopotamia*, July 4 and 11, 1760, UA R.15.C.b.1 (3).

144. *Diary of Mesopotamia*, June 22-23, 1760, UA R.15.C.b.1 (3).

145. *Diary of Bogue*, July 2, 1760, UA R.15.C.b.2 (1).

146. *Diary of Bogue*, June 4, 1760, UA R.15.C.b.2 (1).

147. *HMS Dreadnought* Lieutenant's Log. John Greenfield, June 22, 1760, NMM, ADM/L/D/229.

148. JAJ, 5, December 1760, TNA, CO 140/40, fol. 232; "Minutes of Council of July 14, 1760"; Extracts of two letters from Montego-Bay in the Island of Jamaica, July 1, 1760, *Boston Evening Post*, 11 de agosto de 1760; Long, *History of Jamaica*, 2, p. 456.

149. *Diary of Mesopotamia*, June 10-28, 1760, citações em June 10, 21, and 28, UA R.15.C.b.1 (3); *Diary of Carmel*, June 15, 1760, UA R.15.C.b.2 (2).

150. Diário de Thistlewood, 22, 25 e 26 jun. 1760, 1 e 2 jul. 1760.

151. Notice from St. Jago de la Vega, Jamaica, July 12, 1760, *Pennsylvania Gazette*, 14 set. 1760.

152. Diário de Thistlewood, 3 e 6 jul. 1760; Notice from St. Jago de la Vega, Jamaica, July 12, 1760, *Pennsylvania Gazette*, 14 set. 1760; "Minutes of Council of July 14, 1760"; *HMS Harwich* Master's Logs, June 27 to July 5, 1760, TNA, ADM 52/892.

153. Letter from St. Jago de la Vega, July 12, 1760, *Pennsylvania Gazette*, 4 de setembro de 1760; Extract of a Letter from St. Thomas in the East, July 19, 1760, *Pennsylvania Gazette*, 4 set. 1760; Holmes to Cleveland, July 25, 1760, TNA, ADM 1/236, fol. 61; "Minutes of Council of July 14, 1760".

154. Holmes to Admiralty, July 25, 1760, TNA, ADM 1/236, fols. 53-4.

155. Diário de Thistlewood, 11, 17 e 18 jul. 1760.

156. Ibid., 12, 29 e 30 jul. e 3 ago. 1760.

157. Ibid., 16 ago., 4 dez. e 1º ago. 1760.

158. Mary Barclay to Thomas Hall, August 31, 1760, Hall Family Papers, UCSD Special Collections, Cx. 1, Pasta 55.

159. Id. ibid.; Diário de Thistlewood, 16, 21, 24, 28 e 30 ago. 1760.

160. Diário de Thistlewood, 21 set. 1760.

161. *Diary of Mesopotamia*, September 25, 1760, UA R.15.C.b.1 (3).

162. *Diary of Bogue*, October 8, 1760, UA R.15.C.b.2 (1)

163. Diário de Thistlewood, 23 out. 1760.

164. *Diary of Carmel*, October 21, 1760, UA R.15.C.b.2 (2); *Diary of Bogue*, October 21, 1760, UA R.15.C.b.2 (1).

165. *Diary of Carmel*, November 4, 1760, UA R.15.C.b.2 (2).

166. *Diary of Bogue*, November 4, 1760, UA R.15.C.b.2 (1).

167. *Diary of Mesopotamia*, October 23, 1760, UA R.15.C.b.1 (3).

168. A família Hynes aparece como proprietária de Anchendown, Boston Spring e The Bogg numa lista de 1739 e como proprietária de 8453 acres (3420 hectares) em Westmoreland, ca. 1750. Ver Jamaica Sugar Estates, 1739, BL, C. E. Long Papers, Add. Ms. 12431, fol. 154; List of Landholders in Jamaica, ca. 1750, BL, C. E. Long Papers, Add. Ms. 12436, fol. 33.

169. JAJ, October 2, 1760, TNA, CO 140/40, fol. 177.

170. JAJ, October 3 and 7, 1760, TNA, CO 140/40, fols. 178-80.

171. *HMS Port Royal* Lieutenant's Log, Lt. James Ayscough, November 19, 1760, NMM, ADM/L/P/231; A List of Soldiers Passengers Borne at 2/3 Allowance of all Species by Order of Charles Holmes, Rear Admiral of the White, *HMS Port Royal* Musters, November 1760, ADM 36/6417, fols. 219-24.

172. Diário de Thistlewood, 18 nov. 1760.

173. *Diary of Bogue*, November 30, 1760, UA R.15.C.b.2 (1).

174. *Diary of Carmel*, November 4 and 7, 1760, UA R.15.C.b.2 (2).

175. *Diary of Bogue*, November 30, 1760, UA R.15.C.b.2 (1).

176. *Diary of Carmel*, December 24, 1760, UA R.15.C.b.2 (2); *Diary of Bogue*, December 24, 1760, UA R.15.C.b.2 (1).

177. Diário de Thistlewood, 24 jan. 1761; *Diary of Mesopotamia*, January 26, 1760, UA R.15.C.b.1 (3).

178. *Diary of Carmel*, January 28, 1761, UA R.15.C.b.2 (2).

179. Diário de Thistlewood, 4 e 19 jun. 1761.

180. Long, *History of Jamaica*, 2, pp. 456-7.

181. Consideration of the Conduct of Brigadier General Norwood Witter, Jamaica Council in Assembly, December 3, 1760, TNA, CO 140/43.

182. Patrick Browne, "A New Map of Jamaica, In which the Several Towns, Forts, and Settlements are Accurately laid down as well as ye situations & depts. of ye most noted Harbours & Anchoring Places, with the limits & boundarys of the Different Parishes as they have been regulated by Laws or settled by Custom; the

greatest part Drawn or Corrected from actual Surveys Made by Mr. Sheffield and others, from the Year 1730 to the Year 1749" (Londres: editor desconhecido, 1755).

183. List of Landholders in Jamaica, ca. 1750, BL, C. E. Long Papers, Add. Ms. 12 436, fol. 23; Browne, "A New Map of Jamaica", 1755; Map of County of Cornwall, 1763, TNA, CO 700-JAMAICA17.

184. Diário de Thistlewood, 19 jun. 1760.

185. Knowles to Board of Trade, March 12, 1754, TNA, CO 137/27, fols. 146-7; Mark Hall to Rose Fuller, October 21, 1755, Fuller Papers, East Sussex Record Office, SAS-RF 21/35.

186. Diário de Thistlewood, 3 out. 1760.

6. Rotas de reverberação [pp. 279-315]

1. Diário de Thomas Thistlewood, 17 abr. 1761.

2. Ibid., 13 abr. 1761.

3. "State and Condition of His Majesty's Squadron at Jamaica, December 20, 1761", TNA, ADM 1/1787; J. K. Laughton, "Forrest, Arthur (d. 1770)", rev. Ruddock Mackay, *Oxford Dictionary of National Biography*, publicado pela primeira vez em 2004, edição on-line, jan. 2008, <http://dx.doi.org/10.1093/ref:odnb/9885>; Sarah Markham, *John Loveday of Caversham, 1711-1789: The Life and Tours of an Eighteenth-Century Onlooker* (Salisbury, Reino Unido: M. Russell, 1984), p. 415. Sobre a conquista de Cuba, ver Elena A. Schneider, *The Occupation of Havana: War, Trade, and Slavery in the Atlantic World* (Chapel Hill, NC: University of North Carolina Press, 2018).

4. Nathaniel Bayly to Caleb Dickinson, August 26, 1760, Somerset Record Office, Caleb Dickinson Letters DD\DN/218.

5. Charles Holmes to John Clevland, May 22, 1760, TNA, ADM 1/236, fol. 37.

6. Thomas Cotes to Admiralty, July 21, 1760, TNA, ADM 1/235.

7. Thomas Cotes to Admiralty, July 21, 1760, TNA, ADM 1/235.

8. A List of Ships and Vessels under the Convoy of His Majesty's Ship *Edinburgh*, Capt. William Langdon, Commander, enclosed in William Langdon to John Clevland, October 16, 1760, TNA, ADM 1/2049.

9. John Staunton, Lieutenant's logbook for *HMS Edinburgh*, September 17, 1760, NMM, ADM/L/E/51.

10. *Virginia* shipping returns, October 26, 1760, TNA, CO 5/1448.

11. Gregory E. O'Malley, *Final Passages: The Intercolonial Slave Trade of British America, 1619-1807* (Chapel Hill, NC: University of North Carolina Press, 2014), pp. 22-3.

12. *Virginia* shipping returns, July 14, 1760, TNA, CO 5/1448.

13. *Virginia* shipping returns, August 29, 1760, TNA, CO 5/1448.

14. *South Carolina* shipping returns, August 23, 1760, TNA, CO 5/510, fols. 83-4; Gregory E. O'Malley, comunicação pessoal, 16-19 set. 2016.

15. James Lawrie to Col. Haldane, 1760, Grant Family Papers Concerning Jamaica, National Archives of Scotland, GD 461/35; Robert Graham to Capt. James Lawrie at the Mosquito Shore, Kingston, July 14, 1760, Robert Graham Papers, NLS, fols. 91-2.

16. Robert Graham to Nicol Graham, Kingston, June 10, 1760, Robert Graham Papers, NLS, fols. 87-8; Robert Graham to Capt. James Lawrie at the Mosquito Shore, Kingston, July 14, 1760, Robert Graham Papers, NLS, fols. 91-2.

17. O lugar batizado pela Assembleia como enseada Crooke, em homenagem a James Crooke, o dono da propriedade mais próxima, aparece como enseada Cousines no mapa do Condado de Cornwall em 1763, TNA, CO 700-JAMAICA 17; JAJ, December 5, 1760, TNA, CO 140/40, fol. 233; An Act [...] to Prevent Any Captain, Master, or Supercargo of Any Vessel Bringing back Slaves Transported off the Island, Jamaica, December 18, 1760, TNA, CO 139/21, fol. 47. Ver também Long, *History of Jamaica*, 2, p. 455; Rucker, *Gold Coast Diasporas*, pp. 212-4.

18. Thomas Rothley, Bristol, October 11, 1760, Somerset Record Office, Caleb Dickinson Letters DD\DN/218.

19. Morse & Bayly to Caleb Dickinson, October 18, 1760, Somerset Record Office, Caleb Dickinson Letters DD\DN/218.

20. William Henry Lyttelton, Report on the Island of Jamaica, 1763, Huntington Library, Stowe-Brydges Papers, ST G Cx. 12 (18); Burnard e Garrigus, *Plantation Machine*, pp. 179-80.

21. Copy of part of a Letter from Rear Admiral Holmes to John Clevland, Secretary of the Admiralty, March 18, 1761, TNA, CO 137/61, fols. 23-5.

22. William Henry Lyttelton, Report on the Island of Jamaica, 1763, Huntington Library, Stowe-Brydges Papers, ST G Cx. 12 (18).

23. "An Act to Remedy the Evils arising from irregular Assemblies of Slaves and to prevent their possessing Arms and Ammunition and going from place to place without Tickets and for preventing the Practice of Obeah and to restrain Overseers from leaving the Estates under their Care on Certain Days and to Oblige all free Negroes Mulattoes or Indians to Register their Names in the Vestry Books of the respective Parishes of this Island and to Carry about them the Certificate and wear the Badge of their Freedom and to prevent any Captain Master or Super Cargo of any Vessel bringing back Slaves transported off the Island", TNA, CO 139/21, fols. 45-7.

24. Vários autores, *The Modern Part of an Universal History, from the Earliest Account of Time Compiled from Original Writers*, 65 vols. (Londres S. Richardson, 1764), 41, pp. 457-8.

25. Sobre o clima geral de hostilidade racial, ver Burnard e Garrigus, *The Plantation Machine*, cap. 6, esp. pp. 147-54; Brooke N. Newman, *A Dark Inheritance: Blood, Race, and Sex in Colonial Jamaica* (New Haven: Yale University Press, 2018), cap. 3. Para dissensão de Norwood Witter, ver "Copy of eight points of dissent to the bill [in the Jamaica Assembly] signed by Norwood Witter, Edward Clarke and William Wynter", Rose Fuller Papers, The Keep, East Sussex Record Office, SF 20/65. Sobre a Lei de Transmissão de Propriedade de 1761, ver especialmente

Daniel Livesay, "The Decline of Jamaica's Interracial Households and the Fall of the Planter Class, 1733-1823", *Atlantic Studies*, 9, 1 (2012), pp. 107-23; Livesay, *Children of Uncertain Fortune: Mixed-Race Jamaicans in Britain and the Atlantic Family, 1733-1833* (Chapel Hill: University of North Carolina Press, 2013), pp. 66-89.

26. Jeremiah Meyler, Savanna-la-Mar, to Henry Bright, Bristol, June 20, 1760, UMA Bright Family Papers, Cx. 8, em Kenneth Morgan (Org.), *The Bright-Meyler Papers: A Bristol-West India Connection, 1732-1837* (Oxford: Oxford University Press, 2007), pp. 360-1.

27. Morse & Bayly to Caleb Dickinson, October 18, 1760, Somerset Record Office, Caleb Dickinson Letters DD\DN/218.

28. Jacob M. Price, "Credit in the Slave Trade and Plantation Economies", em Barbara L. Solow (Org.), *Slavery and the Rise of the Atlantic System* (Cambridge, Reino Unido: Cambridge University Press, 1991), pp. 293-339; Morse & Bayly to Caleb Dickinson, London, October 18, 1760, Caleb Dickinson Letters, Somerset Record Office, DD\DN/218.

29. Alexander Grant to Sir Archibald Grant, August 24, 1760, GD 345/1166/4/57; Alexander Grant to Sir Archibald Grant, December 22, 1760, GD 345/1166/4/90; Alexander Grant to Sir Archibald Grant, December 18, 1760, National Archives of Scotland, Grant Family Papers concerning Jamaica, 1751-1792, GD 345/1166/4/91.

30. Ver, por exemplo, November 3, 5, 8-9, and December 16, 1760, JAJ, 5, TNA, CO 140/40, fols. 195, 226-7, and 234-6, 245.

31. Long, *History of Jamaica*, 2, pp. 462, 471.

32. Ibid., pp. 463-64, citação em 464.

33. November 6, 1760, JAJ, 5, TNA, CO 140/40, fols. 199-200.

34. December 16, 1760, JAJ, 5, TNA, CO 140/40, fol. 245; Letters [...] on [The Stamp Act's] administration in America: 1765-1766, BL, Add. Ms. 33030, fols. 50-203. Sou grato a Peter Pellizzari por chamar minha atenção para esta fonte. Ver também Lynne Oats, Pauline Sadler e Carlene Wynter, "Taxing Jamaica: The Stamp Act of 1760 and Tacky's Rebellion", *Journal of Tax Research*, 12, 1 (jun. 2014), fols. 162-84, <https://ore.exeter.ac.uk/repository/handle/10871/16322>.

35. Minutes of the Board of Trade, Jamaica, November 7, 1760, TNA, CO 391/68, fols. 20-2.

36. Jack P. Greene, "'Of Liberty and of the Colonies': A Case Study of Constitutional Conflict in the Mid-Eighteenth Century British American Empire", em *Creating the British Atlantic: Essays on Transplantation, Adaptation, and Continuity* (Charlottesville: University of Virginia Press, 2013), pp. 140-207.

37. Jack P. Greene, "Origins of the New Colonial Policy, 1748-1763", em Jack P. Greene e J. R. Pole (Orgs.), *A Companion to the American Revolution* (Malden, MA: Wiley-Blackwell, 2000), pp. 101-11, citações à p. 109; Greene, "1759: The Perils of Success" em *Creating the British Atlantic: Essays on Transplantation, Adaptation, and Continuity* (Charlottesville: University of Virginia Press, 2013), pp. 208-25.

38. Humble Address of the lieutenant-governor, council, and assembly, December 15, 1760, JAJ, 5, p. 244.

39. Minutes of the Board of Trade, Jamaica, April 1, 1761, TNA, CO 391/68, fols. 199-202.

40. Ver Andrew Jackson O'Shaughnessy, *An Empire Divided: The American Revolution and the British Caribbean* (Filadélfia: University of Pennsylvania Press, 2000), esp. pp. 95-6 sobre a aquiescência da Jamaica à Lei do Selo de 1765.

41. Burnard, *Planters, Merchants, and Slaves*, pp. 4, 179, e de modo mais genérico, 157--210; Burnard e Garrigus, *The Plantation Machine*, pp. 167-73.

42. J. K. Laughton, "Forrest, Arthur (d. 1770)", rev. Ruddock Mackay, publicado pela primeira vez em 2004; edição on-line, jan. 2008, <http://dx.doi.org/10.1093/ref:odnb/9885>; Sarah Markham, *John Loveday of Caversham, 1711-1789: The Life and Tours of an Eighteenth-Century Onlooker* (Salisbury, Reino Unido: M. Russell, 1984), p. 415.

43. *Voyages: The Transatlantic Slave Trade Database*, <http://www.slavevoyages.org/estimates/EnFT8ZR> e <http://www.slavevoyages.org/estimates/WJj5sg8F>.

44. Diário de Thistlewood, 2 set. 1760.

45. Ibid., 24 out. 1760.

46. William Henry Lyttelton to Board of Trade, April 12, 1763, CO 137/33, fol. 28; *Pennsylvania Gazette*, 9 jun. 1763, Item #30984, com data de 30 de maio, Boston.

47. *Pennsylvania Gazette*, 7 mar. 1765, Item #35280, com data de 9 de fevereiro, Providence.

48. Copy of Charles Hiern to Caleb Dickinson c/o Barnard Dickinson, November 12, 1765, Somerset Record Office, Caleb Dickinson Letters, DD\DN/221.

49. Fases da Lua para Kingston, Jamaica, 1765, <https://www.timeanddate.com/moon/phases/jamaica/kingston?year=1765>; "Extract of a Letter from Zach. Bayly, Esq; Custos Rotulorum of St. Mary's in Jamaica, to his brother, Nath. Bayly, of Lincoln's inn-fields; dated at Nonesuch Estate in St. Mary's the 27th Nov. 1765; received by the Ruby, Capt. King", *Gentlemen's Magazine*, 36 (1766), p. 135.

50. "Extract of a Letter from Zach. Bayly", p. 135; Zachary Bayly to William Henry Lyttelton, November 25, 1765, Lyttelton Papers, Clements Library; Simon Taylor to Chaloner Arcedeckne, December 9, 1765, em Betty Wood (Org.), *The Letters of Simon Taylor* (Cambridge, Reino Unido: Cambridge University Press, 2002), pp. 29-30.

51. "Extract of a Letter from Zach. Bayly", p. 135; Simon Taylor to Chaloner Arcedeckne, December 9, 1765, em Wood (org.), *The Letters of Simon Taylor*, p. 30; Zachary Bayly to William Henry Lyttelton, November 25, 1765, Lyttelton Papers, Clements Library; Zachary Bayly to William Henry Lyttelton, November 26, 1765, Lyttelton Papers, Clements Library; "Report on Party I sent from the Cross came up with the Rebels a little distance from thence [...] they found four of them dead", Folio d. November 25, 1765, from Nonsuch, St. Mary. Signed Za. Bayley, Accounts of Slave Risings in the Parish of St. Mary, Jamaica, 1765, from various correspondents to Lord Lyttelton Governor of Jamaica, Sterling Memorial Library, English Miscellaneous Manuscripts Collection, Ms. 753, Cx. 5, Pasta 2.

52. Accounts of Slave Risings in the Parish of St. Mary, Jamaica, 1765, Sterling Ms. 753, Cx. 5, Pasta 2; JAJ, 5 (August 1766), TNA, CO 140/40, fols. 593-6; Edward Long, *History of Jamaica*, 2, pp. 465-75.

53. Examination of James Charles Sholto Douglas, JAJ, 5 TNA, CO 140/40, fol. 594.

54. Zachary Bayly to William Henry Lyttelton, December 14, 1765, Lyttelton Papers, Clements Library; citação em Zachary Bayly to William Henry Lyttelton, November 25, 1765, Lyttelton Papers, Clements Library.

55. Examination of James Charles Sholto Douglas, JAJ, 5 TNA, CO 140/40, fol. 595.

56. Examination of James Miller, JAJ, 5, TNA, CO 140/40, fol. 593.

57. An Account of what Negroes were concerned in the Late Insurrection as far as has been yet discovered and what became of them, enclosed in Zachary Bayly to William Henry Lyttelton, December 14, 1765, Lyttelton Papers, Clements Library, University of Michigan.

58. Id. ibid.

59. Examination of James Charles Sholto Douglas, JAJ, 5, TNA, CO 140/40, 595; Long, *History of Jamaica*, 2, p. 464.

60. Account of Examination of Cuffie a Negro man belonging to Ja. Ch. Sh. Douglas Esq. signed by Douglas in presence of William Cross, William Craigie, Sterling Ms. 753, Cx. 5, Pasta 2.

61. David Miller to Brig. Gen. William Lewis, November 20, 1765, Lyttelton Papers, Clements Library, University of Michigan; William Lewis to William Lyttelton, December 5, 1765, Lyttelton Papers, Clements Library, University of Michigan.

62. JAJ, 5, TNA, CO 140/40, fol. 556.

63. Examination of William Craigie, JAJ, 5, TNA, CO 140/40, fol. 595.

64. JAJ, 5, TNA, CO 140/40, fol. 592.

65. JAJ, 5, TNA, CO 140/40, fol. 593; Long, *History of Jamaica*, 2, pp. 470-1.

66. JAJ, 5, TNA, CO 140/40, fol. 592; ver o otimista relatório de Lyttelton em William Henry Lyttelton to Board of Trade, December 24, 1765, TNA, CO 137/34, fol. 48.

67. Ver especialmente Marjoleine Kars, *Slaves Remastered: An Untold Story of Rebellion, Revolution, and Restoration in the Atlantic World* (Nova York) e "Dodging Rebellion: Politics and Gender in the Berbice Slave Uprising of 1763", *American Historical Review*, 121 (fev. 2016), pp. 39-69.

68. James Grainger, *The Sugar Cane: A Poem. In Four Books with Notes* (Londres: R. and J. Dodsley, 1766 [1764]), pp. 122-3. [Citado em tradução livre de: *"Buy not a oromantee [...]./ They, born to freedom in their native land,/ Chuse death before dishonourable bonds:/ Or, fir'd with vengeance, at the midnight hour,/ Sudden they seize thine unsuspecting watch,/ And thine own poniard bury in they breast"*. (N. T.)]

69. Joseph Maud to William Henry Lyttelton, October 7, 1765, TNA, CO 137/62, fol. 154; "Narrative of the Publick Transactions in the Bay of Honduras from 1784 to 1790 by Edward Marcus Despard", TNA, CO 123/10, fol. 105-6.

70. *Diary of Carmel, Bogue, and Mesopotamien Estate*, 1764-1776, Unitaetarciv, R.15.C.b.3; 6, 15 e 31 out. 1766, 6 nov. 1766.

71. *Diary of Carmel, Bogue, and Mesopotamien Estate*, 1764- 1776, Unitaetarciv, R.15.C.b.3; 6 nov. 1766.

72. Ibid.

73. Steven Wise, *Though the Heavens May Fall: The Landmark Trial that Led to the End of Human Slavery* (Cambridge, MA: Harvard University Press, 2005).

74. Edward Long, *Candid reflections upon the judgement lately awarded by the Court of King's Bench in Westminster-Hall on what is commonly called the Negroe-cause, by a Planter* (Londres: T. Lowndes, 1772), citações às pp. 74, 54, 47-8.

75. Ibid., pp. 48-9. Sobre a antipatia genérica de Long por ligações interraciais, ver Trevor Burnard, "'Rioting in goatish embraces': marriage and improvement in early British Jamaica", *History of the Family*, 11, 4 (2006), pp. 185-97. Embora em *História da Jamaica* Long afirme suspeitar que os descendentes de uniões entre negros e brancos talvez fossem estéreis, isso contrasta nitidamente com seu receio de impregnação de sangue "contaminado" em *Candid Reflections*.

76. Long, *History of Jamaica*, 2, p. 474.

77. Ibid., pp. 351-6, citação à p. 354.

78. Long, *History of Jamaica*, 2, pp. 503-4; Suman Seth, "Materialism, Slavery, and The History of Jamaica", *Isis*, 105, 4 (dez. 2014), pp. 764-72.

79. Stuart Hall, "Race — the Sliding Signifier", em Kobena Mercer (Org.), *The Fateful Triangle: Race, Ethnicity, Nation* (Cambridge, MA: Harvard University Press, 2017), pp. 31-79.

80. David Brion Davis, *The Problem of Slavery in Western Culture* (Ithaca: Cornell University Press, 1966), pp. 460-6; Roxann Wheeler, *The Complexion of Race: Categories of Difference in Eighteenth-Century British Culture* (Filadélfia: University of Pennsylvania Press, 2000).

81. Long's Collection for *The History of Jamaica*, BL, Add. Ms. 18270, p. 44. Agradeço a Miles Ogborn por chamar minha atenção para esta referência.

82. Joseph Conrad, *Heart of Darkness*, editado com uma introdução de Owen Knowles (Nova York: Cambridge University Press, 2007 [1899]), p. 62; Sven Lindqvist, *'Exterminate All the Brutes': One Man's Odyssey into the Heart of Darkness and the Origins of European Genocide* (Nova York: New Press, 1997); Patrick Wolfe, "Settler Colonialism and the Elimination of the Native", *Journal of Genocide Research*, 8, 4 (2006), pp. 387-409.

83. O insulto de Long incluía a suposição de que africanos se acasalavam com orango-tangos, calúnia famosa, repetida em Thomas Jefferson, *Notes on the State of Virginia*, em 1785. As notas foram escritas em 1781 e um pouco corrigidas e ampliadas no inverno de 1782, para uso de um ilustre estrangeiro, em resposta a certas inda-gações feitas por ele a esse respeito; 1782 (Paris, 1784-1785). A mentalidade exces-sivamente amedrontada de Long continuou a repercutir nos temores brancos de maiorias demográficas negras e pardas. Ver especialmente Lothrop Stoddard, *The*

Rising Tide of Color Against White World-Supremacy (Nova York: Charles Scribner's Sons, 1920); Margaret Thatcher, entrevista de televisão para World in Action, de Granada ("bem inundado"), 27 jan. 1978, <https://www.margaretthatcher.org/document/103485>; Patrick J. Buchanan, *Suicide of a Superpower: Will America Survive to 2025?* (Nova York: Thomas Dunne, 2011), esp. pp. 123-61; Jamie Miller, *An African Volk: The Apartheid Regime and Its Search for Survival* (Nova York: Oxford University Press, 2016).

84. Claudius K. Fergus, *Revolutionary Emancipation: Slavery and Abolition in the British West Indies* (Baton Rouge: Louisiana State University Press, 2013), esp. pp. 36-41; Katherine Paugh, *The Politics of Reproduction: Race, Medicine, and Fertility in the Age of Abolition* (Oxford: Oxford University Press, 2017). Ver também J. R. Ward, *British West Indian Slavery, 1750-1834: The Process of Amelioration* (Oxford: Oxford University Press, 1988); Caroline Spence, "Ameliorating Empire: Slavery and Protection in the British Colonies, 1783- 1865" (tese de doutorado: Harvard University, 2014).

85. Darold Wax, "Negro Import Duties in Colonial Pennsylvania", *Pennsylvania Magazine of History and Biography,* 97, 1 (jan. 1973), pp. 22-44, citação à p. 31.

86. Darold D. Wax, "'The Great Risque We Run': The Aftermath of Slave Rebellion at Stono, South Carolina, 1739-1745", *Journal of Negro History,* 67, 2 (jul. 1982), pp. 136-47.

87. Darold Wax, "Negro Import Duties in Colonial Virginia: A Study of British Commercial Policy and Local Public Policy", *Virginia Magazine of History and Biography,* 79, 1 (jan. 1979), pp. 29-44, citações à p. 42.

88. Ibid., citação em p. 35.

89. Sarah Salih, "Putting Down Rebellion: Witnessing the Body of the Condemned in Abolition-era Narratives", em Peter J. Kitson e Brycchan Carey (Orgs.), *Essays Marking the British Abolition Act of 1807* (Cambridge, Reino Unido: Cambridge University Press, 2007); Ramesh Mallipeddi, *Spectacular Suffering: Witnessing Slavery in the Eighteenth-Century British Atlantic* (Charlottesville: University of Virginia Press, 2015).

90. Vincent Brown, *The Reaper's Garden: Death and Power in the World of Atlantic Slavery* (Cambridge, MA: Harvard University Press, 2008), pp. 152-6. Ver também Trevor Burnard, "Slavery and the Enlightenment in Jamaica and the British Empire, 1760- -1772: The Afterlife of Tacky's Rebellion and the Origins of British Abolitionism", *Enlightened Colonialism* (2017), pp. 227-46.

91. J. Philmore, *Two Dialogues on the Man-Trade* (Londres: J. Waugh, 1760), p. 54.

92. David Brion Davis, *The Problem of Slavery in the Age of Revolution, 1770- 1823* (Nova York: Oxford University Press, 1999 [1975]), pp. 270-1; Davis, "New Sidelights on Early Antislavery Radicalism", *WMQ,* 28, 4 (out. 1971), pp. 585-94; David L. Crosby (Org.), *The Complete Antislavery Writings of Anthony Benezet, 1754-1783* (Baton Rouge: Louisiana State University Press, 2013); Jeffrey Glover, "Witnessing African War: Slavery, the Laws of War, and Anglo-American Abolitionism", *The William and Mary Quarterly,* 74, 3 (2017), pp. 503-32; Christopher L. Brown, *Moral Capital:*

Foundations of British Abolitionism (Chapel Hill: University of North Carolina Press, 2007), esp. pp. 391-450.

93. *Boston Evening Post*, 6 fev. 1764.

94. James Otis, *Rights of the British Colonies Asserted and Proved* (Boston: J. Almon, 1764), p. 43; Peter Linebaugh e Marcus Rediker, *The Many-Headed Hydra: Sailors, Slaves, Commoners, and the Hidden History of the Revolutionary Atlantic* (Boston: Beacon Press, 2000), pp. 222-7.

95. Otis, *Rights of the British Colonies Asserted and Proved*, p. 43; Peter Linebaugh e Marcus Rediker, *The Many-Headed Hydra*, pp. 222-7.

96. James Boswell, *The Life of Samuel Johnson, LL.D.*, 5 vols. (Londres: J. Davis, 1831), 4, p. 388.

97. Bryan Edwards, "Stanzas, Occasioned by the Death of Alico, an African Slave, condemned for Rebellion in Jamaica, 1760", em *Poems, Written Chiefly in the West--Indies* (Kingston: impresso para o autor por Alexander Aikman, 1792), pp. 37-9. [Citado em tradução livre de: "*I reach the joyful hour / But know, pale tyrant, 'tis not thine Eternal war to wage / The death thou giv'st shall but combine / To mock thy baffled rage*". (N. T.)]

98. Edwards, "Ode, on Seeing a Negro Funeral", em *Poems, Written Chiefly in the West-Indies*, pp. 46-7.

99. Edwards, *A Speech Delivered at a Free Conference between the Honourable the Council and the Assembly of Jamaica, Held the 19th November, 1789, on the Subject of Mr. Wilberforce's proposition in the House of Commons* (Kingston: impresso para o autor por Alexander Aikman, 1789), p. 67.

100. Edwards, *The History, Civil and Commercial, of the British West Indies*, 5. ed., 5 vols. (Londres: G. and W. B. Whittaker, 1819 [1793]), 2, pp. 73-86, citações, em ordem de referência, às pp. 80, 70, 87, 74, 80, 83, 74, 84, 75.

101. Frank Cundall, *Historic Jamaica* (Londres: Institute of Jamaica, 1915), p. 307; Zachary Bayly: Profile and Legacies Summary, *Legacies of British Slave Ownership*, <https://www.ucl.ac.uk/lbs/person/view/2146652013>; Edwards, "Inscription in the parish church of St. Andrew, Jamaica, Zachary Bayly", em *Poems, Written Chiefly in the West-Indies*, pp. 59-60; Edwards, *The History, Civil and Commercial, of the British West Indies*, 1, pp. 307-10.

102. Edwards, *The History, Civil and Commercial, of the British West Indies*, 2, p. 75.

103. Edwards, *An Historical Survey of the French Colony in the Island of St. Domingo: Comprehending a Short Account of Its Ancient Government, Political State, Population, Productions, and Exports; A Narrative of the Calamities Which Have Desolated the Country Ever Since the Year 1789 and a detail of the military transactions of the British army in that island to the end of 1794* (Londres: John Stockdale, 1797).

104. Long, *History of Jamaica*, 2, p. 430.

105. Edwards, *History of the British West Indies*, 3, p. 36.

106. Ibid., 2, p. 74.

107. Margaret Cezair-Thompson, "History, Fiction, and the Myth of Marginality: Portrait of the Writer as a Young Woman", *SX Salon* 11 (fev. 2013).

108. Ver especialmente Walter C. Rucker, *Gold Coast Diasporas*, pp. 98-9. Ver também Paul E. Lovejoy, *Jihad in West Africa during the Age of Revolutions* (Athens: Ohio University Press, 2016), pp. 136, 140.

109. Como explicou o cientista político James Scott a propósito de alguns mitos políticos nos primórdios da Europa moderna: "Não devemos ver os mitos do czar e do camponês como criação ideológica da monarquia, da qual os camponeses se apropriaram e que reinterpretaram. Esses mitos foram, na verdade, produto comum de uma luta histórica, uma espécie de feroz discussão na qual os termos básicos (camponês simplório, czar bondoso) são compartilhados, mas na qual as interpretações seguem trajetórias totalmente divergentes, de acordo com interesses vitais". James C. Scott, *Domination and the Arts of Resistance: Hidden Transcripts* (New Haven: Yale University Press, 1990), p. 100.

110. Edwards, *History of the British West Indies*, 2, p. 81.

111. Rucker, *Gold Coast Diasporas*, pp. 1-6.

112. Anônimo, *The Koromantyn Slaves, or West Indian Sketches* (Londres: J. Hatchard and Son, 1823).

113. Kenneth M. Bilby, "The Kromanti Dance of the Windward Maroons of Jamaica", *New West Indian Guide*, 55, 1-2 (ago. 1983), pp. 52-101; Bilby, "How the ýolder headsý talk: a Jamaican Maroon spirit possession language and its relationship to the creoles of Suriname and Sierra Leone", *New West Indian Guide*, 57, 1-2 (jan. 1983), pp. 37-88. Ver também Bilby, *True-Born Maroons* (Gainesville: University Press of Florida, 2005).

Epílogo: A era da guerra dos escravizados [pp. 317-34]

1. John Lindsay to William Robertson, August 6, 1776, Letters concerning Jamaica (including the slave rising), 1776, National Library of Scotland (NLS), Ms. 3942, fols. 259-63. Ver também Richard B. Sheridan, "The Jamaican Slave Insurrection Scare of 1776 and the American Revolution", *Journal of Negro History*, 61, 3 (jul. 1976), pp. 290-308; Edward B. Rugemer, *Slave Law and the Politics of Resistance in the Early Atlantic World* (Cambridge, MA: Harvard University Press, 2018), pp. 193-9; Jason Sharples, *The World That Fear Made: Conspiracy, Imagination, and Power in Early American Slavery* (Filadélfia: University of Pennsylvania Press, 2019), cap. 6.

2. Lindsay to Robertson, August 6, 1776, NLS, Ms. 3942, fols. 259-63, citação em fols. 259-60.

3. Governor Sir Basil Keith to Lord George Germaine, August 6, 1776, TNA, CO 137/71, fols. 227-31, citação em fol. 229.

4. Governor Sir Basil Keith to Lord George Germaine, August 6, 1776, TNA, CO 137/71, fols. 227-31, citação em fol. 229.

5. Lindsay to Robertson, August 6, 1776, NLS, Ms. 3942, fol. 262.

6. Eugene D. Genovese, *From Rebellion to Revolution: Afro-American Slave Revolts in the Making of the Modern World* (Baton Rouge: Louisiana State University Press, 1979), citação às pp. 35-6; J. R. Ward, *British West Indian Slavery, 1750-1834: The Process of Amelioration* (Nova York: Oxford University Press, 1988), p. 219; Michael Mullin, *Africa in America: Slave Acculturation and Resistance in the American South and the British Caribbean, 1736-1831* (Urbana, IL: University of Illinois Press, 1992); Richard D. E. Burton, *Afro-Creole: Power, Opposition, and Play in the Caribbean* (Ithaca: Cornell University Press, 1997), pp. 13-46. Sobre a memória geográfica da resistência na Jamaica, ver especialmente Kenneth M. Bilby, *True-Born Maroons* (Gainesville: University Press of Florida, 2005).

7. Colonel Grizzell to Keith, July 27, 1776, em Keith to Germaine, August 6, 1776, TNA, CO 137/71, fols. 268-9.

8. Keith to Germaine, August 6, 1776, TNA, CO 137/71, fol. 229; List of the impeached Estates in the Parish of Hanover & the number of Negroes on them, enclosed in Letter from the Magistrates, July 20, 1776, em Keith to Germaine, August 6, 1776, TNA, CO 137/71, fol. 272; Colonel Grizzell et al. to General Palmer, July 19, 1776, em General Palmer to Keith, July 10, 1776, em Keith to Germaine, August 6, 1776, TNA, CO 137/71, fol. 242.

9. Keith to Germaine, August 6, 1776, TNA, CO 137/71, fol. 229; List of the impeached Estates in the Parish of Hanover & the number of Negroes on them, enclosed in Letter from the Magistrates, July 20, 1776, enclosed in Keith to Germaine, August 6, 1776, TNA, CO 137/71, fol. 272; Colonel Grizzell et al. to General Palmer, July 19, 1776, enclosed in General Palmer to Keith, July 10, 1776, enclosed in Keith to Germaine, August 6, 1776, TNA, CO 137/71, fol. 242.

10. Laurent Dubois, *Avengers of the New World: The Story of the Haitian Revolution* (Cambridge, MA: Harvard University Press, 2004); Julius S. Scott, *The Common Wind: Afro-American Currents in the Age of the Haitian Revolution* (Nova York: Verso, 2018), pp. 52-3; David Patrick Geggus, *Haitian Revolutionary Studies* (Bloomington: Indiana University Press, 2002), cap. 6; Guillaume Thomas François Raynal, *Histoire philosophique et politique des établissements et du commerce des Européens dans les Deux Indies* (Genève: Pellet, 1780), 3, II, cap. 24, citado em Laurent Dubois e John D. Garrigus (Orgs.), *Slave Revolution in the Caribbean, 1780-1804* (Nova York: Palgrave Macmillan, 2006), p. 56.

11. David Geggus, "The Enigma of Jamaica in the 1790s: New Light on the Causes of Slave Rebellions", *William and Mary Quarterly*, 44, 2 (abr. 1987), pp. 274-99; Sara E. Johnson, *The Fear of French Negroes: Transcolonial Collaboration in the Revolutionary Americas* (Berkeley: University of California Press, 2012).

12. Minutes of the Proceedings of the Committee of Secrecy and Safety in the Parish of St. James, Jamaica, January 10, 1792, enclosed in Lt. Gov. Williamson to Secretary of State, February 12, 1792, TNA, CO 137/90, fols. 112-41, citação em fol. 114.

13. St. James Committee of Secrecy and Safety, TNA, CO 137/90, fol. 139.

14. St. James Committee of Secrecy and Safety, TNA, CO 137/90, fol. 140.

15. A título de comparação, ver Ada Ferrer, *Freedom's Mirror: Cuba and Haiti in the Age of Revolution* (Nova York: Cambridge University Press, 2014), cap. 7.

16. St. James Committee of Secrecy and Safety, TNA, CO 137/90, fols. 129-130.

17. Examinations of Sundry Slaves in the Parish of Trelawny, Jamaica, respecting an intention to revolt," enclosed in Lt. Gov. Williamson to Secretary of State, February 12, 1792, TNA, CO 137/90, fols. 143-50, citações às pp. 148, 145.

18. Robert Charles Dallas, *The History of the Maroons, from their Origins to the Establishment of their Chief Tribe at Sierra Leone*, 2 vols. (Londres: Longman and Rees, 1803), 1; Mavis C. Campbell, *The Maroons of Jamaica: A History of Resistance, Collaboration and Betrayal, 1655-1796* (Trenton, NJ: Bergin & Garvey, 1990), cap. 7, pp. 209-49; Ruma Chopra, *Almost Home: Maroons Between Slavery and Freedom in Jamaica, Nova Scotia, and Sierra Leone* (New Haven: Yale University Press, 2018).

19. Simon Taylor to Robert Taylor, October 24, 1807, Institute for Commonwealth Studies, Taylor Papers, I/I/44; Simon Taylor to George Hibbert, October 31, 1807, Institute for Commonwealth Studies, Taylor Papers, I/I/43. Para a biografia de Simon Taylor, ver Christer Petley, *White Fury: A Jamaican Slaveholder and the Age of Revolution* (Oxford: Oxford University Press, 2018).

20. Susan Eva O' Donovan, "William Webb's World", *New York Times*, 18 fev. 2011.

21. Conway to Moore, October 25, 1765, BL, Add. Ms. 12440, fols. 7-8; Shelburne to Moore, September 13, 1766, BL, Add. Ms. 12440, fols. 29-30; Shelburne to Moore, October 11, 1766, BL, Add. Ms. 12440, fols. 31-2.

22. Frederick Cooper, *Colonialism in Question: Theory, Knowledge, History* (Berkeley: University of California Press, 2005), p. 19.

23. Walter Johnson, "On Agency", *Journal of Social History*, 37, 1 (outono de 2003), pp. 113-24; Walter Johnson, "Slavery, Reparations, and the Mythic March of Freedom", *Raritan*, 27, 2 (outono de 2007), pp. 41-67; Carole Emberton, "Unwriting the Freedom Narrative", *Journal of Southern History*, 82, 2 (maio 2016), pp. 377-94; Francois Furstenberg, "Beyond Freedom and Slavery. Autonomy, Virtue, and Resistance in Early American Political Discourse", *Journal of American History*, 89, 4 (2003), pp. 1295-330.

24. Barry Strauss, *The Spartacus War* (Nova York: Simon & Schuster, 2009).

25. Bryan Edwards, *The History, Civil and Commercial...*, 3, p. 36.

26. Ver especialmente Laurent Dubois, *Haiti: The Aftershocks of History* (Nova York: Metropolitan Books, 2012); Michel-Rolph Trouillot, *Haiti: State Against Nation: The Origins and Legacy of Duvalierism* (Nova York: Monthly Review Press, 1990). Joseph Guyler Delva, "Haitians Stage Protest, Mock Trump over 'Shithole' Comments", *Reuters*, 22 jan. 2018.

27. Frederick Douglass, *My Bondage and My Freedom*, org. David W. Blight (New Haven, CT: Yale University Press, 2014 [1855]), p. 197.

28. Ruth Wilson Gilmore, "Fatal Couplings of Power and Difference: Notes on Racism and Geography", *The Professional Geographer*, 54, 1 (fev. 2002), pp. 15-24, esp. p. 16; Ver também Katherine McKittrick e Clyde Woods (Orgs.), *Black Geographies and the Politics of Place* (Nova York: South End Press, 2007).

29. St. James Committee of Secrecy and Safety, TNA, CO 137/90, fol. 131.

Índice remissivo

Números de página em *itálico* se referem a mapas e ilustrações.

ESTA OBRA FOI COMPOSTA POR MARI TABOADA EM DANTE PRO E
IMPRESSA EM OFSETE PELA LIS GRÁFICA SOBRE PAPEL PÓLEN NATURAL
DA SUZANO S.A. PARA A EDITORA SCHWARCZ EM FEVEREIRO DE 2024